市场营销实战系列教材

市场营销实务
——项目导向教程
（第2版）

符莎莉　杨　珩　主　编

電子工業出版社
Publishing House of Electronics Industry
北京·BEIJING

内 容 简 介

全书共 13 个项目，主要内容包括：了解市场营销、洞悉市场营销新发展、市场调研、分析市场环境、分析消费者行为、市场细分与目标市场选择、市场定位、制定产品策略、制定价格策略、制定渠道策略、制定促销策略、构建市场营销组织、市场营销执行与控制。为了便于学习，每个项目配有项目导入案例，任务中配有相应的技能训练，项目后附有项目总结（包括知识回顾、知识训练和综合实训）。本书不仅可供高职高专及成人高等院校市场营销专业、工商管理专业及相关专业学生作为教材使用，还可供管理人员和企业营销人员参考使用。

图书在版编目（CIP）数据

市场营销实务：项目导向教程 / 符莎莉，杨珩主编. —2 版. —北京：电子工业出版社，2020.9
ISBN 978-7-121-37159-2

Ⅰ. ①市…　Ⅱ. ①符…　②杨…　Ⅲ. ①市场营销学－高等职业教育－教材　Ⅳ. ①F713.50

中国版本图书馆 CIP 数据核字（2019）第 160845 号

责任编辑：张云怡
印　　刷：北京盛通商印快线网络科技有限公司
装　　订：北京盛通商印快线网络科技有限公司
出版发行：电子工业出版社
　　　　　北京市海淀区万寿路 173 信箱　邮编　100036
开　　本：787×1 092　1/16　印张：18.75　字数：476.8 千字
版　　次：2010 年 9 月第 1 版
　　　　　2020 年 9 月第 2 版
印　　次：2023 年 8 月第 4 次印刷
定　　价：57.00 元

凡所购买电子工业出版社图书有缺损问题，请向购买书店调换。若书店售缺，请与本社发行部联系，联系及邮购电话：（010）88254888，88258888。
质量投诉请发邮件至 zlts@phei.com.cn，盗版侵权举报请发邮件至 dbqq@phei.com.cn。
本书咨询联系方式：（010）88254573，zyy@phei.com.cn。

前　言

作为现代市场经济最重要的活动之一，市场营销无处不在、无时不有。不仅工商企业将市场营销作为企业经营管理的重要工具与手段，国家、政府组织、各类营利组织和非营利组织甚至个人，也都运用市场营销的某些工具与策略进行营销。什么是市场营销？如何运用市场营销的各种策略？这是任何一名市场营销的入门者、学习者、探索者都必须认真思考和面对的问题。

本教材以培养高职学生的营销职业能力和职业素养为目的，从职业岗位要求出发，以职业能力和技能培养为核心，体现“以能力为本位”的思想，采用项目导向、任务驱动的教学模式重构教材体例，凸显高职教育特色。教材内容和体系体现“工学结合”精神，突出教学过程的实践性、开放性和职业性，强化对高职学生职业能力的培养。教材适当引用实际案例，通过案例教学和实训操作，缩短学生校内学习与实际工作的距离，提升高职学生的岗位竞争能力，以期实现“教学与实践零距离，毕业与上岗零过渡”的目标。教材的教学内容融教、学、做为一体，以“工学交替”“任务驱动”“项目导向”等形式，按岗位工作流程和需要进行编写。同时，本教材配有丰富的教学资源，为教学提供全方位、立体化的解决方案。

本教材内容依照企业对市场营销工作岗位的基本要求，分为了解市场营销、洞悉市场营销新发展、市场调研、分析市场环境、分析消费者行为、市场细分与目标市场选择、市场定位、制定产品策略、制定价格策略、制定渠道策略、制定促销策略、构建市场营销组织、市场营销执行与控制 13 个项目，每个项目下再细分为若干工作任务。每个项目都配有“项目目标”“项目导入”“项目实施”“项目总结”等内容。

本教材由符莎莉、杨珩担任主编。教材编写的具体分工为：符莎莉负责全书统筹，并编写项目 1、项目 4 和项目 11；陈伊莉编写项目 2 和项目 3；司徒巧敏编写项目 5、项目 10 和项目 13；杨珩编写项目 6、项目 7 和项目 8；朱婧编写项目 9 和项目 12。行业与企业一线专家参与教材的研讨与编写，并提供了宝贵意见。

本教材是广东省教育教学成果奖培育项目——《商贸会展特色学院建设》与广州市高等学校第四批教育教学改革研究项目——《多元化实践育人理念下高职创新创业教育与服务体系的探索与实践》的研究成果。

本教材在编写过程中参考了大量国内外相关书籍，并尽可能在引用时标明了出处，谨向相关作者表示诚挚的感谢。

由于编者水平有限，书中难免存在疏漏之处，敬请各位读者批准指正。

编　者

2019 年 12 月

目 录

模块 1　认识市场营销

项目 1　了解市场营销

项目 2　洞悉市场营销新发展

项目 1 了解市场营销

项目目标

知识目标

- 熟悉市场营销学的产生与发展
- 理解市场营销的核心观念
- 掌握营销人员要做出的决策范围和所操作的 4 个市场

技能目标

- 具备分析市场营销系统的能力
- 具备分析市场营销管理任务的能力
- 具备制定营销决策的能力

实训目标

- 通过对市场营销定义及核心观念的学习，具备分析市场营销系统的技能
- 通过对市场营销任务的学习，具备根据市场不同需求状况分析市场营销管理任务的技能，以及能根据市场情况分析营销者应做决策的技能

项目导入

2017 年，《英雄联盟》全球总决赛第一次全程在中国举办，先后在武汉、广州、上海、北京四个城市举行不同阶段的比赛，梅赛德斯-奔驰携旗下“天生无畏”的新一代 GLA SUV 成为“英雄联盟”全球总决赛的中国区首席合作伙伴，与中国的“召唤师”们一同呐喊助威，通过“无畏造英雄”的主题，展示了新一代 GLA SUV 时尚先锋的全新设计、无惧险阻的运动性能和引领潮流的智能科技，与新生代客户一同释放自我、点燃激情。

目前来看，消费升级、年轻化、内容化、智能化等，都成为摆在汽车品牌市场营销面前的重要议题。梅赛德斯-奔驰如何通过 IP 搭乘，洞察消费者内心潜藏的情感价值，创造易于被传播和互动娱乐的内容，如何借助自带流量的热点 IP 带动粉丝成为梅赛德斯-奔驰的消费者？如何找到匹配汽车品牌或者产品个性的 IP？

资料来源：根据网络资料整理

项目实施

任务 1.1 理解市场营销

根据导入项目，在正确理解市场营销观念与工具的基础上，分析梅赛德斯-奔驰的市场营销行为，探讨梅赛德斯-奔驰如何通过富有内涵的企业文化与品牌影响力，在市场品牌营销方面夺得先机，同时在消费者群体中建立品牌竞争力和认可度，这对中国本土汽车品牌的市场营销有何启示？

1. 市场营销学的产生与发展

（1）国外市场营销学的产生与发展

自 20 世纪初市场营销理论于美国诞生以来，美国市场营销学发展大致经历了萌芽时期、职能研究时期、营销管理导向时期和多元扩展时期四个阶段。

① 萌芽时期（1900—1920 年）。工业革命使得生产力迅速提高，城市经济迅猛发展，商品需求量亦迅速增多，出现了需求过于供给的卖方市场，企业产品价值实现不成问题。与此相适应，市场营销学开始创立。早期在美国一些大学开设的有关市场营销的课程，较多地被称为“分销学”，而不是“市场营销学”。与此同时，一部分经济学者开始研究分销和销售等问题，著名的先驱人物有阿克・肖、巴特勒和韦尔德等。

1912 年，哈佛学者詹姆斯・E・海杰蒂的第一本著作《营销学》标志着市场营销学的诞生。此时，市场营销理论还没有形成自己的独特范式与内容，大多以生产观念为导向，其依据仍然是以供给为中心的传统经济学，研究理论基础为经济学范式，内容多集中于分销内容，因而该阶段可称为市场营销理论的萌芽时期。

② 职能研究时期（1921—1950年）。20世纪20年代美国经济处于大繁荣时期，但好景不长，1929—1933年爆发了世界经济危机，产品出现过剩，市场向买方倾斜，经济复兴和企业发展的关键变为企业能销售多少，而非能生产多少，企业开始调研、预测、刺激、影响消费者的需求以解决产品销路问题，这也给市场营销学的发展注入了新的动力。

在这一阶段，市场营销学还是经济学的演化和延伸，但以营销命名的教材和书籍日渐增多，营销学研究范式呈现商品、机构和职能研究并存的态势，研究多以职能范式为主导，内容多集中于分销或销售职能。

③ 营销管理导向时期（1951—1980年）。随着美国市场营销活动的发展，市场营销理论研究也开始迈向营销管理导向阶段，典型代表人物有奥德逊、霍华德、麦卡锡、道宁和科特勒等。

其中，奥德逊于1957年所著的《市场营销活动和经理行动》一书关注的重点已转变为营销管理。霍华德的《市场营销管理：分析和决策》一书也主张从市场营销管理的角度论述市场营销理论及其应用，市场营销经理的任务就是根据动态的环境选择最佳营销手段以实现企业的目标。麦卡锡在其《基础市场营销》一书中描述了研究市场营销的三种方法，他认为企业首先要考虑各种营销环境，在此基础上制定市场营销组合策略来满足目标市场的需求，进而实现企业的目标。菲利普·科特勒的经典著作《营销管理》在1967年出版后，随即成为全球最受欢迎的营销教材之一，他提出市场营销管理就是通过创造、建立和保持与目标市场之间的有益交换和联系，以实现组织的各种目标而进行的分析、计划、执行和控制活动。

在此阶段，市场营销学逐渐从经济学中独立出来，同时吸收整合了管理科学、行为科学、心理学以及社会学等学科的若干理论。市场营销学研究逐渐以管理范式为主导，将理论内容划分为分析、计划、执行和控制等整个管理过程的各个阶段，研究方向扩展至生产等方面。

④ 多元扩展时期（1981年以后）。在此期间，大量比较重要的营销概念和营销理论被提出，比如“市场营销战”“内部市场营销”“关系营销”“营销6P”“直复营销”“品牌资产”“营销4C”“顾客忠诚”“数据库营销”“整合营销传播”“顾客让渡价值”“顾客感知价值”“口碑营销”等创新性的营销概念和思想不断涌现，营销思想迎来了大繁荣和大发展。

在营销管理范式导向基础上，多元化是这一发展阶段的典型关键词，市场营销学的内涵和外延都得到了很大扩展。在核心概念上，营销思想从传统的商品交换扩展到社会领域，从企业扩展到非营利组织、国家、地区甚至个人；营销思想和营销理论从欧美等发达国家逐渐向新兴发展中国家传播和普及，全球营销视角开始凸显。

(2) 市场营销学在国内的发展历程

新中国成立之前，我国对市场营销学已有过一些引进和研究，当时多称“市场学”或“销售学”。1934年，由复旦大学丁馨伯教授编译的《市场学原理》是我国现存最早的市场营销学教材。1949—1978年，中国大陆的市场营销学研究一度中断，1978年后才得以二次引进和发展。清华大学李飞教授在其所著的《中国营销学史》中将 1978 年后中国市场营销学理论的发展依次分为二次引进、消化吸收、模仿与创新三个阶段。

① 二次引进时期（1978—1990 年）。北京、上海、广州的部分专家学者从 1978 年就已着手市场营销学的引进研究工作，当时还局限在很小的范围内，而且在名称上还称之为“外国商业概论”或“销售学原理”等。1987 年在哈尔滨召开的中国高校市场学会年会上，营销到底是要原原本本地学还是要和当时中国的计划经济实际相结合的争议成为会议的焦点。

通过“请进来”和“派出去”的方式，翻译国外市场营销学著作、杂志，邀请国外学者来讲课，选派专家、学者到国外考察、访问、学习，国内学者系统地引进了国外的市场营销学理论。1984 年 1 月，全国高等综合大学、财经院校市场学教学研究会在长沙成立，1987 年 8 月更名为中国高等院校市场学研究会。

② 消化吸收时期（1991—2000 年）。在此期间，市场营销学教学、研究队伍开始壮大，市场营销学教学、研究和应用的内容得到了丰富和扩展。全国各地的市场营销学学术团体开始吸收企业界人士参加，1991 年 3 月，科研机构、企业界、经济主管部门在北京发起成立了全国市场学会。高等院校市场营销学的研究重点也由单纯的教学和理论研究转变为结合企业的市场营销实践研究。

③ 模仿与创新时期（2001 年至今）。在这一阶段，高校市场营销学研究具有模仿和创新双重特征，模仿多表现为学术研究方法和研究路径等方面，创新表现在研究主题或者研究内容方面，本土化的营销问题受到越来越多研究者的关注。虽然当前这一时期创新性营销理论成果还不是很多，但是国际顶级营销类学术期刊等开始出现国内学者的研究成果。

2. 市场营销观念

市场营销观念产生于 20 世纪初期的美国，是企业进行市场营销活动时的指导思想和行为准则的总和。企业的市场营销观念决定了企业如何看待顾客和社会利益，如何处理企业、社会和顾客三方的利益协调。企业的市场营销观念经历了从最初的生产观念、产品观念、销售观念到市场营销观念、社会营销观念、大市场营销观念、绿色营销观念的发展和演变过程。

（1）生产观念（生产中心论）时期（约 1875—1925 年）

这是一个处于“卖方市场”的时期，由于生产技术等方面的原因，生产出来的产品往往都是供不应求的，并且产品的多元性也比较匮乏，消费者只能购买市场上有的商品，因而这一时期的买卖双方实际上是一种不平等的市场地位关系。“以产定销”，即企业生产什么，消费者就只能买到什么。

（2）产品观念（产品中心论）时期

随着生产技术的不断革新，生产者可以生产更多商品，且商品的样式也朝着多样化的方向发展，所以生产者也越来越关注消费者的购买需求，生产那些消费者更喜欢的商品，即消费者的产品观念。这种“以质取胜”的观念取代了过去“以量制胜”的生产思路，随着经济水平的不断提高，消费者对产品的要求也相应提高，对产品各方面要求的层次也随之不断提高，促使企业生产者必须生产出使消费者满意的产品。“质量第一”“口碑”已经成为那个时代的生动体现。

（3）销售观念（销售中心论）时期（约20世纪20年代末—40年代末）

市场行为在一定程度上可以理解为带有一定盲目决定的行为，即供给与需求的盲目，越需求，就越要生产。所以导致了“生产过剩”，虽然这与大环境不景气相关，但这是综合因素导致的结果。市场出现局部供大于求，企业间竞争加剧，产品销售问题突出，但市场基本上还属卖方市场。由于出现了这样一种情况，企业为了生存与发展，必须想尽各种办法把自己的产品卖出去。以往积累的“好口碑”已经被各种眼花缭乱的广告所掩盖，这就导致了企业在广告、现场促销和价格战上面下足了功夫。仅从消费者的角度来看，可以选择的商品越来越多，并且消费交易中的主动性也越来越明显。

（4）市场营销观念（需求中心论）时期（约20世纪50—60年代）

这一时期强调的是“顾客就是上帝”的供求理念，它粗暴而简单地认为企业的一切活动都应以消费者为中心，满足消费者的需求是企业的责任。从消费者需求出发，组织企业的生产和销售。进而我们看到这时期企业十分关注对买方市场的了解，衍生出市场调研等一些营销前的准备手段。这一观念的转变，大大增强了市场的活力，在这一阶段，市场经济呈现出井喷式发展，企业的角色也不断丰富和明确。

（5）社会营销观念（社会中心论）时期（约20世纪70年代中后期）

追逐利润是资本家的天性使然，随着市场的成熟，在技术与需求稳定的情况下，资本家为了赚取更多的利润，绞尽脑汁，不惜以一种不正当的行为去进行市场交易行为，这不但有损消费者的利益，也对社会环境、自然环境造成了许多不可逆转的破坏。全球范围内的罢工、游行示威等抗议活动层出不穷。人们开始意识到，消费者需求、企业获利和社会福利之间隐含着客观存在的矛盾。一个社会如果要健康、有序、长远发展，就必须协调这三者之间的矛盾冲突。因此，一种新型的市场营销观念——社会营销观念产生了。社会营销观念认为，企业的任务是确定各个目标市场的需要、欲望和利益，并以保护或提高消费者和社会福利的方式，比竞争者更有效、更有利地向目标市场提供能够满足其需要、欲望和利益的物品或服务。这种观念客观上要求企业在制定营销策略时，必须统筹兼顾企业、消费者以及社会三方的利益，并努力谋求三者利益之和的最大化。

（6）大市场营销观念（政治中心论）时期

这是一个更加注重企业市场主动权的理念，在这种理念的指导下，企业的营销策略除了产品（Product）、价格（Price）、渠道（Place）与促销（Promotion）外，还增加了政治力量（Power）和公共关系（Public Relation）：企业不是简单地服从和适应环境，而是想方设法地改造环境。这一概念的基本思想是：在贸易保护主义情绪不断增长的情况下，从事国际营销公司，首要问题是如何进入市场，就是依靠权力和公共关系，打破目标市场政府和特殊利益集团的壁垒。

（7）绿色营销观念时期

企业追名逐利的行为带来了环境的破坏，加之人们的环保意识不断增强，使得买卖双方都认识到保护环境的必要性，所以催生了绿色营销的理念，就是在生产、销售、使用等环节做到与环境相协调的营销理念。

3. 市场营销的定义

西方市场营销学者从不同角度及发展的观点对市场营销给出了不同的定义。

其中，有些学者从宏观角度对市场营销下定义，例如，麦卡锡把市场营销定义为“一种社会经济活动过程，其目的在于满足社会或人类的需要，实现社会目标”。又如，菲利普·科特勒指出：“市场营销是与市场有关的人类活动。市场营销意味着和市场打交道，为了满足人类需要和欲望，去实现潜在的交换。”

还有些定义是从微观角度来表述的，例如，美国市场营销协会于 1960 年对市场营销给出的定义是：市场营销是“引导产品或劳务从生产者流向消费者的企业营销活动”。麦卡锡于 1960 年也对微观市场营销下了定义：市场营销“是企业经营活动的职责，它将产品及劳务从生产者直接引向消费者或使用者以便满足顾客需求及实现公司利润”。这一定义虽比美国市场营销协会的定义前进了一步，指出了满足顾客需求及实现企业盈利是公司的经营目标，但这两种定义都说明，市场营销活动是在产品生产活动结束时开始的，中间经过一系列经营销售活动，当商品流转到用户手中就结束了，因而把企业营销活动局限于流通领域的狭窄范围，而不是视为企业整个经营销售的全过程，即包括市场营销调研、产品开发、定价、分销广告、宣传报道、销售促进、人员推销、售后服务等。

菲利普·科特勒于 1984 年对市场营销又给出了定义：市场营销是指企业的这种职能，“认识目前未满足的需要和欲望，估量和确定需求量大小，选择和决定企业能最好地为其服务的目标市场，并决定适当的产品、劳务和计划（或方案），以便为目标市场服务”。

美国市场营销协会于 1985 年对市场营销下了更完整和全面的定义：市场营销“是对思想、产品及劳务进行设计、定价、促销及分销的计划和实施的过程，从而产生满足个人和组织目标的交换”。这一定义比前面的诸多定义更为全面和完善。主要表现是：产品概念扩大了，它不仅包括产品或劳务，还包括思想；市场营销概念扩大了，市场营销活动不仅包括盈利性的经营活动，还包括非盈利组织的活动；强调了交换过程；突出了市场营销计划的制订与实施。

2004 年，美国市场营销协会又公布了市场营销的最新定义：市场营销既是一种组织职能，也是为了组织自身及利益相关者的利益而创造、沟通、传递客户价值，管理客户关系的一系列过程。2005 年，美国市场营销协会对市场营销的概念进行了进一步完善。这一概念是：市场营销是组织的一种功能和一系列创造、交流并将价值观传递给顾客的过程和被用于管理顾客关系以让组织及其股东获利。2013 年，美国市场营销协会再次更新了市场营销的概念：营销就是创造、沟通、交付和交换对顾客、客户、合作伙伴以及社会有价值的市场供应物的活动、系列制度和过程。

美国经济学家包尔·马苏认为，市场营销是“传送生活标准给社会”。人们普遍认为这个定义将市场营销的实质生动地体现了出来。

菲利普·科特勒早期对市场营销的解释得到了广泛的认同：市场营销是个人或组织通过创造并同他人交换产品和价值以满足需求和欲望的一种社会和管理过程。根据这一定义，可以将市场营销具体归纳为：市场营销的最终目标是“满足需求和欲望”；交换是市场营销的核心，交换过程是一个主动、积极地寻找机会，满足双方需求和欲望的社会过程和管理过程；交换过程能否顺利进行，取决于营销者创造的产品和价值满足顾客需求的程度和交换过程管理的水平。在2013年出版的《市场营销原则》（第15版）中，菲利普·科特勒再次更新了他对市场营销的认识：市场营销是通过为顾客创造价值来构建可获利的顾客关系并从中获取价值回报的过程。简言之，营销就是经营可获利的顾客关系。

4. 核心营销观念

（1）需要、欲望和需求

营销者必须努力理解市场的需要、欲望和需求。需要描述了基本的人类要求。例如，人们需要赖以生存的食品、空气、水、衣服、住所。当人们趋向于某些特定的目标以获得满足时，需要就变成了欲望。如一个中国人需要食物，欲望是想得到米饭；一个美国人需要食物，欲望是想得到汉堡包、烤肉和饮料。需求是指对有能力购买的某个具体产品的欲望，如许多人都想买一辆奔驰汽车，但只有极少数人愿意并且能够买。

上述区别澄清了营销究竟是形成需要还是创造需要的问题。营销者并不创造需要，需要存在于营销活动之前。营销者只是影响了人们的欲望。例如，营销者可以向消费者建议，买一辆奔驰汽车可以满足其对社会地位的追求，然而，营销者并不能创造其对社会地位的需要。

【小案例1-1】

一家公司为了招聘营销人员，出了一道把梳子卖给和尚的实践题。不少应聘者见了这个怪题很生气，说出家人怎么会买梳子？认为这是故意捉弄人，于是拂袖而去。可是有三个人却想试一试，最后终于有一人把大量的梳子卖给了和尚，成功应聘上那家公司的营销人员。他找到了一座遐迩闻名、香火旺盛的宝刹，对方丈说：“这么多心诚的朝拜者，购票、买香还买纪念品，是寺院的财神。如果方丈对这些善男信女有所馈赠，定能温暖人心，招来更多的回头客。再说方丈的书法超群，可以在梳子上题写“积善梳”三个字，让人们带着题字梳将佛教的真善美广传天下。”方丈听后大喜，当即买梳1 000把，并同卖梳者一起举行了向香客赠梳的仪式。宝刹向香客赠梳施善之事不胫而走，吸引着香客纷至沓来，宝刹香火越来越旺，方丈非常高兴，又与此卖梳人续签了合同。

资料来源：根据网络资料整理

【分析提示】

通过这个经典的成功推销案例，我们看到，从表面上看和尚对梳子根本没有需求，但是销售人员通过分析和引导，使和尚发现把梳子送给香客，能够让更多的香客来庙里祈福，能够给庙里带来更多的回头客，深度挖掘、提炼、延伸、创造出和尚购买的需求。把本来“不存在”的需求，变成了现实需求，最终达成了交易。这就是创造需求的魅力所在，也是市场营销的最高境界。

（2）产品

产品是指用来满足顾客需求和欲求的物品。当然，产品的概念并不仅仅限于实物，任何能够满足需要的东西都可以称为产品。对消费者来说，他可以决定去听歌星唱歌（人），可以到公园去游玩（地），可以到室外散步（活动），可以参加俱乐部活动（组织），或者接受一种新的意识（观念），所有这些人员、地点、活动、组织或观念都是产品。

（3）价值与满意

对于顾客而言，他们在不同的产品中进行选择的依据是他们知道哪个产品会给自己带来最大的价值。顾客在购买商品时，可以把商品的价值看成付出与所得之间的比例函数，即价值=利益/成本。

这里的利益可以包括功能利益和情感利益；而成本除了金钱，还包括时间、精力及体力。因此，价值还可以用下面的公式表达：

价值=利益/成本=（功能利益+情感利益）/（金钱成本+时间成本+体力成本）

通过这个公式，可以很容易地了解，如果顾客需要在两件商品中进行选择，他选择其中某个产品的原因。因为顾客正是通过分析所得利益和付出的成本，来确定购买哪件产品。如果这两件商品的价值分别为V1和V2。如果V1与V2的比值大于1，这名顾客会选择V1；如果比值小于1，他会选择V2；如果比值等于1，他会觉得两者之间没有什么差别。

那么，从营销者的角度，可以通过以下几种方法提高购买者的所得价值：

① 增加利益；

② 降低成本；

③ 增加利益的同时降低成本；

④ 利益增加幅度比成本增加幅度大；

⑤ 成本降低幅度比利益降低幅度大。

（4）交换和交易

人们通过自给自足或自我生产的方式，或通过偷抢方式，或通过乞求方式获得产品都不是市场营销，只有通过交换，买卖双方彼此获得所需的产品，才产生市场营销。如果双方正在进行谈判，趋向于达成协议，这就意味着他们正在进行交换。一旦达成了协议，即发生了交易行为。交易是由双方之间的价值交换构成的。

交换的发生，必须符合五个条件：

① 至少有两方；

② 每一方都有被对方认为是有价值的东西；

③ 每一方都能沟通信息和传送物品；

④ 每一方都可以自由接受或者拒绝对方的物品；

⑤ 每一方都认为与另一方进行交换是适当的或称心如意的。

【小案例1-2】

如图1.1所示，假定房地产商要售卖房屋，房地产商的利益动机包括：把房子卖个好价钱、顾客能及时付款、能有良好的口碑。而对于购房的消费者来说，他的欲望清单包括：高质量的房子、公平的价格、优惠的付款条件、房屋能准时交付、良好的服务。如果双方在这些所列的条件中能完全或者部分达成一致，交易就有了基础。如果完全不能达成协议，就不能形成交易了。

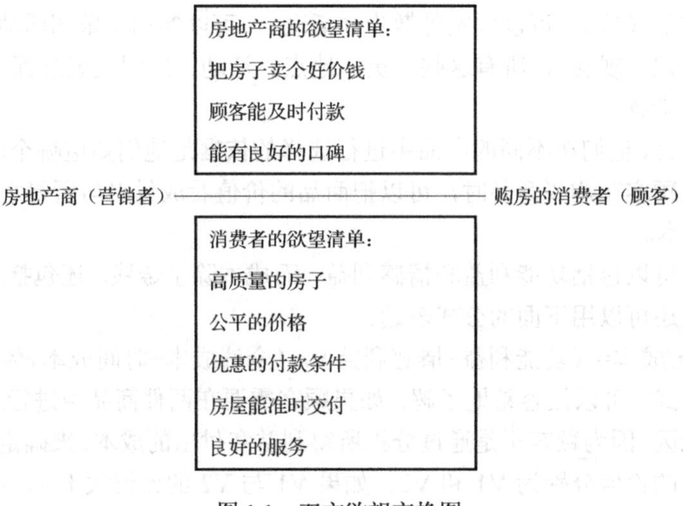

图 1.1　双方欲望交换图

【分析提示】

通过此案例，我们了解到交换是市场营销的核心概念，它是通过提供某种东西作为回报，从某人那儿取得想要的东西的过程。为了促使交易成功，营销者必须分析参与交换的双方希望拿出什么和得到什么。

（5）关系和网络

精明能干的市场营销者都会重视同顾客、分销商等建立长期、信任和互利的关系。而这些关系要靠不断承诺及为对方提供高质量产品、良好服务及公平价格来实现，靠双方加强经济、技术及社会联系来实现。关系营销可以减少交易费用和时间。

处理好企业同顾客关系的最终结果是建立起公司的独特资产，即市场营销网络。这个网络包括公司及所有与它建立互利业务关系的人，如顾客、员工、供应商、分销商、零售商、广告代理人及其他。

（6）市场、市场营销及营销者

市场是由人口、购买力和购买欲望三者有机组成的，企业的营销活动必须围绕市场展开。

一般说来，市场是买卖双方进行交换的场所。从市场营销学角度看，卖方组成行业，买方组成市场，行业和市场构成了简单的市场营销系统，如图 1.2 所示。

现代经济中充满了市场这个概念，商人用市场这个词来概括各种不同的顾客群体，如需求市场（减肥、美容市场）、产品市场（服装类市场）、人文市场（青年市场）和地区市场（中国市场）等。市场这个概念还被引申到非消费群体，如选举者市场、劳动力市场和捐赠市场。

市场营销是指与市场有关的人类活动，亦即为满足消费者需求和欲望而利用市场来实现潜在交换的活动。它是一种社会的和管理的过程。营销者则是从事市场营销活动的人。市场营销者既可以是卖方，也可以是买方。

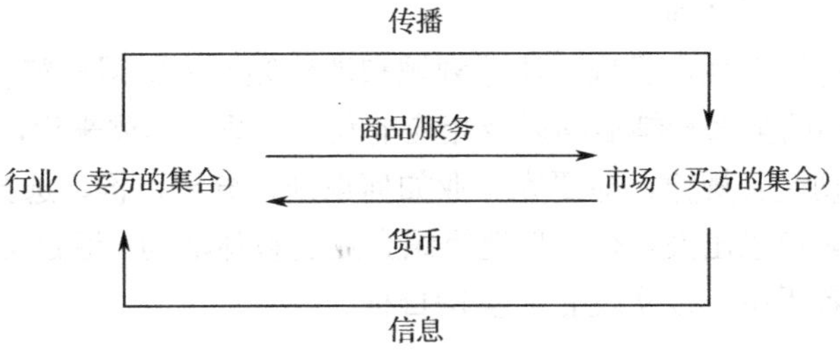

图 1.2　简单的市场营销系统

技能训练 1-1

校园营销系统

训练背景：校园市场作为一个具有典型特性的聚类市场，其客户整体规模大、业务量爆发集中，必然是三大通信运营商竞争中的“兵家必争之地”。因此，各通信运营商如何根据校园市场制定有效的营销策略，优化校园营销系统是重中之重。故以“优化移动校园营销系统”为题，进行实训。

训练要求：以小组为单位，各组选定一项中国移动套餐（产品）进行小组讨论，讨论内容包括系统分析中国移动在高校市场中的优势、劣势、机遇和挑战，提出其在高校市场的发展建议和思路，切实根据实际情况制定针对高校市场的营销策略。具体讨论校园市场营销策略、校园营销系统、校园营销活动的把控及管理等方面的建立或对策，通过讨论理解市场营销及其所包含的核心观念。

任务 1.2　明确市场营销的任务

根据导入项目，在对梅赛德斯-奔驰就新一代 GLA SUV 进行需求分析的基础上，提出在目前的竞争环境下，梅赛德斯-奔驰在对新一代 GLA SUV 进行品牌营销时，应坚持品牌定位，根据消费（受众）群体的需求制定相应的营销策略，并对所进入的细分市场做出科学决策，才能进行有效的营销，使得营销活动实现“名利双收”，达到品牌效益和经济效益的统一。

1. 市场营销学的研究对象

市场营销学伴随着经济发展和企业经营管理需要而出现，是一门基于哲学、数学、经济学、行为学、管理学的经营管理学科，是现代企业经营管理实践经验总结而成的理论，对企业营销实践活动起着一定的指导作用，并在社会经济生活的各个方面得到广泛应用，是一门实用性很强的应用学科。

市场营销学探讨了在生产领域、流通领域和消费领域内运用一整套开发原理、方法、策略，不断拓展市场的全部营销活动以及相应的科学管理。具体来说，市场营销学的研究对象是市场营销活动及其规律，即研究企业如何识别、分析评价、选择和利用市场机会，从满足目标市场顾客需求出发，有计划地组织企业的整体活动，通过交换，将产品从生产者手中转移到消费者手中，以实现企业营销目标。

2. 市场营销学的性质

（1）市场营销学是一门科学

市场营销学是什么性质的科学？它是否是一门科学？对此，国内外学术界持有不同的见解。概括起来，大致分为三种观点。

① 第一种观点认为，市场营销学不是一门科学，而是一门艺术。他们认为，工商管理（包括市场营销学在内）不是科学而是一种教会人们如何做营销决策的艺术。

② 第二种观点认为，市场营销学既是一种科学，又是一种行为和一种艺术。这种观点认为，管理（包括市场营销学）不完全是科学，也不完全是艺术，有时偏向科学，有时偏向艺术。当收集资料时，尽量用科学方法收集和分析，这时科学成分比较大，当资料取得以后，要做最后决定时，艺术成分就大一点，由于主要是依据企业领导者的经验和主观进行判断，这时便是艺术。这种双重性观点，主要问题在于将市场营销同市场营销学混同起来了。市场营销是一种活动过程、一种策略，因而是一种艺术。市场营销学是对市场营销活动规律的概括，因而是一门科学。

③ 第三种观点认为，市场营销学是一门科学。这是因为，市场营销学是对现代化大生产及商品经济条件下工商企业营销活动经验的总结和概括，它阐明了一系列概念、原理和方法。市场营销理论与方法一直指导着国内外企业营销活动的发展。

（2）市场营销学是一门应用科学

市场营销学是一门经济科学还是一门应用科学，学术界对此存在两种观点。

① 第一种观点认为市场营销学是一门经济科学，是研究商品流通、供求关系及价值规律的科学。

② 另一种观点认为市场营销学是一门应用科学。无疑，市场营销学是于20世纪初从经济学的“母体”中脱胎出来的，但经过几十年的演变，它已不是经济科学，而是建立在多种学科基础上的应用科学。菲利浦·科特勒指出：市场营销学是一门建立在经济科学、行为科学、现代管理理论之上的应用科学。

（3）市场营销学既包括宏观营销学又包括微观营销学

麦卡锡在其代表作《基础市场学》中明确指出，任何商品经济社会的市场营销均存在两个方面：一个是宏观市场营销；另一个是微观市场营销。

其中，宏观市场营销是把市场营销活动与社会联系起来，着重阐述市场营销与满足社会需要、提高社会经济福利之间的关系，它是一种重要的社会过程。宏观市场营销的存在是由于社会化大生产及商品经济社会要求某种宏观市场营销机构及营销系统来组织整个社会所有的生产者与中间商的活动，组织整个社会的生产与流通，以实现社会总供需的平衡及提高社会的福利。

而微观市场营销是指企业活动或企业职能，是研究如何从顾客需求出发，将产品或劳务从生产者手中转移到消费者手中，实现企业赢利目标，它是一种企业经济活动的过程。

3. 市场营销学的结构体系

市场营销学的结构体系包含以下四个部分。

（1）营销原理

营销原理包括市场分析、营销观念、市场营销信息系统与营销环境、消费者需要与购买行为、市场细分与目标市场选择等。

（2）营销实务

营销实务包括产品策略、定价策略、分销渠道策略、促销策略、市场营销组合策略等。

（3）营销管理

营销管理包括营销战略、计划、组织和控制等。

（4）特殊市场营销

特殊市场营销包括网络营销、服务市场营销和国际市场营销等。

4. 市场营销管理

市场营销管理是指为创造达到个人和机构目标的交换，而规划和实施理念、产品和服务的构思、定价、分销和促销的过程。市场营销管理是一个过程，包括分析、规划、执行和控制。其管理的对象包含理念、产品和服务。市场营销管理的基础是交换，目的是满足各方需要。市场营销管理的主要任务是刺激消费者对产品的需求，但不能局限于此。它还帮助公司在实现营销目标的过程中，影响需求水平、需求时间和需求构成。因此，市场营销管理的任务是刺激、创造、适应及影响消费者的需求。从此意义上说，市场营销管理的本质是需求管理。

任何市场均可能存在不同的需求状况，市场营销管理的任务是通过不同的市场营销策略来解决不同的需求状况。

（1）负需求（Negative Demand）

负需求是指市场上众多顾客不喜欢某种产品或服务，如近年来许多老年人为预防各种老年疾病不敢吃甜点心和肥肉，又如有些顾客害怕冒险而不敢乘飞机，或害怕化纤纺织品中的有毒物质损害身体而不敢购买化纤服装。市场营销管理的任务是分析人们为什么不喜欢这些产品，并针对目标顾客的需求重新设计产品、价格，作更积极的促销，或者改变顾客对某些产品或服务的信念，如宣传老年人适当吃甜食可促进脑血液循环，乘坐飞机出事的概率非常小，等等。把负需求变为正需求，这就称为改变市场营销。

（2）无需求（No Demand）

无需求是指目标市场顾客对某种产品从来不感兴趣或漠不关心，如许多非洲国家居民从不穿鞋子，对鞋子无需求。市场营销者的任务是创造需求，通过有效的促销手段，把产品利益同人们的自然需求及兴趣结合起来。

【小案例 1-3】

美国某鞋业公司总经理派他的财务主管到一个非洲国家去了解公司的鞋子能否在那里找到销路。一个星期后，这位主管打电报回来说："这里的人都不穿鞋，因而这里一点市场都没有。"接着总经理派出最好的销售员到这个国家进行仔细调查。一个星期后，销售员打电报回来说："这里的人都不穿鞋，是一个巨大的市场。"总经理为弄清情况，又派他的市场营销副总经理去解决问题。两个星期后，市场营销副总经理打电报说："这里的人都不穿鞋，但是他们有脚疾，穿鞋对脚有好处。他们的脚比较小，所以我们必须重新设计鞋子，而且我们必须在教育他们'穿鞋有益'方面花一笔钱，在开始之前还必须得到首领的同意。这里的人没什么钱，但他们拥有我从未尝过的最甜美的菠萝。我估计市场发展潜力在3年以上，因而我们的一切费用包括推销菠萝给欧洲超级市场的费用都将得到补偿。总体算起来，我们还可以赚得30%的利润。我认为应该毫不迟疑地去干。"

【分析提示】

从上面的案例中，我们可以看到，原本这个非洲国家是没有鞋的概念的，可是同一个公司三个不同部门的人得到了迥然不同的答案，显然市场营销副总经理的结论是振奋人心的。对于我们而言结论也就有了，营销可以创造需求，原本这个非洲国家对鞋是没有需求的，可是营销人员在这里发现了潜在需求，这个过程就是发现需求的过程。

（3）潜在需求（Latent Demand）

这是指现有的产品或服务不能满足许多消费者的强烈需求，在潜在需求情况下，市场营销管理的任务是准确地衡量潜在市场需求，开发有效的产品和服务，将潜在需求变为实际需求，即开发市场营销。例如，老年人需要高植物蛋白、低胆固醇的保健食品，美观大方的服饰，安全、舒适、服务周到的交通工具等，但许多企业尚未重视老年市场的需求。

（4）下降需求（Falling Demand）

这是指目标市场顾客对某些产品或服务的需求出现了下降趋势，如近年来城市居民对电风扇的需求已饱和，呈减少趋势。市场营销者要了解顾客需求下降的原因，或通过改变产品的特色，采用更有效的沟通方法对需求进行再刺激，即创造性地再营销，或通过寻求新的目标市场扭转需求下降的局面。

（5）不规则需求（Irregular Demand）

许多企业常面临因季节、月份、周、日、时对产品或服务需求的变化，而造成生产能力和商品闲置或过度使用的情况。如公用交通工具在运输高峰时不够用，在非高峰时则闲置不用。又如，旅馆的房间在旅游旺季时紧缺，在旅游淡季时空闲。再如，节假日或周末时，商店中顾客拥挤，平日里则顾客稀少。市场营销的任务是通过灵活的定价、促销及其他激励因素来改变需求时间模式，这称为同步营销。

（6）充分需求（Full Demand）

这是指某种产品或服务目前的需求水平和时间等于期望的需求，但消费者需求会不断变化，竞争日益加剧。因此，企业营销的任务是改进产品质量及不断估计消费者的满足程度，维持现时需求，这称为维持营销。

（7）过度需求（Overfull Demand）

这是指市场上顾客对某些产品的需求超过了企业供应能力，产品供不应求。比如，由于人口过多或物资短缺，引起交通、能源及住房等产品供不应求。企业营销管理的任务是减缓营销，可以通过提高价格、减少促销和服务等方式使需求减少。企业最好选择那些利润较少、要求提供服务不多的目标顾客作为减缓营销的对象。减缓营销的目的不是破坏需求，而只是暂缓需求水平。

（8）有害需求（Unwholesome Demand）

这是指对消费者身心健康有害的产品或服务，诸如烟、酒等。对这些产品或服务，企业营销管理的任务是提价、减少可购买的机会或停止生产供应，即反市场营销。反市场营销的目的是采取相应措施来消除某些有害的需求。

技能训练 1-2

分析校园市场需求

训练背景：现代社会中，各大高校在各种活动中越来越体现出对传统礼仪文化的重视。随着高校举行各种艺术类型的文艺文化活动次数的增多，对各类服装的需求也越来越大。以“大学校园服装租赁市场需求及经营模式与对策探究”为题，开展实训。

训练要求：以小组为单位进行讨论，讨论的内容包括校园服装租赁目前在校园中所处的需求状况，分析该种需求状况的特点；通过对校园（高校）服装租赁市场背景、客户需求、优势与劣势、市场调查的分析，以及对集团性服装、特殊服装、服装出租经营模式的探究，提出在选址、保洁、宣传、服务、优惠等方面完善校园服装租赁的对策与建议。

5. 营销人员要做出的决策

无论你是营销经理还是一般营销人员，都会面临一系列的决策。从一些重大决策，如雇佣多少销售人员，在广告上投入多少资金，新产品设计中的产品特征是什么，到一些次要决策，如产品的包装颜色等。

对于营销人员来说，他们经常会面临以下问题。

① 如何识别和选择所服务的细分市场？

② 如何把产品与竞争者的产品差别化？

③ 如何应答要求低价的顾客？

④ 如何与低成本、低价的国内外竞争者竞争？

⑤ 用哪些方法使我们的业务成长？

⑥ 如何为每个顾客定制产品？

⑦ 如何建设我们的品牌？

⑧ 如何减少顾客的成本？

⑨ 如何使顾客保持长期的忠诚？

⑩ 如何辨认哪些顾客是重要的？

⑪ 如何衡量来自广告、销售促销和公共关系的回报率？

⑫ 如何改进销售队伍的效率？

⑬ 如何建立多重渠道和管理渠道冲突？

⑭ 如何使公司的其他部门更趋于顾客导向？

一般来说，营销问题的重要性也会随市场的不同而有所变化，因此，在针对营销的各种问题做出决策时，要考虑四大市场，即消费者市场、企业市场、全球市场和非营利市场，具体如下所述。

（1）消费者市场

销售诸如牛奶、啤酒、方便面、饮料、纸品、婴儿用品、洗涤用品、牙膏、电视机等大众消费型商品的企业，面临的市场竞争比较激烈。而且，随着竞争的加剧，企业之间的营销差异越来越小，因此企业就必须花很多时间建立起一个独特的品牌形象，打造产品的品牌知名度，强化消费者对品牌的认同，从而提高消费者的购买行为和品牌忠诚度。

【小案例 1-4】

2018 年 7 月 16 日凌晨，在俄罗斯世界杯上，法国队以 4∶2 战胜克罗地亚队登顶夺冠，时隔 20 年再次捧起大力神杯。随后，作为法国队官方赞助商的华帝宣布“法国队夺冠华帝退全款”活动正式启动退款流程，历时一个多月的营销活动终于进入收尾阶段。

活动期间“夺冠退全款”指定产品的线下渠道销售额为 5000 万元，由经销商负责免单退款；线上销售额为 2900 万元，由华帝总部承担。活动期间，华帝销售总额约为 10 亿元，营业利润约为 4.3 亿元，通过营销获得的利润增长为 0.99 亿元，足以覆盖“夺冠退全款”营销活动的支出，并且小有结余。

资料来源：http://www.chinasspp.com/News/Detail/2018-7-16/420158.htm.

【分析提示】

毫无疑问，华帝这一次世界杯营销之战大获全胜，品牌、销售双丰收。从“法国队夺冠、华帝赔全款”的口号开始，到经销商“跑路”风波，到启动退全款流程，华帝这一厨电界新晋“网红”可谓风头一时无两。

建立品牌形象要求企业对目标顾客有一个清晰的认识，知道产品能满足什么样的需要，同时对品牌定位做好宣传工作。对于营销人员来说，虽然他们不能在产品品牌形象建立方面提供太多帮助，但是作为营销者，他们了解商品在市场中的各种情况，因此可以对产品特征、质量水平、推销费用、营销渠道等问题做出相关决策，以帮助企业树立品牌，在目标市场赢得一席之地。

（2）企业市场

营销人员在面对企业顾客的时候，购买者都是受过良好训练、信息灵通的专业人士。为企业服务的营销人员必须说明产品和服务能如何帮助企业顾客获得已确定的盈利目标。因此，营销人员必须在销售力量、产品价格、公司可信度、产品质量等方面做出决策。

（3）全球市场

经济全球化趋势是当今世界经济和科技发展的产物。在全球市场上推销产品和服务的公司面临着更多抉择和挑战。营销者必须有针对性地做出一系列决策：进入哪个国家；如何进入；如何调整商品和服务的特色以适应各个国家的需求；如何在不同的国家为产品定价；如何使宣传方式适合每个国家的文化习惯等。同时还要面对各国不同的法律体系、不同的谈判方式、不同的购买习惯、不同的语言或政治倾向等问题。

（4）非营利市场

把商品或者服务卖给如大学、慈善机构等一些非营利组织，在定价方面就要非常小心，因为这类组织的购买能力有限，往往需要较低的价格，但对于提供服务的企业来说，较低的价格可能会影响所提供商品的特性和质量。在卖给政府组织时，许多政府采购行为都是以招投标的方式进行，在没有其他偏袒因素影响的情况下，以最低价格被满足为标准。

技能训练 1-3

进入校园市场的营销者决策分析

训练背景：随着大学规模不断扩大，以高校大学生为消费主体的消费品市场逐渐引起企业的关注，计算机消费市场也备受青睐。故以“计算机进入高校市场的营销者决策分析”为题，进行实训。

训练要求：以小组为单位进行讨论，讨论的内容包括某品牌计算机在校园市场中所针对的顾客群体的特征、校园市场的特点、与其他同类产品的差异化、产品的特色等。说明该产品进入校园市场，营销者应做出的具体营销决策并形式书面报告。具体包括：通过对高校学生进行调查，分析高校的计算机消费市场前景及大学生的消费行为特征，进行准确的市场定位，并在此基础上提出某品牌计算机的校园营销推广策略（产品策略、价格策略、渠道策略、促销策略），从而达到预定的营销目标。

项目总结

【知识回顾】

（1）不能再简单地从“劝说和推销”的角度去考虑市场营销，营销不仅仅是销售，营销学包含了一批内容丰富的观念与工具。

（2）市场营销管理的任务是通过不同的市场营销策略来解决不同的需求状况，即市场营销管理的本质是需求管理。

（3）为做好营销，营销者面临一系列的决策。在对营销问题做出决策时要考虑 4 个不同的市场——消费者市场、企业市场、全球市场和非盈利市场的特点。

知识训练

一、选择题

1．市场营销学作为一种专门学科诞生于 20 世纪初的（　　）。

A．英国　　B．日本　　C．美国　　D．法国

2．市场营销学的核心概念是（　　）。

A．产品　　B．交换　　C．营销　　D．促销

3．市场营销学的研究对象是（　　）。

A．交换　　B．商品流通　　C．市场营销　　D．产品创新

二、判断题

1．市场营销是产品生产者与消费者之间进行商品交换的一种活动。（　　）

2．社会营销观念是对市场营销观念的发展和修正。（　　）

3．生产观念重点考虑生产多少产品。（　　）

4．营销能够创造消费者并不存在的需要和欲望。（　　）

5．有害需求只能通过立法禁止销售来消除。（　　）

三、简答题

1．什么是市场营销？市场营销有哪些核心概念？

2．市场营销观念经历了哪几个阶段的转变？试用实例说明。

3．市场营销学的研究对象是什么？市场营销学的结构体系包含哪几个部分？

四、技能题

近年来，国家颁布了一系列政策鼓励国民购买环保型汽车。某汽车企业拟开发新型小排量汽车。假如你被该企业邀请，为即将推出的小排量汽车制定市场营销方案，你将如何完成这项任务？请写出你的工作思路。

综合实训

一、案例分析

索尼公司通过创造需求开发新产品

公关专家伯内斯曾说，工商企业要“投公众所好”。这似乎成了实业界一条“放之四海而皆准”的真理。但索尼公司敢于毅然地说“不”。索尼的营销政策“并不是先调查消费者喜欢什么商品，然后再投其所好，而是以新产品去引导他们进行消费”。因为“消费者不可能从技术方面考虑一种产品的可行性，而我们则可以做到这一点。因此，我们并不在市场调查方面投入过多的力量，而是集中力量探索新产品及其用途的各种可能性，通过与消费者的直接交流，教会他们使用这些新产品，达到开拓市场的目的”。

索尼的创始人盛田昭夫认为，新产品的发明往往来自灵感，突然闪现，且稍纵即逝。曾流行于全世界的便携式立体声单放机的诞生，就出自一种必然中的“偶然”。一天，井深抱着一台索尼公司生产的便携式立体声盒式录音机，头戴一副标准规格的耳机，来到盛田昭夫的房间。从一进门，井深便一直抱怨这台机器如何笨重。盛田昭夫问其原因，他解

释说："我想欣赏音乐，又怕妨碍别人，但也不能为此而整天坐在这台录音机前，所以就带上它边走边听。不过这家伙太重了，实在受不了。"井深的烦恼，点亮了盛田昭夫酝酿已久的构想。他连忙找来技术人员，希望他们能研制出一种新式的超小型录音机。

然而，索尼公司内部几乎一致反对盛田昭夫的新创意，但盛田昭夫毫不动摇，坚持研制。结果不出所料，该产品投放市场，空前畅销。索尼为该机取了一个通俗易懂的名字——"Walkman"。日后每谈起这件事，盛田昭夫都不禁感慨万千。当时无论进行什么市场调查，都不可能由此产生"Walkman"的设想。而恰恰是这不起眼的小小的产品，改变了世界上几百万、几千万人的音乐欣赏方式。

索尼公司在"创立旨趣书"上写着这样一条经营哲学："最大限度地发挥技术人员的技能，自由开朗，建设一个欢乐的理想工厂。这就是'创造需求'的哲学依据。"

资料来源：根据网络资料整理

思考分析：

1. 你认为应从哪些方面来理解"创造需求"这一概念？
2. 结合案例分析"创造需求"在哪些方面突破了传统的营销原理？

二、实训操作

1. 实训目的

通过实训帮助学生了解市场营销的核心观念和市场营销管理的任务。

2. 实训组织和要求

将学生划分为若干项目小组，每小组选举小组长以协调小组的各项工作。辅导老师应及时检查学生各项任务的完成情况，并组织各小组进行经验交流。

3. 实训内容

以小组为单位，针对大学生熟悉的校园市场，各小组选定一种产品，如移动套餐（产品）、校园服装（租赁）或电脑等，通过此实训任务，让学生了解该产品在高校（校园）市场中的营销需求，了解该产品如果需要进入校园市场，营销者应采取哪些营销决策。

（1）针对各小组选定的产品确定该产品的市场需求。

（2）讨论如果该产品需进入校园市场，营销者应针对产品采取哪些营销决策，如何优化校园营销系统，如何制定校园营销策略。

项目2 洞悉市场营销新发展

项目目标

知识目标

● 了解市场营销面临的新挑战

● 理解关系营销、文化营销、服务营销、绿色营销、整合营销五种新的营销活动方式

技能目标

● 具备运用关系营销方式开展营销活动的能力

● 具备运用文化营销方式开展营销活动的能力

● 具备运用服务营销方式开展营销活动的能力

● 具备运用绿色营销方式开展营销活动的能力

● 具备运用整合营销方式开展营销活动的能力

实训目标

● 通过对市场营销面临的新挑战的学习，了解新经济背景下新型营销方式与传统营销方式的差异

● 通过对新的营销活动方式的学习，具备使用关系营销、文化营销、服务营销、绿色营销、整合营销等营销手段的技能

项目导入

扬起风帆再行船

甲公司是经营啤酒的中外合资企业，拥有先进的生产设备、强大的技术力量和高素质的职工队伍，公司制定了严格的生产管理和质量控制措施。公司管理者认为：其产品按纯正的原风味生产配方，别具特色，质量过硬，会受到消费者欢迎，公司不会轻易地改变产品的配方。公司组织外销机构和内销队伍分别负责国外和国内市场销售，推销人员定期与老客户联系，争取订单，收回货款。为了保证利润，公司按成本价一定比例的利润来确定价格。公司是合资企业，质量控制严格，成本较高，不随意降价。目前，公司的效益较好，产品质量本身就是最好的宣传。

乙公司是啤酒行业中的后起之秀，由于底子较薄，基础较差，设备、厂房、技术水平都相对落后，管理者决定首先以当地市场作为目标市场，按本地区消费者的习惯和口味确定配方，尽可能地降低成本，以低廉的价格占领本地市场，使该公司啤酒畅销于本地的各副食品商店，各大、中、小餐馆。同时针对先富起来的一部分高消费者，将价格昂贵的“生啤”送到高级宾馆、娱乐场所，以赚取高额利润。在此基础上，市场调研部门组织社会力量，调查研究各地市场的偏好，计划向外地扩张，逐步扩大经营范围；推广部门借助各种媒体积极宣传企业的业绩，使企业不断发展壮大。

资料来源：https://zhidao.baidu.com/question/491510752.html.

项目实施

任务2.1 洞悉市场营销新需求

根据导入项目，思考甲公司和乙公司的营销观念，同时针对甲公司和乙公司各自的营销观念谈谈他们各自的发展前景。

1. 移动商务

移动商务是指在网络技术和移动通信技术的支撑下，在手机等移动通信终端之间，通过移动商务解决方案，实现企业办公信息化的全新方式。它是移动通信、计算机技术与互联网三者融合的最新信息化成果。现在许多商业业务都通过网络的传播来实现。经营移动商务的企业需要将特定群体的注意力转移到移动商务上。移动商务使传统企业市场营销的模式产生了较大的改变。

（1）改变传统的营销方式

传统的营销方式以大量的人力和宣传投入来争夺市场，通过建立层层可信赖的严密的渠道达到销售目的，这样的营销方式不仅费时费力，而且成本很高。

移动商务可提供一个与消费者“面对面”的交互平台。通过这个平台，消费者可以明确表达个人的消费需求和对产品的需要；企业以最快的速度了解用户对产品和服务的意见、建议，从而更好地满足用户的需要。通过这个平台，商家不仅能快速满足消费者的需求，还可将商务活动的范围扩大到全球，使买卖双方即便相隔万里，也能通过网络像面对面一样迅速地完成交易。移动商务极大地改变了传统的营销方式。企业也要尽快适应这种新的网络互动型的营销方式，寻找能实现企业利润最大化和满足客户需求最大化的营销策略。

（2）改变企业的竞争形态

移动商务为企业提供了巨大的市场潜力和全新的销售方式，也改变了企业的竞争形态。由于互联网上信息的公开性使市场竞争更为公平，大企业面临同行中小企业的竞争，同行企业也面临着其他行业企业的竞争。

（3）改变市场营销环境

当前，移动商务使消费者购买行为日趋个性化。作为生产者，企业要对市场机会有敏捷的反应能力。移动商务使生产者与消费者直接交易的可能性增加，中间商的作用将被削弱。同时，消费者在交易中的主导权会更加突出，而生产者的市场营销策略会强调如何更方便、更及时地满足消费者的特定购买欲望。

（4）改变人们传统的消费习惯

传统的营销模式下，消费者想充分了解并购买某个商品，只能通过媒体广告、到商店直接接触商品或者询问某个已经购买该商品的顾客等方式来了解。如今，消费者可能只需要动动鼠标、敲敲键盘，某款商品的好坏便可一目了然；消费者可以足不出户就购买到南美洲的咖啡豆和非洲的辣椒；当某个商品受到互联网某些偶像的推荐时，这个商品可能会在一夜之间获得惊人的销量。在社会化媒体高度发达的今天，每一个消费者均有话语权，他们对商品和服务的个性化要求越来越高。他们不再满足于被动地接受企业生产、销售的商品，而是会对商品的质量、规格、式样、造型乃至包装等不断提出自己的新要求。

在移动商务条件下，企业面对的是消费者对产品或服务日新月异的要求。企业面临消费者的行为、偏好的变化，既要为其提供大量符合其需要的商品，又要根据消费者不断变化的求新、求变的愿望，加强对商品的升级换代。

（5）改变企业营销理论

在传统的市场条件下，企业根据营销方式及特点实行的是4P营销组合策略，即将产品（Product）、价格（Price）、分销（Place）和促销（Promotion）四个变量作为企业营销策略的四个因素。移动商务参与进来以后，针对新的市场条件和消费者需求特点，以舒尔茨教授为首的营销学者从客户角度提出了新的营销理论——4C营销组合：Customer（客户的需求和期望）、Cost（客户的费用）、Convenience（客户购买的方便性）、Communication（客户与企业的沟通）。

移动商务使产品多样化、柔性生产、按订单制作成为可能。在新的4C营销组合理论背景下，移动营销的模式就是企业通过与客户的对话，清楚了解每个客户个性化的需求后，制定出相应的使企业利润最大化的策略。这样将大大降低企业的预测失误风险，减少商品流通环节的成品库存，缩短资金回收期。

网络的即时交互、超越时空等特点使得企业与客户之间建立一对一的营销模式成为可能。移动商务给人们提供了一种全新的角度，这种角度改变了营销思考的重心，消费者成为市场营销的核心。

2. 全球化

目前，世界各国纷纷致力于金融、贸易、信息和技术等全方位的全球化进程。经济全球化的趋势将深刻改变企业的营销环境，导致企业的营销环境产生一系列变化。生产、贸易等活动全球化的发展，使市场竞争呈现新局面，参与竞争的主体多元化。战略联盟、虚拟企业、电子商务等经营模式的出现使企业能打破跨地域、跨文化、跨市场的限制。全球范围内企业并购的热潮使企业经营日趋规范化。经济全球化的背景对企业的市场营销提出了新挑战。

【小案例 2–1】

中国青岛啤酒集团在开拓国际市场时，对于销往不同国家和地区的产品，在保持明显青岛啤酒特征的前提下，根据当地的特色和风土人情，在包装的颜色、图案组合及产品规格等方面，尽量满足当地消费者需求，找到了最好的、最能引起消费者认同的包装形式，这样，包装的形式既具有了统一性，又具有了多样性。

【分析提示】

此案例中，在面向全球市场的营销活动中，注重与当地的文化交流与沟通，才能使产品容易被当地消费者接受。

3. 专门化

以信息产业为支柱的经济形态，最大的优点在于比较容易进行差异化、专门化和个人化，并容易通过网络迅速传播。由于公司越来越善于收集个别客户和商业伙伴的信息，同时产品设计也更加灵活，因此可以做到根据客户的需求提供差异化的个人产品。

【小案例 2–2】

宝洁公司抓住电子商务和网络营销迅速发展的有利时机，推出了一个互动性的网络商务美容公司（网址：http://www.reflect.com）。在该网站上，宝洁公司大大增强了与消费者沟通的交互性，对消费者的意见和建议及时做出反应。公司还在介绍和推广自己的产品之外为客户提供其他多样化的服务。例如，公司作为发明者介绍了通过美国 FDA 检验的防治骨质疏松症的新药——Actonel。在与 Sanofi-Aventis 制药集团共同营销这一新药品的同时，公司还针对骨质疏松症提出了一系列专门建议，为客户的选择提供了一定依据。

【分析提示】

此案例中，宝洁公司建立的网络商务美容公司，就像一个虚拟的产品加工基地，可以根据客户反馈的信息，有针对性地生产能满足其需求的产品。

无论顾客是亲自上门，还是通过电话或者上网订货，都能得到公司提供的能够满足其个性需求的产品。这里公司实际上提供了一个车间，让顾客根据需要设计自己想要的产品，即专门化的产品。公司在与顾客沟通时，要确保与每个顾客顺畅沟通，这样才能确保在一对一的基础上将产品、服务和信息专门化，从而满足顾客个性化的需求。当然专门化并不适用于每个公司和产品，比如像汽车这样复杂的产品，专门化就很难实现。同时专门化也会导致产品生产成本的增加，且不能退货，也不利于产品的维修等售后服务。但有些产品却适用于专门化，如服装、美容产品等。

4. 行业趋同

随着经济全球化的发展，行业间的界限越来越模糊。如柯达这样的胶卷公司以前是化学公司，但是它也开始向电子领域发展，以实现成像技术的数字化。资生堂是日本的化妆品公司，也拓展了皮肤用药品的市场。在这些例子中，公司开始意识到，新的机遇存在于两个或更多行业的融合之中。企业不但要知道如何了解新的市场与竞争对手，同时还要知道如何对其业务的不同部分进行最大程度的整合。

任务 2.2 洞悉营销发展新趋势

根据导入项目可知，随着市场的发展，企业需要洞悉营销发展的新趋势，及时做出营销计划与策略调整，只有这样才能保持一定的市场地位。

菲利普·科特勒指出：“营销并非像欧几里得几何学那样，有着对概念与定理的一套固定体系。相反，营销是经营管理学中最富能动作用的一个领域，市场上经常出现新的挑战，公司必须做出反应。因此，毫不奇怪，新市场观念应不断出现以迎接新的市场挑战。”所以，随着世界经济的发展，一系列营销新观念也在不断涌现，并为社会各界所接受。其中，具有代表性的观念有以下几个。

1. 关系营销

关系营销是以系统论为基本思想，将企业置身于社会经济的大环境中来考察企业的市场营销活动，其核心是建立并发展与消费者、竞争者、供应者、分销者、政府机构和社会组织的良好关系。

关系营销是 20 世纪 90 年代建立起来的，它以系统论为基本指导思想，将企业置于社会经济大环境中去考察，认为企业是社会经济系统中的一个子系统，企业营销是一个与消费者、竞争者、供应者、分销者、政府机构和社会组织发生互动作用的过程，正确处理企业与这些个人和组织的关系是企业营销的核心，也是企业成败的关键。

关系营销与传统营销组合相比有较大的区别：

① 传统营销的核心是交易，关系营销的核心是关系。

② 传统营销把视野局限于目标市场，关系营销所涉及的范围则广得多。

③ 传统营销强调如何获得顾客，关系营销强调如何维护顾客。

④ 传统营销不太强调顾客服务，关系营销高度强调顾客服务。

⑤ 传统营销是有限的顾客参与和适度的顾客联系，关系营销强调高度的顾客参与和紧密的顾客联系。

关系营销是在传统营销的基础上发展起来的，它突破了传统营销理论的界限，是对传统营销理论的延伸与创新，是一种新的营销境界。

2. 文化营销

文化营销是指在企业营销活动中有意识地通过发现、培养或创造某种核心价值观念，并针对企业面临目标市场的文化环境采取一系列文化适应和沟通策略，以实现企业经营目标的一种营销方式。

文化营销的实质性内涵在于核心价值观念的培养和塑造。文化营销可以从产品、品牌文化和企业文化三个层面渐次推进和展开，而产品及企业的价值定位和文化个性是文化营销的基础。一方面，企业营销人员应该认真分析目标市场特有的文化及文化背景，利用文化魅力创造需求；另一方面，企业人员应扩大企业文化影响和品牌文化价值，用文化变量中消费者受教育水平、价值取向和产品的知识含量等因素来细分市场，创造全方位、高品质的品牌形象和文化氛围，并力求服务文化创新，以文化亲和力启动市场营销。

3. 服务营销

服务是一方能够向另一方提供的各种基本上无形的活动，且不导致任何所有权的产生。它的生产可能与某种物质产品相联系，也可能毫无联系。

近年来，随着全球产品结构的变化及竞争的加剧，服务营销已成为理论研究的热点和企业竞争的重要手段。按照菲利普·科特勒的服务营销理论，服务理论可应用于各行各业。通常，服务供应可以分为五大类型：

第一，纯粹有形商品，主要是有形物品，如盐、毛巾、肥皂等；

第二，有形商品伴随商品服务，如汽车；

第三，有形商品与服务结合，如饭店既提供饭菜又提供吃饭的环境与服务；

第四，服务主要伴随小物品和小服务，如航空旅行中航空公司提供的一些食品；

第五，纯粹服务，如照看小孩、心理咨询等。

现实经济生活中的服务可以分为两大类。一种是服务产品，产品为顾客创造和提供的核心利益主要来自无形的服务。另一种是功能服务，产品的核心利益主要来自形成的成分，无形的服务只是满足顾客的非主要需求。服务营销的研究形成了两大领域，即服务产品的营销和顾客服务营销。服务营销的本质是研究如何促进服务的交换，顾客服务营销的本质则是研究如何将服务作为一种营销工具促进有形产品的交换。

4. 绿色营销

绿色营销是指企业在营销活动中，谋求消费者利益、企业利益与环境利益的协调，既要充分满足消费者的需求，实现企业的利润目标，又要充分注意自然的生态平衡。

绿色营销对社会、国家、企业和个人都具有极其重要的意义。近年来，绿色营销呈现出一种迅速发展的趋势并逐渐成为营销的主流。实施绿色营销的企业，对产品的创意、设计和生产，以及定价与促销的策划和实施，都要以保护生态环境为前提，力求减少和避免环境污染，保护和节约自然资源，维护人类社会的长远利益，实现经济与市场的可持续发展。绿色营销是在传统营销基础上发展起来的，它与传统营销相比，具有自己的特点：

第一，绿色营销以绿色消费为前提；

第二，绿色营销以绿色观念为指导；

第三，绿色营销以绿色法制为法律前提；

第四，绿色营销以绿色科技为物质前提。

5. 整合营销

整合营销是一种通过对各种营销工具和手段的系统化组合，根据营销环境的变化进行即时性的动态修正，以使交换双方在交互中实现价值增值的营销理念与方法。

整合营销的概念首先由美国著名学者舒尔兹于20世纪90年代初提出，它运用系统论与权变论解释营销学，提出了系统化的动态营销观念。整合营销强调各种要素之间的关联性，要求它们能成为统一的有机体，形成合力，共同为企业的营销目标服务。整合营销观念打破了传统营销活动只是企业经营管理的一项职能的观点，强调企业所有活动都应该整合和协调起来，共同为顾客的利益服务。同时，整合营销观念强调企业与市场之间互动的关系和影响，运用更加科学的方法研究消费需求，努力发展潜在市场和创造新市场。因此，以注重企业、顾客、社会三方共同利益为中心的整合营销，具有整体性与动态性特征，企业把消费者之间交流、对话、沟通放在特别重要的位置，是营销观念的变革和发展。

【小案例 2-3】

尿布和啤酒摆在一起出售，使尿布和啤酒的销量双双增加。这是发生在美国沃尔玛连锁超市的真实案例，并一直为商家所津津乐道。原来美国的妇女们经常会嘱咐她们的丈夫下班以后为孩子买尿布，而丈夫在买完尿布之后又要顺手买回自己爱喝的啤酒。是什么让沃尔玛发现了尿布和啤酒之间的关系呢？正是沃尔玛通过对超市一年多原始交易数据进行详细分析，才发现了这对神奇的组合。

【分析提示】

从案例中可看出数据库营销的力量。对客户的消费信息进行数据库挖掘和相关性分析，往往可以得到意想不到的用户行为之间的联系。利用好海量的用户数据，对这些看似毫无规律的数据进行深入挖掘，探索用户使用的潜在规律，并且利用数据挖掘来推进产品的营销，这种观念正不断地被当今企业接受和追捧。

技能训练 2-1

整合营销工具的运用

训练背景：选择手机、饮料或者运动服饰等大学生熟悉的各类产品，采用整合营销的方式，在校园市场中推广。

训练要求：以小组为单位，各组选定一项产品进行讨论，讨论内容包括在校园市场中可以运用的整合营销工具包括哪些，在实施整合营销过程中需注意的问题等，并形成书面的整合营销推广方案。

项目总结

【知识回顾】

（1）随着世界经济的发展，市场营销面临新挑战，公司和营销人员必须采用新的工具和开展新的实践活动应对市场的变化，从而获得成功。

（2）关系营销是以系统论为基本指导思想，将企业置于社会经济大环境中去考察，认为企业是社会经济系统中的一个子系统，企业营销是一个与消费者、竞争者、供应者、分销者、政府机构和社会组织发生互动作用的过程。

（3）文化营销是指在企业营销活动中有意识地通过发现、培养或创造某种核心价值观念，并且针对企业面临的目标市场的文化环境采取一系列文化适应和沟通策略，以实现企业经营目标的一种营销方式。

（4）服务营销的研究形成了两大领域，即服务产品的营销和顾客服务营销。服务营销的本质是研究如何促进服务的交换；顾客服务营销的本质则是研究如何将服务作为一种营销工具促进有形产品的交换。

（5）绿色营销的企业对产品的创意、设计和生产，以及定价与促销的策划和实施，都要以保护生态环境为前提，力求减少和避免环境污染，保护和节约自然资源，维护人类社会的长远利益，实现经济与市场的可持续发展。

（6）整合营销是一种通过对各种营销工具和手段的系统化组合，根据营销环境的变化进行即时性的动态修正，以使交换双方在交互中实现价值增值的营销理念与方法。

知识训练

一、选择题

1．建立客户关系的关键点是（　　）。

A．要了解客户　　B．服务要好

C．与客户建立亲密联系　　D．广告投放要多

2．关系营销的核心是（　　）。
A．对各种营销工具和手段的系统化结合
B．建立和发展企业与消费者、供应商、分销商、竞争者、政府机构及其他公众的良好关系
C．让客户有充分的选择权
D．企业要充分认识消费者的需求，充分满足消费者的需要

3．“好酒不怕巷子深”反映的是（　　）。
A．生产观念　　B．产品观念
C．市场营销观念　　D．推销观念

4．（　　）最容易产生“营销近视症”。
A．产品观念　　B．推销观念　　C．营销观念　　D．社会营销观念

二、判断题

1．企业开展营销活动的思维视角应该从产品开始，到产品卖给消费者为止。（　　）
2．只要企业制定好营销组合策略，做好内部营销，企业营销活动就一定能够取得很好的营销效益。（　　）
3．通过满足需求达到顾客满意，最终实现包括利润在内的企业目标，是现代市场营销的基本精神。（　　）

三、简答题

1．简述公司如何利用客户数据库进行营销。
2．简述销售观念和市场营销观念的主要区别。

四、技能题

1．用思维导图梳理市场营销发展历程。
2．描述市场营销面临的新挑战。

综合实训

一、案例分析

阿里巴巴与“双11”

2016年11月11日零时，“双11”购物狂欢节开始。开场仅52秒交易额破10亿元，比2015年的1分12秒提前20秒；并在6分58秒时，交易额突破100亿元大关，比2015年12分28秒的业绩提升了近一倍，卖家的销售额也纷纷突破历史记录。最终，“双11”当天阿里巴巴旗下各平台总交易额达到1 207亿元，同比增长32.3%。为了给“双11”造势，阿里巴巴还和浙江卫视一起在深圳大运中心体育馆举行“天猫双11狂欢节”晚会。

资料来源：根据网络资料整理

思考分析：

1．为什么“双 11”这样一个与传统节日毫无关联的日子，会成就国内电商领域的一场盛宴？

2．你如何看待马云所说的“新经济是新的营销模式对传统营销模式的大战，‘营销’既要追求结果也要注重过程”？

二、实训操作

1．实训项目

企业营销部门与营销人员现代营销理念的构建。

2．实训目标

（1）加深对现代市场营销理念的感性理解。

（2）结合企业的营销实践，认知传统营销观念与现代营销观念的区别。

3．实训内容与方法

（1）以自愿为原则，3～5 人为一组，利用课余时间现场观察当地市场滞销商品与畅销商品的市场销售表现，了解消费者的态度与看法。

（2）结合平时的社会实践和市场观察过程中的所见所思，对企业营销活动和营销理念的关系进行梳理，提炼总结什么样的营销理念才是现代的、科学的营销理念。

4．考核方式

（1）考核标准：能够结合企业的典型销售案例，从实践层面对不同市场营销理念与企业营销活动、营销行为的关系进行正确剖析。

（2）考核评价：每小组撰写一份书面报告。

模块 2　寻找市场机会

项目 3　市场调研

项目 4　分析市场环境

项目 5　分析消费者行为

项目 3 市场调研

项目目标

知识目标

- 了解什么是市场调研
- 理解市场调研的重要作用及分类
- 掌握市场调研的内容和方法

技能目标

- 具有市场调研策划的能力
- 具有使用各种调研方法进行调研的能力
- 具有运用各种调研技术配合调研的能力

实训目标

- 通过对市场调研流程的学习，具备运用市场调研方案拟定的流程、内容等相关知识，制定调研方案的技能
- 通过对市场调研技术的学习，具备运用调查问卷的基本结构、问卷设计的过程和设计要点等相关知识，设计调查问卷的技能
- 通过对本项目的学习，具备运用调研方案的实施过程及调研结果的整理与分析等相关知识，撰写调研报告的技能

项目导入

新款 iPhone 能否成功依赖于 Siri 是否升级

市场研究公司 Fluent 在苹果公司全球开发者大会前发表调查报告称，Siri 升级版和发布 Siri 开发工具包将成为决定新款 iPhone 销售的关键因素。Fluent 公司的调查显示，约 42%的 iPhone 用户表示，如果 Siri 大幅改进，他们“有可能”购买新款 iPhone。预计苹果公司将在下周的全球开发者大会上公布 Siri 升级版并发布 Siri 开发工具包。

但是，仅靠 Siri 无法拉动 iPhone 销售高于预期水平。调查发现，仅约 19%的 iPhone 用户“非常可能”购买新款 iPhone。Fluent 公司首席营销官乔丹 · 科恩表示：“总之而言，苹果公司需要重新获得一些大受欢迎的元素，积极进军汽车和电视机市场。”调查还发现，即使 Siri 开发工具包吸引力不如亚马逊 Echo 和 Alexa，87%的 iPhone 用户仍然不会换购其他品牌手机。74%的 Android 手机用户表示在换购新机时不会换用其他平台。

在全球智能手机销售放缓和有大量中档手机可供选择的背景下，消费者仍然钟爱 iPhone 的原因是：他们喜欢高端产品。调查显示，约 65%的受访者表示他们认为 iPhone 的高价格“物有所值”。

尽管 Fluent 公司在调查中发现消费者对苹果产品有信心，但也证实，部分 iPhone 用户对今年发布的机型预期不高。科恩说：“许多消费者一直被‘灌输’——不要期望今年的新机型有重大升级。我们的研究表明，近半数消费者预计今年发布的 iPhone、iPad 和 Mac 升级幅度不大。”

资料来源：根据网络资料整理

项目实施

任务 3.1 认识市场营销调研

根据导入项目，思考开展智能手机市场营销调研的工作内容及工作流程，制定书面调研方案。调研方案要求包括调研题目、调研目的、调研内容、调研者、调研方法、实施计划、调研日程安排及调研费用预算等。

1. 什么是市场调研

市场调研是一门综合的技术方法，需要科学的理论、严密的组织、细致入微的操作。随着我国市场经济的发展，面对不确定的市场，许多经济部门和工商企业越来越重视市场调研，以增强市场营销策划和管理决策的科学性，提高企业的市场适应能力和竞争能力。

（1）市场调研的含义

市场调研的含义是随着商品经济的发展而不断演变的，随着市场竞争的日趋尖锐，客观上要求市场调研范围突破流通领域，渗透到生产领域和消费领域，参与企业的内部经营管理决策，为企业产、供、销提供可靠的依据。这时，市场调研就发展成运用科学的方法和手段，系统地、有目的地收集、分析和研究与市场营销有关的各种信息，提出分析的结论和建议，以此作为分析市场和做出营销决策的重要依据。

（2）市场调研的作用

① 市场调研可以帮助营销决策者了解当前营销策略及营销活动的得失，以进行适当调整。通过了解并分析所提供的市场信息，可以避免企业在制定营销策略时发生错误。只有在实际了解市场的情况下才能有针对性地制定市场营销策略和企业经营发展策略。

② 市场调研可以帮助营销决策者识别最有利可图的市场机会，为企业提供发展新契机。市场竞争的发展变化日益激烈化，且不断地发生变化，而促使市场发生变化的原因很多，通过正确的市场信息，可以了解市场可能的变化趋势以及消费者的潜在购买动机和需求。对于企业来说，能否及时了解市场变化情况，并适时、适当地采取应变措施，是企业能否取胜的关键。

③ 市场调研有助于了解当前相关行业的发展状况和技术经验，为改进企业的经营活动提供信息。当今世界，科技发展迅速，通过市场调研可以及时地了解市场经济动态和科技发展的资料与信息，为企业提供最新的市场情报和技术生产情报，改进企业的生产技术，从而增强产品和企业的竞争力，保障企业的生存和发展。

通过市场调研所获得的资料，除了可供了解目前市场的情况之外，还可用于对市场变化趋势进行预测，从而可以提前对企业的应变做出计划和安排，充分地利用市场变化，从中谋求企业的利益。

【小案例 3-1】

福特汽车公司新车型调查设计

美国福特汽车公司开办了一个市场调查诊所，对自己的新车型设计进行检验。该诊所邀请客户在预定的路线上驾驶新汽车，同时，派一位受过训练的调查人员坐在驾驶人员的旁边，记录驾驶员对汽车的全部反应。驾驶结束后，给每一位参与者长达6页的调查问卷，询问参与者对汽车每一部分优缺点的评价。通过参与者提供的信息，福特汽车公司就可以了解消费者对新车型的反应，然后进行适当改进，使其更受目标消费者的欢迎。

【分析提示】

正是福特汽车公司重视市场调查，根据消费者对新车型的意见等信息，设计、生产产品，改进产品和服务，才使其开发的新车型受到欢迎。

资料来源：根据网络资料整理

2. 市场调研的类型

市场调研既涉及市场营销的各个方面，又运用许多经济学、社会学、心理学和统计学的方法，市场调研的分类标准也因此多种多样。

（1）按提供信息的目的分类

根据市场调研提供信息目的的不同，市场调研被分为探索性调研、描述性调研、因果性调研和预测性调研四种类型。这是最常见的分类标准。

探索性调研是非正式的、定性的初步调研，目的在于发现想法、洞察问题、明确性质，为正式调研开路。常用于调查方案设计的事前初步研究。

描述性调研是解决“是什么”的正式调查，要求有详细的调查方案和调查问卷，数据搜集要求具有系统性，能描述调查现象的各种数量表现和特征。

因果性调研是解决“为什么”的正式调查，要求有详细的调查方案和调查问卷，重点探求影响事物变化的因素，揭示市场现象之间的因果关系。

预测性调研是解决“未来市场前景如何”的调查，重点在于掌握未来市场发展变化的趋势，为经营管理决策和市场营销决策提供依据。

（2）按调研的时间层次分类

根据组织市场调研的时间层次不同，市场调研可分为经常性市场调研、定期市场调研和临时性市场调研三种类型。

经常性市场调研又称不定期市场调研，是指在选定调研的课题和内容之后，组织长时间的、不间断的调查，以搜集具有时序化的信息资料。在经常性市场调研中，每次调研的时间、内容都是不固定的。

定期市场调研是指对市场情况或业务经营情况每隔一定时期所进行的周期性的调查。定期市场调研的形式有月末调研、季末调研、年终调研等。

临时性市场调研又称一次性调研，是指为了研究某一特殊问题而进行的一次性的市场调查。企业投资开发新产品，开拓新的市场，建立新的经营机构，或者根据市场的某些特殊情况而进行的市场调研活动都属于这种类型的市场调研。

3. 市场调研的内容

市场调研的内容因企业的规模、性质等因素不同而有所不同，调研的重点亦不相同。如果企业在调研时没有选择正确的调研内容，必然会导致调研结果的偏差，从而导致决策的失败。

市场调研的内容大致可以分为营销环境因素调研、市场需求情况调研、营销组合因素调研等内容。

（1）营销环境因素调研

营销环境因素调研主要是对营销宏观环境的调研，宏观环境包括政治、经济、法律、社会活动、文化及地理等因素。一切营销组织都处于这些宏观环境之中，不可避免要受其影响、制约。

（2）市场需求情况调研

研究和分析市场需求情况，主要目的在于掌握市场需求量的大小、消费结构的构成、消费者行为的特点、竞争对手的各种情况等，从而解决如何运用有效的经营策略和手段的问题，其具体内容如下。

① 消费需求量的调研。市场的需求量直接决定了企业规模的大小，而且受社会环境、消费者收入水平、人口数量和流行因素等影响较大。

② 消费结构的调研。消费结构包括人口构成、家庭规模和构成、收入增长状况、商品供应状况以及价格变化。它表明了消费者将其货币收入用于不同商品的比例。

③ 消费者行为的调研。消费者行为包括消费者的心理性格、个人爱好、周围环境及消费习惯等，这些因素都在一定程度上促成了消费者的购买行为。

④ 竞争对手情况的调研。产品只要进入市场，就会出现竞争，而调研竞争对手才能做到知己知彼。竞争对手的基本情况包括市场占有率、销售额、利润额、新产品开发速度、市场竞争策略、市场促销策略及企业的竞争实力等。

（3）营销组合因素调研

在选定目标市场后，企业要进一步确定开发该目标市场的营销策略。有效的营销组合策略能使企业准确地找到产品切入点，迅速地让消费者认同该产品，从而使企业争取到最大可能的市场份额。要制定有效的营销组合策略，关键在于市场营销调研所提供的信息和依据。调研人员需要分别把握以下有关内容。

① 产品的调研：包括企业现有产品处在产品生命周期的哪个阶段及应采取的产品策略、产品的设计和包装、产品应采用的原料和制造技巧以及产品的保养和售后服务等。

② 价格的调研：包括相关产品的市场价格、本企业产品的定价策略与销售之间的关系、产品价格的供求弹性及消费者的价格评价等。

③ 销售渠道的调研：包括经销商的情况，如经销商的经营情况、信誉情况、经营能力、资金实力、店面形象等情况；商品的运输状况，如运输工具及费用等；企业对经销商策略的执行情况等。

④ 促销手段的调研：包括门市销售、人员销售、广告宣传、媒体价格与效果、推行品牌战略的情况等。

4. 市场调研的流程

市场调研是一种有计划、有组织的活动，必须遵照一定的工作程序，才能有条不紊地实施调研，取得预期的效果。市场调研的流程如图 3.1 所示。

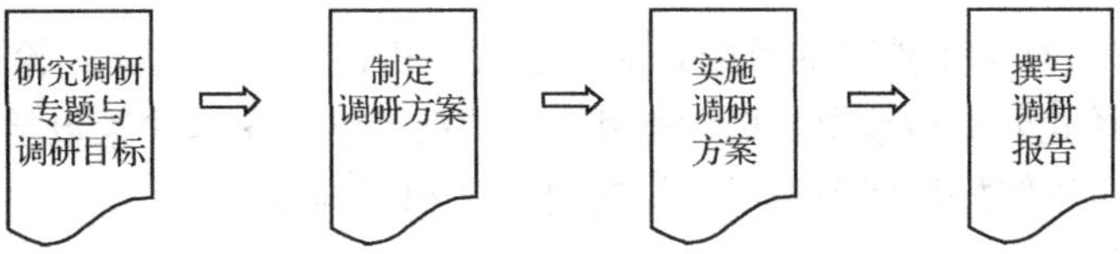

图 3.1 市场调研的流程

（1）研究调研专题与调研目标

由于市场营销决策过程涉及的内容十分广泛，需要进行调研的问题也就很多，不可能通过一次市场调研就解决决策中所面临的全部问题，因此调研要有重点。在组织每次市场调研活动时应当首先找出需要解决的最关键问题，选定调研专题，明确调研任务和目标。

（2）制定调研方案

制定调研方案是进行市场调研的重要步骤，它对调研起指导性作用，因此必须确定以下内容才能更好地制定调研方案。

① 确定资料来源。调研资料按其来源分为一手资料和二手资料，即直接资料和间接资料。

② 确定调研方法。收集不同的资料需要使用不同的调研方法，只有使用正确的调研方法，才能事半功倍，获得所需信息。

二手资料的收集可以借助案头调研法，一手资料的收集可以采用实地调研法，实地调研法又可分为观察法、询问法和实验法。

③ 确定费用。费用预算是制订调研计划时要考虑的一个重要内容。任何调研项目都是要花钱的，没有充足的费用，调研就无法进行。如果一项调研的费用大于实施调研后可能取得的收益，那么这项调研也就失去了意义，因此应做好费用预算。

④ 确定调研人员。确定调研人员主要是确定参加市场调研的人员及其条件。调研人员应具备一定的文化知识水平、严肃认真踏实的工作态度和应付处理实际问题的能力。其后还需要针对调研项目培训调研人员，只有提高调研人员的素质，才能保证调研结果真实可靠。

⑤ 工作进程的确定及监督。确定工作进程就是确定具体的工作程序，包括对各类调研项目的进行时间、工作方法等做出具体规定。另外需要对工作进程进行监督，包括对人员、费用、完成进度、方法使用、效果等的监督。

（3）实施调研方案

实施调研方案包括三个步骤：数据资料的收集、加工处理和分析。

① 在实施调研计划时，数据资料收集阶段往往是费用最高、也最容易出现错误的阶段。营销主管人员必须密切监督调研现场工作，防止调研出现偏差，以确保调研结果的客观性和可靠性。

② 搜集到的数据资料必须经过科学的加工处理，才能做到去伪存真、去粗取精。数据资料的处理包括对调研资料的分类、综合与整理。数据资料加工处理的关键是保证信息的精确性与完整性。如果加工处理时发现数据资料不可靠，就需要利用不同的资料来源加以核实，剔除不可靠的部分。必要时可能不得不放弃已经获得的数据资料，以免产生错误的结论。

③ 调研资料进行加工处理的目的是对它进行分析，以获得调研结论。根据资料分析的方式不同分为经验分析和数学分析。利用先进的统计学方法和决策数学模型，辅之以经验分析与判断，可以较好地保证调研分析的科学性和正确性。

（4）撰写调研报告

在对调研资料进行分析的基础上，调研人员要得出结论并以书面形式总结汇报调研结果。调研报告分为技术性报告和结论性报告。技术性报告着重报告市场调研的过程，而结论性报告着重报告市场调研的成果，提出调研者的结论与建议，供营销决策者参考。

技能训练 3-1

1. 项目任务

以项目小组为单位，为小组的市场调查活动设计方案，并就某一主题的市场调研设计调查问卷，用街头拦截法实施调查，根据所获得的资料撰写市场调研报告。

2. 步骤及要求

（1）明确组内分工

（2）了解公司营销活动中存在的问题

（3）在组内讨论分析的基础上确立调查目的，设计调查问卷

（4）实施问卷调查

（5）每个团队提交一份调查报告（1500 字以上）

3. 过程评价

（1）小组长评价组员

（2）组间互评

（3）教师打分

（4）教师对项目成果打分

任务3.2 掌握市场调研方法

根据导入项目，确定开展智能手机营销调研所需使用的调研方法，并完成表 3.1（可增加行）。

表 3.1　智能手机营销调研的调研方法

序　号	调研内容	调研方法	选择原因	具体实施步骤
1				
2				
3				

根据导入项目可知市场调研非常重要，但使用正确的方法调研更重要，调研方法的作用就在于获取一手资料和二手资料。一手资料指的是从现场调查所收集的资料，也称直接资料；二手资料指的是从各种文献档案中收集的资料，也称间接资料。无论是获取一手资料还是二手资料，都需要采用正确的调研方法。市场调研的方法主要有案头调研法和实地调研法两种方法。

1. 案头调研法

【小案例 3-2】

日本某公司的信息获取与利用

美国法律规定，本国商品的定义是“一件商品，美国制造的零件所含价值必须达到这件商品价值的50%以上”。日本一家公司通过查阅美国有关法律和规定获知了此条信息。这家公司根据这些信息，想出一条对策：进入美国公司的产品共有20种零件，在日本生产19种零件，从美国进口1种零件，这1种零件价值最高，其价值超过商品总价值的50%，在日本组装后再送到美国销售，就成了美国商品，可直接与美国厂商竞争。

【分析提示】

案头调研是市场调研的第一步，也是获取二手资料的有效手段。从上述案例可见，案头调研的信息只要适用，就能帮助企业开拓新市场、获得新商机。

（1）定义

案头调研是市场调研术语，是指对已经存在并已为其他目的而收集起来的信息进行的调研活动，也就是对二手资料进行搜集、筛选，并据以判断是否已局部或全部地解决问题的过程。

案头调研是相对于实地调研而言的，通常是市场调研的第一步，为开始进一步调研先行收集已经存在的市场数据。

（2）案头调研的资料来源

市场竞争是一场信息的竞争，谁掌握了信息，谁就赢得了市场。要研究信息，企业必须掌握信息来源。成功地进行案头调研的关键是发现并确定二手资料的来源。二手资料的来源很多，归纳起来主要分为内部资料来源和外部资料来源。

内部资料指的是出自所要调研的企业或公司内部的资料，包括存货清单、财务报告、销售记录、顾客函电等。

外部资料指的是来自被调研的企业或公司以外的信息资料。外部资料主要来自政府、国际组织、行业协会、商会、银行、调研机构、消费者组织、图书馆等各种外部信息源。

技能训练 3-2

分小组组织一次焦点小组访谈，主要目的是确定以小组（4人）为单位的调研选题。当然也可以结合采用二手数据分析、观察法和深度访谈（深度访谈对象可以是企业管理决策人员、经销商代表、销售员等）等方法。

焦点小组访谈有助于我们充分了解消费者态度方面的信息，从而为企业进一步定量调查提供指导方向。

要求：

① 设计讨论提纲。讨论提纲是座谈会将要涉及的话题的概要。通常设计一份详细的讨论提纲，可以保证座谈会按既定目标有序进行。例如，一份提纲可以从讨论外出吃饭的

态度和感受开始，然后转向讨论快餐，最后以讨论某一连锁快餐集团的食品和装修风格结束。

② 确定调研选题。写出问题征兆、营销决策问题、选题背景、原因分析、市场调研问题和调研内容。

（3）案头调研的优点与局限性

案头调研是获取二手资料的重要手段，能为市场调研打下坚实的基础，它的主要优点有：

① 节省费用；

② 缩短调研时间；

③ 不受时间和空间的限制，通过案头资料的收集和分析，不仅可以获得有价值的历史资料，而且可以收集到范围更广泛的多方面的资料；

④ 不受调研者与被调研者等主观因素干扰，反映的信息内容更为真实、客观。

案头调研也具有一定的局限性，主要有：

① 时效性差，无法收集最新市场的新情况、新问题；

② 某些市场资料匮乏；

③ 二手资料往往是为其他目的而收集的，所收集的资料无法直接应用；

④ 二手资料的分析工作通常需要使用难度较高的数据分析技术，这在一定程度上限制了它的利用率。

（4）案头调研的基本原则

尽管案头调研具有省时间、省费用的优点，然而，许多二手资料也存在着严重缺陷。因此调研人员要保证二手资料的可靠性，必须特别注意下面几个原则。

① 可获性原则。可获性原则也称经济效益原则，即要求调研人员在选用二手资料时应该考虑所需的资料是否能被迅速、方便、便宜地使用。

② 时效性原则。时效性原则是要求调研人员选用的二手资料应可为现在所用，绝对不能贪图简便，用过时资料来推断当前的市场状况，这将使企业的调研缺乏时效性与准确性。

③ 可比性原则。从不同国家得到的数据有时无法进行相互比较，这是由于各国条件不同、数据搜集程序和统计方法不同等原因所致。

④ 相关性原则。市场营销调研人员必须研究他所找到的资料是否最能切中问题的有关方面，牵强附会只能使调研分析得出错误的结论。

⑤ 系统性原则。系统性原则也称精确性原则，即要求调研人员深入研究二手资料，推敲一下它们是否能经得起科学的考验，并对不太适用的代用资料适当地做一些修改或补充，以提高资料的精确度。

许多时候，调研人员不离开办公桌，就只能收集到一些模糊的资料，其他详细资料就无从知晓，这时案头调研不能完成任务，则有必要进行实地调研。

2. 实地调研法

实地调研是相对于案头调研而言的，是对在实地进行的市场调研活动的统称。

在一些情况下，案头调研无法满足调研目的，收集资料不够及时准确时，就需要适时地进行实地调研来解决问题，取得第一手的资料和情报，使调研工作有效顺利地开展。所谓实地调研，是指对第一手资料的调研活动。随着社会经济的发展和营销活动的深入开展，现场搜集信息的方法越来越多，现在常用的调研方法主要有询问法、观察法和实验法。

（1）询问法

询问法是指将拟调研的事项，以当面、电话、书面的形式向被调研者提出，以获得所需资料的调研方法。它是最常用的一种实地调研方法。询问法的特点在于整个访谈过程是调研者与被调研者相互影响、相互作用的过程，也是人际沟通的过程。询问法既可在备有正式问卷的情况下进行，也可在没有正式问卷的情况下进行，它包括面谈询问法、电话询问法、邮寄询问法、留置询问法和网上询问法等。

【小案例 3-3】

楚汉酒店的经营之道

楚汉大酒店坐落在南方某省会城市的繁华地段，是一家投资几千万元的新建酒店。开业初期生意很不景气，公司经理为了寻找症结，分别从该市的大中型企业、大专院校、机关团体、街道居民中邀请了 12 名代表参加座谈会，并亲自走访东、西、南、北四区的部分居民及外地旅游者。调研后发现，本酒店没有停车场，顾客来往很不方便；居民及游客对本酒店的知晓率很低，更谈不上满意度；本酒店与其他酒店相比，经营特色是什么，大部分居民不清楚。为此，酒店做出了兴建停车场、在电视上做广告、开展公益及社区赞助活动、突出经营特色和开展多样化服务等决策。决策实施后，酒店的生意日渐红火。

【分析提示】

从上述案例可见，使用正确的调研方法能使企业经营起死回生，获得新的生机。

① 面谈询问法。所谓面谈询问法，就是调研者按照抽样方案中的要求抽取被访者，再依照调查问卷或调研提纲与被访者进行面对面的直接询问。

② 电话询问法。电话询问法指的是调研者按照统一问卷，通过电话向被访者提问，笔录答案的调研方法。

③ 邮寄调研法。邮寄调研法是指将事先设计好的调查问卷投寄给调研对象，要求其填好后寄回的调研方法。这种形式是在被访者不愿面谈及其反应可能受询问者曲解的情况下所能采取的最好办法。

④ 留置询问法。留置询问法是指调研者至被访者所在地询问，委托被访者协助调研并留下问卷，日后再予以回收的调研方法。

就方法本身而言，留置调研是介于面谈和邮寄两种方法之间的一种折中方法，与被访者当面谈话主要是介绍调研目的和要求，回答涉及调查问卷的一些疑问。这种问卷的设计较邮寄方法的问卷更灵活、更具体，因为不懂的地方可以当面澄清。

⑤ 网络询问法。网络询问法是指利用 Internet 技术进行调研的一种方法，大多应用于企业内部管理、商品行销、广告和业务推广等商业活动中。

目前，网络调研采用的方法主要有：E-mail 法、Web 站点法、Net-meeting 法、视讯会议法、焦点团体座谈法、在 BBS 电子公告牌上发布调研信息等方式。

以上各种询问法各有优缺点，如表 3.2 所示，因此在调研中应充分考虑其特点，谨慎选择。

表 3.2　各类询问法的优缺点比较

方　法	优　点	缺　点
面谈询问法	容易建立调研者与被访者之间的信任和合作关系；可以得到较高质量的样本和获取较多内容、较深问题、较高质量的数据；具有激励的效果	调研者综合素质要求较高；费用较高、时间较长；某些群体的询问成功率低；实施质量的控制较困难
电话询问法	速度快，范围广，费用低；回答率高、误差小；在电话中回答问题一般较坦率，适用于不习惯面谈的人	被访者不易配合；询问时间短，答案简单，难以深入；不适用于电话普及率低的国家
邮寄询问法	调研的空间范围大；费用支出较低；回答结果较真实（适合大范围的国际调研）	回收时间长；回收率一般较低；容易影响样本的代表性
留置询问法	调查问卷回收率较高；被访者可以当面了解填写问卷的要求，避免由于误解调研内容而产生误差；被调查者有充裕时间思考回忆，真实性较高	调研地域范围有限；调研费用较高；不利于对调研者的活动进行有效监督
网络询问法	信息收集具有广泛性、及时性、共享性、便捷性和经济性特点；调研结果有较强的准确性；费用较低	网络的安全性存在问题；网络普及率不高，使用受限；拒访现象大量存在

技能训练 3-3

询问法在餐饮企业经营过程中的应用

训练背景：餐饮企业在经营过程中，是经常需要进行市场调研活动的。如新开一间分店、在异地投资或投资经营不同风味菜式酒楼，都需要使用询问法来进行调研。目的是知己知彼，将投资风险降到最低，为企业找到正确的经营方针。

训练要求：以小组为单位，分组讨论餐饮企业针对不同经营目的应采取的询问法。讨论内容主要包括：针对新开分店、在异地投资、经营何种风味菜式酒楼这三种经营目的各应选择哪种询问法？为什么？请分析其优势。

（2）观察法

① 什么是观察法。观察法是指研究者根据一定的研究目的、研究提纲或观察表，用自己的感官和辅助工具直接观察被研究对象，从而获得资料的一种方法。科学的观察具有目的性、计划性、系统性和可重复性的特点。

【小案例 3-4】

商业密探：帕科·昂得希尔

帕科·昂得希尔是著名的商业密探。他通常的做法是坐在商店的对面，悄悄观察来往的行人。而此时，他的下属则在商店里跟踪在商品架前徘徊的顾客。他们给许多商店提出了许多实际的改进措施。如昂得希尔通过调研，指出一家主要是青少年光顾的音像商店应把商品降低放置，以便孩子们拿到，结果销售量大大增加。再如昂得希尔通过观察拍摄现场发现一家叫伍尔沃思的公司在销售高峰期，收银机前顾客排着长长的队伍，一直延伸到商店的另一端，妨碍了顾客从商店的前面走到后面，针对这一情况，商店专门安排了结账区，结果使商店后半部分的销售额迅速增长。

【分析提示】

从上述案例可见，通过观察法可获得直观的、及时的、可靠的信息，可使企业得以制定有效的改进策略，提高销量，这就是观察法的优势所在。

② 观察法的种类。对某一个特定调查问题，从成本和数据质量的角度出发，需要选择适合的观察方法。通常采用的观察方法包括以下四种。

第一种是自然观察法。自然观察法是指调查员在一个自然环境中（包括超市、展示地点、服务中心等）观察被调查对象的行为和举止。例如调查员不做任何事情，只在自然状况下观察售货员提供服务的过程，以了解商场售货员接待顾客的情况。

第二种是设计观察法。设计观察法是指调查机构事先模拟设计一种场景，调查员在一个已经设计好的并接近自然的环境中观察被调查对象的行为和举止。所设置的场景越接近自然，被观察者的行为就越接近真实。例如，为了解商场售货员接待顾客的情况，调查员以顾客身份去购物，并有意识地做一些事或说一些话以刺激售货员做出反应，从而获得调查员想了解的情况。

第三种是掩饰观察法。众所周知，如果被观察人知道自己被观察，其行为可能会有所不同，观察的结果也就不同，调查所获得的数据也会出现偏差。掩饰观察法就是在被观察人、物或者事件不为被观察人所知的情况下监视他们的行为过程。例如，调查员以售货员的身份在商场售货，在售货过程中观察其他售货员提供服务的过程，从而了解商场售货员接待顾客的情况。

第四种是机器观察法。在某些情况下，用机器观察取代人员观察是可能的甚至是更有效的。在一些特定的环境中，机器可能比人员更便宜、更精确、更容易完成工作。

③ 观察法的优缺点。观察法的优点主要包括灵活性、真实性、可靠性、及时性和直观性，具体表现如下。

观察法简便易行，灵活性强，可随时随地进行；观察法能通过观察直接获得资料，不需其他中间环节，因此获得的资料比较真实；观察法是在自然状态下进行的观察，不受被观察者意愿和回答能力的影响，能获得可靠生动的资料；观察法具有及时性的优点，它能捕捉到正在发生的现象；观察法能搜集到一些无法言表的材料。

观察法也同其他调研方法一样，有自身的局限性。一是观察法受时间的限制，某些事件的发生是有一定时间限制的，过了这段时间就不会再发生；二是受观察者本身限制，观察结果易受到主观意识的影响；三是观察法不适用于大面积的调研；最重要的局限性就是观察法只能观察外表现象和某些物质结构，而无法了解被观察者的动机、态度、想法和情感，不能直接观察到事物的本质和人们的思想意识。

（3）实验法

实验法是在控制某些因素的前提下，通过小规模实验来观察企业营销活动的效果。实验法多用在新产品引入期，调查价格、广告等营销措施的市场效应。实验法的优点是科学性强，缺点是实验时间长、成本高。

任务3.3 运用市场调研技术

根据导入项目，为进一步了解手机市场，需进行实地调研，设计一份调查问卷。调查问卷主体部分的问题不得少于20题，应以封闭式问题为主，开放式问题为辅；并根据市场及产品特点选择抽取调查样本的方法，说明理由。

1. 调查问卷的设计

实地调研中最常用的方法是询问法，进行询问时离不开调查问卷。我们经常把使用问卷的调研方法统称为问卷调研法，因此了解调查问卷并掌握调查问卷的设计方法和技巧将有助于我们更好地进行市场调研。

【小案例3-5】

日本卡西欧公司的市场调查

日本卡西欧公司产品的新、优主要得力于市场调研。卡西欧公司的市场调研工具主要是销售调查卡，调查卡考虑周密，设计细致，调查栏目中各类内容应有尽有。第一栏是对购买者的调查。第二栏是对使用者的调查。第三栏是对购买方法的调查。第四栏是调查如何知道该产品的。第五栏是调查为什么选中了该产品。第六栏是调查使用后的感受。另外几栏还分别对机器的性能、购买者所拥有的乐器等方面做了详尽的设计。这些调查卡为企业提高产品质量、改进经营策略、开拓新的市场提供了可靠依据。

【分析提示】

从上述案例可见，一份设计完善的调查问卷是企业实地调研成功的关键，是企业获得详细信息，从而改进营销策略、保持企业竞争力的重要依据。

（1）认识调查问卷

调查问卷，又称调查表，是调研者根据一定的调研目的精心设计的一份调研表格，是现代社会用于收集资料的一种最为普遍的工具。

（2）调查问卷的基本结构

一份调查问卷通常由三部分组成：问卷的开头、正文和结尾。

第一部分是问卷的开头。问卷的开头主要包括问候语、填表说明和问卷编号，这部分文字须简明易懂，能激发被调研者的兴趣。问候语要交代清楚调研目的、调研者身份、保密原则以及奖励措施等；填表说明的目的在于规范和帮助被访者对问卷的回答；问卷编号主要用于识别问卷、访问员和被访者地址等，一些简单的调查问卷可以省略此项。

第二部分是问卷的主体。问卷的主体是调查问卷最主要的部分，是市场调研所要收集的主要信息。通过主体部分问题的设计和被调研者的答复，市场调研者可以对被调研者的个人基本情况和对某一特定事物的态度、意见倾向以及行为有较充分的了解。

问卷主体主要包括资料收集、被调研者的基本情况和编码三部分。

① 资料收集部分是能达到市场调研目的的问题设计部分，问题的类型归结起来分为开放式问题和封闭式问题。

开放式问题就是被调研者可以自由回答，不受任何限制的问题，例如：今年国庆节你打算到哪儿度假？为什么？这种问题的优点是被调研者可以按自己的意见进行回答，调研人员可以获得足够全面的答案。但由于答案过于分散，不利于统计分析，因此在一份问卷中开放式问题不宜过多。

封闭式问题与开放式问题刚好相反，它的答案已事先设计好，被调研者只要在备选答案中选择合适的答案即可。它包括是否式选择题、多项选择题和各种顺位式回答等形式。封闭式问题易于统计，因此在问卷中应占绝大部分比例。

在现实的调查问卷中，往往是几种类型的问题同时存在，单纯采用一种类型问题的问卷并不多见。

② 被调研者的基本情况应根据调研目的而设，因这部分涉及较敏感问题，应特别注意提问方式。

③ 编码是将调查问卷中的调研项目以及备选答案给予统一设计的代码。编码一般应用于大规模的问卷调研中，因为在大规模问卷调研中，调研资料的统计汇总工作十分繁重，借助于编码技术和计算机，则可大大简化这一工作。既可以在问卷设计时进行预编码，也可以在调研工作完成以后进行后编码，在实际调研中，常采用预编码。

第三部分是问卷的结束语。问卷的结束语主要表示对被调研者合作的感谢，记录下调研人员姓名、调研时间、调研地点等。结束语要简短明了，一些简单的调查问卷也可以省略结束语。

（3）调查问卷设计要点

根据调研行业和调研方向的不同，问卷的设计在形式和内容上也有所不同，但是无论对于哪种类型的问卷来说，在设计过程中都必须注意以下几个要点。

① 明确调研目的和内容，问卷设计应该以此为基础。在问卷设计中，最重要的一点，就是必须明确调研目的和内容，这不仅是问卷设计的前提，也是它的基础，市场调研的总体目的是为决策部门提供参考依据。

② 明确针对人群，问卷设计的语言措辞选择得当。问卷题目设计必须有针对性，对于不同层次的人群，应该在题目的选择上有的放矢，必须充分考虑被调查者的文化水平、年龄层次和协调合作可能性。

③ 在设计问卷的时候，应该考虑数据统计和分析是否易于操作。为了更好地进行调

研工作，除了在正确、清楚的目的下进行严格规范的操作，还必须在设计问卷的时候充分考虑后续的数据统计和分析工作，比如题目的设计必须容易录入，并且可以进行具体的数据分析，即使是主观性的题目在进行文本规范的时候也要具有很强的总结性，这样才能使整个环节更好地衔接起来。

④ 卷首最好要有说明。具体来说，需要有一个尊敬的称呼、填写者的受益情况、主办单位和感谢语，同时，如果问卷中涉及个人资料，应该要有隐私保护说明。只有尊重受调查者，才有可能调动他们的配合积极性。

⑤ 问题数量合理化、逻辑化、规范化。人们往往不愿意接受一份繁杂冗长的问卷，所以应合理设计问题数量，既能让被调查者愿意回答，不致厌烦，又能达到调查目的。在设计问题的时候要注意逻辑性，不能产生矛盾的现象。另外，问卷以封闭式问题为主，开放式问题为辅，开放式问题应尽量避免，如果确实有必要的话，应该放在最后面，让有时间和能配合的受调查者进行一定的文字说明。

⑥ 确定问题的顺序。问卷中的问题应遵循一定的排列次序。问题的排列次序会影响被调研者的兴趣、情绪，进而影响其合作积极性。所以一份好的问卷应对问题的排列做出精心的设计。

一般而言，问卷的开头部分应安排比较容易的问题，中间部分最好安排一些核心问题，结尾部分可以安排一些背景资料问题，如职业、年龄、收入等。个人背景资料虽然也属事实性问题，十分容易回答，但有些问题，诸如收入、年龄等同样属于敏感性问题，因此一般安排在末尾部分。当然在不涉及敏感性问题的情况下也可将背景资料安排在开头部分。

同样道理，可以把能引起被调研者兴趣的问题放在前面，而枯燥的问题放在后面；封闭式问题放在前面，开放性问题放在后面。

技能训练 3-4

学校后勤服务公司为了了解在校大学生的住宿现况、需求及对学校住宿服务的改进建议，拟组织一次以大学生为参与者的焦点访谈小组。请各小组组织讨论，形成访谈提纲，并选出主持人主持这次座谈会，最后提交调查结果。

要求：

(1) 确定座谈会的目的是了解大学生对住宿服务的基本态度和看法。要赢得大学生满意，首先要了解大学生。

(2) 对参与者的基本要求是熟悉学校大学生服务的宗旨，热心学校后勤服务的建议，能主动提出中肯的建议。

(3) 座谈会过程如下：

① 主持人解释调查目的和主要问题，描述参与者的个人情况。

② 调查发现、结果与相关建议。

2. 抽样调查

面对众多的市场营销调查对象，如何以最少的时间、费用获取正确的调研结果，依赖于周详的抽样调查。抽样调查就是按某种规则从调查对象总体中抽取一部分个体，作为代表总体的样本进行调查，用所得的结果推断总体一般情况的一种调查方式。

抽样调查具有经济、及时、准确和高效等显著特点，可以节约大量的人力、物力和财力，同时又能够较快地取得同普查大致相同的效果，在市场调查，特别在实地调查中被广泛采用。

抽样调查的关键在于如何抽选好样本，为此，首先要正确地确定抽选样本的方法，使抽选出的样本具有较高的代表性；其次，要确定样本的数目，一般与总体数量成正比例变动；最后，要加强抽样调查的组织工作，及时发现问题，及时纠正，确保调查工作的质量。抽样的类型和方法如图 3.2 所示。

- 抽样
  - 随机抽样
    - 简单随机抽样
    - 分层随机抽样
    - 分群随机抽样
    - 等距随机抽样
  - 非随机抽样
    - 任意抽样
    - 判断抽样
    - 配额抽样

图 3.2　抽样的类型和方法

第一类是随机抽样。

随机抽样也称概率抽样，即在广泛的调查对象中，按随机原则选择调查样本。这种方法排除了人为的主观影响，有助于调查人员准确地计算抽样误差，并有效地加以控制，从而提高调查的精确度，适用于定期的营销调研。根据调查对象的性质和研究目的的不同，随机抽样可分为四种基本形式。

（1）简单随机抽样

简单随机抽样常采用以下两种方法。

① 抽签法。当拟定被调查者总体数量较少，并且有现成的可抽取的材料时，可使用抽签法。把被调查者进行编号，然后把编写出来的顺序号打乱，最后从打乱的编号中任意抽出一定数量作为样本。

② 乱数抽样。首先将要调查的个体编列成号码，然后利用乱数表，随意选出样本。

简单随机抽样的主要优点在于简单易行，减少选样中的主观片面因素；其缺点是各样本可能不够典型，彼此差别较大。

（2）分层随机抽样

分层随机抽样方法用于总体中个体差异显著时所进行的调查，即把总体按某种特性（差异大小单位）分成若干层，使同一层内差异变小，而不同层之间差异仍较大，然后在每一层中抽取一定数量的样本。至于如何分层，分为多少层，并无统一规定。分层随机抽样示意图如图 3.3 所示。

从图 3.3 中可以看出，每一层的群体所含的要素具有相同的特征，是“同质”的，但各层的要素之间是“异质”的。这样抽出的样本，代表面较大。

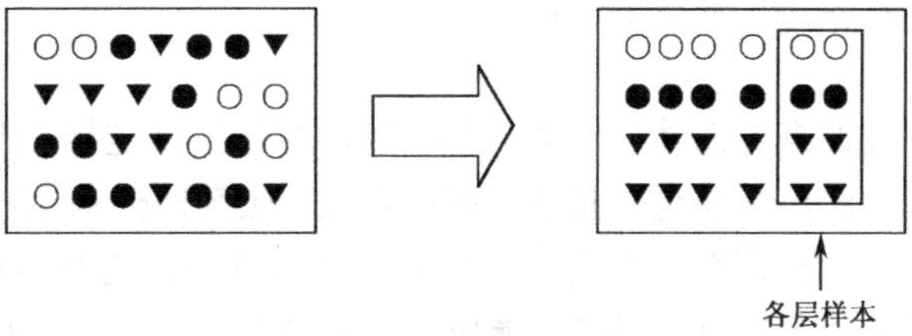

图 3.3　分层随机抽样示意图

（3）分群随机抽样

分群随机抽样是把被调查者总体分成若干群，而每一个群就是一个缩小了的总体。然后随机抽取一个或少数几个群为样本进行研究。分群随机抽样示意图如图 3.4 所示。

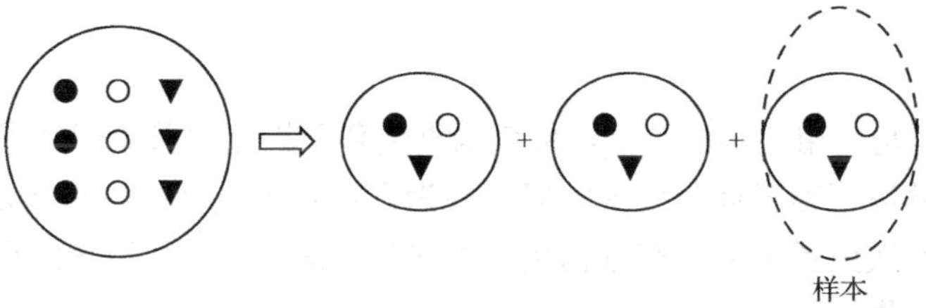

图 3.4　分群随机抽样示意图

分群随机抽样适用于难度大的项目。最典型的分群随机抽样是把很大的地区分为若干小地区，然后在每个小地区中随机抽样。

上述分层随机抽样与分群随机抽样有着本质上的不同。前者的特点是层与层的差异大，而每层内部的差异小。后者相反，群与群的差异不大，而每群内部的差异大。

（4）等距随机抽样

等距随机抽样是把被调查者总体按随机的顺序排列，再按照一定的间距规定选取样本。一般适用于大规模调查。例如，要调查某地区 5000 户居民购买某种饮料的需求，计划抽出 5%的样本即 250 家进行调查，因而需要每隔 20 家选择 1 家。假如起点号码是 3，则后续抽取的样本号码依次为 23、43、63……直到样本达到 250 份为止。

第二类是非随机抽样。

非随机抽样也称非概率抽样。非随机抽样是按调查者主观确定的某个标准，从被调查者总体中抽取若干样本来调查，搜集数据和信息。这种方法由于在抽取样本上带有主观性，故科学性差一些，会对总体推断的可靠程度产生影响。但由于该法方便易行，省时间，省费用，所以实践中的经常性营销调研适用此法。非随机抽样可分为以下三种基本形式。

（1）任意抽样

全由调研人员的方便与意愿任意选择样本。例如，在街头向行人询问调查等。此类方法的优点是方便易行，省费用；缺点是样本偏差大，结果不可靠。因此，常用于试查或预备性调查。

（2）判断抽样

根据调查者对有代表性个体的主观判断来抽选。判断抽样适用于总体构成差异十分大，而所要抽取的样本数又十分少的情况。

（3）配额抽样

按照某种特征将被调查者总体分为若干层，然后对每层规定样本配额，最后按判断抽样法而不是按随机抽样法对每层进行抽样。可以看出，配额抽样实际上是分层抽样和判断抽样的结合，但结果的可靠程度比两者高。因此，此形式应用得相当广泛。

以上讨论的调研方法各有其优缺点，调研人员必须根据所要达到的调研目的，参照调研本身的限制因素来权衡利弊，因地、因时确定其特定的调研方案。

项目总结

【知识回顾】

（1）市场调研是运用科学的方法，系统地收集和分析相关营销问题和信息，以帮助企业营销管理人员解决营销管理决策中的问题并为市场营销决策提供重要依据的活动。市场调研可以帮助营销决策者了解当前营销策略的得失、识别最有利可图的市场机会，为改进企业的经营活动提供信息。

（2）市场调研根据不同的标准有不同的分类，主要可分为探索性调研、描述性调研、因果性调研和预测性调研。

（3）市场调研的内容分为营销环境因素调研、市场需求情况调研、营销组合因素调研等内容。

（4）市场调研的方法主要有案头调研法和实地调研法，案头调研法是获得二手资料的重要方法，实地调研法是获得一手资料的重要方法。

知识训练

一、选择题

1．寻求“是什么”的调研类型是（　　）。

A．探索性调研　B．描述性调研　C．因果性调研　D．预测性调研

2．案头调研的不足在于（　　）。

A．收集不方便　B．费时　C．成本高　D．时效性

3．什么调研方法只能获得表面现象信息，而不能得知其发生的深层原因？（　　）。

A．面谈询问法　B．电话询问法　C．观察法　D．实验法

4．市场调查首先要解决的问题是（　　）。

A．确定调查方法　B．选定调查对象

C．明确调查目的　D．解决调查费用

5. 在访问法中，（　　）获得的信息量最大。

A. 面谈调查　　B. 邮寄调查　　C. 电话调查　　D. 留置调查

二、判断题

1. 消费者购销活动具有经常性的、少量的和缺乏弹性的特点。（　　）
2. 制定调研方案是市场调研流程的第一步。（　　）
3. 案头调研通常是市场调研中获取信息的第一步。（　　）
4. 询问法是最常用的实地调研方法。（　　）
5. 非随机抽样可以在一定程度上根据样本调研的结果说明总体的性质、特征和数量。（　　）

三、简答题

1. 简述市场调研的流程。
2. 简述市场调研报告的写作要求。
3. 请比较面谈询问法、电话询问法、邮寄询问法、留置询问法和网络询问法的优缺点。

综合实训

一、案例分析

肯德基的神秘顾客调查制度

有时候，市场调查人员认为大规模的调查结果并不适用。肯德基北京总部公司每年都会通过电话联系一些肯德基的忠实顾客，通过征求其意见挑选出一批肯德基的神秘顾客，进而对全国各地的肯德基进行秘密的调查访问。为了了解肯德基的历史背景，内部管理以及每位员工在上班过程中该做和不该做的事情，每位神秘顾客都要经过正规的培训。通过培训后，每位神秘顾客会被分配到全国各地的肯德基进行秘密调查。

神秘顾客主要对餐厅美观整洁的环境、真诚友善的接待、准确无误的供餐、优良维护的设施、高质稳定的产品、快速迅捷的服务六个方面进行打分。

当顾客来到餐厅后，首先可以通过观察的方法对餐厅的环境（灯光、卫生、室内的温度以及服务员的接待态度等）进行观察，接着还可以通过对来该餐厅的其他就餐顾客进行询问来了解餐厅所提供产品的质量。

肯德基通过采用神秘顾客秘密调查的方法，来了解顾客对其就餐环境、服务员的接待态度、收银员的供餐准确度以及提供产品的质量等方面的满意度，及时发现并解决问题，从而大大提高了服务质量。

思考分析：

1. 案例第一行中的“大规模的调查”是指哪种调查方法？为什么该公司使用了“神秘顾客观察”而不是“大规模调查”的方法？

2. 本案例中，肯德基北京总部公司选择了哪种调查设计？

二、实训操作

1. 实训目的

通过本次实训帮助学生掌握市场调研的基本程序和核心技术，培养学生综合素质。

2. 实训组织和要求

将班级学生划分为若干项目小组，小组规模一般是3～5人，每小组组长协调小组的各项工作。教师及时检查学生的完成情况，提供指导和建议，组织学生进行经验交流，并针对共性问题在课堂上组织讨论和专门的讲解。

3. 实训内容

各小组以小组为单位，选择一个创业项目和一个市场，以开发此市场为目的进行一次市场营销调研。

（1）针对此项目制定一份调研方案。

（2）根据调研方案，针对自己小组的创业项目与市场设计一份调查问卷。

（3）根据调研方案与调查问卷进行实地调研，并统计分析数据，最终撰写一份调研报告。

4. 考核方式

依据学生提交的报告评定成绩。

项目 4 分析市场环境

项目目标

知识目标

- 了解市场分析报告的内容
- 理解市场环境分析的重要作用及内容
- 掌握 SWOT 分析法

技能目标

- 具有能根据调研结果进行全面市场环境分析的能力
- 具有进行 SWOT 分析的能力
- 具有撰写市场分析报告的能力

实训目标

- 通过对撰写市场环境分析报告的学习，能运用市场宏观微观环境的知识，具备市场分析的技能
- 通过对竞争者分析的学习，能运用市场竞争的知识，具备分析市场竞争状况的技能
- 通过对撰写 SWOT 分析报告的学习，能运用企业优劣势和市场机会威胁识别的知识，具备运用 SWOT 分析的技能

项目导入

金融海啸给企业营销带来的威胁和机遇

雷曼兄弟、美林证券、美国国际集团等多家大型金融机构受到次贷风暴冲击，相继破产或贱卖资产，次贷危机从美国金融业蔓延到美国经济实体，并进一步危害到全球经济实体。这场席卷全球的金融海啸对我国的实体经济也造成了严重影响。随着金融危机向实体经济的蔓延，曾经充当“世界工厂”的中国制造业已经走到了十字路口。

从产业结构上来看，珠江三角洲是高外贸依存度地区，比如东莞经济的外贸依存度至少为70%，而广州番禺也达到了60%以上，欧美经济的景气与否将直接影响这一地区的订单。这些企业应该如何过冬？企业的营销又该何去何从？企业又该如何看待这场危机呢？

实际上，不论经济景气，还是不景气，甚至萎缩，对营销人来说，其实质都是一样的，那就是市场发生了变化，只不过变化的方向不同。你要做的是去迎合这种变化。宏观经济不景气翻译成营销的语言，就意味着市场板块重新分化组合，营销人员需要重新认识市场，重新操作市场。每一次危机的到来，会使一大批企业倒下，也会催生一大批新企业。正如亚洲金融危机给了以三星为代表的一批企业品牌机遇一样，这次危机同样会给中国企业带来新的生机。

依靠“低成本、低价格”优势，中国迅速实现工业化，成为“世界工厂”。在“低附加值、低端产品”的市场空间越来越小之后，在中国经济步入调整期、中国企业迎来高成本时代之际，中国企业要抛弃仅仅依赖工业制造获利的简单商业模式，转向以工业为基础平台，依靠管理、技术、品牌、渠道、消费者研究、信息化等非工业品与工业水乳交融的共生优势，实现从“市场发现型”到“市场创新型”的进化。

企业应该认识到市场环境的变化对企业营销的影响是双向的，企业应尽快地转变思路和策略，化“危”为机，真正使企业在极短的时间内迅速焕发生机。

资料来源：根据网络资料整理

项目实施

任务4.1 认识企业营销环境

根据导入项目可知，企业总是在一定的外界环境条件下开展市场营销活动的，而这些外界环境条件是不断变化的。一方面，它给企业带来了新的市场机会；另一方面，它又给企业带来了某种威胁。因此，市场营销环境对企业的生存和发展具有重要意义。

1. 市场营销环境的含义

市场营销环境是存在于企业营销系统外部的不可控制的因素和力量，这些因素和力量是影响企业营销活动及目标实现的外部条件。

营销环境包括微观环境和宏观环境两个方面。微观营销环境又称直接营销环境或作业环境，是指直接影响与制约企业的营销活动，多半与企业具有或多或少的经济联系，直接影响企业营销能力的各种参与者，包括企业本身、市场营销渠道、企业、顾客、竞争者以及社会公众等；宏观营销环境又称为间接营销环境，一般以微观环境为媒介去影响和制约企业的营销活动，在特定的场合，也可直接影响企业的营销活动，包括人口、经济、政治法律、科学技术、社会文化及自然地理等因素。

微观环境因素与宏观环境因素共同构成多因素、多层次、多变的企业市场营销环境的综合体。在一般情形下，宏观环境因素决定微观环境因素，宏观环境常常通过微观环境作用于企业的营销活动。宏观环境中的五个不同方面因素又相互作用，对企业营销活动产生制约和影响。同时，微观环境也对宏观环境有重要的反作用。

2. 市场营销环境的特点

（1）客观性

企业总是在特定的社会经济和其他外界环境下生存、发展。企业只要从事市场营销活动，就将面对各式各样的环境条件，也将受到各种各样环境因素的制约和影响。

（2）差异性

市场营销环境的差异性表现在两个方面，一方面，不同国家或地区之间，宏观环境存在着广泛的差异，不同的企业的微观环境也千差万别；另一方面，同一因素即便在同一区域对不同企业的影响也会不同。

【小资料 4-1】

麦当劳与印度

麦当劳是全球大型跨国连锁餐厅，1940 年创立于美国，在世界上拥有大约 3 万家分店，主要销售汉堡包、薯条、炸鸡、汽水等快餐食品。

印度是引入麦当劳著名金色拱顶的国家之一。20 世纪 90 年代后期，麦当劳开始在该国开设餐厅。尽管印度并不发达，但其大量的、相对富裕的中产阶级吸引了麦当劳。然而，麦当劳在印度遇到了前所未有的挑战。数千年来，在印度文化中，牛是受人尊敬的，当地人认为牛是上帝赐予人类的礼物。牛是犁田耕地的工具，牛奶营养丰富，可以用来做酸奶和奶油，牛尿在传统的印度药中有一种特殊疗效，牛粪可以做燃料。在印度国土上大约有 3 亿头牛四处漫游，无拘无束，被视为圣物。牛随处可见，但只有盘子里除外，因为印度人不会食用被视为圣物的牛的肉。麦当劳是世界上最大的牛肉使用者。自该公司成立以来，不计其数的牲畜被宰杀以生产各种汉堡。一家靠牛肉创造财富的公司如何在一个视食用牛肉为极大罪恶的国家里生存呢？用猪肉代替？然而，在印度有大量穆斯林，而穆斯林是禁食猪肉的。这样就只剩鸡肉和羊肉了。麦当劳为应对这一食物文化困境，发明了印度版的巨无霸——邦主汉堡，这是一种用羊肉做的汉堡。菜单上的一些其他产品也与当地人的情感吻合，所有的食品都严格按照素食和非素食区分开来，以适应印度当地有许多素食者的特点。正如麦当劳印度分部的负责人所言："我们必须彻底改造自己，以适应印度人的味觉。"

（3）多变性

市场营销环境是一个动态的系统，构成营销的环境因素受众多其他因素的影响，每一个环境因素都随着社会经济的发展而不断变化。

（4）相关性

市场营销环境是一个系统，在这个系统中，各因素之间相互影响、相互制约，某一因素的变化会带动其他因素的变化，形成新的营销环境。例如，价格不但受市场供求关系的影响，而且还受科技进步及国家政策的影响。因此，要充分注意各种因素之间的相互作用。

3. 企业与营销环境的关系

环境的变化影响企业的营销活动。企业的营销活动就是企业能动地适应环境变化，并对变化着的环境做出积极反应的动态过程。企业一般不可能控制市场营销环境因素及其变化，比如少数企业一般不能改变国家的政策法令和社会风俗习惯等，更不能控制人口的增长等。市场营销环境的不可控性要求企业必须不断适应变化着的市场营销环境。当然，企业对市场营销环境的适应，不仅仅是一种被动的适应，它还可以充分发挥其应有的主观能动性。企业可以在变化的市场营销环境中寻找新机会，主动调整市场经营战略，并在一定条件下转变市场营销环境中的某些可能被改变的因素，从而冲破市场营销环境的某些制约。营销环境对企业而言，总是机会和威胁并存。许多企业在逆境中能充分发挥主观能动性，抓住机遇，结果不仅求得了生存，而且使企业有了更好的发展。充分发挥企业对市场营销环境认识的主观能动性，有利于企业积极主动地适应市场营销环境，甚至在可能的条件下改变它，从而为企业创造出一个良好的外部条件。

【小案例 4-1】

"励志橙子"的热卖

我国南方盛产橙子，每到丰收季节，很多地方都会出现"橙子落满地却无人问津"的局面。

75 岁的褚时健看到美国等进口橙子的价格高却有市场，决定利用先进技术培育出比进口橙子质量更好的冰糖橙子。他准确定位，选择中高端消费市场，推出近 6 元钱一个的"褚橙"，定位了"甜中带酸的感觉，犹如人生"的"励志橙"概念。2012 年 11 月，20 吨橙子在北京市场亮相 5 天即销售一空，创造了初冬京城水果市场销售的奇迹。

资料来源：李予阳. 褚橙热卖的启示. 经济日报，2013-1-16

【分析提示】

"励志橙子"热卖这一案例告诉我们，从需求和购买者的角度来分析市场营销环境，将更有利于企业判断和把握市场机会，而对市场机会的把握是企业生存发展的命脉。

技能训练 4-1

分析空气净化器企业营销环境

训练背景：空气污染问题近几年越来越严重，随着雾霾的出现，空气净化器市场开始火热起来，市场需求猛增。许多企业瞄准了未来空气净化器行业不可估量的市场空间，纷纷加入该市场，使得空气净化器行业蓬勃发展。请针对近几年国内空气净化器行业市场现状进行分析，并提出相应的营销策略。

训练要求：以小组为单位进行讨论，讨论内容包括空气净化器制造企业如何借雾霾频发这一环境寻找新的机会，主动适应环境，开发新产品；企业如何迎合市场营销环境，充分发挥主观能动性，抓住机遇，求生存，使企业有更好的发展。

任务4.2 分析宏观市场营销环境

根据导入项目，选择珠三角某一企业，分析其宏观市场营销环境，并填写表 4.1。

表 4.1 企业宏观市场营销环境分析

企业名称			所属行业		
人口环境	经济环境	自然环境	政治法律环境	科学技术环境	社会文化环境

宏观营销环境是指对企业营销活动带来市场机会和环境威胁的主要社会力量，包括人口、经济、自然、技术、政治、法律、文化等因素。

1. 人口环境

人口是构成市场的第一位因素。市场是由有购买欲望和支付能力的人构成的，人口的多少直接影响市场的潜在容量。人口的统计特征是企业市场营销环境中一个重要的因素，它包括人口总量、人口密度、年龄结构、地理分布、家庭组成、人口性别等。

（1）人口总量

一个国家或者地区的人口总量有多少，是衡量市场潜在容量的重要因素。在收入水平和购买力大体相同的条件下，人口数量的多少直接决定了市场规模和市场发展的空间，人口数量与市场规模成正比。比如，中国人口众多使中国市场成为世界上最有潜力的市场之一。

（2）人口密度

人口密度是单位面积土地上居住的人口数量，它是表示世界各地人口的密集程度的指标，通常以每平方千米内的常住人口数量为计算单位。人口密度与企业的市场营销活动有着密不可分的关系，人群密集代表市场密度大，市场上的各种机会也相对更多。例如，商业巨头万达集团的选址是严格根据中国人口密度分布进行的。

针对不同的人口密度，企业营销活动的内容和方式也存在着巨大的差异。以中国为例，一项调查研究显示，经济越发达的地区，人口密度越大，这会给市场营销带来如下需要考虑的问题。人口密度的不同会使各地区的营销费用（如覆盖每千人的广告费用、运输费用、商店的销售半径）差异极大。企业在选择目标市场、确定销售目标、分配营销预算、设立生产与配送中心以及设计分销渠道时需要将此考虑其中。人口密度的差异也会对消费者的消费观念产生重要影响，特别是在一些与人口密度紧密相关的产品上，例如，人口密度高的地区的消费者会偏好节能、节省资源和空间的产品。

（3）年龄结构

年龄结构指一定时点、一定地区各年龄组人口在全体人口中的比重，又称人口年龄构成。通常用百分比表示。人口年龄结构是过去几十年甚至上百年自然增长和人口迁移变动综合作用的结果，也是今后人口变动的基础和起点。

人口年龄结构是企业市场环境分析的主要内容之一。不同年龄层次的消费者生理和心理特征、经历、收入水平等状况不同，因而有着不同的消费需要、兴趣爱好及消费模式。企业了解不同年龄结构消费者所具有的需求特点，就可以合理地细分消费市场，选择企业的目标市场。

（4）地理分布

人口的地理分布关系市场需求的异同。由于各地域的自然条件、经济发展水平、市场开发程度以及社会文化传统和社会经济与人口政策等因素的不同，不同区域的人口具有不同的需求特点和消费习惯。企业只有抓住不同地域市场的消费偏好，才能比竞争对手更有效地满足消费者的需求。

（5）家庭组成

家庭是商品采购和消费的基本单位，家庭状况的差异会影响消费者的消费模式和偏好。家庭状况主要包括家庭结构和家庭生命周期，家庭人口结构指住户家庭成员的关系网络。由于性别、辈分、姻亲关系等不同，可分为单身户、夫妻户、核心户、主干户、联合户及其他户。核心户是指一对夫妻和其未婚子女所组成的家庭；主干户是指一对夫妻和其一对已婚子女所组成的家庭；联合户是指一对夫妻和其多对已婚子女所组成的家庭。

家庭生命周期是反映一个家庭从形成到解体的周期性过程。一般而言消费者的家庭状况，因为年龄、婚姻状况、子女状况的不同，可以划分为不同的生命周期，在生命周期的不同阶段，消费者的行为呈现出不同的特性，具体如下。

① 单身阶段。这是指年轻人尚未成家，没有与父母居住。处于单身阶段的消费者一般

比较年轻，几乎没有经济负担，消费观念紧跟潮流，注重娱乐产品和基本生活必需品的消费。

② 新婚夫妇。这是指刚成家，没有与父母居住，并没有生育孩子的年轻人。经济状况较好，具有比较大的需求量和比较强的购买力，耐用消费品的购买量高于处于家庭生命周期其他阶段的消费者。

③ 满巢期（I）。这是指最小的孩子在 6 岁以下的家庭。处于这一阶段的消费者往往需要购买住房和大量生活必需品，常常感到购买力不足，对新产品感兴趣并且倾向于购买有广告的产品。

④ 满巢期（II）。这是指最小的孩子在 6 岁以上的家庭。处于这一阶段的消费者一般经济状况较好但消费慎重，已经形成比较稳定的购买习惯，极少受广告的影响，倾向于购买大规格包装的产品。

⑤ 满巢期（III）。这是指夫妇已经上了年纪但是有未成年子女需要抚养的家庭。处于这一阶段的消费者经济状况尚可，消费习惯稳定，可能购买富余的耐用消费品。

⑥ 空巢期（I）。这是指子女已经成年并且独立生活，但是家长还在工作的家庭。处于这一阶段的消费者经济状况最好，可能购买娱乐品和奢侈品，对新产品不感兴趣，也很少受广告的影响。

⑦ 空巢期（II）。这是指子女独立生活，家长退休的家庭。处于这一阶段的消费者收入大幅度减少，消费更趋谨慎，倾向于购买有益健康的产品。

⑧ 鳏寡就业期。尚有收入，但是经济状况不好，消费量减少，集中于生活必需品的消费。

⑨ 鳏寡退休期。收入很少，消费量很小，主要需要医疗产品。

（6）人口性别

人口性别的差异会影响消费者的购买行为和消费习惯。例如，女性经常购买的物品有家居生活用品、服装、食品等，男性则经常购买大件耐用品。女性购买商品时，精挑细选，货比三家，经常冲动消费；而男性购买商品时则是按需购买，选定即买。因此，针对不同性别的消费者，企业要设计不同的营销组合，以满足不同消费者的需求。

2. 经济环境

经济环境是指构成企业生存和发展的社会经济状况和国家经济政策，经济环境对企业营销活动的影响主要体现在消费者收入与支出状况、经济发展状况等因素。其中，消费者收入与支出状况，即消费者收入、消费者支出模式和消费结构的变化、消费者的储蓄和信贷；经济发展状况，即经济发展阶段和经济形势。

（1）消费者收入

在研究收入对消费需求的影响时，常常使用以下指标。

① 人均国内生产总值。即一般价值形态的人均 GDP，它是一个国家或地区的所有常住单位在一定时间内（如 1 年），按人口平均所生产的全部货物和服务的价值，超过同期投入的全部非固定资产货物和服务价值的差额。GDP 总额反映了全国市场的总容量、总规模。人均 GDP 则从总体上影响和决定消费结构和消费水平。

② 收入。收入是指某一个体，包括个人或者企业在销售商品、提供劳务及转让资产

使用权等日常活动中所形成的经济利益的总流入，通常包括商品或劳务的销售收入、利息收入、使用费收入、股利收入等。消费者的购买能力来自消费者的收入，而这部分收入只有是消费者自己可支配的，才能用来购买。各地区居民收入总额可用来衡量当地消费市场的容量，个人收入多少反映了购买力水平的高低。

③ 可支配收入。居民可支配收入是居民家庭在调查期获得并且可以用来自由支配的收入，可支配收入就是拿到手的收入。即工资收入中扣除基本养老保险、基本医疗保险、失业保险、生育保险、工伤保险、公积金、个人所得税等剩下的部分。一般来说，居民会用这部分收入满足衣食住行需要，这样就构成了实际购买力。

④ 可自由支配收入。可自由支配收入是指居民在一定时期内的全部收入，在扣除社会花费（个人所得税、健康和人寿保险、老年退休的预支、失业补贴的预支等），和日常生活必需消费（衣、食、住、行等）以及预防意外开支的储蓄（突发事故所需费用）之后，剩下的收入部分。一般来说，居民会用这部分收入满足精神需要和投资等，这部分收入是消费需求中变化最为活跃的因素，它是影响非生活必需品和劳务销售的主要因素。一般来说，对绝大部分商品品种而言，消费者是用可自由支配收入部分来支付的。

（2）消费者支出

支出主要指消费者的支出模式和消费结构，消费结构是指消费者在各种消费支出中的比例关系，它分为微观消费结构和宏观消费结构。微观消费结构是指单个消费者或家庭的消费结构；宏观消费结构是指一个国家或全社会的消费结构。消费结构与国家的经济发展水平、收入水平及产业结构具有密切关系。

常用的支出结构衡量标准是恩格尔系数。恩格尔系数（Engel's coefficient）是用19世纪德国统计学家恩格尔的名字命名的，指食品支出总额占个人消费支出总额的比重。根据恩格尔系数，一般而言消费结构的变化有如下规律。

① 随着家庭收入的增加，用于购买食品的支出占家庭收入的比重将下降。

② 随着家庭收入的增加，用于住房和家庭生活的开支（服装、食品、能源除外）占家庭收入的比重大致不变。

③ 随着家庭收入的增加，用于发展性和娱乐性的支出以及保健、储蓄和投资支出占家庭收入的比重上升。

联合国根据恩格尔系数确定了一个划分贫国与富国的标准：

- 恩格尔系数>59%，贫困；
- 恩格尔系数为50%～59%，温饱；
- 恩格尔系数为40%～49%，小康；
- 恩格尔系数为30%～39%，富裕；
- 恩格尔系数<30%，最富裕。

（3）消费者的储蓄和信贷

消费者的购买能力还受到储蓄和信贷的直接影响。消费者会将没有花完的收入以各种形式储蓄起来，这属于一种推迟了的、潜在的购买能力。储蓄的形式一般有两种：银行存款和购买有价证券。在收入一定的情况下，消费者的储蓄额度越高，现实消费量就越小，潜在消费量就越大。反之，储蓄额度越低，现实消费量就越大，潜在消费量就越小。消费者储蓄的目的不同，其潜在需求量、消费模式和内容以及消费方向都是不同的。营销人员只有在进行调查了解的基础上，才能有效地制定营销策略，更好地为消费者提供产品和服务。

与储蓄相对，信贷也会对消费者的购买力产生影响。信贷是体现一定经济关系的不同所有者之间的借贷行为，是以偿还为条件的价值运动特殊形式，是债权人贷出货币，债务人按期偿还并支付一定利息的信用活动。信贷允许人们购买超过自己现实购买力的商品，从而创造出了更多的需求。一般而言，信贷的条件越宽松，代价越小，信贷刺激消费的作用就越明显。

（4）经济发展阶段

一个地区的经济发展阶段，决定了这一地区总体的消费水平和购买力水平。处于不同经济发展阶段的地区，其生产活动和社会发展的主要任务不同，消费的重心也不同。

根据美国经济学家罗斯托的经济成长阶段理论，可以从时间进展来分析经济成长。罗斯托认为，人类社会发展共分为六个经济成长阶段。

一是传统社会，其特征是不存在现代科学技术，生产主要依靠手工劳动，农业居于首要地位，消费水平很低，存在等级制，家庭和氏族起着重要作用。

二是为起飞创造前提的阶段，即从传统社会向起飞阶段过渡的时期，在这一时期，世界市场的扩大成为经济成长的推动力。

三是起飞阶段。根据罗斯托的解释，起飞就是突破经济的传统停滞状态。实现起飞需要三个条件：

① 较高的积累率，即积累占国民收入的10%以上；

② 要有起飞的主导部门；

③ 建立能保证起飞的制度，例如建立使私有财产有保障的制度；

④ 建立能代替私人资本进行巨额投资的政府机构等。

罗斯托认为，一国只要具备了上述四个条件，经济就可实现起飞，一旦起飞，经济也就可以自动持续增长了。

四是成熟阶段。这是起飞阶段之后的一个相当长的、虽有波动但仍持续增长的时期。其特点是：现代技术已被推广到各个经济领域；工业将朝着多样化发展，新的主导部门逐渐代替起飞阶段的旧的主导部门。

五是高额群众消费阶段。这是一个高度发达的工业社会。

六是追求生活质量阶段。

一般而言，处于前三个发展阶段的国家被称为发展中国家，处于后三个阶段的国家被称为发达国家。

（5）经济形势

经济形势是指国家宏观经济的运行状况和走向。市场上的经济环境对企业市场营销活动有着重要的影响。经济环境作为企业发展的根基和消费者购买能力和购买偏好的先决条件，是营销者必须注意到的因素。正确地分析经济形势有助于企业降低投资经营风险，制定更适合当地市场特点的营销组合策略。因此，企业需要密切关注区域经济指标的变化，把握经济变化趋势。

3. 自然环境

自然环境主要是指营销者所需要或受营销活动所影响的自然资源，营销活动要受自然环境的影响，也对自然环境的变化负有责任。营销管理者应当注意自然环境面临的难题和趋势，如多种资源短缺、环境污染严重、能源成本上升等。企业在营销策略中实现生态营销、绿色营销等，都是维护全社会长期利益必然要求。

技能训练 4-2

分析一次性筷子生产厂家的宏观环境

训练背景：近年来，社会日益重视保护自然环境，提倡节约就是环保，而且节约就有效益。要求企业在开发产品时能真正站在消费者的角度去考虑问题，多考虑环保需要，并且尽量避免产品一次使用后就丢弃，尽量使产品已有的功能得到最好发挥。

训练要求：以小组为单位进行讨论，讨论内容包括一次性筷子生产厂家如何开拓新市场，生产新一代环保筷子，做到既可重复使用，达到环保目的，又方便携带，从而实现生态营销和绿色营销。

4. 政治法律环境

政治法律环境是指对企业经营活动具有现存和潜在作用与影响的政治力量，同时也包括对企业经营活动加以限制和要求的法律、法规等。

（1）政治环境

企业的外部政治形势状况，如政治局势、国际关系，以及国家方针政策的变化都会对市场营销活动带来影响。

① 政治局势。政治局势是指企业营销所处的国家或者地区的政治稳定状况。一个国家如果政局稳定，生产发展，人民安居乐业，就可以为企业市场营销活动创造良好的环境。相反，如果社会动荡，政局不稳，不仅会影响经济发展和人民的购买力，而且会对企业的营销心理产生重大影响。特别是在对外营销活动中，要考虑投资国政局变动和社会稳定状况可能造成的影响，否则会给企业带来巨大的投资风险。

② 国际关系。国际关系是指国家之间的政治、经济、文化、军事等关系。人类社会发展进步到一定阶段，必然会与其他国家进行国际经济合作以及开展国际贸易，开展国际市场营销的企业更是如此。而国与国之间的国际关系，通常会对企业的市场营销产生制约或者促进作用。如两国之间的友好往来，会使国际营销企业在进驻国得到更多的优惠政策；如果两国之间的外交处于冰冻状态，入驻国可能会出台系列贸易制裁或者壁垒，甚至当地的民众也会有很高的反对情绪，这对进行国际市场营销的企业是非常不利的。

③ 方针政策。每个国家在不同时期都会根据自己的发展需要制定一些经济政策和经济发展方针，这些方针政策不论对国内企业还是外国企业都会产生直接或者间接影响。如企业必须按照国家的规定来生产和经营国家允许范围内的产品，这是对企业的直接影响。如果国家通过征收个人收入调节税来调节消费者收入，通过影响消费者购买力来影响消费者的需求，这就是通过方针、政策对企业营销活动产生间接影响。

（2）法律法规环境

法律是体现统治阶级意志，由国家制定或认可，并以国家强制力保证实施的行为规范的总和。法律泛指一切规范性文件，法规则主要指行政法规、地方性法规、民族自治法规及经济特区法规等。对于企业来说，法律法规是判断企业营销活动的准则，企业只有依法进行各种营销活动，才能受到法律保护。所以，企业开展市场营销活动必须要了解并遵守国家或政府颁布的有关经营、贸易、投资方面的法律法规。特别是从事国际市场营销的企业，不仅要遵守本国的法律法规，还要了解和遵循市场国的法律制度与有关的国际法规、国际惯例及准则。比如，产品由于其物理和化学特性涉及消费者的安全问题，各个国家都会对不同行业制定一些关于产品质量、纯度、安全性等的详细甚至苛刻的规定。各国法律对商标、广告、标签等也会有自己特别的规定，如加拿大的产品标签要求用英、法两种文字标明；法国要求使用法文商品标签。广告方面，许多国家对广告播放时间和内容有限制，如许多国家不允许做烟草和酒类广告等。还有一些国家会对企业的规模以及最高市场占有率有要求。如果企业不了解这些特殊的法律规定，其市场营销活动很难开展。

5. 科学技术环境

科学技术是第一生产力，科技的发展对社会经济的发展有巨大的推动作用。科学技术是科学和技术的合称，是人类在长期实践活动中所积累的经验、知识和技能的总和。现代科学技术是社会生产力中最活跃的和决定性的因素，它作为重要的营销环境因素，不仅直接影响企业内部的生产经营，而且还同时与其他环境因素相互作用，影响企业的营销活动。新技术的革命一方面可能会给市场营销带来机会，新技术的应用会带来新的市场需求，有广阔的市场前景；另一方面，也可能会给企业带来威胁，新兴行业会排挤和替代传统行业。科技的发展，新技术的应用不仅会影响消费者的生活习惯，甚至会改变消费者的购物模式。这将对传统的产品、定价、促销、分销模式带来巨大的冲击。例如，移动互联网的出现，完全改变了人们的生活和消费习惯，足不出户就能买到自己想要的产品和服务。企业也不得不在网络平台花费更多的营销费用，甚至超过了传统的线下营销费用。

6. 社会文化环境

社会文化环境是指企业所处的社会结构、社会风俗和习惯、信仰和价值观念、行为规范、生活方式、文化传统等因素的形成和变动。社会文化环境是影响企业营销诸多变量中最复杂、最深刻、最重要的变量。社会文化是某一特定人类社会在其长期发展历史过程中形成的，它主要由特定的价值观念、行为方式、伦理道德规范、审美观念、宗教信仰及风俗习惯等内容构成，它影响和制约着人们的消费观念、需求欲望及特点、购买行为和生活方式，对企业营销行为产生直接影响。一般而言，社会文化环境有两个组成部分：一是全体社会成员所共有的基本核心文化；二是随时间变化和外界因素影响而容易改变的社会次文化或亚文化。

社会文化因素通过影响消费者的思想和行为来影响企业的市场营销活动，因此企业在进行市场营销活动时需要对一些重要的社会文化因素进行调查研究，才能制定较为合适的营销策略。

（1）教育水平

教育水平是指消费者受教育的程度。个人的受教育水平不仅会影响个人的收入水平、对商品的鉴赏能力、对广告宣传的理解，而且会影响消费者心理和消费结构。同样，一个地区的教育水平与经济发展水平也是一致的，其表现出来的审美观以及对商品的购买和选择方式也不同。这都会影响产品营销组合策略的制定。例如，不同教育水平的消费者对产品特性方面会有不同要求，高教育水平的消费者可能需要功能多、品质好的产品，而低教育水平的消费者可能只需要产品具备一些基本功能；产品说明书的内容和形式也会存在一定的差异；同样，在可接受的广告内容和定位上二者也存在差异，前者倾向于有创意和内涵的广告，后者更接受热闹、易记的广告。

（2）文化传统

文化传统是一个国家或地区在较长历史时期内所形成的一种社会习惯。文化环境对企业的影响是间接、潜在和持久的。一般来说，文化的基本要素包括哲学、宗教信仰、风俗习惯、语言文字、文学艺术等，它们共同构成文化系统，对企业文化有重大的影响。

① 语言文字。语言文字是文化的具体表现，是社会现实生活的反映，它对企业职工的心理、人生观、价值观、性格、道德及审美观点的影响和导向作用不容忽视。不同国家、不同民族有不同的用语习惯和语言文字，相同的语言文字也可能表达的是不同的语意。语言环境对市场营销策略影响最直接的就是产品的命名。尤其是一些进行跨国市场营销的企业，特别要注意自己的产品命名不能与销售地区的语言习惯相悖。比如汽车中的Mercedes-Benz一开始翻译成了“笨死”，粤语中又叫“平治”，直到找到“奔驰”这个贴切的译名，才开始在中国大地奔驰如飞。

【小案例4-2】

可口可乐名称的翻译

20世纪20年代，可口可乐公司初入中国的时候，Coca-Cola被翻译成了“蝌蝌啃蜡”，中国老百姓一看这名字，纷纷猜测这带着一股中药味的黑乎乎的冒泡汽水似乎跟蝌蚪有什么“不解之缘”，于是谁都不想当那个“第一个吃蝌蚪的人”。可口可乐高层眼看着中国市场打不开，就指派负责海外业务的出口公司，公开登报悬赏350英磅征求中文译名。当时身在英国的一位上海教授看到这则消息后，以“可口可乐”四个字击败其他对手，拿走了奖金。

这“神来之笔”为可口可乐打开了中国商业之门。“可口可乐”这四个字一直被认为是翻译得很好的品牌名，不但保持了英文的音译，还有中文“吉祥快乐”的寓意。这四个字生动地暗示出了产品给消费者带来的感受——好喝、清爽、快乐——可口亦可乐，让消费者胃口大开，“挡不住的感觉”油然而生。

【分析提示】

“蝌蝌啃蜡”让消费者感觉产品和蝌蚪有关，加上可口可乐属于饮料，消费者自然而然就联想到“蝌蚪泛滥的脏水”。“可口可乐”尊重中国的语言文化，从此改变了可口可乐在中国市场的命运。

② 宗教信仰。宗教作为文化的一个侧面，在长期发展过程中与传统文化有着密切联系。不同的宗教信仰有着不同的文化倾向和戒律，进而影响人们认识事物的方式、价值观念和行为准则，从而影响消费行为。不同的宗教禁忌不同。一些信仰和禁忌会引导教徒的消费行为。因此，企业应了解不同地区、民族和消费者的宗教信仰，生产和销售适应其要求的产品，制定符合其特点的营销策略，否则，触犯了宗教的禁忌就会失去市场机会。

③ 风俗习惯。风俗习惯指个人或集体的传统风尚、礼节、习性，是特定社会文化区域内人们历代共同遵守的行为模式或规范，主要包括民族风俗、节日习俗、传统礼仪等。风俗对社会成员有一种非常强烈的行为制约作用，是社会道德与法律的基础，不同国家、不同民族有不同的风俗习惯，它对消费者的消费偏好、消费模式和行为有重要影响。

（3）价值观念

价值观念是人们对社会生活中各种事物的态度、评价和看法。不同文化背景下的人们价值观的差别很大，受此影响，消费者对商品的需求和购买行为也不同。企业营销人员应该在充分的市场调研的基础上，根据不同地区消费者的价值观特点，制定相应的营销策略。

【小资料 4-2】

不同国家的时间观念

时间观念是价值观念的重要组成部分，也是重要的文化特征。有些国家时间观念很强，“时间就是金钱”的谚语就是很好的说明。还有一些国家缺乏时间观念：尼日利亚关于时间的谚语是“不是时钟发明了人类”；西班牙谚语说“跑得快，死得快”。了解时间观念的差异对营销决策是有益的，在时间观念强的地区，营销人员必须准时，讲究效率；在时间观念差的国家，则要做好打“持久战”的准备。

任务4.3 分析微观市场营销环境

根据导入项目，选择珠三角某一企业，分析其微观市场营销环境，并填写表 4.2。

表 4.2　企业微观市场营销环境分析

企业名称			所属行业	
企业内部环境	营销渠道企业	顾客	竞争者	社会公众

1. 微观环境的构成

企业的微观环境既受到宏观环境的限制，又与宏观环境一起影响着企业的市场营销活动，并且与企业营销形成了协作、竞争、服务、监督的关系。微观营销环境指直接制约和影响企业营销活动的力量和因素，包括企业内部环境、营销渠道、顾客、竞争者和社会公众等。

（1）企业内部环境

企业内部环境是指企业内部的物质、文化环境的综合，包括企业资源、企业能力、企业文化等因素，也称企业内部条件。即组织内部的一种共享价值体系，包括企业的指导思想、经营理念和工作作风。

一方面，企业为开展营销活动，必须设立某种形式的营销部门，营销部门不是孤立存在的，它还面对着其他职能部门以及高层管理部门。企业营销部门与财务、采购、制造、研究与开发部门之间既有多方面的合作，也存在争取资源的矛盾。这些部门的业务状况如何、它们与营销部门的合作以及它们之间是否协调发展，对营销策略的制定与实施影响很大。

另一方面，企业文化也是近年来日益受到重视的内部要素，是管理人员与职工共同拥有的一系列思想观念与企业的管理风貌，包括价值标准、经营哲学、管理制度、思想教育、形象准则以及企业形象等。

【小案例 4-3】

谷歌的企业文化

面对目前外界大文化的变化以及新加入员工的新观念，如何进行新员工的企业培训？诸多因素使得很多企业文化魅力渐渐失去了原有的韵味。

讲到谷歌的企业文化魅力，好的文化一定要能够发挥人才的潜能，而扼杀创造力的第一杀手就是束缚。为了让员工舒心、把爱好变成创造力，谷歌做了几件激发创造力的举措，总结出谷歌的“四化”。

1. 办公环境亲人化

谷歌办公楼随处散落着健身设施、按摩椅、台球桌、帐篷等有趣的东西。整个办公空间采用了不同颜色的搭配，明亮鲜活。这些都让员工感到轻松自在。除此之外，每名新员工都将得到100美元，用于装饰办公室，可以在自己的办公室中“恣意妄为”。这才叫“我的地盘我做主”，好的办公环境就是要激发人的潜能，员工只有感到舒适，才会产生更好的创意和想法。

2. 人员自由流动化

从创立之初，谷歌就规定管理层不能限制员工在公司内部自由流动，员工可以自由到一个新的部门做自己喜欢的事情。“一个想法有人支持就可以去做”，这种宽松的政策和环境使得Gmail、谷歌地图等深受用户好评的产品诞生成为可能。

3. 20%时间私有化

谷歌允许每位工程师拥有20%的自由支配时间，这也是谷歌引以为傲的地方。这是他们公认的谷歌的一个小秘诀。谷歌的企业文化是鼓励创新，即使每项工程都要有计划、有组织地实施，公司还是决定留给每位工程师20%的私有时间，让他们去做自己认为更重要的事情，许多好项目都源自这20%的时间。

4. 内部沟通扁平化

谷歌公司人人平等，管理职位更强调服务，工程师们受到更多尊敬。每个人距离总裁的级别可能不超过3级，人人不仅可以公平享受办公空间，更具备零距离接触高层并反馈意见的机会。每逢周五，谷歌的两位创始人以及首席执行官都会与员工们共进午餐，以满足员工提出的各种“非分”要求。一般情况，两位创始人都会满足员工们的要求。

资料来源：根据网络资料整理

【分析提示】

企业文化魅力通常来说是一个企业发展的风向标，是独一无二的。谷歌的企业文化就是如此。谷歌的文化光芒是人生，是尊重人性，自然会吸引和留住更多人才，创造出最顶尖的技术，持续通过伟大的商业模式获得最高价值的收益，持续成为互联网世界最有价值的品牌之一。

（2）营销渠道企业

供应商和营销中间商都属于企业产品供应链上的成员，共同被称为营销渠道企业。

① 供应商。供应商是向企业及其竞争者供应原材料、部件、能源、劳动力等资源的企业和个人，包括原材料、零部件、设备、能源、劳务、资金及其他用品的提供者。供应商对企业营销业务有直接影响。第一，其所供应的原材料价格会影响企业产品的成本、定价和利润。第二，其所提供的原材料的数量和质量会直接影响企业产品的数量和质量，进一步影响产品的销售量、利润及企业信誉。第三，供应商供给原材料的及时性和稳定性是企业营销活动顺利进行的前提。特别在原材料资源紧张时期，供应商供货的及时性和稳定性对企业能否按时交货起决定作用。

② 营销中间商。营销中间商是协助企业推广、销售和分配产品给最终买主的那些企业，包括中间商、实体分配机构、营销服务机构和金融服务机构等。

- 中间商。中间商是协助企业寻找消费者或直接与消费者进行交易的商业组织和个人，包括代理中间商和商人中间商。代理中间商不拥有商品的所有权，只协助达成交易、推销产品，如经纪人、代理人和制造商代表等。商人中间商指从事商品购销活动的人员，其对所经营的商品拥有所有权，包括批发商和零售商。对于没有自营营销渠道的企业来说，中间商对企业产品从生产领域成功流向消费领域有至关重要的影响。

- 实体分配机构（公司）。实体分配机构是指帮助企业储存并把货物运送到目的地的专业组织，包括提供包装、装载、运输、仓储、搬运、库存等相应业务的公司。它们的任务是弥合产品生产和消费在时间和空间上的断点，使市场营销渠道中的物流畅通无阻。

- 营销服务机构。营销服务机构是指为企业提供各种营销服务的机构，包括调研公司、营销咨询公司、广告公司、传媒公司等。企业可以自己设立相应的机构，也可把业务交由相应的营销服务机构完成，一般根据企业或者业务的实际情况进行选择。

- 金融服务机构。金融服务机构是指为企业提供各种金融服务的机构，包括银行、信贷公司、保险公司等，这些公司为企业提供融资或者分担货物的购销储运风险。

（3）顾客

顾客是企业的服务对象，包括组织、个人和家庭。企业与供应商和营销中间商保持密切的关系，其目的就是为了有效地向目标顾客提供产品和服务。为此，需要认真分析消费者的需求和特点。一般来说，根据购买者和购买目的可以将企业的目标顾客分为以下几类。

① 消费者市场，指为了个人消费而购买的个人和家庭。

② 生产者市场，指通过加工生产而获取利润的个人和企业。

③ 中间商市场，指通过销售或者转卖来获取利润的批发商和零售商。

④ 政府市场，指为了实现和履行政府职责而进行购买的各级政府机构。

⑤ 国际市场，由国外的购买者构成，包括国外的消费者、生产者、中间商和政府机构等。

⑥ 非营利性组织，指为了实现组织的目标而进行购买的不具营利性质的组织团体。

（4）竞争者

任何企业都不可能单独地服务某一消费市场，它们都会面对各种各样的竞争对手。与企业争夺同一目标顾客群的就是企业的竞争对手。根据产品的替代观念，菲利普·科特勒将竞争者分为四个层次：欲望竞争者、属类竞争者、产品形式竞争者、品牌竞争者。

① 欲望竞争者。这是指满足消费者不同欲望的竞争者。这一层次的竞争者实际上是对消费者购买力的竞争。比如，一个刚工作的年轻人攒了一笔钱，他可以选择分期付款买房，也可以选择买汽车，或者用在娱乐消费上。

② 属类竞争者。企业若把所有制造和提供相同服务与产品的公司都作为竞争者，这就是属类竞争者。这一层次的竞争者实际上是以不同的产品类别满足消费者同一欲望。例如，在前面的选择中，消费者选择花钱用于娱乐，娱乐产品的类别有很多种，如电视、电脑等。消费者可以在这些产品类别中选择自己需要的。

③ 产品形式竞争者。这是指行业内各种形式产品生产者的竞争。例如，在前面的选择中，消费者选择了电脑，他还需要进一步决策是买笔记本电脑、平板电脑还是台式电脑。

④ 品牌竞争者。如果其他的公司与本公司有相同的顾客群，并且以相似的价格提供类似的产品和服务，公司将其视为竞争者，这就是品牌竞争者。例如前面的例子中，消费者选择了购买笔记本电脑，那他还需要最后决定购买哪个品牌的笔记本电脑。

（5）社会公众

企业的其他利益相关者是指对企业实现市场营销目标的能力有实际或潜在影响的群体。这类群体通常也被称为公众，主要包括政府、媒介、融资公众、社团公众、社区公众、一般公众、内部公众。这些公众共同影响企业的市场营销活动。

① 政府：指负责管理企业业务经营活动的有关政府机构。

② 媒介：主要是指报纸、杂志、广播、电视、网络等大众传播媒体。

③ 融资公众：指影响企业融资能力的金融机构，如银行、投资公司、证券经纪公司、保险公司等。

④ 社团公众：包括保护消费者权益的组织、环保组织、动物保护协会等其他群众社团。

⑤ 社区公众：指企业所在地临近的居民和社区组织。

⑥ 一般公众：指上述公众外的企业外部公众。这类公众虽然没有正式的组织，但是企业的行为和形象会影响他们对企业的惠顾。

⑦ 内部公众：指企业内部的员工，包括高层、中层管理人员和一般职工。企业只有使内部公众满意，才能为消费者提供更满意的产品和服务。

【小案例 4-4】

蒙牛是一家总部位于内蒙古的乳制品生产企业，是生产牛奶、酸奶和乳制品的领头企业之一，1999 年成立，至 2005 年已经成为我国奶制品营业额第二的公司，其中液态奶和冰激凌产品都居全国第一。其控股的中国蒙牛乳业有限公司是一家在香港交易所上市的工业公司。

2011 年 12 月 24 日，蒙牛被抽查出牛奶中黄曲霉毒素 M1 不符合标准规定。超标的产品为蒙牛集团有限公司眉山公司 2011 年 10 月 18 日生产的 250mL/盒包装的纯牛奶产品和福建长富乳品有限公司一个批次的长富纯牛奶。被检测出的黄曲霉毒素 M1 实测值为 1.2 微克/千克，国家规定的最高值为 0.5 微克/千克，蒙牛该批次产品超标 140%。对此，12 月 25 日，蒙牛在其官网承认这一检测结果并“向全国消费者郑重致歉”，此外，表示对该批次全部产品进行了封存和销毁。

2011 年 12 月 23 日，蒙牛乳业当日股价 26.3 港元，蒙牛致癌新闻曝光后第一个交易日，蒙牛乳业当日收盘股价为 18.02 港元，下跌 33.29%。蒙牛乳业的总股本为 17.6 亿股，即蒙牛乳业在金融市场因“致癌门”导致市值蒸发，直接损失近 145.73 亿港元，相当于近 120 亿人民币。

资料来源：根据网络资料整理

【分析提示】

导致蒙牛股价下跌的根本原因就是企业本身出现问题，公众对其看法以及顾客对其态度的改变等微观营销环境改变所致。

2. 竞争者分析

（1）竞争者分析的主要步骤

① 发现识别竞争者。首先，企业需要从本行业出发来发现竞争者。由于同行业企业产品的相似性和可替代性，彼此间形成了竞争的关系。在同行业内部，如果一种商品的价格变化，就会引起相关商品的需求量的变化。企业需要全面、透彻地了解本行业的竞争状况，以制定本企业在行业中的竞争策略与目标。其次，企业应当从市场、从消费者需要的角度出发来发现竞争者。凡是满足相同的市场需要或者服务于同一目标市场的企业，无论是否属于同一行业，都可能是企业潜在的竞争者。从这个角度分析，可从更广泛的角度认识企业的现实竞争者和潜在竞争者。

② 对竞争者展开调查。

③ 分析竞争者策略。分析竞争者策略的内容一般如下：一是竞争者的市场目标；二是竞争者的营销策略，主要包括价格分析、产品分析、销售渠道分析、推广形式及渠道分

析、促销及优惠措施分析、销售团队及客户服务体系竞争比较分析等。

④ 评估竞争者的优势与劣势。竞争者的优势与劣势通常体现在以下方面：产品、销售渠道、市场营销、生产与经营、研究与开发能力、资金实力、组织、管理能力等。

⑤ 完成竞争者分析报告。

（2）竞争者的类型

要发现识别竞争者先要知道竞争者的类型。

① 首先，从行业的角度来看，企业的竞争者可分为以下类型。

● 现有厂商。这是指本行业内现有的与企业生产同样产品的其他厂家，这些厂家是企业的直接竞争者。例如，别克公司（生产中档汽车的公司）的主要竞争者是福特公司、本田公司、丰田公司、雷诺公司和其他制造价格适中汽车的生产厂商。

● 潜在加入者。当某一行业前景乐观、有利可图时，会引来新的竞争企业，使该行业增加新的生产能力，并要求重新瓜分市场份额和主要资源。另外，某些多元化经营的大型企业还经常利用其资源优势从一个行业侵入另一个行业。新企业的加入，将可能导致产品价格下降，利润减少。

● 替代品厂商。生产与某一产品具有相同功能、能满足同一需求的不同性质的其他产品的厂商，属于替代品厂商。例如，别克公司认为自己不仅与其他汽车生产商竞争，而且也与摩托车、自行车、货车的生产商竞争。

② 其次，从市场方面看，企业的竞争者可分为以下类型。

● 品牌竞争者。企业把同一行业中以相似的价格向相同的顾客提供类似产品或服务的其他企业称为品牌竞争者。例如，家用空调市场中，生产格力空调、海尔空调、三菱空调等厂家之间的关系是品牌竞争者。品牌竞争者之间的产品相互替代性较高，因而竞争非常激烈，各企业均以培养顾客品牌忠诚度作为争夺顾客的重要手段。

● 行业竞争者。企业把提供同种或同类产品，但规格、型号、款式不同的其他企业称为行业竞争者。所有同行业的企业之间存在彼此争夺市场的竞争关系。例如，家用空调与中央空调的厂家、生产高档汽车与生产中档汽车的厂家之间的关系是行业竞争者。

● 需要竞争者。企业把提供不同种类的产品，但满足和实现消费者同种需要的其他企业称为需要竞争者。例如，航空公司、铁路客运、长途客运汽车公司都可以满足消费者外出旅行的需要，当火车票价上涨时，乘飞机、坐汽车的旅客就可能增加，相互之间争夺满足消费者同一需要的机会。

● 消费竞争者。企业把提供不同产品，满足消费者的不同愿望，但目标消费者相同的其他企业称为消费竞争者。例如，很多消费者收入水平提高后，可以把钱用于旅游，也可用于购买汽车或购置房产，因而这些企业间存在相互争夺消费者购买力的竞争关系。消费支出结构的变化，对企业的竞争有很大影响。

③ 第三，从企业所处的竞争地位来看，企业的竞争者可以分为以下类型。

● 市场领导者。这是指在某一行业的产品市场上占有最大市场份额的企业。例如，柯达公司是摄影市场的领导者，宝洁公司是日化用品市场的领导者，可口可乐公司是软饮料市场的领导者等。市场领导者通常在产品开发、价格变动、分销渠道、促销力量等方面处于主宰地位。市场领导者的地位是在竞争中形成的，但不是固定不变的。

● 市场挑战者。这是指在行业中处于次要地位（第二、三甚至更低地位）的企业。例如，富士公司是摄影市场的挑战者，高露洁公司是日化用品市场的挑战者，百事可乐公司是软饮料市场的挑战者等。市场挑战者往往试图通过主动竞争扩大市场份额，提高市场地位。

● 市场追随者。市场追随者的主要特点是跟随。在技术方面，它不做新技术的开拓者和率先使用者，而是做学习者和改进者。在营销方面，它不做市场培育的开路者，而是搭便车，以减少风险和降低成本。市场追随者通过观察、学习、借鉴、模仿市场领导者的行为，不断提高自身技能，不断发展壮大。

● 市场补缺者。市场补缺者通过生产和提供某种具有特色的产品和服务，赢得发展的空间，甚至可能发展成为“小市场中的巨人”。

综上所述，企业应从不同的角度，识别自己的竞争对手，关注竞争形势的变化，以更好地适应环境。

（3）分析评估市场竞争者的优劣势

在市场环境中，企业需要分析竞争者的优势与劣势，做到知己知彼，才能有针对性地制定正确的市场竞争战略，以避其锋芒，利用竞争者的劣势来争取市场竞争的优势，从而实现企业营销目标。竞争者优劣势评估的内容有。

① 产品。评估竞争者产品在市场上的地位；产品的适销性；产品系列的宽度与深度。

② 销售渠道。评估竞争者销售渠道的广度与深度；销售渠道的效率与实力；销售渠道的服务能力。

③ 市场营销。评估竞争者市场营销组合的水平；新产品开发的能力；销售队伍的培训与技能。

④ 生产与经营。评估竞争者的生产规模与生产成本水平；设施与设备的技术先进性与灵活性；专利与专有技术；生产能力的扩展；质量控制与成本控制；员工状况；原材料的来源与成本。

⑤ 研发能力。评估竞争者内部在产品、工艺、基础研究、仿制等方面所具有的研究与开发能力；研究与开发人员的创造性、可靠性、简化能力等方面的素质与技能。

⑥ 资金实力。评估竞争者的资金结构、筹资能力、现金流量、资信度、财务比率、财务管理能力。

⑦ 组织。评估竞争企业组织成员价值观的一致性与目标的明确性；组织结构与企业策略的一致性；组织结构与信息传递的有效性；组织对环境因素变化的适应性与反应程度；组织成员的素质。

⑧ 管理能力。评估竞争企业管理者的领导素质与激励能力、协调能力；管理者的专业知识；管理决策的灵活性、适应性、前瞻性。

（4）判断竞争者的市场反应行为

竞争者主要有以下不同类型的市场反应行为。

① 迟钝型竞争者。某些竞争企业对市场竞争措施的反应不强烈，行动迟缓。这可能是因为竞争者受到自身在资金、规模、技术等方面能力的限制，无法做出适当的反应；也可能是因为竞争者对自己的竞争力过于自信，不屑于采取反应行为；还可能是因为竞争者

对市场竞争措施重视不够，未能及时捕捉到市场竞争变化的信息。

② 选择型竞争者。某些竞争企业对不同的市场竞争措施的反应是有区别的。例如，大多数竞争企业对降价这样的价格竞争措施总是反应敏锐，倾向于做出强烈的反应，力求在第一时间采取报复措施进行反击，而对改善服务、增加广告、改进产品、强化促销等非价格竞争措施则不太在意，认为不构成对自己的直接威胁。

③ 强烈反应型竞争者。许多竞争企业对市场竞争因素的变化十分敏感，一旦受到来自竞争者的挑战就会迅速地做出强烈的市场反应，进行激烈的报复和反击，势必将挑战自己的竞争者置于死地而后快。这种报复措施往往是全面的、致命的，甚至是不计后果的，不达目的决不罢休。这些强烈反应型竞争者通常都是市场上的领先者，具有某些竞争优势。一般企业轻易不敢或不愿挑战其在市场上的权威，尽量避免与其作直接的正面交锋。

④ 不规则型竞争者。这类竞争企业对市场竞争所做出的反应通常是随机的，往往不按规则出牌，使人感到不可捉摸。例如，不规则型竞争者在某些时候可能会对市场竞争的变化做出反应，也可能不做出反应；他们既可能迅速做出反应，也可能反应迟缓；其反应既可能是剧烈的，也可能是柔和的。

技能训练 4-3

分析日化企业的竞争者

训练背景：某跨国日化企业正在策划一款新品先期进军北京、上海和广州市场，继而进军全国市场。为了更好地开展营销推广工作，该企业首先要开展当地市场竞争者分析。

训练要求：以小组为单位进行讨论，讨论内容包括列出该日化企业有哪些竞争者，分析竞争者的优势、劣势，确定目前可以采取的具体战略与策略等。

任务 4.4 运用 SWOT 分析法

为进一步识别市场机会，根据导入项目，选择珠三角某一企业，分析该企业的市场机会，并确定市场营销策略，做好 SWOT 分析，撰写企业 SWOT 分析报告。

1. SWOT 分析概述

SWOT 分析是市场营销的基础分析方法之一，包括分析企业的优势（Strength）、劣势（Weakness）、机会（Opportunity）和威胁（Threats）。其中，S、W 是内部因素，O、T 是外部因素。优劣势分析主要着眼于企业自身的实力及其与竞争对手的比较，而机会和威胁分析则将注意力放在外部环境的变化及对企业的可能影响上。在分析时，应把所有的内部因素（即优劣势）集中在一起，然后用外部的力量来对这些因素进行评估。因此，SWOT

分析实际上是对企业内外部条件各方面内容进行综合和概括，进而分析组织的优劣势、面临的机会和威胁的一种方法。SWOT 分析可以帮助企业清晰地把握全局，分析自己在资源方面的优势与劣势，把握环境提供的机会，防范可能存在的风险与威胁，把资源和行动聚集在自己的强项和有最多机会的地方，对企业成功有非常重要的意义。

2. SWOT 分析的步骤

（1）找出企业的优势和劣势，发现面临的机会与威胁

运用各种调查研究方法，分析企业所处的各种环境因素，即外部环境因素和内部环境因素。外部环境因素包括机会因素和威胁因素，它们是外部环境中对企业发展有直接影响力的有利和不利因素，属于客观因素。内部环境因素包括优势因素和劣势因素，它们是企业在发展中自身存在的积极和消极因素，属主动因素。在调查分析这些因素时，不仅要考虑历史与现状，而且更要考虑未来发展问题。

① 竞争优势（S）。竞争优势（S）是指一个企业超越其竞争对手的能力，或者指公司所特有的能提高公司竞争力的东西。例如，当两个企业处在同一市场或者说它们都有能力向同一顾客群体提供产品和服务时，如果其中一个企业有更高的盈利率或盈利潜力，那么，我们就认为这个企业比另外一个企业更具有竞争优势。

可能的竞争优势体现在以下几个方面。

● 技术技能优势，包括独特的生产技术、低成本生产方法、领先的革新能力、雄厚的技术实力、完善的质量控制体系、丰富的营销经验、上乘的客户服务、卓越的大规模采购技能。

● 有形资产优势，包括先进的生产流水线、现代化车间和设备、丰富的自然资源储存、吸引人的不动产地点、充足的资金、完备的资料信息。

● 无形资产优势，包括优秀的品牌形象、良好的商业信用、积极进取的公司文化。

● 人力资源优势，包括关键领域拥有专长的职员、积极上进的职员、很强的组织学习能力、丰富的经验。

● 组织体系优势，包括高质量的控制体系、完善的信息管理系统、忠诚的客户群、强大的融资能力。

● 竞争能力优势，包括产品开发周期短、强大的经销商网络、与供应商良好的伙伴关系、对市场环境变化的灵敏反应、市场份额的领导地位。

② 竞争劣势（W）。竞争劣势（W）是指某种公司缺少或做得不好的东西，或指某种会使公司处于劣势的条件。

可能导致内部弱势的因素有：

● 缺乏具有竞争意义的技能技术；

● 缺乏有竞争力的有形资产、无形资产、人力资源、组织资产；

● 关键领域里的竞争能力正在丧失。

③ 公司面临的潜在机会（O）。市场机会是影响公司战略的重大因素。公司管理者应当确认每一个机会，评价每一个机会的成长和利润前景，选取那些可与公司财务和组织资源匹配、使公司获得竞争优势潜力最大的机会。

潜在的发展机会可能是：

- 客户群的扩大趋势或产品细分市场；
- 技能技术向新产品新业务转移，为更大客户群服务；
- 前向或后向整合；
- 市场进入壁垒降低；
- 获得购并竞争对手的能力；
- 市场需求增长强劲，可快速扩张；
- 出现向其他地理区域扩张、扩大市场份额的机会。

④ 危及公司的外部威胁（T）。在公司的外部环境中，总是存在某些对公司的盈利能力和市场地位构成威胁的因素。公司管理者应当及时确认危及公司未来利益的威胁，做出评价并采取相应的战略行动来抵消或减轻它们所产生的影响。

公司的外部威胁可能是：

- 出现将进入市场的强大的新竞争对手；
- 替代品抢占公司销售额；
- 主要产品市场增长率下降；
- 汇率和外贸政策的不利变动；
- 人口特征，社会消费方式的不利变动；
- 客户或供应商的谈判能力提高；
- 市场需求减少；
- 容易受到经济萧条和业务周期的冲击。

（2）优势、劣势与机会、威胁相组合，形成SO、WO、ST、WT策略

① SO策略（优势+机会）：依靠内部优势，利用外部机会。SO又称增长战略，对企业产生杠杆效应，杠杆效应产生于内部优势与外部机会相互一致和适应时。在这种情形下，企业可以用自身内部优势撬起外部机会，使机会与优势充分结合发挥出来。然而，机会往往是稍纵即逝的，因此企业必须敏锐地捕捉机会，把握时机，以寻求更大的发展。

② WO策略（机会+劣势）：利用外部机会，弥补内部劣势。WO又称扭转战略，对企业面临的威胁采取影响与控制的措施，以阻止或减少它对企业产生不良后果。当环境提供的机会与企业内部资源优势不相适合，或者不能相互重叠时，企业的优势再大也将得不到发挥。在这种情形下，企业就需要提供和追加某种资源，以促进内部资源劣势向优势方面转化，从而迎合或适应外部机会。

③ ST策略（优势+威胁）：利用内部优势，规避外部威胁。当环境状况对公司优势构成威胁时，优势得不到充分发挥，出现优势不优的脆弱局面。在这种情形下，企业必须克服威胁，以发挥优势。

④ WT策略（劣势+威胁）：减少内部劣势，规避外部威胁。WT又称防御战略，当企业内部劣势与企业外部威胁相遇时，企业就面临着严峻挑战，如果处理不当，可能直接影响企业的生死存亡。

（3）对SO、ST、WO、WT进行甄别和选择，确定企业目前应该采取的具体战略与策略

SWOT分析法不是仅仅列出四项清单，最重要的是通过评价公司的强势、弱势、机会、

威胁，最终得出结论，即在公司现有的内外部环境下，如何最优地运用自己的资源，如何建立公司的未来资源。

技能训练 4-4

大学生消费金融服务产品 SWOT 分析

训练背景：近年来，全球互联网技术得到快速发展和广泛运用，互联网金融应运而生并加速发展。消费金融利用互联网技术的优势不断推进产品和服务的创新，满足了社会各阶层的消费需求，改变了数以亿计的消费者的消费习惯。在竞争压力下，国内大型商业银行开始试水电商平台。目前，我国高校规模持续扩张，大学生数量增长较快，校园消费金融市场已成为支付宝、微信以及京东等各类电商平台营销的重要目标。

训练要求：以小组为单位进行讨论，任意选取某银行的消费金融服务产品（如工商银行的三融平台），以问卷调查为主要形式，采集本校大学生网上消费行为等数据，运用SWOT 分析法，重点分析在校大学生对银行产品的认知度、使用习惯，发现某银行消费金融服务产品竞争中存在的问题，并提出改进思路和建议。

项目总结

【知识回顾】

（1）市场营销环境是存在于企业营销系统外部的不可控制的因素和力量，这些因素和力量是影响企业营销活动及目标实现的外部条件。

（2）市场营销环境又可分为宏观环境（也称间接环境）和微观环境（也称直接环境）两大类。

（3）宏观营销环境是指对企业营销活动造成市场机会和环境威胁的主要社会力量，包括人口、经济、自然、技术、政治、法律、文化等因素。

（4）微观营销环境指直接制约和影响企业营销活动的力量和因素，包括企业内部环境、营销渠道企业、顾客、竞争者和社会公众等。

（5）在市场营销环境中，宏观环境起着根本性、决定性的作用。宏观环境影响和制约微观环境的各个因素，并通过对微观环境的作用，对企业的营销活动进行影响和制约。

知识训练

一、选择题

1．广告公司属于营销渠道企业的（　　）。

A．供应商　　B．中间商　　C．实体分配机构　　D．营销服务机构

2．下列属于微观环境的因素有（　　）。

A．企业内部环境　　B．商业渠道企业

C．顾客　　D．竞争者及社会公众

3．直接影响企业营销活动的营销环境因素是（　　）。

A．宏观环境　　B．微观环境　　C．社会文化环境　　D．科学技术环境

4．在居民收入中，直接影响消费水平和消费结构的是（　　）。

A．货币收入　　B．工资收入

C．个人可自由支配收入　　D．人均国民收入

5．移动互联网的出现，完全改变了人们的生活和消费习惯，足不出户就能买到自己想要的产品和服务，这主要是由于（　　）。

A．经济发展水平的提高　　B．科学技术的发展

C．人口环境的变化　　D．政治和法律环境的改善

6．不属于宏观环境的因素是（　　）。

A．人口环境　　B．经济环境　　C．技术环境　　D．竞争者

7．（　　）主要指一个国家或地区的民族特征、价值观念、生活方式、风俗习惯、宗教信仰、伦理道德、教育水平和语言文字等的总和。

A．社会文化　　B．政治法律　　C．科学技术　　D．自然资源

8．企业的营销环境中，属于经济环境的有（　　）。

A．经济发展阶段　　B．地区与行业的经济发展

C．购买力水平　　D．家庭状况的变化

9．微观环境指与企业紧密相连，直接影响企业营销能力的各种参与者，包括（　　）。

A．企业本身　　B．市场营销渠道企业

C．顾客　　D．竞争者

E．公众

10．SWOT分析是市场营销的基础分析方法之一，包括分析企业的（　　）。

A．优势　　B．劣势　　C．机会　　D．威胁

二、判断题

1．微观环境与宏观环境之间是一种并列关系，微观营销环境并不受制于宏观营销环境，各自独立地影响企业的营销活动。（　　）

2．市场营销环境的特点包括客观性、差异性、多变性、相关性。（　　）

3．市场营销环境是一个动态系统，每一环境因素都随着社会经济的发展而不断变化。（　　）

4．顾客也是企业首要的环境因素。（　　）

5．许多国家政府对自然资源管理的干预有日益加强的趋势，这意味着市场营销活动将受到一定程度的限制。（　　）

6．科学技术的发展给企业营销活动既带来发展机遇又造成不利的影响。（　　）

7．影响消费者购买力水平和消费结构的重要因素是个人可自由支配收入。（　　）

8. 在收入水平一定的条件下，一个国家总人口数量的多少，决定了市场容量的大小。（　　）

9. 任何企业都不可能单独地服务某一消费市场，它们都会面对各种各样的竞争对手。（　　）

10. 银行在市场营销环境中属于宏观环境因素。（　　）

三、简答题

1. 简述市场营销环境的构成。
2. 市场营销环境有哪些特点？
3. 微观环境分析应包括哪些内容？
4. 试分析纺织行业外部的政治法律、经济、人口、社会文化、自然资源、科学技术环境会带来哪些机会和威胁？
5. 影响消费者支出模式的因素有哪些？这些因素是怎样影响消费者支出的？
6. 汽车制造行业企业的微观环境有哪些因素，它们如何对企业产生影响？
7. 简述竞争者的类型。

四、技能题

以一个具体的企业为例，进行 SWOT 分析。

综合实训

一、案例分析

易到用车举报滴滴和快的

2015 年 2 月 16 日，易到用车正式向中国商务部反垄断局（国务院反垄断委员会办公室）、国家发展和改革委员会价格监督检查和反垄断局举报北京小桔科技有限公司（以下简称“滴滴”）和杭州快智科技有限公司（以下简称“快的”）的合并行为未按要求向有关部门申报、严重违反中国《反垄断法》，请求立案调查并禁止两家公司合并。

2015 年 2 月 14 日，滴滴、快的正式宣布合并。两家公司合并的消息一经发布，有关其涉嫌垄断的消息便不绝于耳。焦点集中在两家公司的合并是否合法及合并后是否构成垄断。两家公司就上述问题进行了辩解。易到用车认为，合并方之一“快的”2014 年 3 月在其官网披露的信息显示：该公司司机账户流水达 47.3 亿元人民币，月均营收超千万元，仅此一项就远超相关法规规定的反垄断申报标准。两家公司未经申报而实施合并严重违法。两家合并后在相关市场上的市场份额超过 90%，在事实上构成了在线打车行业的寡头垄断，将消灭和排除相关行业的市场竞争，严重损害中国广大消费者的利益。按照相关法规，即使达不到反垄断申报的营业额门槛，商务部也有权依法进行调查并禁止两家公司合并。

易到用车相关负责人表示，两家公司在未合并前就展开了“烧钱大战”，在事实上支配了行业内的市场规则，一旦合并成功，无疑会绑架行业规则，排除和消灭市场竞争。此外，两家公司存在固定和变更相关市场交易价格以及交易条件的行为，这符合《反垄断法》对价格垄断协议的定义。

两家公司绕过相关部门审核“私定终身”的做法，一旦造成事实上的垄断，将给国家反垄断部门埋下“不作为”的隐患，尤其是对广大消费者的利益造成严重损害。根据《反垄断法》，对于从事价格垄断协议行为的，国家发改委有权对两家公司处以最高2014年全年营业额10%的罚款以及禁止实施垄断协议。

资料来源：根据网络资料整理

思考分析：

1．案例涉及哪些主体？

2．案例中的主体属于滴滴和快的的哪些外部环境，会对这两家企业产生什么影响？

二、实训操作

1．实训项目

SWOT分析

2．实训类别

个人训练

3．实训目的

了解如何运用SWOT分析

4．实训要求

如何利用SWOT分析进行职业生涯规划？根据自己的实际情况思考未来五年的发展计划，这五年里自己需要改进的地方是什么？需要学习的地方是什么？将来可能遇到的困难是什么？将来自己的职业方向是什么？将上述SWOT分析形成文字报告。

5．考核方式

依据学生提交的报告评定成绩。

项目5 分析消费者行为

项目目标

知识目标

- 了解消费者购买行为特点
- 理解影响消费者购买行为的主要因素
- 掌握消费者的购买决策过程

技能目标

- 具有能根据调研结果进行消费者行为分析的能力
- 具有撰写消费者行为分析报告的能力

实训目标

● 通过对消费者购买动机和购买模式的学习，能运用消费者分析的知识，具备实施各项营销活动的基础技能

● 通过对消费者购买决策的学习，能运用消费者购买决策分析的知识，具备制定并实施营销活动方案的技能

● 通过对影响消费者购买因素的学习，能运用消费者影响因素分析的知识，具备撰写消费者分析报告的技能

项目导入

晶莹化妆品有限公司是一家专门从事护肤品和化妆品研发、生产、销售和服务的综合性企业。公司内部拥有国际先进的制造设备及一大批经验丰富的专业人才；外部与高等院校及科研单位建立了长期的合作关系，努力开发和发展有自己知识产权的产品。公司最新发展战略确定要以“让每个使用者都变美”为己任，准备开发新一代“让肌肤无负担”的纯天然护肤品。为了有效满足市场的需求，为市场消费者提供优质的产品和满意的服务，请为企业进行纯天然护肤品市场消费者分析，以便掌握消费者需求和购买行为，为制定各项营销策略提供参考依据。

项目实施

任务 5.1 了解消费者购买行为特点

根据导入项目，选择合适的调研方法，初步了解市场一般消费者购买纯天然护肤品的动机和购买行为的类型，从而掌握消费者购买行为的特点。

1. 消费者购买动机的类型

动机是由需要产生的。人的需要多种多样，动机也就多种多样。各种动机错综复杂，常常交织在一起。消费者的需要可大体分为生理需要和心理需要两大类，因而购买动机也可分为生理性动机和心理性动机两大类。一般来说，生理性动机比较明显与稳定，具有普遍性与主导性。在现代市场上，生理性动机虽然是引起购买行为的主要基本因素，但也往往混合着其他非生理性动机，如表现欲、享受欲、审美欲等。

心理性动机比生理性动机更为复杂。当社会经济发展到一定水平时，心理性动机通常在消费者行为中占重要地位。在实际生活中，由于消费者各自的需要、兴趣、爱好、性格和价值观不同，在具体购买时的心理活动要复杂得多。一般，比较常见的购买心理动机大致可归纳为如下 8 种。

（1）求实心理动机

这是一种以注重商品的实际使用价值为主要特征的购买动机。具有这类动机的消费者在购买商品时，讲究商品的内在质量和实际效用，而不太注意商品的外观和品牌。

（2）求廉心理动机

这是一种以追求廉价的商品为主要特征的购买动机。这类消费者特别注重产品的价格，而对包装、花色、款式等不太注意。

（3）求名心理动机

这是一种以追求名牌高档商品为主要特征的购买动机。这类消费者特别注重商标、产地和产品在社会上的形象。其中有些人是信赖名牌产品的质量；有些人则是为了炫耀自己的财富，满足优越感的心理需要。

（4）求新心理动机

这是一种以追求时尚和新潮为主要特征的购买动机。这类消费者特别注重商品是否款式新颖、格调独特和体现社会潮流，而对商品的实用价值和价格不太计较。

（5）求美心理动机

这是一种以注重商品欣赏价值或艺术价值为主要特征的购买动机。这类消费者特别重视商品本身的造型、色彩和艺术性。但由于消费者自身修养和文化背景的不同，审美观会有很大差异。

（6）求便心理动机

这是一种以注重消费品使用方便和购买方便，以求在消费活动中尽可能节约时间为主要特征的购买动机。特别是在购买日常生活用品，如油、盐、肥皂等时，求方便、简便，不太认真挑选。

（7）好胜心理动机

这是一种以争赢斗胜为主要目的的购买动机。这类消费者购买某种商品往往不是由于急切的需要，而是为了赶上他人，超过他人，以求得心理上的满足。这种购买往往具有偶然性的特点和浓厚的感情因素。

（8）偏好心理动机

这是一种以满足个人特殊偏好为目的的购买动机。例如，有人喜栽花木、养盆景，有人喜爱古董字画，有人喜爱鸟兽鱼虫等。这往往和某种专业特长、专门知识和生活情趣相关。

研究消费者购买动机是一件难度很大的工作。这不仅因为购买动机复杂多样、错综交织，而且还因为许多消费者不愿意表露自己的真实动机，有时甚至连他们自己也不了解自己的购买动机，有时消费者的同一动机能以多种商品来满足。所有这些，都需要企业认真调查研究，在制定相关营销策略的时候切实掌握，方可稳操胜券。

2. 消费者购买行为的类型

消费者的购买行为有多种类型，可从不同角度进行划分。

（1）根据消费者购买行为的复杂程度和所购商品的差异性划分

根据消费者购买行为的复杂程度（花费时间、精力的多少和谨慎程度）和所购商品本身差异性的大小，可将消费者购买行为分为复杂型、和谐型、习惯型和多变型四种，如表 5.1 所示。

表 5.1　消费者购买行为的类型

复杂程度 / 差异性	高	低
大	复杂型	多变型
小	和谐型	习惯型

① 复杂型。消费者初次购买差异性很大的耐用消费品时，通常要经过一个认真考虑的过程，要广泛收集各种有关信息，对可供选择的品牌反复评估，在此基础上建立起品牌信念，形成对各个品牌的态度，最后慎重地做出购买选择。购买大件消费品属于这种类型。

② 和谐型。消费者购买差异性不大的商品时发生的一种购买行为。由于商品本身的差别不明显，消费者一般不必花费很多时间去收集并评估不同品牌的各种信息，而主要关心价格是否优惠，购买时间、地点是否便利等。因此，和谐型购买行为从引起需要和动机到决定购买所用的时间较短。购买一般纸笔等文化用品属于这一类。

③ 习惯型。这是一种简单的购买行为，一种常规反应行为。消费者已熟知商品特性和各主要品牌特点，并已形成品牌偏好，因而不需要寻找、收集有关信息。这类商品一般价格较低，购买频率较高，如每天买一包香烟，每月买两块肥皂等。

④ 多变型。这是一种为了使消费多样化而常变换品牌的购买行为，一般是指购买品牌差别虽大但较易于选择的商品，如罐头食品等。与习惯型一样，这也是一种简单的购买行为。

（2）根据消费者性格的不同来划分

根据消费者性格的不同，可将消费者购买行为划分为六种类型。

① 习惯型。这类消费者忠于某一种或某几种品牌，有固定的消费习惯和偏好，购买时心中有数，目标明确。

② 理智型。这类消费者做出购买决策之前经过仔细比较和考虑，胸有成竹，不容易被打动，不轻率做出决定，决定后也不轻易反悔。

③ 冲动型。这类消费者易受产品外观、广告宣传或相关人员的影响，决定轻率，易于动摇和反悔。这是促销过程中可大力争取的对象。

④ 经济型。这类消费者特别重视价格，一心寻求最经济合算的商品，并由此得到心理上的满足，促销中要使之相信，他所选中的商品是最物美价廉的、最合算的，要称赞他是很内行、很善于选购的顾客。

⑤ 情感型。这类消费者对产品的象征意义特别重视，联想力较强。

⑥ 不定型。这类消费者比较年轻，最近才开始独立购物，易于接受新的东西，消费习惯和消费心理正在形成之中，尚不稳定，缺乏主见，没有固定偏好。

营销者应了解自己目标市场的消费者属于哪种类型，然后有针对性地开展促销活动。

【小案例 5-1】

有一家航空公司抓住旅客最怕遇到阴雨连绵天气的心理，做出规定：如果天公不作美，在团体旅游期间的任何一个星期里，只要连续下三天雨，那么凡是参加该航空公司旅游团的人，都可以免费旅游。

在实施这项规定之前，公司对游客进行了调查，发现游客通常具有三种心理：一是“不下雨正好旅游，有雨还能免费”；二是“见识一下新鲜事，那个航空公司一定很有特色”；三是“到哪里旅游都要花钱，何不到这里来，说不定正好赶上下三天雨呢”。

总经理经过考虑后，决定采用这项策略。果然，很多旅游者闻风而至，这一规定使航空公司每年的营销额增长了50%。

资料来源：胡德华. 市场营销理论与实务. 第2版. 北京：电子工业出版社，2019.

【分析提示】

本案例说明，营销人员需要在研究消费者的购买动机和心理后，再确定自己的营销方案。只要抓住了消费者的心理，营销策略就会产生无穷的魅力。

技能训练 5-1

辨识购房者购买动机和购买行为的类型

训练背景：如果你在一个房地产公司做销售人员，现有徐先生夫妇来到公司售楼部，徐先生是40岁左右的大学教师，家庭每月可自由支配收入20 000元左右，目前一家三口住在70多平方米的两居室里。最近他们想换一个大一点的房子，可又觉得房价太高，目前无力承受，因而一直犹豫不决。

训练要求：分组讨论，作为房地产推销人员，你可以怎样说服他们成为你的客户？

任务5.2 掌握消费者购买行为模式

根据导入项目，通过广泛深入的市场调查，获得以下问题答案，并在此基础上发现和掌握消费者的购买行为规律（6W1H）：①主要的目标客户是哪些人？即了解购买者（Who）；②他们要购买什么商品？即了解购买对象（What）；③他们为什么要购买这些商品？即了解购买目的（Why）；④哪些人参与了购买决策过程？即了解购买组织（Which）；⑤他们以什么方式购买？即了解购买方式（How）；⑥他们在什么时候购买？即了解购买时间（When）；⑦他们在哪里购买？即了解购买地点（Where）。

1. 购买对象

了解分析购买对象即是要了解消费者要买什么商品。企业首先要通过市场调查，研究和了解消费者需要什么样的商品，尽量在包装、品种、质量、性能、价格、花色等方面满足顾客的需要。商品有成千上万种，同一商品又有不同质量、不同价格、不同式样、不同花色、不同包装等。一般来说，消费者总是喜欢物美价廉、式样新颖、具有特色的商品。

【小案例 5-2】

某化妆品公司为了解消费者对护肤品包装图案象征意义的认识，做了一项市场实验。聘用数量相等的男性和女性消费者帮助做一些简单的工作，完成之后赠送一些护肤品以示感谢。所有护肤品的膏体完全相同，只是包装瓶盖的图形略有不同，一种是圆形图案，一种是三角形图案。结果，男性都选择了三角形图案，女性都选择了圆形图案。这项实验的目的是调查包装瓶盖的图形是否能影响不同性别消费者对产品的选择，而聘用消费者帮助工作仅是个借口，以使赠送产品显得顺理成章，使消费者能够以自然的心理接受和选择产品。

资料来源：案例库（节选）. 市场营销精品课程网.浙江工商职业技术学院

【分析提示】

本案例中，商品包装的图形因为具有特定的性别象征意义，而影响了消费者的选择行为。营销人员可以利用消费者的想象，通过各种方式，赋予产品某些象征意义，以适应消费者心理，促进商品销售。除了包装，还有名称也能激活消费者各种各样的想象，例如，宝马作为汽车的名字能激活诸如速度、名贵、珍稀等方面的想象。

2. 购买时间

了解分析购买时间，即消费者在什么时间购买。消费者什么时间进行购买，对具体的个人来讲，什么时间需要就什么时间购买，这是毫无疑问的。从表面上看是没有规律的。但从宏观上看，消费者购买商品的时间还是有一定规律的。消费者什么时间购买，受商品本身的用途和消费者的闲暇时间两个因素制约。一般来说，日常生活消费品，工作之余和休息日购买较多，季节性商品在当季购买较多。研究和掌握消费者购买商品的时间和规律，以便在适当时间将产品推向市场，以保证满足需求。此外，当顾客较多时，应当增加服务人员，备足商品，以免错失销售良机。集中销售服务力量，既可满足消费又可以扩大企业经营效果。

3. 购买地点

了解分析购买地点，即消费者在什么地方、什么商店购买。这个问题仔细分析起来，有两个方面值得注意。一是消费者在何处决定购买，二是消费者在何处实际购买，这两种情况可以在同一个地方发生，也可以不在同一个地方发生。不同的商品，消费者选择购买的地点是不一样的，这与商品的价值和用途有直接关系。价值不大又常用的物品，一般都愿意就近购买，而且越近越好，以方便为主，并且通常是在购买现场做出决定。大件物品、贵重物品，往往是经过一家人反复讨论之后，才决定购买，一般都愿意到一些大的商场进行选购，认为大商场的商品多、有挑选余地，而且大商场通常是商业骨干力量，比较重视信誉，售后服务好，可以信赖，有安全感。

企业应注意通过报纸、杂志、广播、电视对商品进行广告宣传，或直接派人上门推销，并应十分注意企业和商品形象的确立，从而获得众多购买前定向顾客；对于一般属于即时决策购买的商品，要十分重视商品的包装、布置与购买现场的广告和销售服务，以此争取更多现场做购买决策的顾客。

4. 购买方式

了解分析购买方式，即消费者决定如何购买。由于消费者的经济条件不同，在购买商品时对价格反应的灵敏程度和支付能力也不同。消费者的经济条件决定购买方式。消费者采用什么方式购买，是当时用现金支付还是以后分期付款，将影响企业经营对策与经营计划的制订。因此，企业必须认真加以研究。例如，某些消费者重视价格，愿意购买便宜货物；有些消费者愿意花较高的价钱去购买他所期望的商品；有些消费者希望分期付款或赊销。企业只有掌握了上述现象和规律，才能制定出满足各种不同需要的产品价格、分销渠道和促销策略，从而实现企业预期的营销目标。

5. 购买组织

了解分析购买组织，也就是有哪些人参与了购买决策过程。由于消费者年龄、性别、收入、职业、教育、性格等不同，因而在需要与爱好上存在着很大的差异。企业在分析消费者的购买行为时，必须明确商品由谁来买，他有什么需求与爱好，企业能否满足其需求与爱好。

由谁购买商品，从表面上看似乎是一个人的行为，但实际上往往有好几个人参与购买决策活动，其中包括五种不同作用的角色，即发起者、影响者、决策者、购买者和使用者，如表5.2所示。

表5.2 消费者在购买行为过程中的角色

角 色	角色作用描述
发起者	首先提出购买某一商品的人
影响者	对最终购买商品有直接或间接影响的人
决策者	对整个或部分购买决策有最后决定权的人
购买者	实际从事购买的人
使用者	实际使用商品的人

作为个人购买，一个人可能集五种不同的角色于一身；而家庭购买，会有各个不同角色的多种组合。例如，某个家庭购买电脑，发起者和使用者是小孩，决策者和购买者可能是父母，实际购买者可能由父亲承担，而实际经常使用的可能是全家。

传统观念认为，重要的角色是决策者，他是家庭中的权威所在，因此他是企业争取家庭购买的主要对象。抓住了决策者，就等于销售成功了一半。但从现在家庭状况来分析，子女是发起者，他们也许比决策者更有权威，因为发起者在发起时就下决心一定要导致目标的实现，而决策者也许只是履行“权力”而已。

在家庭购买决策中，五种角色的地位不同，心理状态也不同，满足他们需要的方法也不同。因此，企业营销人员必须看到这一点，有针对性地制定与营销工作相适应的策略方法。

【小案例5-3】

小东是一个中学生，一直骑一辆老式自行车上学。他的同学现都有山地车了，所以，小东也想买一辆山地车。但他明白，如果这个事情直接向父母提出来，可能会马上遭到否决。于是，小东决定先对外婆说。他很快说服了外婆。当晚上他们一家坐在一起吃晚饭的时候，外婆对小东父亲说：“我们是不是应该考虑给孩子买一辆山地车了？”在这种情况下，父亲就非常为难，如果说不，可能会让老人很没面子，但如果说行，经济上是一个问题。经过一番思想斗争，最后说：“行，那我们就买吧。”这时小东的舅舅说：“要买自行车，我在某某自行车厂认识一个朋友，可以买到比较便宜的。”这样没过两天，小东舅舅就从厂里把自行车买回来了。小东高兴地骑上了他梦寐以求的山地车。

资料来源：渤海大学消费者行为学精品课支撑网站

【分析提示】

在这个案例中，小东是发起者和使用者，外婆是影响者，小东父亲是决策者，舅舅是购买者。在这五种角色当中，最重要的是决策者。这五种角色对企业进行营销活动都有着极大的作用。

企业的营销活动对一个具体的消费者来讲，是否能够产生作用，能够产生多大作用，对哪些人最为有效，可以从心理学的“认识—刺激—反应”模式去加以认识。这是分析研究消费者行为最基本的方法。因为任何消费者的购买决策都是在一定的内在因素的促动和外在因素的激励之下而采取的。要使企业的营销活动获得成功，关键要分析这些营销活动怎样对消费者产生影响，不同的消费者会对其做出怎样的反应，而形成不同反应的原因是什么。我们可从“认识—刺激—反应”模式出发去建立消费者的购买行为模式。

从这一模式中我们可以看到，具有一定潜在需要的消费者首先是受到企业营销活动的刺激和各种外部环境因素的影响而产生购买意向的，而不同特征的消费者对于外界的各种刺激和影响又会基于其特定的内在因素和决策方式做出不同的反应，从而形成不同的购买取向和购买行为。在这一购买行为模式中，“营销刺激”和各种“其他刺激”是可以看得到的，购买者最后的决策和选择也是可以看得到的，但是购买者是如何根据外部的刺激进行判断和做出决策的过程却不容易看清楚。这就是心理学中的所谓“黑箱”效应。消费者购买行为分析就是要对这一“黑箱”进行分析，设法了解消费者的购买决策过程以及影响这一决策过程的各种因素的影响规律。分析主要包括两个部分，一是对消费者购买决策过程的研究；二是对影响消费者购买行为的各种因素的分析。这两部分内容下面都将详细谈到。

技能训练 5-2

掌握家庭旅游者的购买行为模式

训练背景：在我国，家庭旅游逐渐成为一种新趋势。过去我国推出的旅游产品一般是大众型的，以为普通游客提供服务为主，这显然不适合现阶段我国家庭旅游发展的要求。而且，与国外旅游业相比，在家庭旅游这个项目上，我们做得还远远不够。比如，近些年来，美国的一些大型旅游企业，开始将儿童作为一个重要的市场来对待了。他们想方设法来满足小朋友的需求。即使是豪华酒店也增加了白天照顾孩子的项目，他们已经认识到必须让父母放心，同时也必须让和父母一起来的小朋友们感到满意。

训练要求：分组讨论，对于以下三种类型的家庭来说，决定是否外出旅游或到哪里旅游，这样的家庭购买决策会有什么差异？

这三种家庭分别是：学龄前儿童的家庭、中学生的家庭、孩子毕业后参加工作而且与父母一起生活的家庭。

任务 5.3 掌握消费者的购买过程

根据导入项目，了解消费者购买过程，并完成表 5.3。

表 5.3 消费者的购买过程

确认需要的详细内容	信息收集的详细内容	方案评价的详细内容	购买决策的详细内容	购后评价的详细内容

一个完整的购买行为过程一般包括五个阶段：引起需要、收集信息、评估比较、购买决策和购后评价。

1. 引起需要

引起需要是购买者行为的起点。当消费者感觉到一种需要并准备购买某种商品以满足这种需要时，购买决策过程就开始了。这种需要可能是由内在的生理活动引起的；也可能是受外界的某种刺激引起的，如看到别人穿新潮服装、戴金首饰，自己也想购买；或者是由内外两方面因素共同作用的结果。

【小案例 5-4】

一对夫妇准备卖掉他们的住房，他们委托一位房地产经纪商承销。这家房地产经纪商请老夫妇出钱在报纸上刊登了一则广告。广告内容很简短："出售住宅一套，有两个卧室，壁炉、车库、浴室一应俱全，交通十分便利。"

广告刊出一个月后仍无人问津。老夫妇又登了一次广告。这次是营销员亲自写的广告词："住在这所房子里，我们感到非常幸福。只是由于两个卧室不够用，我们才决定搬家。如果您喜欢在春天呼吸湿润、新鲜的空气；如果您喜欢夏天庭院里绿树成荫；如果您喜欢在秋天一边欣赏音乐一边透过宽敞的落地窗极目远望；如果您喜欢在冬天的傍晚全家人守着温暖的壁炉喝咖啡的气氛——那么请您购买我们这所房子。我们也只想把房子卖给这样的人。"

广告登出不到一个星期，他们就顺利搬了家。

资料来源：胡德华. 市场营销理论与实务（第 2 版）. 北京：电子工业出版社，2009.

【分析提示】

本案例说明营销既是一种方法也是一种艺术。在营销活动中，如果营销人员能够巧用营销艺术，不仅可以唤起消费者的消费需求，而且可以加速消费者购买意图转化为购买行动。

2. 收集信息

如果唤起的需要很强烈，可满足需要的商品易于得到，消费者就会希望马上满足需要。但在多数情况下，消费者的需要并非马上就能获得满足，他必须积极寻找或收集信息，以便尽快完成从知晓到确信的心理程序，做出购买决策。消费者获取信息的来源一般有以下四个。

① 个人来源，即从家庭、朋友、邻居和其他熟人得到信息。

② 商业来源，即从广告、售货人员介绍、商品展览或陈列、商品包装和说明书等得到信息。

③ 公众来源，即从报刊、电视等大众传播媒介的宣传报道和消费者组织的有关评论中得到信息。

④ 经验来源，即通过自己参观、检验和实际使用商品得来的经验。

在这一阶段中，市场营销者既要千方百计地做好商品广告宣传，吸引消费者的注意力；又要努力做好商品陈列和说明，使消费者迅速获得对企业有利的信息。

3. 评估比较

消费者得到的各种有关信息可能是重复的，甚至是互相矛盾的，因此还要进行分析、评估和比较，这是决策过程中的决定性环节。例如，某人要买电冰箱，收集了有关资料，比较各品牌特点：××牌价廉、耐用、省电、维修方便，但功能略少；××牌质优、高效，但高价、费电……各有利弊，权衡利弊后方能做出购买决定。

消费者的评估选择过程，有以下几点值得营销者注意：第一，产品性能是购买者所考虑的首要问题；第二，不同消费者对产品的各种性能给予的重视程度不同或评估标准不同；第三，消费者既定的品牌信念（品牌形象）与产品的实际性能可能有一定差距；第四，消费者对产品的每一个属性都有一个效用函数；第五，多数消费者的评选过程是将实际产品同自己理想中的产品相比较。

所以，营销者可采取如下对策，以提高自己产品被选中的概率。

① 修正产品的某些属性，使之接近消费者理想产品。

② 改变消费者心目中的品牌信念，通过广告和宣传报道努力消除其不符合实际的偏见。这是“心理的重新定位”。例如，某商品确实物美价廉，而有些消费者却以为廉价的商品一定不如高价的商品质量好；某种国产商品的质量已经达到或超过进口商品的水平，而有些消费者却总是迷信进口商品，认为国产商品不如进口商品好。因此，营销者要在这方面进行广泛宣传，改变消费者的偏见。

③ 改变消费者对竞争品牌的信念。当消费者对竞争品牌的信念超过实际时，可通过比较性广告，改变消费者对竞争品牌的信念。

④ 通过广告宣传，改变消费者对产品各种性能的重视程度，设法提高自己产品占优势性的重要程度，引起消费者对被忽视的产品性能（如耐用、省电、易于维修等）的注意。

4. 购买决策

这是购买者决策过程的中心环节。购买决策通常有三种情况：一是消费者认为商品质量、款式、价格等符合自己的要求和购买能力，决定立即购买；二是对商品的某些方面还不能完全满意而延期购买；三是对商品质量、价格等不满意而决定不买。消费者的购买决策是许多项目的总抉择，它包括购买何种产品、何种品牌、何种款式、数量多少、何时购买、何处购买、以什么价格购买、以什么方式付款等。

购买决策是消费者购买行为过程中的关键阶段，营销者在这一阶段一方面要向消费者提供更多更详细的商品信息，以便使消费者消除各种疑虑；另一方面要通过提供各种销售服务，方便消费者选购，促进消费者做出购买本企业产品的决策。

5. 购后评价

购后评价是消费者对已购商品通过自己使用或通过他人评估，对满足自己预期需要的反馈，重新考虑购买这种商品的选择是否正确，是否符合理想等，从而形成评价。这种评价，一般表现为满意、基本满意和不满意三种情况。消费者购后评价的好坏，会影响消费者是否重复购买，并将影响他人的购买，对企业信誉和形象关系极大。西方学者有一种观点认为，消费者的满意程度取决于实际效果是否达到消费者对产品的预期性效果，若达到预期，则感到基本满意；超过预期，则很满意；若未能达到预期，则不满意或很不满意。实际效果与预期效果差距愈大，不满意的程度也就愈大。根据这种观点，营销者对其产品的广告宣传必须实事求是、符合实际，以便使购买者感到满意。有些营销者对产品性能的宣传甚至故意留有余地，以增加消费者购后的满意感。

消费者购后评价是企业产品是否适销的一种极为重要的反馈信息，它关系到这个产品在市场上的命运。许多企业信奉的名言是：“最好的广告是满意的顾客。”因此，企业要注意及时收集信息，加强售后服务，采取相应措施，进一步改善消费者购后感受和提高产品的适销程度。

从以上分析可知，购买者决策过程中的每一阶段都会影响其购买决策。研究这一过程，就是为了针对每一阶段的特点采取适当营销措施，积极地引导消费者行为，更好地满足消费者的需要。

技能训练 5-3

了解五星级酒店消费者的购买决策过程

训练背景：广州一家新开张的五星级酒店，要制定一系列营销策略推广酒店，吸引客户。

训练要求：以小组为单位，根据消费者购买决策过程的内容，并结合前面所掌握的知识，分组合作设计相应的具体策略。讨论结束后，每组选出一名代表阐述本组讨论结果，最后由全班同学评选出最优方案，并由教师进行讲评。

任务5.4 分析影响消费者购买行为的主要因素

根据导入项目，为进一步了解消费者，要分析影响消费者购买行为的主要因素，并完成表5.4。

表5.4 影响消费者购买行为的主要因素

文化因素对购买的影响	社会因素对购买的影响	个人因素对购买的影响	心理因素对购买的影响

消费者购买行为取决于其自身的需要和欲望，而人们的需要和欲望以至消费习惯和行为，是在许多因素的影响下形成的。企业要准确地把握消费者购买行为，必须分析影响消费者购买行为的有关因素。这些因素主要可归纳为四大类：文化因素、社会因素、个人因素、心理因素。

1. 文化因素

每个因素对消费者购买行为的影响程度都有所不同，其中影响最深远的是文化因素，它影响社会的各个阶层和家庭，进而影响到每个人的行为和欲望。

（1）文化

文化对消费者的需求与购买行为有强烈而广泛的影响。这表现为处于同一文化环境中的人们在消费需求与购买行为等方面有许多相似之处，而处于不同文化环境中的人们则在消费需求与购买行为等方面具有很大的差异。例如，现代的大学生、研究生、企事业单位的管理人员，大多想获得一台计算机，他们知道计算机对其学习和工作的重要性，也知道社会对计算机知识的重视；而在另一种文化环境中，如一个远离现代文明的土著部落，计算机对那里的人们毫无价值可言，更不会有人想购买它。

（2）亚文化

每种文化都由更小的亚文化组成，通常可以按民族、宗教、种族、地理等因素把消费者划分为不同的亚文化群体，每个群体的社会成员往往具有共同的价值观念、生活习俗和态度倾向。亚文化对人们的心理和行为的影响更直接。这一影响在消费者购买行为中体现尤为明显。例如，在宗教亚文化群体中，有些人信仰佛教，有些人信仰伊斯兰教，有些人信仰基督教，不同的宗教信仰，有不同的文化倾向与禁忌。又如，饮食方面，热带地方的人爱吃清淡食物，寒带地方的人爱吃味道浓郁的食物。

（3）社会阶层

社会阶层是指由具有相似社会经济地位、生活方式、价值观倾向和兴趣的人组成的群体和集团。它是根据职业、收入来源、受教育的程度、财产数量、住房类型等可变因素，对人们在一定的社会经济结构中地位的划分。不同社会阶层的人有不同的消费需要和购买行为。

例如，美国社会学家依据人们的贫富程度，将美国社会划分为上上层、上下层、中上层、中下层、下上层和下下层。上上层，主要是老牌富有家庭，他们是名贵珠宝饰品和古董名画等贵重商品的主要购买者；上下层，多为新致富的企业家，有名望的医生、律师等，他们是豪华别墅、汽车、游艇和名贵高档商品的主要购买者；中上层，主要是企业经理、教授、律师等，他们是高级文化用品、高档家具、高档家用电器等商品的主要购买者；中下层，主要是一般商人、小企业所有者、教师和办公室职员等，他们是常规家庭饰品、各类中档商品和某些高档商品的主要购买者；下上层，主要是工厂的技术工人，他们是中低档商品的主要购买者；下下层，主要是无技术的工人、失业者和依靠救济金生活的人群，他们是大众商品和信托商品的主要购买者。可见，不同阶层的人群在消费内容、消费水准、消费偏好等方面存在着明显的区别。

2. 社会因素

（1）相关群体

经常影响消费者购买行为的相关群体有三类。

一是关系比较密切的相关群体，主要有家庭成员、亲戚、朋友、同学、左邻右舍、同事等。这类相关群体，由于接触频繁，因而对消费者的购买行为有深刻的、长期的影响。

二是关系一般的相关群体，主要有各群众组织、社会团体、职业性协会等。由于消费者是某团体中的一员，受该团体中各种规定的约束，成员气质、爱好相近，因而会影响每个成员，对某些特定商品的态度和购买行为趋向一致。

三是无关系的相关群体，主要有受消费者欢迎和尊敬的文艺明星、体育明星、知名人士等。这类相关群体虽与消费者无关系，但是影响很大。这类相关群体具有榜样的作用，是消费者崇拜的对象，其消费行为会引起消费者的仿效，导致某种商品的流行。

企业可以利用相关群体对消费者购买行为的影响，促进商品的销售。

（2）家庭

在消费品市场中，消费者的购买活动80%以上是以家庭为中心开展的，家庭对消费者的购买行为和购买习惯的形成，有着不可低估的影响。

首先看老年人在购买决策中起的作用。老年人在中国家庭中有特殊的地位，在家庭购买决策中有着不可忽视的作用。老年人若文化素养较高，在家庭购买决策中有较大的发言权；老年人若经济收入较高，特别是在家庭购买某些商品需要较大补贴时，则对是否购买及购买何种品牌商品有较强的影响力。一般来说，在购买传统商品时，例如传统婚礼用品，家庭其他成员愿意听取老年人的意见。老年人由于年龄大，行动不便，实际购买职能一般不由他们执行，并且随着年龄的增长，影响力日趋下降。

接着看丈夫和妻子对购买决策的作用。丈夫和妻子的收入是家庭经济收入的主要来源，他们掌握着家庭经济权，对购买决策起着举足轻重的作用。并随所购商品的不同而不同，若购买丈夫使用的商品，例如汽车，则丈夫的决策影响力大；若购买妻子使用的商品，例如洗衣机，则妻子的决策影响力大。

然后看孩子对购买决策的作用。孩子在三岁以前，各种商品的购买均是大人做主。从三岁开始，孩子的自我意识逐渐增强，对某些商品的购买有了一定的要求。随着年龄的增长，购买商品的独立意识进一步增强，当家长想要给孩子购买某种商品时，孩子希望按自己的要求进行选择。因此，孩子的选择对家庭购买决策逐渐产生影响。

（3）角色和地位

一个人在一生中会参加许多群体并担任很多角色。例如，一个男性成年人，在家庭里担任父亲、丈夫的角色，在公司里担任经理的角色等。消费者在做出购买选择时，往往会考虑自己的角色。每一种角色都有与之相对应的商品需求，例如，经济收入较高的公司总经理，会购买豪华轿车，穿高档西服等。当一个人的角色发生变化时，会引起需求的变化，例如，当一个普通员工被提升为经理后，可能会因工作需要，购买便携式电脑、较高档的套装等。

3. 个人因素

（1）年龄和家庭生命周期阶段

人们在一生中购买的商品和服务是不断变化的，人们的消费与年龄、家庭生命周期有关。从出生到老年，不同年龄段的人，对食物和服装等的需求是不同的。例如，在幼年时吃婴儿食品，发育和成熟时期吃各类食品，到晚年时吃特殊食品。同样，人们对服装、家具和娱乐的爱好随着年龄的变化也有不同的需求。

如前所述，家庭生命周期可划分为以下几个阶段，不同阶段所需的商品是不同的。

① 单身阶段。单身阶段的消费者特征一般是指年轻、独身，几乎没有经济负担和新观念的带头人。男人喜欢购买时尚服装、健身体育用品、音响设备、摄影器材等；女人喜欢购买化妆品、时尚服装、时尚工艺品等。

② 新婚阶段。新婚阶段的消费者特点是年轻、无子女、购买力高，需要购买成家立业所需的各种商品。

③ 满巢阶段（Ⅰ）。此阶段是指家里最小的孩子不到6岁，此时是家庭用品采购的高峰期。一般需要购买洗衣机、烘干机、婴幼儿用品、玩具等。

④ 满巢阶段（Ⅱ）。此阶段是指家里最小孩子6岁以上，此时家庭经济状况得到改善。一般需要购买孩子需用的生活和教育用品（如自行车、钢琴、绘画用品、家教支出等）。

⑤ 满巢阶段（Ⅲ）。此阶段的特征是年长的夫妇和尚未独立的子女同住，全家人都有工作和收入，经济状况较好。一般需要置换家具、汽车及耐用消费品，外出旅游和购置旅游用品等。

⑥ 空巢阶段（Ⅰ）。此阶段的特征是年长的夫妇，无子女同住，仍在工作且是工作单位的骨干力量，经济状况良好。一般需要购买自我充实和提高的物品、药品、保健用品等。

⑦ 空巢阶段（Ⅱ）。此阶段的特征是年老夫妇，无子女同住，已退休，经济收入锐减，赋闲在家。一般需要购买有助于健康、睡眠、消化和护理保健的用品。

⑧ 鳏寡阶段。鳏寡阶段是指夫妇双方中的一方已故，收入减少，需求也迅速下降。一般需要维持日常生活的必需品、保健品、药品等，特别需要关心、情感和安全保障等。

可见，在家庭生命周期不同阶段的影响下，人们消费需求差异很大。营销者应当明确自己产品的目标市场处于家庭生命周期的什么阶段，并据以拟订适当的营销计划。

（2）职业

一个人的职业也影响其消费模式。例如，工人一般愿意购买有实用价值的中低档商品，对高档商品有一定需求，且是保值商品（金银首饰品）；农民一般喜欢购买朴实、耐用、符合他们审美观的商品；文艺工作者一般喜欢标新立异、不落俗套、抽象、浪漫的商品，是高档消费品的主要消费群体；知识分子一般喜欢购买与自己身份相符的商品，是各类专业书籍、文学艺术类商品、中高档耐用消费品和日用消费品的广大购买者。

（3）经济状况

经济状况好坏直接决定了消费者的购买力，从而决定他们能购买哪些商品和购买的数量。经济状况好坏主要取决于可支配收入的水平、储蓄、资产、借贷能力，以及对花费和储蓄的态度。如果某个人有足够的可支配收入和借债能力，而且他更喜欢花钱而不是储蓄，那么这个人是高档、时尚商品的购买者。

（4）生活方式

生活方式是指一个人在生活中所表现出来的活动、兴趣和观点的综合模式。来自同一社会阶层、同一亚文化群体，甚至同一职业的消费者，可能具有不同的生活方式。例如，一个家用电脑公司发现其商品的目标顾客是具有成就的专家型工作者。

（5）个性和自我概念

个性是指一个人经常的、稳定的、本质的心理特征的总和。消费者的个性是在各自市场实践活动中表现出来的、稳定的个性的特殊性。正是这稳定的、各自独特的个性，构成了消费者千差万别的购买行为。例如：有些人走进商店，喜欢与售货员交谈、开玩笑、表情外露，这些人容易受售货员的宣传影响而购买商品；而有些人走进商店，沉默寡言、动作迟缓、内心活动复杂而感情不外露，这些人不容易受售货员的宣传影响而购买商品。一个人的个性通常可用自信、自主、顺从、保守、适应、交际等性格特征来描述。

自我概念或称自我形象，是指个人对自己的能力、气质、个性等个性特征的自我评价。自我概念分为三种：一是理想自我概念，即他希望自己应该怎样；二是实际自我概念，即他如何看待自己；三是他人自我概念，即他认为别人如何看待自己。

消费者在选购商品时，自我概念会影响其购买行为。例如，有些人购买服装时，只要自己认为这种服装的式样、颜色符合要求，不管别人看法如何，都立即购买。而有些人购买服装时，见到一种服装的式样、颜色比较符合自己的要求，他不会立即购买，而是先要征求一下其他人的意见。如果有人说不好看，他就不会购买；反之，则立即购买。

4. 心理因素

心理因素对消费者的购买行为起着最直接的、决定性的作用。影响消费者购买行为的心理因素，除了“需要引起动机”这一最重要的因素之外，还有知觉、学习和态度这三个因素。

（1）知觉

消费者的需要引起动机，动机导致行为，而消费行为又要受到认识过程的影响。所谓认识过程，是指消费者对商品、服务、店貌等刺激物的反应过程，这个过程由感性认识和理性认识两个阶段形成。知觉是指消费者感官直接接触刺激物所获得的直观的、形象的反应，属于感性认识。任何消费者对商品（或商店）的印象可能有很大差别，因而所形成的知觉也有很大差异。例如，甲乙两人同时进入某一商店购买同一种商品，甲的印象很好，乙却认为不好。同一刺激物为什么会产生不同的反应、不同的知觉呢？心理学认为，知觉过程是一个选择性的心理过程，一般有三种知觉过程：选择性注意、选择性曲解和选择性记忆。

① 选择性注意。人在一生中面临着许多刺激物，以商业广告为例，西方人平均每天见到的广告超过1500条，不可能都引起注意，绝大多数一闪即逝，留不下什么印象。人们总是有选择地注意一些刺激物。有三种情况比较能引起人们的注意：一是与目前需要有关的，如正要购买电视机的人就对电视机的广告特别注意；二是预期将出现的，如早已等待观看的节目；三是变化幅度大于一般的、较为特殊的刺激物，如降价50%比降价5%的广告会引起人们更大的注意。

② 选择性曲解。人们面对客观事物，不一定都能正确认识和如实反映，而往往是按照自己的偏见或先入之见来曲解客观事物，即人们有一种将外界输入的信息与头脑中原有信念系统的信息相结合的倾向。这种按个人信念曲解信息的倾向称为选择性曲解。例如，某一名牌商品在消费者心目中早已树立信誉，形成品牌偏好，就不会轻易消失；另一新的品牌商品即使实际质量已优于前者，消费者也不会轻易认同，总以为原先那个名牌的商品质量更好些。

③ 选择性记忆。人们对所了解到的东西不可能全部记住，而是主要记住那些符合自己信念的东西。例如，只记住自己所喜欢的品牌商品的优点，每次需要再购买时，就想起了这个品牌。这种心理机制就是选择性记忆。

上述三种心理过程告诉我们，市场营销者只有以多次重复的、有吸引力的强烈刺激加深消费者的直观印象，才能突破其牢固的知觉壁垒。例如，广告语言的长期重复出现，是利用了上述心理过程，希望给人们留下深刻印象。有些企业在商标设计或产品包装上极力模仿名牌，企图利用消费者的上述心理过程，但这不是一种好办法，应当致力于自己的创新。

【小案例5-5】

小新最近计划买一台电脑，他非常注意电视、杂志、网络上的电脑广告，而不太注意彩电、手机、空调等商品的广告。一有空闲上街逛商店，在进入商店后，多半会注意出售电脑的柜台及发放的宣传材料，而不关心其他柜台发放的宣传材料。小新特别偏好苹果牌电脑的广告，在看广告时，对苹果牌电脑降价多少，是否送打印机、上网卡等会更加注意。他在听售货员介绍苹果牌电脑的优缺点时，只注意优点，不注意缺点，当售货员介绍其他品牌电脑的优缺点时，他只注意缺点，不注意优点。当小新买电脑时，他会更多地想起自己偏好的苹果牌电脑的许多优点，而忘记了其他品牌电脑的优点。

资料来源：渤海大学消费者行为学精品课支撑网站

【分析提示】

小新买电脑的故事反映了知觉选择性过程主要有三个方面，即选择性注意、选择性曲解和选择性保留。市场营销者要了解消费者需要，设法用有效的方式如多次重复的、有吸引力的广告，加深消费者的直观印象，才能突破其牢固的知觉壁垒。

（2）学习

消费者在购买和使用商品的实践中可逐步获得和积累经验，根据经验调整购买行为的过程称为学习。人类的行为有些是本能的、与生俱来的，但大多数行为（包括消费行为）是从“后天经验”中得来的，即通过学习、实践得来的。在后天经验理论中，应用比较普遍的是“刺激-反应（S-R）”模式。这种理论认为，人的学习过程包含下列五种连续作用的因素：驱策力、刺激物、提示物（诱因）、反应和强化。

“驱策力”是一种内在的心理推动力。例如，一位消费者有提高外语听说能力的驱策力，当这种驱策力被引向一种“刺激物”——录音机时，就形成一种动机。在这种动机的支配下，这位消费者将做出购买录音机的“反应”。但是，他的这种反应在何时、何地以及怎样做出，往往要取决于一些较小的或较次要的刺激物，即“提示物”（如亲属的鼓励，看到朋友的录音机或录音机的广告等）。当他购买了某一品牌的录音机后，如果使用时感到满意，他就会经常使用它并“强化”对它的反应，今后如遇上同样的情况，他便会做出相同的反应，甚至在相似的刺激物上推广他的反应，购买同一厂家或同一品牌的其他商品。反之，如果他使用时感到失望，以后就不会再做出相同的反应。这就是消费者的学习过程。企业在营销活动中要注意发挥消费者购买行为中“学习”这个内在因素的作用。

（3）信念和态度

外界事物的刺激可使人们产生一定的信念和态度，从而影响人们的行为，包括消费者的购买行为。

信念是指人们对事物所持的认识。消费者对商品的信念可以建立在不同的基础上，有的建立在科学的基础上，有的建立在某种见解的基础上，有的建立在信任（如对名牌商品）的基础上，有的则可能基于偏见、讹传。不同的信念可导致人们不同的态度、不同的倾向，如消费者对名牌商品争相选购，而对不熟悉的新产品则犹豫观望，疑虑重重，很难做出决定。

态度是指一个人对某些事物或观念长期持有的好与坏的认识上的评价、情感上的感受和行动倾向。态度的形成是一个逐步的过程，可以从学习中逐步形成，也可以受相关群体的影响逐步形成。

消费者一旦形成对某种产品或商标的态度，往往不易改变，例如，有很多消费者钟情于中国的老字号商店，逢年过节都到这些商店去购买自己需要的商品，即使人很多，也会耐心地排队，直至买到为止。因为态度形成后，很难改变消费者的购买行为，所以企业应设法适应消费者持有的态度，而不应硬要去立刻改变消费者的态度，因为这要付出很大代价，要权衡得失再做决策。例如，日本本田公司的摩托车进军美国市场时，曾面临公众对摩托车持有否定的态度，把它同流氓犯罪活动联系起来。要扩大市场，必须改变公众的态度。该公司以“你可在本田车上发现最文雅的人”为主题，投入大量资金大力开展促销活动，广告画面上的骑车人都是教授、白领等，于是逐渐改变了公众对摩托车的态度。

消费者的态度一般有三个主要来源：一是消费者与商品或服务的直接接触；二是受其他消费者（如亲友或团体中的其他成员）的直接或间接影响；三是家庭教养和社会经历。

总之，分析和研究影响消费者行为的内在心理因素，目的是为了采取适当的营销技巧引导消费者做出对企业有利的购买决策。

【小案例 5-6】

美国促销奇才哈利，15 岁在马戏团当童工时，就学会了做生意，懂得做生意的要领，善于吸引顾客光临。

有一次，他在马戏团售票口处使出浑身力气大喊："来！来！来看马戏的人，我们给每人都赠送一包瓜子或花生米！"观众在小恩小惠的心理驱动下，被吸引过来了，纷纷涌向马戏场，边看边吃，很是开心。不一会儿，观众都觉得口渴。此时，哈利又大声叫卖着柠檬汁和各种饮料，人们争相购买。原来，哈利在加工赠品瓜子和花生米的时候，有意多加了点盐。观众越吃越口渴，所以急迫地要喝饮料，这样才使得哈利的饮料生意兴隆起来。

资料来源：胡德华.市场营销理论与实务（第 2 版）. 北京：电子工业出版社，2009.

【分析提示】

本案例说明消费者在购买商品之前都需要经过一个特定的心理活动过程，如果营销者能把握消费者的消费心理，认真分析影响消费者购买行为的各种因素，并由此制定相应的促销方案，便能获得成功。

项目总结

【知识回顾】

(1)消费者行为分析是市场营销管理的核心内容，也是一切营销活动得以开展的起点，只有对目标顾客进行充分关注，才有可能通过产品和服务使顾客的需要得到满足。

(2) 企业要从认识消费者的需要入手，分析这些需要产生的各种原因，研究消费者的购买决策过程和购买行为模式。

知识训练

一、选择题

1. 在以下因素中对消费者购买行为影响最大的是（　　）。

A. 社会角色　　B. 家庭　　C. 相关群体　　D. 地位

2. 在以下因素中，决定着个人和家庭购买能力的是（　　）。

A. 经济状况　　B. 生活方式　　C. 职业　　D. 年龄和家庭生命周期

3. 下面哪项不是影响消费者购买行为的因素（　　）。

A. 文化因素　　B. 社会因素　　C. 科学因素　　D. 个性因素

4. 爱好种花养鱼、收藏古董字画、集邮、摄影等，这属于消费者的（　　）。
   A. 求廉动机　B. 偏好动机　C. 求美动机　D. 求名动机
5. 以下有关消费者的购买决策描述不正确的是（　　）。
   A. 研究消费者购买目的就是要分析消费者出于什么动机购买商品
   B. 消费者的购买方式不会影响市场营销活动的状态，也不会影响产品设计
   C. 一般来说，日用品和食品往往在购买现场做出购买决定，就近购买
   D. 消费者的购买方式有习惯型、忠诚型、理智型、经济型、冲动型、情感型等几种
6. 消费者产生购买行为的主要推动力是（　　）。
   A. 知觉　B. 动机　C. 学习　D. 信念和态度
7. 消费者形成品牌转换和“冲动消费”的一个主要原因是（　　）。
   A. 求新动机　B. 求安全动机　C. 求廉动机　D. 模仿动机
8. 消费者购买行为最关键的阶段是（　　）。
   A. 评价决策　B. 信息搜集　C. 购买决策　D. 引起需要
9. 对消费者购后是否产生重复购买行为，并吸引其他消费者购买起到很大的作用是（　　）。
   A. 售前引导　B. 售中接待　C. 售后服务　D. 售前咨询

二、判断题

1. 消费者的购买方式不仅会影响市场营销活动的状态，而且会影响产品设计。（　　）
2. 市场消费需求就是指潜在需求。（　　）
3. 个性因素是影响消费者需求最基本的因素。（　　）
4. 需求强度的大小和需求层次的高低成反比。（　　）
5. 在个性因素中，年龄不会影响人们的购买决策。（　　）
6. 通常，消费者对消费的渴求与确认，是内在刺激与外在刺激共同引起的。（　　）
7. 消费者购买决策过程的第一个环节是信息搜集。（　　）
8. 以商品的实际使用价值为主要特征的购买动机，是消费者的求廉动机。（　　）
9. 隐性动机是消费者未意识到或不愿承认的动机。（　　）
10. 消费者所获得的信息越丰富，就越有利于做出购买决策。（　　）

三、简答题

1. 影响消费者购买行为的主要因素有哪些?
2. 试述社会阶层对消费者行为的影响。
3. 简述家庭生命周期不同阶段的购买特点。
4. 简述消费者信息来源的主要途径。
5. 试述社会环境对消费者购买行为的影响。
6. 简述消费者的购买决策过程。
7. 消费者购买决策的类型及特点是什么？

四、技能题

请以你或你家最近的一次购买活动为例，分析购买某商品的心路历程。写一篇分析报告。

综合实训

一、案例分析

小王夫妇是刚刚组建家庭的年轻人，一个在研究所工作，一个在机关任职，由于工作都很忙，平时不可能为一日三餐花很多时间，他们便打算买一个多功能电压力锅。为此，他们到处打听行情，并跑了好几家家电连锁超市，掌握了大量相关信息，并对各种资讯进行分析、比较、综合和归纳。最后，他们决定购买江苏某企业生产的“苏泊尔”牌多功能电压力锅。因为小王是江苏人，远离家乡和亲人，因而对家乡的人和物都有特殊的感情。同时，“苏泊尔”品牌是闻名全国的品牌，还是国家免检产品、消协推荐产品。在确定了购买“苏泊尔”牌多功能电压力锅以后，他们立即行动起来，先去离家比较近的几家大型家电连锁店了解销售服务情况，然后选中了一家售后服务好的大型商场，高高兴兴地将一个“苏泊尔”牌多功能电压力锅搬回了家。过了不久，他们又买了一个送给小王的父母。

思考分析：请结合案例具体分析消费者购买行为一般过程。

二、实训操作

1. 实训目的

通过实训帮助学生初步掌握分析消费者的基本方法。

2. 实训组织和要求

将班级学生划分为若干项目小组，小组规模一般是 3～5 人，中途无特殊原因不允许组员变动，每小组选举小组长以协调小组的各项工作。辅导老师应及时检查学生实训的完成情况，提供必要的指导和建议，组织学生进行经验交流，并针对共性问题在课堂上组织讨论和专门的讲解。

3. 实训内容

（1）以项目小组为单位，根据任务背景来进行项目实施。

任务背景：晶莹化妆品有限公司是一家专业从事护肤品和化妆品研发、生产、销售和服务为一体的综合性企业。公司内部拥有国际先进的制造设备及一大批经验丰富的专业人才；外部与高等院校及科研单位建立了长期的合作关系，努力开发和发展有自己知识产权的产品。公司最新发展战略确定要以“让每个使用者都变美”为己任，准备开发新一代“让肌肤无负担”的纯天然护肤品。为了有效满足市场的需求，为市场消费者提供优质的产品和满意的服务，因此，企业需要一份纯天然护肤品市场消费者分析报告，为制定新产品开发策略提供参考依据。

（2）小组成员收集资料，根据调研资料做产品消费者分析，并写出消费者分析报告。

（3）项目小组内部对写好的分析报告进行讨论、分析和归纳，然后根据写好的分析报告制作 PPT，并推选 1～2 人作为团队代表向全班进行汇报发言，教师评析。

模块 3　确定目标市场

项目 6 市场细分与目标市场选择

项目目标

知识目标

- 认识市场细分的含义与作用
- 认识目标市场的概念
- 理解市场细分的基本原则
- 理解影响目标市场选择的因素
- 掌握市场细分的标准、方法及步骤
- 掌握目标市场选择策略

技能目标

- 具有分析及选择市场细分标准的能力
- 具有进行有效市场细分的能力
- 具有选择目标市场的能力
- 具有制定目标市场策略的能力
- 具有运用市场细分方法撰写市场细分报告的能力

实训目标

- 通过对市场细分的学习，能运用市场细分的相关知识，具备设计市场细分表并进行有效市场细分的技能
- 通过对目标市场选择及其策略的学习，能运用目标市场选择的相关知识，具备选择目标市场及制定目标市场策略的技能

项目导入

如家快捷酒店

携程网创始人季琦注意到一位网友抱怨预订酒店的价格太贵。于是，他对携程网上的订房数据做了分析，发现中国遍布星级酒店，但在高档和低档之间，缺乏价格经济、既干净又能让人信任的酒店，而这在中国有着巨大的市场需求。由此他产生了创建一个经济型全国连锁酒店品牌的想法。随后，携程旅行服务公司和首都旅游国际酒店集团进行战略合作，创立了如家连锁酒店。如家很快实现了高速跳跃式成长。如今，如家酒店入住率为95%，位居中国经济型酒店前列。在传统的酒店行业，如家为什么能取得如此显著的成功？

1. 准确定位

如家创始人季琦说："我们成功的根本原因在于市场定位准确，瞄准了酒店业的'真空'地带。"以建立经济型全国连锁酒店品牌为目标，如家酒店的定位是：干净、简洁、现代、经济、温馨。"一张舒服的床，热水，干净整洁的房间，温馨的环境，相对便利的交通。"这意味着既要有明显的价格竞争力，又要提供创新的顾客价值。如家被形象地称为"二星级的价格，五星级的床"。

为避免因雷同而陷入同质竞争，如家塑造了新的价值曲线。根据顾客的实际需求，如家减弱或剔除了不必要的传统元素，如高档星级酒店豪华的外表和公共空间、无所不包的服务，从而为顾客节省了成本。同时，如家创造了新的顾客价值。把经济型酒店从"临时住宿地"提升为"家的感觉"。很多人住酒店往往睡不香，如家提出"洁净似月，温馨如家"的经营理念，并在细节上为顾客营造家的温馨感。例如，床单和枕套不用传统的白色，改用碎花图案；毛巾有两种不同颜色，便于顾客区分；墙壁也不再是白色或暗色，而是温馨的淡粉色、黄色或蓝色。

商务人士和年轻人外出最需要上网，为此如家提供五星级酒店才有的免费宽带上网服务。如家还推出了一个名为"书适如家"的活动，在客房里摆放供顾客免费阅读的图书，也可供顾客随手购买。这项服务让很多人对如家好感倍增，一位网友在自己的博客里写道："在这一点上，如家超过了任何一家四星级酒店。"

2. 客户信息

捕获顾客是酒店盈利的关键。中国外出人口数量巨大，为如家提供了非常可观的市场空间，但信息能否传达及吸引潜在顾客是市场推广的一个"瓶颈"。如家充分利用和整合其原有的优势——携程网的客户信息和销售网络，建立关联的商务顾客数据库，十分便捷地将其信息有效送至潜在的目标顾客，由于其目标人群有高度的相关重合，使如家得以迅速获得大量新顾客，然后再靠如家的品牌价值留住顾客和发展顾客关系。

3. 如家的商业模式

如家的商业模式是：好的品牌定位→初步业绩→引入风险投资→业务扩张→更好的业绩→获得更多资本→品牌更强。引入外部风险投资，实现快速铺网、互动滚动发展是如家的发展战略。

中国地理空间大，能否快速扩张布点是另一个关键。而这需要大量的资本。如家凭借出色的业绩成功地争取到美国的风险投资，并很快实现了上市目标。为了业绩优秀，如家创造了“租用硬件”的方案，即一部分酒店是租用后改建，这样既压缩了扩张成本，又实现了快速抢占有利的酒店位置这一重要部署。严格的成本控制是经济型酒店的根本。例如，如家的人员配备只有同等规模高星级酒店的1/4；客房客用品的成本控制在每间2.6元/夜。

资料来源：根据网络资料整理

项目实施

任务6.1 掌握市场细分

根据导入项目，对广州市的快捷酒店消费群体进行市场调研，收集有关快捷酒店市场细分的数据，确定如家市场细分的标准和方法，制定如家广州市场细分方案。细分方案包括市场状况概述、细分方法、市场细分表、细分步骤、各细分市场轮廓等。

在多数情况下，市场细分是目标营销的基础与前提，市场细分有利于企业发现新的市场机会，掌握目标市场的特点，确定有效的营销组合策略，从而增强企业竞争力，提高企业效益。

1. 认识市场细分

市场细分是美国市场营销学家温德尔·R.史密斯（Wendell R.Smith）于1956年在美国《市场营销杂志》上首先提出来的概念。所谓市场细分，是指企业经营者根据选定的标准或因素，将一个错综复杂的异质市场划分成若干个具有相同或相似需求的同质市场，从而确定企业目标市场的活动过程。它可以使企业有效地分配和使用有限资源，进行各种有意义的营销活动，并向市场提供独特的服务、产品及相关的营销组合。

除了上述意义上的市场细分，理论上还有两种极端的市场细分方式：完全市场细分和无市场细分。

（1）完全市场细分

完全市场细分是指市场中的每一位消费者都单独构成一个独立的子市场，企业根据每位消费者的不同需求生产相适应的产品。理论上讲，只有一些小规模的市场才能进行完全市场细分，但对于企业而言，此种做法是不经济的。完全市场细分在某些行业，如飞机制造等行业仍大有市场，且近几年开始流行的“定制营销”就是企业对市场进行完全市场细分的结果。

（2）无市场细分

无市场细分是指市场中的每一位消费者的需求都是完全相同的，或者企业有意忽略消费者彼此之间需求的差异性，不对市场进行细分。

【小资料 6-1】

温德尔·R.史密斯的目标市场策略

市场细分是由美国市场营销学家温德尔·R. 史密斯（Wendell R.Smith）总结了许多企业的市场营销经验以后，在 1956 年提出的一个重要的选择目标市场策略思想。他主张凡是市场上产品或劳务的购买者超过两人以上者，这个市场就有被细分为若干小区域的可能。由于此观点顺应了第二次世界大战后美国众多产品的市场转化为买方市场这一新的市场形势，因此，它一问世，立即被企业界所认可，并被誉为创造性的新概念。

市场细分又称“市场区隔”“市场分片”“市场分割”“市场区别”等。市场细分理论的提出被看作营销学的“第二次革命”，是继以消费者为中心的观念提出后，营销理论的又一个质的发展，它的出现使营销理论更趋向于完整和成熟。

2. 市场细分的作用

（1）有利于企业发掘最佳的市场机会

通过市场细分，企业可以找到市场上竞争者现有产品不能满足的需求，发现有利于企业的营销机会，以便运用自身的有利条件，通过产品开发将潜在的顾客需求转换为现实的市场需求，从而迅速占领市场并取得优势地位。

市场细分对于中小型企业有特殊的意义。中小型企业资源薄弱、实力有限，在整体市场或较大的市场中往往难以与大企业竞争。通过市场细分，可以找到大企业顾及不到或无力顾及的“空白市场”，然后见缝插针，集中力量去加以经营，就会变整体劣势为局部优势，同样可在激烈的市场竞争中占有一席之地。

（2）有利于企业制定和调整营销策略

通过市场细分，企业可以将市场分解开来，进行仔细的细分比较，及时发现竞争动态，避免将生产经营过度集中在某种畅销产品上，从而避免与竞争者形成一团混战的局面。通过市场细分，能使企业比较容易地认识和掌握顾客需求的特点及其对不同营销措施反应的差异，从而针对不同细分市场的特点，改进现有产品与服务的规格、种类、质量特性等，甚至去开发新的产品和服务，制定具体、完善、有效的营销策略。

（3）有利于把有限资源集中于目标市场

企业可以根据市场细分的特点，结合企业资源条件，充分发挥企业优势，集中人、财、物为目标市场服务，将有限的经济资源用于能产生最大效益的地方，占领某一细分市场或几个细分市场，从而增强企业在目标市场上的竞争能力。

（4）有利于企业提高经济效益

通过市场细分，企业根据所选择的目标市场的特点生产出适销对路的产品，既能满足市场需要，又可以增加企业的收入；产品适销对路可以加速商品流转，加大生产批量，降低企业生产成本，全面提高企业的经济效益。

【小案例 6-1】

汇源公司的果蔬汁饮料市场开发

在碳酸饮料横行的年代，汇源公司就开始专注于各种果蔬汁饮料市场的开发。虽然当时国内已经有一些小型企业开始零星生产和销售果汁饮料，但大部分企业由于起点低、规模小而难有起色。而汇源公司是国内第一家大规模进入果汁饮料行业的企业，其先进的生产设备和工艺是其他小作坊式的果汁饮料厂所无法比拟的。“汇源”果汁充分满足了人们当时对于营养健康的需求，凭借其100%纯果汁专业化的“大品牌”战略和令人眼花缭乱的“新产品”开发速度，在短短几年时间就跃升为中国饮料工业十强企业，其销售收入、市场占有率、利润率等均在同行业中名列前茅，从而成为果汁饮料市场当之无愧的引领者。其产品线也先后从鲜桃汁、鲜橙汁、猕猴桃汁、苹果汁扩展到野酸枣汁、野山楂汁、果肉型鲜桃汁、葡萄汁、木瓜汁、蓝莓汁、酸梅汤等，并推出了多种形式的包装。应该说这种对果汁饮料行业进行广度市场细分的做法是汇源公司得以在果汁饮料市场竞争初期取得领导地位的关键成功要素。

但当1999年统一集团涉足橙汁产品后一切都发生了变化。2001年统一仅“鲜橙多”一项产品销售收入就近10亿元，在当年第四季度，其销量已超过“汇源”。巨大的潜力和统一“鲜橙多”的成功先例吸引了众多国际和国内饮料企业的加入，可口可乐、百事可乐、康师傅、娃哈哈、农夫山泉等纷纷杀入果汁饮料市场，一时间群雄并起、硝烟弥漫。根据中华全国商业信息中心2002年第一季度的最新统计显示，“汇源”的销量同样排在“鲜橙多”之后，除了西北区，华东、华南、华中等六大区都被“鲜橙多”和康师傅的“每日C”抢得领先地位，可口可乐的“酷儿”也表现优异，显然“汇源”的处境已是大大不利。尽管汇源公司把这种失利归咎于“PET包装线的缺失”和“广告投入的不足”等原因，但在随后花费巨资引入数条 PET 生产线并在广告方面投入重金加以市场反击后，其市场份额仍在下滑。显然，问题的症结并非如此简单。

资料来源：https://wiki.mbalib.com

【分析提示】

汇源公司与统一、可口可乐公司比较，它们的经营出发点、市场细分方法的差异才是导致市场格局发生变化的关键因素。这才是这场果汁饮料市场大战中，汇源公司领导地位如此轻易被动摇的真正原因。汇源公司是从企业自身的角度出发，以静态的广度市场细分方法来看待和经营果汁饮料市场；而统一、可口可乐等公司却是从消费者的角度出发，以动态市场细分的原则（随着市场竞争结构的变化而调整其市场细分的重心）来切入和经营市场。同样是“细分”，但在市场的导入期、成长期、成熟期和衰退期，不同的生命周期却有不同的表现和结果。

3. 市场细分的标准

市场细分的标准就是根据消费者需求的差异性，即消费者本身的特点进行细分市场。凡是构成消费者差异的因素都可以作为市场细分的标准。为方便研究和实际操作的需要，根据消费者的购买行为和企业市场营销的实际情况不同，进行市场细分时有不同的标准。

（1）消费者市场的细分标准

消费者市场上的需求千差万别，影响因素错综复杂。对消费者市场的细分没有一个固定的模式，各企业可以根据自己的特点和需要，采取适宜的标准进行细分，以获得最佳的市场营销机会。影响消费者市场需求的因素可以作为细分消费者市场的标准，即细分变量。消费者市场细分标准可以概括为地理因素、人口因素、心理因素和行为因素四大类。

① 地理因素。地理细分即企业以消费者所处的地理位置、自然环境来细分市场。因为，处在同一地理条件下的消费者的需求具有相似性。

地理细分主要包括区域、气候及城乡差别等因素。

● 区域。即按消费者所处的不同地理区域来细分市场。如我国市场按区域可分为东北市场、华北市场、华中市场、华东市场、华南市场、西南市场、西北市场等。不同的地理区域，带来不同的消费需求和生活习惯。

● 气候。我国各地分处热带、亚热带、中温带、暖温带和寒带。热带地区一年四季如春，不用取暖器、热水袋；而地处寒带，离开取暖设施是难以想象的，对制冷设备倒没有多大需求；地处中原的华北地区，四季分明，冬天的取暖设施、夏天的制冷设备都需配备。

● 城乡差别。城乡居民由于所属环境、所受教育水平不同，造成了城乡消费差异巨大，对同一种产品的特性要求，城市消费者讲究美观、时代感，乡村消费者看重的是结实、耐用。

② 人口因素。人口细分是根据常用的一些人口统计指标来划分市场。这些指标主要包括年龄、性别、职业、收入、家庭结构等。

● 年龄。不同年龄的消费者有不同的需求特点，即使是3个月大的婴儿和6个月大的婴儿，他们在消费能力方面也存在差异。以消费者的年龄作为市场细分的标准，市场可分为婴儿、青少年、中年和老年市场。如奶业企业按年龄细分推出适合不同年龄的奶制品。但年龄是个复杂而微妙的因素，因为年龄不仅有生理年龄的区别，还有心理年龄的不同。如福特汽车公司曾用消费者的生理年龄作为市场细分的依据，为收入不高但追求时尚的年轻人设计了外形美观、价格便宜的“野马”跑车，但后来福特公司发现“野马”跑车的购买者不只是年轻人，许多中老年人也购买“野马”跑车，因为他们认为驾驶“野马”跑车可使他们显得年轻。这时，福特汽车公司才认识到，其“野马”跑车的目标市场不是生理年龄小的人，而是那些心理上年轻的人。

● 性别。由于生理上的差别，男性与女性在产品需求与偏好上有很大不同，如在服饰、发型、生活必需品等方面均有差别。

● 职业。消费者的职业不同，就会引起不同的需求。

● 收入。以收入为标准，整个市场可以细分为高收入市场、中等收入市场、低收入市场。一般情况下，高收入的人由于掌握较多的金钱，他们往往追求高档豪华的消费品，喜欢到大百货公司和名牌专卖店购物，以显示自己的身份和社会地位；低收入者更多的是光顾街边小店；中等收入者喜欢在仓储式超市和普通商店购物。

● 家庭结构。家庭规模的大小，对消费品的需求量和需求结构都会产生影响。

③ 心理因素。心理细分是指按照消费者的心理特征来细分市场。消费者的心理因素

十分复杂，主要包括消费者的社会阶层、生活方式、个性、购买动机等。

● 社会阶层。消费者所受的教育及人生观、价值观、从事的职业等多种因素决定了其所处的社会阶层，不同阶层的人会有不同的消费需求和习惯，因此，企业可把社会阶层作为一个重要的市场细分依据。

● 生活方式。生活方式是消费者对自己的工作、休闲和娱乐的态度。生活方式不同的消费者，其消费欲望和对消费品需求的质量有较大的差异。

● 个性。很多企业为其产品赋予某些个性特征，以迎合消费者的个性，因为有个性的产品往往能够吸引追求个性的消费者。随着经济的发展，追求个性的消费成为一种趋势。

● 购买动机。购买动机指购买行为的目的。购买动机是驱使消费者实现个人消费目标的一种内在驱动力。它除了由生理需求，如饥饿、口渴等引发，还有一些是由心理需求，如归属、地位等引发的，对消费者的购买行为有很大影响。

④ 行为因素。行为因素包括购买时机、商品利益、使用情况、品牌忠诚度等，依据这些因素，可将整个市场细分为不同群体。

● 购买时机。根据消费者产生需求、购买或使用的时间机会来帮助企业开拓产品的市场空间。企业利用节假日对产品进行宣传，促使消费者购买本企业的产品。如旅游行业可利用“十一”“春节”来推销旅游产品，礼品店可利用“情人节”“母亲节”“父亲节”“圣诞节”“儿童节”的机会来促进鲜花、玩具和贺卡的销售。

● 商品利益。消费者购买商品是为了满足某种需求，产品给消费者带来的就是商品利益，如品质一流、多功能、良好的售后服务、优势感等。消费者有不同的购买动机，因而所追求的利益就会各不相同。

● 使用情况。商品按消费者使用情况的不同，可分为从未使用、曾经使用、准备使用、初次使用、经常使用等消费者群体。可按此细分市场，制定相应的营销战略。

● 品牌忠诚度。根据消费者对某一品牌商品的信念，可把购买者分为坚定忠诚者、不坚定忠诚者、转移忠诚者和非忠诚者。坚定忠诚者始终只购买某一种品牌的商品，如遇到该品牌商品缺货，他们宁可等待；不坚定忠诚者忠诚于两个或两个以上的品牌，这几个品牌可以替换；转移忠诚者是从一个品牌转移到另一品牌；非忠诚者是购买各种品牌，不忠诚于任一种品牌。每一个市场都包含有不同程度存在的四种类型消费者。坚定忠诚者人数多、比重大的市场为品牌忠诚市场，其他企业要进入这种市场是非常难的。当企业发现企业存在转移忠诚者，即以前忠诚于本企业产品，但现在忠诚于其他企业产品时，要分析哪些品牌是本企业产品的竞争者，找出本企业市场营销工作的不足，采取相应措施改进营销工作。当企业发现非忠诚者大量存在时，就应当提高本企业产品的质量，加强产品宣传来吸引他们，促进销售。

（2）生产者市场细分的标准

生产者市场的消费者一般都是生产者，购买产品的目的是用于生产。生产者市场细分除了要考虑消费者市场细分的标准，还有自己独特的特点，即还包括了终端用户、用户规模、用户的地理位置及购买行为等因素。

① 终端用户。对于生产者市场而言，不同用户采购某一产品的目的往往互不相同。

基于不同的使用目的，不同的最终用户必定会对产品的规格、性能、价格、售后服务等提出不同的要求。据此来细分市场，把要求大体相同的用户集合成群，便于企业开展针对性经营，制定适宜的营销组合策略。

② 用户规模。在生产者市场上，大量购买者、一般购买者、少量购买者的区别，要比消费者市场较为普遍，也更为明显。大客户虽少，但采购量很大，小客户则相反，户数虽多，采购量却不大。用户的规模不同，企业的营销组合方案也应不同。

③ 用户的地理位置。用户的地理位置不同，涉及资源条件、自然环境、气候、生产布局及交通设施也不同，这些因素导致产生不同的生产资料需求特点。

④ 购买行为。购买行为包括追求利益、使用率、品牌忠诚度、使用者地位（如重点客户、一般客户、常用客户、临时客户等）、购买方式等。

【小案例 6-2】

泰森瞄准中国冷鲜鸡肉市场

美国泰森食品股份有限公司作为肯德基、麦当劳、必胜客等快餐的肉类供应商，在中国一直耕耘于 B2B 市场。

该公司于 1935 年创始于美国阿肯萨州，2001 年以合资方式进入中国，建立“泰森大龙”公司。泰森食品股份有限公司在中国有“泰森大龙”“山东泰森”和“江苏泰森”公司。2008 年，江苏泰森食品有限公司在江苏海门举行了工厂开业庆典。该工厂主要生产鸡肉系列产品。新工厂生产的产品将覆盖江、浙、沪三地，以打开面向家庭餐桌的冷鲜鸡肉市场。

基于对中国市场的了解和判断，泰森食品股份有限公司特别提出“从鸡蛋到餐桌”的泰森模式，通过其旗下的 Cobb 育种公司从源头上保证肉鸡的品质，同时采用从种鸡饲养、种蛋孵化、肉鸡喂养到食品加工、冷链运输每个环节都由自己把控，而非国内常见的从个体饲养企业收集的模式。

资料来源：根据网络资料整理

【分析提示】

泰森食品股份有限公司由生产者市场转向消费者市场，根据消费者市场的细分标准之一——心理因素对中国市场进行分析，并提出“从鸡蛋到餐桌”的泰森模式，推出鸡肉系列产品，满足家庭餐桌对冷鲜鸡肉市场的需求。

4. 市场细分的原则

（1）可衡量性

可衡量性是指细分市场的规模、购买力是可以衡量的。企业所选择的各个细分市场应具有区别于其他细分市场的明显特征，主要包括三个方面的内容：一是消费者需求具有明显的差异性；二是用于市场细分的消费者需求特征信息要易于获取和衡量；三是通过市场细分后的各个市场的范围、容量、潜力、购买力等应该是能够加以衡量的，这样才有利于确定目标市场。

（2）可进入性

可进入性是指细分出来的市场应该是企业营销活动所能够达到的，即企业通过努力能够使产品进入并对消费者施加影响的市场。一方面，企业相关产品的信息能够通过各种渠道顺利传递给目标市场上的消费者；另一方面，企业在一定时期内有可能将产品通过一定的分销渠道运送到该市场。企业所选择的目标市场，必须是自己有足够进入能力，而且具有较强竞争力的细分市场。

（3）可持续性

有效的细分市场所划分的子市场还必须具有相对可持续性，即占领市场后的相当长时期内不需要改变企业的目标市场。目标市场的改变必然带来企业营销措施和营销策略的改变，如果这种变动过快，给企业带来的风险和损失也会随之增加。目标市场越稳定，越有利于企业制定长期的营销战略和策略。

（4）可盈利性

可盈利性是指细分市场的子市场需有足够大的规模，同时具有开发的潜力，值得付出一定的营销努力。企业作为以盈利为目的的经济组织，能否盈利是判断其活动合理性的重要标准。因此，企业选择的目标市场应当能够维持一定的利润水平。如果细分市场规模过小，市场容量有限，对于企业来说就没有开发的价值。

（5）发展性

发展性是指企业选择的细分市场具有未来发展的潜力，通过企业的开发有可能发展成一个大市场，能够给企业带来长远的利益。可见，细分市场的选择实际是企业经营领域的选择，具有战略意义。因此，细分市场的选择必须与企业的长期发展战略相结合。

5. 市场细分的方法

（1）单一因素法

根据影响消费者需求的某一个重要因素进行市场细分，如按品种来细分粮食市场、按性别细分服装市场、按用途细分钢材市场。当然，按单一因素细分市场，并不排斥环境因素的影响作用。考虑环境的作用更符合细分市场的科学性要求。

（2）系列因素法

根据企业经营的特点并按照影响消费者需求的诸因素，由粗到细地进行市场细分，每下一步的细分步骤在上一步的子市场中进行。简而言之，这种方式是运用两个或两个以上因素，并依据一定的顺序逐次细分市场的过程，也就是各项因素先后有序，由浅到深，由简到繁，如图6.1所示。

（3）综合因素法

根据影响消费者需求的两种或两种以上因素进行市场细分。综合因素法的核心是并列多因素分析，所涉及的各项因素都无先后顺序和重要与否的区别，如图6.2所示。

（4）主导因素排列法

当一个市场的细分存在众多影响因素时，可从消费者的特征中寻找和确定主导因素，然后与其他因素有机结合来细分市场。如节假日时间长短和消费者收入高低是影响旅游线路长短的主要因素。

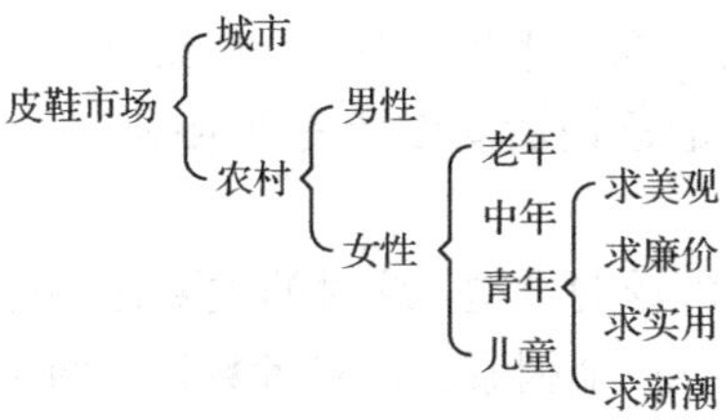

图 6.1　系列因素法

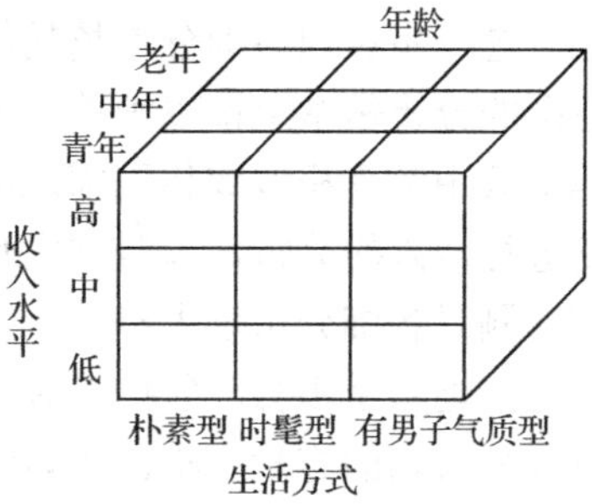

图 6.2　综合因素法

技能训练 6-1

设计市场细分表

训练背景：市场细分可使企业了解各类顾客的不同消费需求及趋势，且易于发现未被满足的消费需求，寻找到市场的空白，正确地选择目标市场。自选一类产品，如矿泉水、洗发水、护肤品等，对全班同学按需求的差异性进行市场细分。

训练要求：要求学生运用市场细分标准及方法进行细分，并设计市场细分表。设计步骤如下：确定整体市场的范围→确定市场细分标准→制作市场细分表。教师提供市场细分表设计范例，并对学生设计的市场细分表进行点评。

6. 市场细分的步骤

市场细分必须遵循一定的步骤进行，美国著名营销学家麦肯锡提出细分市场的一整套程序，这一程序包括七个步骤。

（1）依据需求选定产品市场范围

企业首先应该根据消费者的需求情况、企业的营销目标以及经营产品的特性来确定其进行营销活动的初步产品市场范围。

（2）列举潜在顾客的基本需求

确定了产品市场范围以后，企业的营销人员可以对潜在顾客的基本需求进行一定估算。

（3）分析潜在顾客的不同需求

企业可以根据影响消费者需求的各种不同因素，向不同的潜在顾客了解这些因素对他们的影响程度，从这些因素对消费者的影响程度可以分析不同潜在顾客的不同需求。

（4）移除潜在顾客的共同需求

从某种意义上来说，顾客的共同需求是所有顾客对企业的基本要求，也是企业在产品决策时的重要依据。它固然重要，但是不能作为市场细分的基础。只有那些不同的需求才可能成为划分不同细分市场的标准，所以，这一步的实质就是要找出对企业有用的能够进行市场细分的客观标准。

（5）为各细分市场暂时取名

为了便于分析，企业可以给每个细分市场取一名称，以反映不同细分市场的不同特点。

（6）进一步认识各细分市场的特点

前面的分析基本上都以消费者的需求为主，而且为了满足市场细分的需要，营销人员人为地把其中具有相似或相同需求的消费者归类为同一细分市场。现在，企业应该对各细分市场进行深入的分析，以掌握它们的特点，为企业的营销活动设计提供依据。

（7）测量各细分市场大小

经过上述六个步骤，企业基本上可以确定各个子市场的类型，这时的主要任务将转向测量各细分市场的容量大小。要测量市场容量，不外乎三个因素：购买者数量、购买力和购买动机，其中，潜在购买者数量和潜在顾客的购买能力就决定了企业未来的销售潜力。

技能训练 6-2

制定市场细分方案

训练背景：伴随当前计算机行业发展速度的日益加快，笔记本电脑背光键盘的使用率也在大幅度上升。背光键盘起源于普通键盘，在国内游戏市场的带动下，为了满足更多高级玩家的需求，键盘开发商便开始研究多功能的键盘，其中就有背光键盘。试针对我国背光键盘市场的需求及发展状况，提出对背光键盘市场的细分方案。

训练要求：设计一个调研问卷，收集可划分背光键盘市场的细分标准；分析调查数据，划分背光键盘市场；识别不同的潜在市场；概括细分市场的轮廓，描述每个潜在市场。

任务 6.2 选择目标市场

根据导入项目，在对经济连锁酒店进行市场细分后，以如家为例，进行目标市场选择，确定目标市场策略，撰写目标市场选择意向书，内容包括细分市场评估、目标市场选择、目标市场策略等。

1. 认识目标市场

目标市场是指企业在细分市场的基础上，经过评价和筛选所确定的作为企业经营目标而开拓的特定市场，即企业渴望能以相应的商品和服务去满足其需要，并为其服务的那几个消费者群体。目标市场选择是指企业根据一定的条件和标准，选择其中某个或几个目标市场作为经营目标的决策过程。

任何企业拓展市场，都应在细分市场的基础上发现可能的目标市场，并对其进行选择。企业通过市场细分，发现市场上未得到满足的需求。一种市场机会能否成为企业机会，不仅取决于该市场机会是否与企业的任务和目标相一致，而且取决于该企业是否具备利用这种市场机会的条件，取决于该企业在利用这种市场机会时是否具有比其他竞争者更大的优势。一个企业无法满足所有买主的所有要求。因此，必须把企业的营销活动局限在一定的有限市场范围内。

2. 目标市场选择的条件及步骤

（1）目标市场选择的条件

一个理想的目标市场必须具备下列条件。

① 要有一定的购买力和足够的营业额。所选的目标市场如果缺少必要的购买力，不会发生大数额的销售量，不能获取应有的经营效益，就不符合盈利性原则。

② 要有未满足的需求和充分的发展潜力。如果所选的目标市场现有需求容量极其有限而且潜在需求也不诱人的话，恐怕企业就很难从中求得生存，更谈不上发展。

③ 要有能力满足目标市场的需求。所选的目标市场必须是企业有能力占领并能满足其目标消费者需求的，因此需分析企业的目标与能力以及是否拥有在该市场获胜所需的技术和资源。

④ 要有竞争优势。所选的目标市场不能是充满竞争者或者已被人牢牢控制住的市场。否则，企业就不能有效地占领目标市场，以致在竞争中严重受挫，甚至失败。

（2）选择目标市场的步骤

① 明确营销目标。选择目标市场，首先要弄清营销目标，营销目标不清楚，选择目标市场就不能做到有的放矢。

② 确定细分标准。营销目标明确后，就要选择适当的市场细分标准及其具体变数或因素，这主要是把企业营销条件及所经营商品自身的特性和商品需求的特性等结合起来考虑，可以用一个标准、两个标准或更多标准划分，关键是要符合实际需要。

③ 划分原有市场。当细分标准确定后，就可以将原有的整体市场按标准具体分割为一个个子市场。

④ 比较细分市场。把所分出的一个个子市场加以比较评判，看哪些细分市场对企业有利。

⑤ 确定最佳目标市场。在分析比较的基础上，最后确定最佳的细分市场为目标市场。

⑥ 选定目标市场策略。在目标市场确定后，根据目标市场的特点，确定采用哪种目标市场策略。

3. 评估细分市场

企业在评估不同的细分市场时，必须考虑以下三个因素。

（1）细分市场的规模和增长程度

在选择目标市场时，企业首先要弄清潜在细分市场的规模及增长程度是否恰当。当然，所谓恰当的规模，也是相对而言的。大企业一般应选择销售量较大的细分市场，小企业则通常会避免选择那些大市场，其原因在于：一是需要资源太大；二是这些市场对大企业太有吸引力。至于细分市场增长程度，本来各企业都希望自己的销售额和利润不断增长，但这样一来，竞争者会更加迅速地打进这一市场，反而使它们的利润降低，因此要辩证地来考虑这一问题。

（2）细分市场的结构吸引力

一个细分市场，哪怕其规模和增长程度可能是恰到好处的，但从盈利性的观点看，不一定具有吸引力。

有五种威胁可能使有关的细分市场失去吸引力。

① 同行业竞争，也就是细分市场内激烈竞争的威胁。如果某个细分市场已经有了为数众多的、强大的或者竞争意识强烈的竞争者，该细分市场就失去了吸引力。如果出现下列情况：该细分市场处于稳定或者萎缩的状态；生产能力不断大幅度提高；固定成本过高；退出市场的壁垒过高；竞争者投资很大，那么想要坚守这个细分市场，情况就会更糟。这些情况进而会导致价格战、广告争夺战，不易推出新产品，因此企业要参与竞争就必须付出高昂的代价。

② 新参加者的威胁。如果某个细分市场可能吸引新的竞争者，他们会增加新的生产能力和大量资源，并争夺市场占有率，这样就使这个市场失去吸引力。

③ 替代产品的威胁。如果某个细分市场现正存在替代产品或潜在替代产品，该细分市场便失去了吸引力。替代产品会限制细分市场内价格和利润的增长，企业应密切注意替代产品的价格趋向。如果这些替代产品行业中技术有所发展，或者竞争日趋激烈，这个细分市场的价格和利润可能会下降。

④ 购买者议价能力加强的威胁。如果某个细分市场中购买者的议价能力很强或正在加强，该细分市场就没有吸引力。这时，购买者便会设法压低价格，对产品质量和服务提出更高的要求，并且使竞争者互相争斗，所有这些都会使销售商的利润受到损失。

⑤ 供应商议价能力加强的威胁。如果企业的供应商（原材料和设备供应商）、公用事业单位、银行、公会等，能够提价或者降低产品和服务质量，或减少供应数量，该企业所在的细分市场就没有吸引力了。

（3）企业的目标和资源

即使一个细分市场既具有适当的规模和增长速度，又具有结构上的吸引力，企业还必须与其目标和资源联系起来考虑。有些很有吸引力的市场，由于它们与企业的长远目标不吻合，也可能要被放弃。至于要考虑企业自身的技术和资源情况，那是很明显的，如果没有足够的资源以及比竞争者更高一筹的技术，不能生产出更优质的产品，那么也不能选择这一细分市场。

【小案例6-3】

家喻户晓的大型企业——杭州娃哈哈集团有限公司，前身是杭州一校办工厂，生产罐头食品的小型企业。因人力、资金、技术有限，企业效益低下。为扭转被动局面，企业决定进入新的市场。目标市场在哪里？企业聘请有关专家为其策划，专家运用市场细分原理对我国当时的营养品市场，按年龄标准进行细分。细分的结果是，中老年营养品市场已有生产厂家，其产品也较多。唯独儿童营养品市场是空白，无生产者，无产品。空白孕育市场机会……又经过大量周密的市场调查，发现我国有三亿儿童，市场潜力巨大；再者，现在家庭绝大多数为三口之家，针对儿童的需求，家庭具有相当强的购买能力。经上述分析可知，细分后的儿童营养品市场符合目标市场的条件。企业决定开发儿童AD钙奶进入市场，最后一举成功。

资料来源：根据网络资料整理

【分析提示】

娃哈哈AD钙奶之所以能够成功，得益于它在有效市场细分的基础上，准确选择了儿童营养品（液）这个空白消费市场，并用合适的方法塑造出一个与市场需求相符的品牌，所以很快就能占领市场，获得成功。娃哈哈将力量（人、财、物等）集中于某一小细分市场，以便在该细分市场上赢得较大的市场占有率，争取在孩子市场上占有优势，实现专业化生产和销售。这是资源有限的小型企业经常采用的策略。因为小型企业无论从资源上，还是从技术上都无法同大中型企业抗衡，在整体市场上缺乏竞争能力。只有通过对市场进行细分，发现大中型企业未曾顾及的某些尚未被满足的市场需求，从而在这些力所能及的较小的细分市场上推出相应的产品，以便在夹缝中求得生存。

4. 选择目标市场

企业在对不同细分市场进行评估后，必须对进入哪些市场和为多少个市场服务做出决策。

一般来说，企业可考虑选择下列五种目标市场模式。

（1）密集单一市场

即企业选择一个细分市场集中营销，如图6.3（a）所示。这样，企业更加了解本目标市场的需要，树立了良好的信誉，便可在该目标市场建立巩固的市场地位。另外，企业通过生产、销售和促销的专业化分工，获得规模经济效益。但这种模式风险较大，一旦所选择的市场出现不景气的情况，企业则会面临倒闭的危险。

（2）产品专业化

企业集中生产一种产品，用以向各细分市场的顾客进行销售，如图6.3（b）所示。通过这种模式，企业可以在某种产品上树立很高的声誉，但一旦新产品出现，企业会面临危机。

（3）市场专业化

指企业专门为满足某个顾客群体的各种需要而服务，如图6.3（c）所示。企业专门为这个顾客群体服务，从而获得良好的声誉，还可以成为企业向这个顾客群体推销新产品的有效渠道。但一旦顾客的需求发生变化，企业会面临风险。

（4）有选择的专业化

企业选择若干个细分市场，其中每个细分市场在客观上都有吸引力，并且符合企业的目标和资源，如图6.3（d）所示。但各细分市场之间很少有或根本没有任何联系，然而每个细分市场都有可能盈利。这种模式可以分散企业的风险，即使某个细分市场失去吸引力，企业仍能在其他细分市场上获利。

（5）完全市场覆盖

指企业为各种顾客群体提供他们所需要的各种产品，如图6.3（e）所示。只有大企业才有实力采用完全市场覆盖模式，如国际商用机器公司、通用汽车公司和可口可乐公司。

5. 目标市场营销策略

当企业确定了目标市场的覆盖范围后，接着就要确定以何种策略进入目标市场。一般来说，可供企业选择的目标市场营销策略主要有三种：无差异性市场营销策略、差异性市场营销策略和集中性市场营销策略，如图6.4所示。

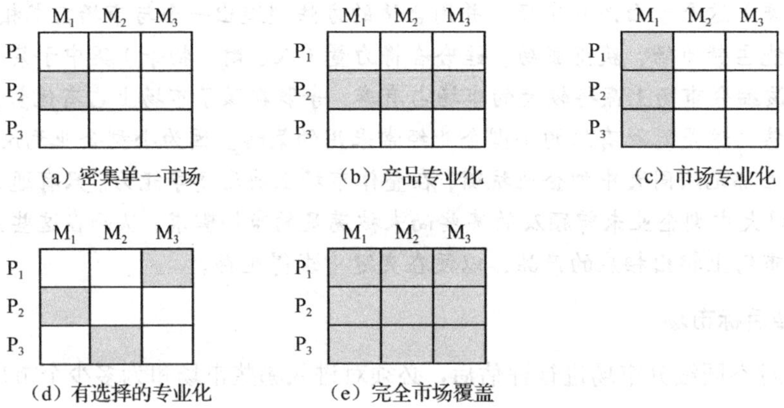

图6.3　目标市场选择模式

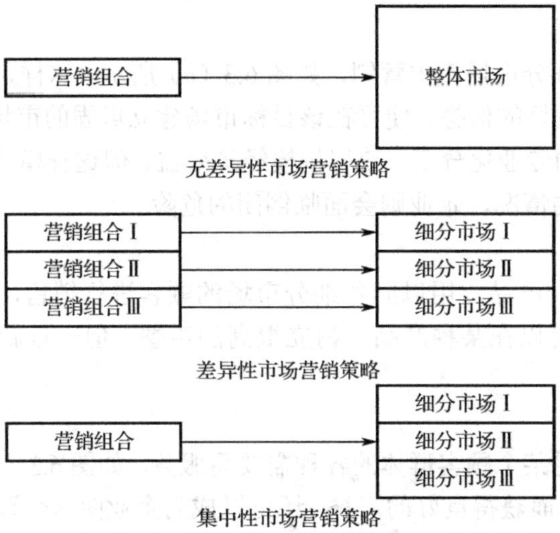

图6.4　目标市场营销策略

（1）无差异性市场营销策略

无差异性市场营销策略是指企业将产品的整个市场视为一个目标市场，用单一的营销策略开拓市场，即用一种产品和一套营销方案吸引尽可能多的购买者。无差异性市场营销策略只考虑消费者或用户在需求上的共同点，而不关心他们在需求上的差异性。例如，可口可乐公司早期的营销曾以单一口味的品种、统一的价格和瓶装、同一广告主题将产品面向所有顾客，就是采取的这种策略。

无差异性市场营销策略的理论基础是成本的经济性。生产单一产品，可以减少生产与储运成本；无差异的广告宣传和其他促销活动可以节省促销费用；不搞市场细分，可以减少企业在市场调研、产品开发、制定各种营销组合方案等方面的营销投入。这种策略对于需求广泛、市场同质性高，且能大量生产、大量销售的产品比较合适。

【小资料 6-2】

不变的可口可乐

国际上运用无差异市场营销策略最成功的是可口可乐公司。它在世界各地都用同一个牌子和相同的策略。可口可乐公司自 1886 年创立以来，一直采用无差异市场营销策略，生产一种口味、一种配方、一种包装的产品满足世界 156 个国家和地区的需求，产品被称作“世界性的清凉饮料”。1985 年，可口可乐公司宣布要改变配方的决定，不料成千上万个电话打到公司，对改变可口可乐的配方表示不满和反对。该公司不得不继续大批量生产传统配方的可口可乐。

资料来源：根据网络资料整理

（2）差异性市场营销策略

差异性市场营销策略是将整体市场划分为若干细分市场，针对每一细分市场制定一套独立的营销方案。比如，服装生产企业针对不同性别、不同收入水平的消费者推出不同品牌、不同价格的产品，并采用不同的广告主题来宣传这些产品，就是采用的差异性市场营销策略。

差异性市场营销策略的优点是：小批量、多品种，生产机动灵活、针对性强，使消费者需求更好地得到满足，由此促进产品销售。另外，由于企业是在多个细分市场上经营，一定程度上可以减少经营风险；一旦企业在几个细分市场上获得成功，有助于提高企业的形象及提高市场占有率。

差异性市场营销策略的不足之处主要体现在两个方面。一是增加营销成本：由于产品品种多，管理和存货成本将增加，同时公司必须针对不同的细分市场制订独立的营销计划，会增加企业在市场调研、促销和渠道管理等方面的营销成本。二是可能使企业的资源配置不能有效集中，顾此失彼，甚至在企业内部出现彼此争夺资源的现象，使拳头产品难以形成优势。

【小案例 6-4】

通用汽车公司的成与败

曾经，美国通用汽车公司宣称将针对“财富、目的和人生”各不相同的人，生产不同的轿车——普通型的雪佛兰、中档的别克、高档的凯迪拉克。通过提供不同的产品与营销，通用公司希望在每个细分市场均获得较高的销售额和建立更为牢固的竞争地位。

然而，遗憾的是，实际上，通用公司并没有顺应环境的变化，推出合适的产品。其产品开发没有突出特性化、差异化和个性化的优势。当今世界资源短缺，环境污染日益加重，因此，人们普遍欢迎低油耗的汽车。通用汽车却把自己的未来“押宝”在能源消耗巨大的运动型多功能车型上，因而导致 2004 年公司出现巨额亏损，乃至 2008 年金融危机后申请破产保护。

资料来源：根据网络资料整理

【分析提示】

差异性市场营销策略能够满足不同消费者的需求，提高产品的竞争能力，从而扩大销售。而通用汽车没有坚持差异性市场营销策略，开发合适的产品，因而优势荡然无存，最终破产。

（3）集中性市场营销策略

实行差异性市场营销策略和无差异性市场营销策略，企业均是以整体市场作为营销目标，试图满足所有消费者在某一方面的需要。集中性市场营销策略则是集中力量进入一个或少数几个细分市场，实行专业化生产和销售。实行这一策略，企业不是追求在一个大市场角逐，而是力求在一个或几个子市场占有较大份额。

集中性市场营销策略的指导思想是“与其四处出击收效甚微，不如突破一点取得成功”。这一策略特别适合于资源力量有限的中小企业。中小企业由于受财力、技术等方面因素制约，在整体市场可能无力与大企业抗衡，但如果集中资源优势在大企业尚未顾及或尚未建立绝对优势的某个或某几个细分市场进行竞争，成功可能性更大。

集中性市场营销策略的局限性体现在两个方面：一是市场区域相对较小，企业发展受到限制；二是潜伏着较大的经营风险，一旦目标市场突然发生变化，如消费者趣味发生转移，或强大竞争对手进入，或新的更有吸引力的替代品出现，都可能使企业因没有回旋余地而陷入困境。

6. 影响目标市场营销策略选择的因素

前述三种目标市场营销策略各有利弊，企业到底应采取哪一种策略，应综合考虑以下因素的影响。

（1）企业资源或实力

这项因素包括企业的资金和技术实力、生产能力、经营管理水平、销售水平、人力资源水准等方面的资源。如果企业的生产、技术、资源、销售等实力很强，有能力覆盖所有的市场面，则可采用无差异性市场营销策略或差异性市场营销策略；若实力有限，则采用集中性市场营销策略较为有效。

（2）产品的同质性

这项因素包括产品的品质、性能、使用寿命、规格、式样等。对于同质性产品或需求上存在较大共性的产品，如火柴、标准件等，比较适宜采用无差异性市场营销策略；对于异质产品，如服装、家具、汽车、专用设备等，宜采用差异性或集中性市场营销策略。

（3）市场同质性

这项因素包括市场需求、消费者购买行为等。如顾客的需求、爱好、购买行为大致相近，对产品供应和销售要求差别不大，即市场需求类似程度很高，宜采用无差异性市场营销策略；反之，则采用差异性市场营销策略或集中性市场营销策略。

（4）产品所处生命周期的不同阶段

产品的生命周期包括投入期、成长期、成熟期、衰退期。通常在产品投入期时，宜采用无差异性市场营销策略，以试探市场及潜在顾客的需求，或采取集中性市场营销策略，集中力量于某个细分市场；当产品进入成长期和成熟期，宜采用差异性市场营销策略，不断刺激新需求，开拓新市场，延长产品生命周期。

（5）竞争者的市场营销策略

一般来说，企业的目标市场营销策略应该与竞争者有所区别，如果面临的竞争者实力较强，竞争者实行无差异性市场营销策略，则企业应采取集中性或差异性市场营销策略与之抗争；如果竞争对手实力较弱，则可采取与之相同的策略，凭企业的资源或实力击败竞争者。

（6）市场供求状况

当产品供不应求时，顾客选择余地较小，企业可采用无差异性市场营销策略；反之，则根据具体市场情况采用差异性市场营销策略或集中性市场营销策略。

技能训练 6-3

撰写目标市场选择报告

训练背景：正确地定义目标市场，是商业计划书中重要的一部分。了解目标市场可以更科学地制定市场销售策略以及开发新产品或服务，还可以预测未来的销售和利润情况。在撰写目标市场部分时主要集中在对市场的描述、市场变化趋势和销售策略几个方面。投资者要求企业确保产品或服务有足够的市场，企业要充分了解自己的市场机会和局限性，因此必须向投资者证明自己有清晰明确、伸手可及的目标市场。

训练要求：假设某公司要进入民宿市场，需要撰写一份商业计划书。每 3～5 名同学组成一个小组，各组为该公司出谋划策，具体负责分析目标市场，撰写目标市场选择报告。报告包括民宿市场的细分标准、各个细分市场的特点、目标市场选择等。特别注意在定义目标市场时，需要定义市场区隔。即一定要有一个清晰明确、有意义的市场区隔，否则目标市场将毫无用处。给出明确的和有意义的全部细分市场，以及目标市场的全部特点。

项目总结

【知识回顾】

（1）市场细分是指企业经营者根据选定的标准或因素，将一个错综复杂的异质市场划分成若干个具有相同或相似需求的同质市场，从而确定企业目标市场的活动过程。也可以说市场细分是指生产者或营销者根据消费者需求和购买行为的差异性，把消费者整体市场划分为两个或两个以上具有类似需求的消费群。

（2）市场细分的作用表现在：第一，有利于企业发掘最佳的市场机会；第二，有利于企业制定和调整营销策略；第三，有利于把有限资源集中于目标市场；第四，有利于企业提高经济效益。

（3）市场细分的标准可按消费者市场和生产者市场划分。

（4）有效的市场细分必须遵循可衡量性、可进入性、可持续性、可盈利性、发展性等原则。

（5）市场细分的方法有单一因素法、系列因素法、综合因素法、主导因素排列法。

（6）目标市场是指企业在细分市场的基础上，经过评价和筛选所确定的作为企业经营目标而开拓的特定市场，即企业渴望能以相应的商品和服务满足其需要，并为其服务的那几个消费者群体。

（7）企业目标市场的营销策略主要有三种：无差异性市场营销策略、差异性市场营销策略和集中性市场营销策略。

知识训练

一、选择题

1. 市场细分是20世纪50年代中期美国市场营销学家（　　）提出的。

A. 基恩·凯洛西尔　　B. 鲍敦

C. 温德尔·史密斯　　D. 菲利普·科特勒

2. 属于生产者市场细分标准的是（　　）。

A. 职业　　B. 生活格调

C. 收入　　D. 购买行为

3. 集中性市场营销策略尤其适合于（　　）。

A. 跨国公司　　B. 大型企业

C. 中型企业　　D. 小型企业

4. 企业只推出单一产品，运用单一的市场营销组合，力求在一定程度上适合尽可能多的顾客的需求，这种战略是（　　）。

A. 无差异市场营销战略　　B. 密集市场营销战略

C. 差异市场营销战略　　D. 集中市场营销战略

5. 市场细分的根本依据是（　　）。

A. 消费需求的共同性　　B. 消费需求的差异性

C. 产品的共同性　　D. 产品的差异性

6. 对于消费品市场来说，进行市场细分所依据的主要因素有（　　）。

A. 消费者所在地理区域、行业特征、购买规模、购买行为

B. 消费者所在地理区域、购买行为、人口统计、心理特征

C. 消费者心理特征、购买规模、地理区域、购买行为

D. 消费者人口统计、购买行为、所在行业、心理特征

7. 某跨国集团将其目标市场划分为欧盟、北美、东盟等，其划分依据属于（　　）。

A. 地理细分　　B. 人口细分

C. 心理细分　　D. 行为细分

8. 目标市场营销的首要步骤是（　　）。
   A. 市场定位　　B. 市场细分
   C. 目标市场选择　　D. 评价目标市场
9. 下列不属于市场细分原则的是（　　）。
   A. 可测量性　　B. 可进入性
   C. 可持续性　　D. 可盈利性
10. 以下哪种情况不适宜采用差异性市场营销策略（　　）。
   A. 消费者需求弹性较大商品　　B. 消费者需求弹性较小商品
   C. 企业采用差异性市场营销策略　　D. 产品成长期和成熟期

二、判断题

1. 目标市场营销分为三个步骤，即市场细分、目标市场选择、市场定位。（　　）
2. 无差异性目标市场营销策略适合于资源薄弱的小企业。（　　）
3. 市场细分对于中小型企业有特殊的意义。（　　）
4. 任何企业拓展市场，都应在细分市场的基础上发现可能的目标市场，并对其进行选择。（　　）
5. 企业资源或实力、市场供求状况都属于影响目标市场营销策略选择的因素之一。（　　）

三、简答题

1. 目标市场营销的策略有哪些？哪些因素影响企业目标营销策略的选择？

2. 市场细分是否越细越好，为什么？试讨论企业为什么要进行市场细分，市场细分的标准有哪些。

四、技能题

拜访一家公司，了解该公司市场细分的方式及其所依据的资料，以及该公司的目标市场营销策略，举例说明，形成书面报告。

综合实训

一、案例分析

抓住空白点

日本电视机生产企业从 1961 年开始，向美国出口电视机。当时美国不只是世界头号电视机生产强国，而且美国消费者还普遍存在“东洋货是劣质货”的观点。不过日本企业经过认真的市场分析发现，在美国市场上，12 英寸以下的小型电视机是一个产品市场空白点。当时美国电视机生产企业都嫌小型机利润小而不愿经营，并且错误地认为小型机消费时代已经结束。可是事实上仍然有不少消费者都需要它，日本企业借机将小型机打入美国市场。正由于日本企业从美国产品市场空白点入手"钻"入美国，因此，未受到强大的美国企业的反击。待其羽翼丰满，占领大型电视机市场时，美国电视机厂家的反击已为时过晚。

资料来源：根据网络资料整理

思考分析：

1．结合此案例谈谈企业进行市场细分的重要性。

2．论述日本电视机生产企业选择的目标市场营销策略。

3．此案例对于中小型企业在进行市场细分与目标市场选择时有何启示？

二、实训操作

1．实训目的

通过实训帮助学生掌握市场细分的方法及目标市场选择、制定目标市场营销策略的技能，培养学生团队合作精神。

2．实训组织和要求

教师组织学生阅读有关案例资料，并将学生分为若干组，每组3～5人，每组设组长1名，负责组织本组成员，确定实训内容，并确定具体人员分工。实训过程中，教师要给予建议和指导，并检查各组实训任务的进程及完成情况。

3．实训内容

（1）确定进行市场细分及目标市场选择的产品，尽量选择熟悉的产品，以便于开展调查、获取细分数据。

（2）制作市场细分表。

（3）各组设定某一特定市场环境，如广州市场、大学生市场等，撰写该产品的目标市场选择意向，制作Word文档或PPT文稿进行展示汇报。

项目7 市场定位

项目目标

知识目标

- 了解目标市场定位的作用及原则
- 熟悉市场定位的方法
- 掌握市场定位的操作步骤及策略

技能目标

- 具有确立产品定位和品牌定位的能力

实训目标

- 通过对目标市场定位理论、方法、策略的学习，能运用所学的定位知识，具备为产品制定合适的定位策划方案的技能

项目导入

去屑洗发水分男女

联合利华推出全国首款“男女区分”去屑洗发水——清扬，并成为国内首款专门为男士设计的洗发水品牌。与此同时，另一洗发水品牌霸王也推出了其“中药去屑”品牌——追风，为霸王又打开了一片市场中的蓝海。

资料来源：根据网络资料整理

项目实施

任务 7.1 掌握市场定位的作用、步骤及原则

根据导入项目，确定联合利华（清扬）、霸王（追风）市场定位的工作内容及操作流程。市场定位包括定位的原则、定位的步骤、定位的方法及定位的策略。

1. 认识市场定位

市场定位（Market Positioning）是在 20 世纪 70 年代由美国营销学家阿尔·里斯和杰克·特劳特提出，目前已经成为经典的市场营销理论，流传十分广泛。

市场定位是指企业根据竞争者现有产品在市场上所处的位置，针对顾客对该类产品某些特征或属性的重视程度，为本企业产品塑造与众不同的、给人鲜明印象的形象，并将这种形象生动地传递给顾客，从而为该产品在市场上确立适当的地位。简而言之，就是在客户心目中树立产品独特的形象。

市场定位的实质是使本企业与其他企业严格区分开来，使顾客明显感觉和认识到这种差别，从而在顾客心目中占据特殊的位置。市场定位可分为对现有产品的再定位和对潜在产品的预定位。对现有产品的再定位可能导致产品名称、价格和包装的改变，但是这些外表变化的目的是保证产品在潜在消费者的心目中留下值得购买的形象。对潜在产品的预定位，要求营销者必须从零开始，使产品特色确实符合所选择的目标市场。公司在进行市场定位时，一方面要了解竞争对手的产品具有何种特色，另一方面要研究消费者对该产品的各种属性的重视程度，然后根据这两方面进行分析，再确定本公司产品的特色和独特形象。

【小案例 7-1】

3 年造就 66 亿美元独角兽，定位理论如何帮助瓜子成功“逆袭”

2015 年 9 月，赶集网旗下的 O2O 项目“赶集好车”，根据新的战略定位，正式更名

为“瓜子二手车”，并围绕“二手车直卖网”展开经营，开始打造品牌。2017 年 10 月 31 日，瓜子二手车宣布升级为车好多集团，全资拥有“瓜子二手车直卖网”“毛豆新车网”两个独立品牌，估值 32 亿美元。2018 年 10 月 16 日，车好多集团完成新一轮融资，估值达 66 亿美元。

资料来源：根据网络资料整理

【分析提示】

瓜子用 3 年时间，完成了二手车行业一次漂亮的“逆袭”。它是如何实现的？瓜子“定位”逆袭三部曲，即第一阶段：走出孵化，重新定位；第二阶段：压制竞争，持续进化；第三阶段：孵化新品牌，多定位协同。

2. 市场定位的作用

（1）市场定位能突出需求差异，有助于企业选择市场

由于消费者市场需求的多样性和企业营销能力的局限性这一对矛盾，并且存在着整体市场需求的差异性和细分市场需求的相似性，因此市场的需求多种多样，任何一个企业都不可能满足市场的一切需要，但每个企业可以在自己选定的市场范围内，满足一部分消费者的需要。企业应把需求大体相似的消费者划归同一群体，从而以相应的商品和服务去满足该群体消费者的特殊需求。

（2）市场定位是企业制定市场营销组合策略的依据和前提

市场定位直接关系市场营销组合的决策，而市场营销组合（产品、价格、渠道、促销）是企业为满足实施市场营销战略的需要，综合运用各种可能的营销策略和手段，组合成一个系统化的整体策略，以达到企业市场营销战略目标，从而使企业获得最佳效益。

（3）市场定位能突出经营特色，有助于企业形成竞争优势

目标市场就是企业通过市场细分、被企业所选定的、准备以相应的产品和服务去满足现实或潜在消费需求而开拓的特定市场，也就是企业作为目标而为之服务的那个顾客群。把整个市场按类似性分成几个细分市场，选择企业的对象市场，或者根据消费者的需要和自身情况，为某一种产品在市场上确定一个明确的、区别于竞争者产品的、符合消费者特殊需要的位置，也就能使企业形成竞争优势，为某一种产品创造一定的特色，树立良好的企业形象，以满足消费者的特殊需要和偏爱。

3. 市场定位的步骤

企业要实施正确、有效的定位，往往需要遵循一定的定位步骤。

（1）确定定位层次

确定定位层次是定位的第一步。确定定位层次就是要明确所要定位的客体，这个客体是行业、公司、产品组合，还是特定的产品或服务。例如，福特集团将其所属的酒店集团中的福特·克莱斯特酒店定位为“明确的商务型酒店”，同时将它的福特·波斯特豪斯酒店定位为“低租金的便宜酒店”。

（2）识别重要属性

定位的第二步是识别影响目标市场顾客购买决策的重要因素，这些因素就是要定位的

客体应该或者必须具备的属性，或者是目标市场顾客具有的某些重要的共同特征。例如，航空公司提供飞行服务一般必须具有安全性、准时性、舒适性等重要属性。

（3）绘制定位图

在识别出重要属性之后，就要绘制定位图，并在定位图上标示本企业和竞争者所处的位置。一般使用二维图，如果存在一系列重要属性，则可以通过统计程序将之简化为能代表顾客偏好的最主要的二维变量。定位图选择的二维变量，既可以是客观属性，也可以是主观属性，也可以将二者结合起来。但无论是主观属性，还是客观属性，都必须是“重要属性”。

（4）评估定位选择

阿尔·里斯和杰克·特劳特曾提出三种定位选择。第一种是强化现有位置，避免正面打击冲突。例如：美国艾飞斯在广告中声称“艾飞斯在租车行业中只是第二位，那么，为什么租我们的车？我们更加努力呀！”其采用的就是这种定位战略。第二种是寻找市场空缺，获取先占优势。这个战略是指发现市场中未被竞争者占领的领域，并为之采取相应的营销策略。第三种是给竞争者重新定位，即竞争者占据了它不该占有的市场位置时，让顾客认清对手“不实”或“虚假”的一面，从而使竞争对手让出它现有的位置。

【小资料 7-1】

无论采取何种选择，一种定位要想获得成功，满足以下三个条件是关键：

一是定位必须要有意义；

二是定位必须可行；

三是定位必须是唯一的。

（5）执行定位

定位最终需要通过各种沟通手段（如广告、员工的着装、行为举止、服务的态度、质量等）传递出去，并为顾客所认同。实践中，企业期望的位置会经常与实际传递的位置不一致，这往往是不一致的营销造成的。事实上，成功的定位取决于协调一致，整体的内部和外部营销策略。

【小资料 7-2】

避免市场定位中常见的错误有：

一是将最显而易见的想法弃如敝屣；

二是定位一次涵盖现在与未来；

三是用语要花哨才能吸引人；

四是个人英雄主义作祟；

五是紧盯短期收益表现；

六是有改变就会进步。

技能训练 7-1

了解产品定位的步骤

训练背景：近年来，我国的教育培训产业发展迅猛，催生了教育培训市场的发展与成长。由于培训市场准入门槛较低，利润丰厚，吸引了众多投资者投资教育培训行业。然而，由于一些培训机构对教育培训市场不了解，不能正确地选择目标市场，不能准确地进行市场定位，以致在竞争中败下阵来。因此，教育培训机构必须重视目标市场选择及市场定位。故以某款教育产品为例，进行“了解产品步骤”的实训。

训练要求：以小组为单位，各组选定任意一款教育产品，采取小组讨论的方式，在对市场分析的基础上，对培训市场进行细分，进而选择最适合产品的目标市场。针对所选定的目标市场采取相应的营销策略，并确定所选定的目标市场的特色即准确地进行市场定位。在实训报告中，各小组要特别叙述在市场定位的时候采取了哪些步骤，小组成员对定位的理解又是怎样的。

4. 市场定位的原则

各个企业经营的产品不同，面对的顾客也不同，所处的竞争环境也不同，因而市场定位所依据的原则也不同。总的来讲，市场定位所依据的原则有以下四点。

（1）根据具体的产品特点定位

构成产品内在特色的许多因素都可以作为市场定位所依据的原则。比如所含成分、材料、质量、价格等。“七喜”汽水的定位是“非可乐”，强调是不含咖啡因的饮料，与可乐类饮料不同。“泰宁诺”止痛药的定位是“非阿司匹林的止痛药”，显示药物成分与以往的止痛药有本质的差异。一件仿皮皮衣与一件真正的水貂皮衣的市场定位自然不会一样，同样，不锈钢餐具若与纯银餐具定位相同，也是令人难以置信的。

（2）根据特定的使用场合及用途定位

为老产品找到一种新用途，是为该产品创造新的市场定位的好方法。小苏打曾一度被广泛用作家用除臭剂和烘焙配料，现在已有不少新产品代替了小苏打的上述功能。另外，还有家公司把它当作调味汁和肉卤的配料，更有一家公司发现它可以作为冬季流行性感冒患者的饮料。我国曾有一家生产“曲奇饼干”的厂家最初将其产品定位为家庭休闲食品，后来发现不少顾客购买是为了馈赠，又将之定位为礼品。

（3）根据顾客得到的利益定位

产品提供给顾客的利益是顾客最能切实体验到的，也可以用作定位的依据。1975 年，美国米勒（Miller）啤酒公司推出了一种低热量的“Lite”牌啤酒，将其定位为喝了不会发胖的啤酒，迎合了那些经常饮用啤酒而又担心发胖的人群的需要。

（4）根据使用者类型定位

企业常常试图将其产品指向某一类特定的使用者，以便根据这些顾客的看法塑造恰当的形象。美国米勒啤酒公司曾将其原来唯一的品牌“高生”啤酒定位于“啤酒中的香槟”，吸引了许多不常饮用啤酒的高收入妇女。后来发现，占 30%的狂饮者大约消费了啤酒销量的 80%，于是，该公司在广告中展示石油工人钻井成功后狂欢的镜头，还有年轻人在沙滩上冲刺后开怀畅饮的镜头，塑造了一个“精力充沛的形象”。在广告中提出“有空就喝米勒”，从而成功占领啤酒狂饮者市场达 10 年之久。

事实上，许多企业进行市场定位依据的原则往往不止一个，而是多个原则同时使用。因为要体现企业及其产品的形象，市场定位必须是多维度的、多侧面的。

5. 市场定位理论的核心

学术界在研究市场定位时，根据市场经济发展情况指出，定位理论的核心在于解决三个问题。

（1）什么是定位

这是定位的范围，或者说定位外延问题，即定位辐射的所有组织营销因素。

（2）定位什么

这是指定位相关内容或者内涵，强调的是目标客户的价值以及企业收益。学者共同的认知是定位内涵在于企业能够如何区别竞争对手而给予目标客户更多切实有效的利益。

（3）怎样定位

即定位的方法以及步骤。不同的学者对于市场定位的开展（即怎样定位）提出的方法和步骤各不相同。

① 阿尔·里斯和杰克·特劳特提出了六个步骤：第一步，企业对自己的定位；第二步，企业希望拥有的定位；第三步，企业对自己竞争对手的定位；第四步，企业超越竞争对手需要的资源；第五步，企业营销理念对于市场定位的用处；第六步，企业营销理念能否推动企业达到希望拥有的市场定位，企业是否需要重新定位。

② 菲利浦·科特勒从营销战略视角提出营销活动的基础是市场细分、目标市场、市场定位，因此，科特勒指出，市场定位是要让公司产品（服务）比竞争对手提供的能够在目标客户群体心目中占据更为清晰鲜明的位置，更得到目标客户群体的认可和追捧。因此，市场定位需要做的工作包括三个方面：一是明确目标客户差异特征，并定位差异特征可能带给企业的竞争优势；二是选择科学有效的企业竞争优势，确定整体定位策略；三是传播推广企业的市场定位。

任务7.2 确立市场定位的方法

根据导入项目，对去屑洗发水市场进行市场调查，并对清扬洗发水的市场定位进行分析，确立市场定位的方法，同时填写表7.1。

表7.1 清扬洗发水市场定位

调查内容	竞争者一	竞争者二	竞争者三
竞争者的最大特色是什么			
竞争者产品或品牌定位的方法是什么			
本公司采取的和准备采取的定位方法			

市场定位是企业占据消费者心智并将产品（服务）顺利推入目标市场的有力武器。产

品定位与品牌定位有着本质区别，但又可以通过相互促进形成良性互动。产品定位是针对未来潜在顾客所要付出的努力，因此要从产品特征、包装、服务等多方面做研究，并顾及竞争对手的情况。而品牌定位是针对产品品牌的，其核心是要打造品牌价值。品牌定位的载体是产品，其承诺最终通过产品兑现。

1. 产品定位

（1）产品定位概述

所谓产品定位，是指企业为了满足目标市场，确定产品（服务）的功能、质量、价格、包装、销售渠道、服务方式等。

产品定位必须解决以下五个问题。

① 满足谁的需要？

② 他们有什么需要？

③ 我们提供的产品（服务）是否满足需要？

④ 需要与提供的独特结合点如何选择？

⑤ 这些需要如何有效实现？

（2）产品定位方式

一般来说，产品定位的方式有以下几种：

① 差异定位法。这种定位方法是使本企业的产品和竞争者的产品产生差异性，让消费者感觉到与众不同。

② 利益定位法。这种定位方法是根据产品所能提供的利益进行定位。这里的利益包括顾客购买产品时追求的利益和购买产品时能获得的附加利益，产品本身的属性及消费者获得的利益能使人们体会到它们。

③ 使用者定位法。这种定位方法是根据产品的使用者（购买者）来定位，为他们的特点、服务特别塑造一种形象。

④ 分类定位法。这种定位方法是根据产品类别建立的产品定位。

⑤ 针对特定竞争者定位法。这种定位方法是直接针对某类特定竞争者，而不是针对某一产品类别。

⑥ 问题定位法。这种定位方法是针对某一特定问题加以定位，其次再寻求解决问题的方法。

⑦ 关系定位法。这种定位方法是当本企业产品没有明显差异，或竞争者的产品定位和本企业产品有关时，利用形象及感性广告手法，可以成功地为这种产品定位。

⑧ 使用定位法。这种定位方法是根据消费者如何及何时使用产品，对产品予以定位。

【小案例 7-2】

快狗打车：巧妙定位速取领先地位

快狗打车原为58速运，是同城货运O2O平台。通过发动“抢先占位，主导同城”大战略，将58速运改名为极具特色的“快狗”品牌，化解58“分类信息网”认知障碍，并通过关联定位，巧借“打车”强势认知，重新定义“打车有两种，一种拉人，一种拉货”，使快狗打车快速被市场接受。一个月内即实现用户数3倍增长，迅速取得行业领先地位。

【分析提示】

快狗打车的产品定位为“拉货的打车平台”，核心词是“打车”，而不是“货运”“拉货”“速运”。在出行巨头的铺垫下，“打车”代表着随时响应，定价透明，使用方便，互联网化。巧用“打车”一词，让“快狗打车”与传统的货运搬家公司区别开来，直接对同行竞品形成降维打击。同时，“快狗打车”又与传统意义上的“打车”区别开，重新定义了出行行业：生活中有两种打车，一种拉人，一种拉货，将“快狗打车”明确定位为“拉货的打车平台”。快狗打车根据消费者的需求，采取有别于其他同类产品的策略或模式，找到该产品与其他品牌产品的差异点和创新点。

资料来源：根据网络资料整理

（3）产品定位五步法

一般而言，产品定位采用五步法：目标市场定位、产品需求定位、企业产品测试定位、差异化价值点定位、营销组合定位。

① 产品定位五步法的影响因素。在对产品进行定位的时候，需要考虑哪些因素呢？这些因素会影响整个产品的定位和布局，如市场的情况、公司自身的实力、外界政策、风险投资等。

总体来说，包括以下因素：

- 市场同类产品竞争情况；
- 公司自身的因素，公司的实力和战略方向；
- 产品本身的因素，如产品的品质、技术、价格和服务等；
- 风投走向；
- 竞争公司的产品战略方向；
- 政策、技术趋势等外界环境；
- 广告营销，即通过广告的形式将产品定位的诉求传达给用户或者消费者，从而影响用户的心理。

② 产品定位五步法分析。

第一步：目标市场定位。

目标市场定位是一个市场细分与目标市场选择的过程，即明白为谁服务（Who）。在市场分化的今天，任何一家公司和任何一种产品的目标顾客都不可能是所有人，对于选择目标顾客的过程，需要确定细分市场的标准，对整体市场进行细分，对细分后的市场进行评估，最终确定所选择的目标市场。

目标市场定位策略包括：

- 无视差异，对整个市场仅提供一种产品；
- 重视差异，为每一个细分的子市场提供不同的产品；
- 仅选择一个细分后的子市场，提供相应的产品。

第二步：产品需求定位。

产品需求定位是了解需求的过程，即满足谁的什么需要（What）。产品需求定位过程是细分目标市场并进行子市场选择的过程。这里的细分目标市场是对选择后的目标市场进行细分，选择一个或几个目标子市场的过程。对目标市场的需求确定，不是根据产品的类别进行，也不是根据消费者的表面特性来进行，而是根据顾客的需求价值来确定。顾客在购买产品时，总是为了获取某种产品的价值。产品价值组合是由产品功能组合实现的，不同的顾客对产品有着不同的价值诉求，这就要求提供与诉求点相同的产品。在这一环节，需要调研需求，这些需求的获得可以指导新产品开发或产品改进。

第三步：企业产品测试定位。

企业产品测试定位是对企业进行产品创意或产品测试，即确定企业提供何种产品或提供的产品是否满足需求（IF），该环节主要是进行企业自身产品的设计或改进。通过使用符号或者实体形式来展示产品（未开发和已开发）的特性，考察消费者对产品概念的理解、偏好、接受度。这一环节的测试研究需要从心理层面到行为层面深入进行，以获得消费者对某一产品概念的整体接受情况。

产品测试定位策略包括以下几种。

● 考察产品概念的可解释性与可传播性。

首先，需要进行产品概念与顾客认知、接受的对应分析，针对某一给定产品或概念，主要考察其可解释性与可传播性。很多成功的企业家并不一定是新产品或新概念的研发者，而是新产品或新概念的定义和推广者。

● 同类产品的市场开发度分析。

其次，同类产品的市场开发度分析，包括产品渗透水平和渗透深度、主要竞争品牌的市场已开发度、消费者可开发度、市场竞争空隙机会，用来衡量产品概念的可推广度与偏爱度。从可信到偏爱，这里有一个层次的加深。有时，整个行业都会面临消费者的信任危机，此时推出新品就面临着产品概念不被信任与不被认可的危机。

● 产品属性定位与消费者需求的关联分析。

再次，分析实际意义上的产品价格和功能等产品属性定位与消费者需求的关联。因为产品概念的接受和理解程度再高，如果没有对产品的需求，如果产品的功能不是恰恰满足了消费者某方面的需求，或者消费者的这种需求有很多的产品给予了很好的满足，这一产品概念仍然很难有好的市场前景。通过对影响产品定位和市场需求的因素的关联分析，对产品的设计、开发和商业化进程做出调整。

● 对消费者的选择购买意向分析。

最后，探究消费者是否可能将心理的接受与需求转化为行为上的购买与使用，即对消费者的选择购买意向进行分析，以进行企业自身产品定位的最终效果测定。针对企业自身产品定位环节，这一层面包括新产品开发研究、概念测试、产品测试、命名研究、包装测试、产品价格研究等。

第四步：差异化价值点定位。

差异化价值点定位即需要解决目标需要、企业提供产品以及竞争各方特点的结合问题，同时，要考虑提炼的这些特点如何与其他营销属性综合起来。在上述研究的基础上，结合基于消费者的竞争研究．进行营销属性的定位，一般的产品独特销售价值定位方法（USP）包括从产品独特价值特色定位、从产品解决问题特色定位、从产品使用场合时机定位、从消费者类型定位、从竞争品牌对比定位、综合定位等。在此基础上，需要进行相应的差异化品牌形象定位与推广。

第五步：营销组合定位。

营销组合定位即如何满足需要，它是进行营销组合定位的过程。在确定满足目标顾客的需求与企业提供的产品之后，需要设计一个营销组合方案并实施这个方案，使定位到位。这不仅仅是品牌推广的过程，也是产品价格、渠道策略和沟通策略有机组合的过程。正如菲利普·科特勒所言，解决定位问题，能帮助企业解决营销组合问题。营销组合——产品、价格、渠道、促销——是定位战略运用的结果。因为在产品差异化很难实现时，必须通过营销差异化来定位。今天，你推出任何一种新产品畅销不过一个月，马上就会有模仿品出现在市场上，而营销差异化要比产品模仿难得多。因此，仅有产品定位已经远远不够，企业必须从产品定位扩展至整个营销的定位。

2. 品牌定位

品牌定位是指企业在市场定位和产品定位的基础上，对特定的品牌在文化取向及个性差异上的商业性决策，它是建立一个与目标市场有关的品牌形象的过程和结果。换而言之，即指为某个特定品牌确定一个适当的市场位置，使商品在消费者的心中占领一个特殊的位置，当某种需要突然产生时，会立刻想起该品牌。

品牌定位的方式非常多，企业可以根据自身需要进行选择。

（1）功效定位

这种定位方法是指购买任何产品，消费者都希望产品有所期望的功能、效果和效益，因而以强调产品的功效为诉求是品牌定位的常见形式。

（2）品质定位

这种定位方法是指以产品优良的或独特的品质作为诉求内容，如“好品质”“天然出品”等，以面向那些主要注重产品品质的消费者。

（3）情感定位

这种定位方法是指将人类情感中的关怀、牵挂、思念、温暖、怀旧、爱等情感内涵融入品牌，使消费者在购买、使用产品的过程中获得这些情感体验，从而唤起消费者内心深处的认同和共鸣，最终获得对品牌的喜爱和忠诚。

（4）企业理念定位

这种定位方法是指企业用自己具有鲜明特点的经营理念和企业精神作为品牌的定位诉求，体现企业的内在本质。

（5）自我表现定位

这种定位方法是指通过表现品牌的某种独特形象，宣扬其独特个性，让品牌成为消费者表达个人价值观与审美情趣、表现自我的一种载体和媒介。

（6）高级群体定位

这种定位方法是指企业借助群体声望、集体概念的手法，打出入会限制严格的俱乐部式高级团体牌子，强调自己是这一高级群体的一员，从而提高自己的形象和声望，赢得消费者的信赖。

（7）首席定位

这种定位方法是指强调品牌在同行业或同类中的领导性、专业性地位，如宣称“销量第一”。

（8）质量定位

这种定位方法是指在开发、生产一种产品时，产品的质量控制在什么样的档次上。

（9）生活情调定位

这种定位方法是指消费者在使用产品的过程中能体会到一种良好的令人惬意的生活气氛、生活情调、生活滋味和生活感受，从而获得一种精神满足。该定位使产品融入消费者的生活中，成为消费者的生活内容，使品牌更加生活化。

（10）类别定位

这种定位方法是指与某些知名而又司空见惯的产品做出明显的区别，或给自己的产品定位为与之不同的另类，这种定位也可称为与竞争者划定界线的定位。

（11）档次定位

这种定位方法是指不同档次的品牌带给消费者不同的心理感受和体验。现实中，常见的是高档次定位策略。在这种策略中，高档次的品牌传达了产品高品质的信息，往往通过高价位来体现其价值，并被赋予很强的表现意义和象征意义。

（12）文化定位

这种定位方法是指将文化内涵融入品牌，形成文化上的品牌识别，文化定位能大大提高品牌的品位，使品牌形象更加独具特色。

（13）对比定位

这种定位方法是指通过与竞争对手的客观比较来确定自己的定位，也可称为排挤竞争对手的定位。在该定位中，企业设法改变竞争者在消费者心目中的现有形象，找出其缺点或弱点，并用自己的品牌进行对比，从而确立自己的地位。

（14）概念定位

这种定位方法是指使产品、品牌在消费者心智中占据一个新的位置，形成一个新的概念，甚至造成一种思维定式，以获得消费者的认同，使其产生购买欲望。这种方法可以运用于以前的产品，也可以运用于新产品。

（15）历史定位

这种定位方法是指以产品悠久的历史建立品牌识别。消费者都有这样一种惯性思维，对历史悠久的产品容易产生信任感，一个做产品做了这么多年的企业，其产品品质、服务质量应该是可靠的，而且给人神秘感，让人向往，因而历史定位具有“无言的说服力”。

（16）生活理念定位

这种定位方法是指将品牌形象和生活理念联系在一起，将品牌形象人性化。这样的生活理念必须是简单而深奥的，能引起消费者内心的共鸣和对生活的信心，产生一种振奋人心的感觉，催人上进，甚至成为消费者心中的座右铭，从而给消费者留下深刻印象。

（17）比附定位

这种定位方法是指攀附名牌，以吸名牌之光而使自己的品牌生辉，它主要有两种形式。

① 甘居第二，即明确承认同类中另有最负盛名的品牌，自己只不过是第二而已。这

种策略会给人一种谦虚诚恳的印象，使消费者相信公司所说是真实可靠的。

② 攀龙附凤，其切入点类似第一种方式，承认同类中某一领导性品牌，本品牌虽自愧不如，但在某一方面还可与之并驾齐驱、平分秋色，并和该品牌一起宣传。

（18）形态定位

这种定位方法是指根据产品独特的外部形态特点来进行品牌识别。在产品的内在特性越来越相同的今天，产品的形态本身就可以造就一种市场优势。

（19）情景定位

这种定位方法是指将品牌与一定环境、场合下产品的使用情况联系起来，以唤起消费者在特定的情景下对该品牌的联想，从而产生购买欲望和购买行动。

（20）消费群体定位

这种定位方法是指直接以产品的消费群体为诉求对象，突出产品专为该类消费群体服务，以获得目标消费群的认同。把品牌与消费者结合起来，有利于增进消费者的归属感，使其产生“我自己的品牌”的感觉。

技能训练 7-2

对不同品牌手机进行产品定位分析

训练背景：市场定位简言之就是产品独有的特色，或者说消费者对该产品的印象。一旦这种印象与消费者偏好一致，他们就会购买该种产品。根据上述任务的学习，请任意选择三种品牌的手机，对其市场定位进行分析。

训练要求：以5～6人小组为单位，对三种品牌的手机进行市场调查，最终以小组讨论的方式得出结论，并填写表7.2。

表7.2 手机品牌的比较

品牌名称			
产品最大的特色是什么 （根据自己的理解进行判断）			
产品或品牌定位的方法是什么			
你对这种特色的评价			

任务7.3 选择目标市场定位的策略

根据导入项目，联合利华（清扬）、霸王（追风）进入去屑洗发水市场，它们需要根据市场、竞争状况，准确判定自身的竞争优势所在，选择合适的定位战略，做出正确的市场定位。

1. 市场领先者定位策略

市场领先者定位策略是指企业选择的目标市场尚未被竞争者发现，企业率先进入市场，抢先占领市场的策略。

（1）企业采用市场领先者定位策略的条件

① 该市场符合消费发展趋势，具有强大的市场潜力；

② 本企业具备领先进入的条件和能力；

③ 进入的市场必须有利于创造企业的营销特色。

（2）市场领先者的定位策略

① 创造与众不同的企业特色；

② 扩展整个市场（全面进攻）；

③ 保持市场占有率（防御）；

④ 扩大市场占有率（重点进攻）；

⑤ 灵活运用价格来整合市场。

【小案例 7-3】

诺贝尔瓷砖：传统瓷砖跻身高端中国制造

2016 年 7 月，诺贝尔瓷砖通过战略定位引领，推出新一代瓷砖——瓷抛砖。在定位的护航下，技术创新获得消费者认同，诺贝尔瓷砖不但成功抽身行业价格战，还带领中国陶瓷重回世界之巅，成为中国高端制造产业典范。战略执行一年，诺贝尔瓷砖已被公认为最好的瓷砖，价格远超竞品，销量大幅增长，确立“中国瓷砖领导品牌”地位。

【分析提示】

诺贝尔瓷砖借发布最新产品——瓷抛砖的契机，希冀以创新引领行业迈向新的高点，树立新的标杆，所释放出的战略信号是创造、激发、引导消费者需求，从而引领行业升级。

资料来源：根据网络资料整理

2. 市场挑战者定位策略

市场挑战者定位策略是指企业把市场定在竞争者的市场，与在市场上占据支配地位的，亦最强的竞争对手“对着干”。

（1）企业采取市场挑战者定位策略的条件

① 要有足够的市场潜力；

② 本企业具有比竞争对手更丰富的资源和更强的营销能力；

③ 本企业能够向目标市场提供更好的商品和服务。

在相同的行业中，当居次位的企业拥有很强的实力时，会倾向于向市场先导者等竞争者挑战，以掠夺更大的市场。

（2）市场挑战者在定位策略中，对对手的攻击策略

① 集中全力向对手的弱项发动进攻（正面攻击）；

② 向较容易的市场发动进攻（迂回进攻）；

③ 进攻未加防备的侧面（侧翼攻击）。

3. 市场补缺者定位策略

市场补缺者定位策略是指企业把自己的市场定在竞争者没有注意和占领的市场上的策略。当企业对竞争者的市场、消费者的实际需求和自己经营的商品属性进行评估分析后，如果发现企业所面临的目标市场没有竞争者占领，存在一定的市场缝隙或空间，而且自身所经营的商品又难以正面抗衡，这时企业就应该把自己的位置定在目标市场的空当位置，与竞争者成鼎足之势。

企业采用市场补缺者定位策略，必须具备以下条件：

（1）本企业有满足这个市场所需要的货源；

（2）该市场有足够数量的潜在购买者；

（3）企业具有进入该市场的特殊条件和技能；

（4）经营必须盈利。

【小案例 7-4】

维珍：永远的"补缺者"

维珍集团旗下拥有200多家大小公司，涉及航空、金融、铁路、唱片、婚纱等领域，俨然半个国民生产部门。布兰森曾经说过，如果有谁愿意的话，他可以这样度过一生：喝着维珍可乐长大，到维珍唱片大卖场买维珍电台上播放过的唱片，去维珍院线看电影，通过virgin.net交一个女朋友，和她坐维珍航空去度假，享受维珍假日无微不至的服务，然后由维珍新娘安排一场盛大的婚礼，直到最后拿着维珍养老保险进入坟墓。当然，如果不幸福的话，维珍还提供大量的伏特加以供选择。

红白相间的维珍品牌在英国的认知度达到了96%，在"英国男人最知名品牌评选"中排名第一，在"英国女人最知名品牌评选"中位列第三。但是，维珍产品在所处的每一个行业里都不是名列前茅的第一或第二，而是一只"跟在大企业屁股后面抢东西吃的小狗"。这正是维珍的老板布兰森本人所期望的。

维珍总是选择进入那些已经相对成熟的行业，给消费者提供创新的产品和服务。可以说，在它进入的每一个行业里，维珍都成功地扮演了"品牌领先者"的角色。

【分析提示】

由于竞争市场中某产品空缺，企业可以采取补缺者定位的策略，从而成为市场上成功的补缺者，并成功转变为品牌领先者。

资料来源：https://wiki.mbalib.com/wiki.

4. 市场跟随者定位策略

市场跟随者定位策略是指企业发现竞争者已进入目标市场，而该市场需求潜力又很大，企业跟随竞争者挤入市场，与竞争者处在一个位置上的策略。

企业采用市场跟随者定位策略，必须具备下列条件：

① 目标市场还有很大的需求潜力；

② 目标市场未被竞争者完全垄断；

③ 企业具备挤入市场的条件和与竞争对手“平分秋色”的营销能力。

技能训练 7-3

分析市场定位方案

训练背景：收集某跨国知名企业（品牌）市场定位方案的成功案例，并改写成演讲稿，有叙有议。

训练要求：以 5～6 人小组为单位，以小组讨论的方式得出讨论结果，写成演讲稿，最终选一位代表上台演讲，演讲完毕，由任课老师点评。

项目总结

【知识回顾】

（1）市场定位是指为企业及产品确定一个在目标市场上所处的位置，换而言之，市场定位就是确定企业在目标市场上的位置以及企业整体形象在顾客心目中的位置。

（2）市场定位可分为产品定位、品牌定位两部分。

（3）市场定位可采取市场领先者定位、市场挑战者定位、市场补缺者定位和市场跟随者定位四种不同策略。

知识训练

一、选择题

1．市场定位是在 20 世纪 70 年代由美国营销学家（　　）和（　　）提出的。

A．阿尔·里斯　　B．基恩·凯洛西尔

C．杰克·特劳特　　D．菲利普·科特勒

2．市场定位是（　　）。

A．塑造一家企业　　B．塑造一种产品

C．确定目标市场　　D．分析竞争对手

3．市场定位的作用不包括以下哪一项（　　）。

A．突出需求差异，帮助企业选择市场

B．企业制定市场营销组合策略的依据和前提

C．突出经营特色，助力企业形成竞争优势

D．向消费者介绍企业所销售的产品

4．企业要实施正确、有效的定位，往往需要遵循的定位步骤有（　　）。

A．确定定位层次　　B．识别重要属性

C．绘制定位图　　D．评估定位选择

E．执行定位

5．依据目前的资源状况能否通过适当的营销组合去占领目标市场，即企业所选择的目标市场是否易于进入，这是市场定位的（　　）原则。

A．根据具体的产品特点定位

B．根据特定的使用场合及用途定位

C．根据顾客得到的利益定位

D．根据使用者类型定位

6．以下哪一项不属于市场定位理论的核心。（　　）

A．什么是定位　　B．定位什么

C．怎么样定位　　D．如何确定定位策略

二、判断题

1．市场定位策略包括市场挑战者定位、市场领先者定位、市场补缺者定位、市场跟随者定位。（　　）

2．国窖1573用的是历史定位策略。（　　）

3．去屑洗发水“分男女”“中药去屑”均是采取功能定位的策略。（　　）

4．1998年夏，海尔根据用户提供的信息及进一步市场调研，推出冰温（−5～10℃）台式冷柜，抢先占领仍处于空白状态的零售鲜肉保鲜冷柜市场。这种定位战略属于补缺者定位战略。（　　）

5．娃哈哈打出的“中国驰名商标”的口号给人深刻的印象，它采取的是高级群体定位策略。（　　）

6．市场定位的实质是使本企业与其他企业严格区分开来，使顾客明显感觉和认识到这种差别，从而在顾客心目中占据特殊的位置。（　　）

三、简答题

1．简述市场定位的含义及作用。

2．用实例论述市场定位的原则有哪些。

3．市场的定位策略有哪些？举例加以说明。

四、技能题

假设你是某电子品牌的市场营销经理，公司将要在市场上投放一款新的电子产品，请根据市场定位的依据、步骤、策略、关键因素及应该注意的问题，对新产品进行市场定位，并拟出市场定位建议书。

综合实训

一、案例分析

海尔冰箱在美国

美国家电市场品牌荟萃、竞争激烈，几乎是所有世界名牌的竞技场。美国家庭的厨用冰箱非常大，这与他们的生活习惯有关。他们每星期只开车购物一次，因而购物的时候恨不得把一星期的食品都买好，回来放在冰箱里面。那该如何进入这个市场呢？这需要进行市场定位，就是要找到一个市场缝隙。在进入国际知名品牌林立的美国市场时，海尔抓住了美国消费者对小型冰箱越来越欢迎的市场需求，成功地开发了适合单身者和留学生使用的小型冰箱和带电脑桌的冰箱，投放美国市场后，立即受到了美国消费者的欢迎。据统计，在美国的小容积冰箱市场中，海尔已占据了50%的市场份额。

资料来源：http://www.people.com.cn/GB/jingji/1038/1978903.html.

思考分析：

海尔是如何确定目标市场和进行市场定位的？

饮料巨头农夫山泉跨界种水果卖水果

随着居民收入的提高，消费环境的变迁正逐渐改变我国居民的消费心理与习惯，人们对农产品的消费从必需消费升级到品牌消费，特色农产品的品牌也越来越受到消费者的重视。2014 年 11 月，国内饮料业巨头农夫山泉跨界推出新品——17.5° 橙，上线预售一周，万人下单抢购，订单多达 10 000 份，几度热卖售罄。

资料来源：http://finance.sina.com.cn/roll/20141125/103020912804.shtml.

思考分析：

1. 在未读此资料之前，你听说过“农夫山泉”吗？你对它印象最深的地方是什么？
2. 结合农夫山泉 17.5° 橙，谈谈你是如何看待品牌定位重要性的。
3. 从品牌定位策略上看，农夫山泉 17.5° 橙是如何成功实现品牌定位的？
4. 农夫山泉 17.5° 橙为塑造我国特色农产品品牌形象有哪些价值性的意义？

二、实训操作

1. 实训项目

目标市场定位——我的地盘我做主

2. 实训类别

个人训练。

3. 实训目的

实际体验和认知目标市场定位的分析与制定。

4. 实训要求

结合所在城市情况，调研城市核心商圈的经营状况，并探讨它的经营特色和市场定位，将分析与思考形成文字报告。

5. 考核方式

依据学生提交的报告评定成绩。

模块 4　制定营销策略

项目 8 制定产品策略

项目目标

知识目标

- 了解产品的概念及分类
- 熟悉产品定位及规划
- 熟悉产品生命周期各阶段的特点及营销策略
- 掌握产品的结构与组合
- 掌握现代产品品牌的发展及意义
- 掌握产品的包装

技能目标

- 具有分析及确定合适的产品规划的能力
- 具有结合企业实际确定企业产品的生命周期并制定不同生命阶段的产品策略的能力
- 具有制定产品最佳组合策略的能力
- 具有获得品牌成功及有效包装的能力

实训目标

- 通过学习产品与品牌策略相关知识，能够进行产品规划，制定产品生命周期策略、产品组合策略及产品的品牌与包装策略，具备制定产品策略的各项技能

项目导入

海尔空调在巴基斯坦广受好评

在2016年4月的广交会上，海尔展示了以天樽、天铂、新帝樽、劲铂、空气魔方等为代表的智慧空气生态圈，同时完成了一次面向全世界的智能战略布局。

据了解，巴基斯坦电压稳定性差，且夏季炎热漫长，大部分地区午时气温甚至超过50℃。严酷的环境对空调提出了特殊要求，海尔推出的Nebula系列智能空调完美解决了这些问题。这款空调能够在高温低压的条件下正常启动，同时拥有20米超长送风距离，制冷速度也较普通空调提升了47%，可达到迅速制冷、瞬间降温的效果，能够在最短的时间内满足当地用户对温度的舒适性需求。

此外，随着智能手机在巴基斯坦的普及，人们对智能生活的热情逐渐升温，海尔Dawn系列、Nebula系列等智能空调深受巴基斯坦用户的欢迎。当地部分地区昼夜温差超过25℃，这对空调的智能控温提出了要求，Dawn系列智能空调拥有智能人感、光感探头，实现了风随人动，并可感知白天、黑夜、阴天，区分人体热源，智能分析、智能控温，其易插拔的Wi-Fi模块也给了用户更加便捷的体验。海尔智能空调因地制宜地创新智能体验，满足巴基斯坦用户的智能需求，在当地广受好评。

资料来源：根据网络资料整理.

项目实施

任务8.1 了解产品概念与分类

根据导入项目，分析海尔传统空调产品的定位，通过市场分析与新产品定位确定公司的产品规划，并形成产品规划方案。

1. 产品的整体概念

所谓产品，传统的解释是指具有特定形态和一定用途的物品，如衣服、手表、汽车等都是产品。但是，此种理解是狭义的，因而是不完整的。现代市场营销学对产品的理解是一种广义的概念，它是指凡能提供给市场，以引起人们注意、获取、使用或消费，从而满足人们某种需要或欲望的物质，包括实体产品、无形服务、地点、组织及意识等。广义的产品也成为整体概念，以菲利普·科特勒为首的北美学者更倾向于将产品整体概念分为五个层次：核心产品、形式产品、期望产品、附加产品、潜在产品。

（1）核心产品

核心产品是指企业向消费者提供的最基本的效用和利益。消费者购买某种产品，并非仅仅为了购买某一物质实体，而是为了满足某种特定的需求。例如，人们购冰箱，并不是为了买到设有压缩机、冷藏室、开关按键的大铁箱，而是为了通过冰箱的制冷功能，使食物保鲜，为提高人们的生活水平和质量服务。可见，一种产品能否满足消费者的需要，关键在于能否提供消费者所追求的基本效用和利益。核心产品是整个产品概念中最重要、最基本的层次。

（2）形式产品

形式产品是指核心产品借以实现的外在形式，也就是产品的外观部分，它较之核心产品具有更广泛的内容。形式产品由式样、品牌、包装及特征组成。

（3）期望产品

期望产品是指购买者在购买该产品时期望得到的与产品密切相关的一整套属性和条件。例如，酒店的客人期望得到整洁的床位、洗浴香波、浴巾、衣帽间的服务等。因为大多数酒店均能满足旅客这些一般的期望，所有旅客在选择档次大致相同的酒店时，一般不是选择哪家酒店提供了期望产品，而是根据哪家酒店较近和方便而定。

（4）附加产品

附加产品是指人们在购买形式产品时所能得到的附加利益的总和。它包括提供信贷、免费运送、售后服务、设备安装以及提供各种保证等。企业要满足消费者的某种需求，就应该提供与满足该项需求有关的一切服务。美国市场营销学家李维特曾指出，现代企业的竞争并不在于各企业能生产什么，而在于它们能够为其产品增加些什么内容。企业只有向顾客提供更多的实际利益，更好地满足其对附加利益的要求，才能在竞争中获胜。

（5）潜在产品

潜在产品是指现有产品包括附加产品在内的、可能发展成为未来最终产品潜在状态的产品。潜在产品指出了现有产品的可能演变趋势和前景，如彩色电视机可能发展为录放机、计算机终端机等。

【小资料 8-1】

整体产品概念的五个层次充分体现了以顾客为中心的现代市场营销理念，这一概念的内涵和外延都是以消费者需求为标准的，是由消费者的需求所决定的。可以说，整体产品概念是建立在“需求＝产品”这样一个等式的基础之上。由此断言，没有整体产品概念，就不可能真正贯彻现代市场营销理念。

2. 整体产品概念对营销的启示

美国学者西奥多·莱维特说，新的竞争不是发生在各个企业的工厂生产什么产品，而是发生在能提供何种附加价值（如包装、服务、产品、广告、顾客咨询、融资、送货、仓储及具有其他价值的形式）。

① 它以消费者基本利益为核心，指导整个市场营销管理活动，是企业贯彻市场营销

观念的基础。一般来说，消费者追求的基本利益大致分为功能和非功能两方面的需求。消费者对前者的要求是出于实际使用的需要，而对后者的要求则往往是出于社会心理动机。两种需要往往交织在一起，并且非功能需求所占的比重越来越大。产品整体概念明确地向产品的生产经营者指出，要通过有形产品和附加产品去满足核心产品所包含的一切功能性和非功能性要求，充分满足消费者的需求。

② 只有通过产品五层次的最佳组合才能确立产品的市场地位。当今社会产品十分丰富，一类或一种产品只有一个品牌的时代已经结束，同类产品的不同品牌层出不穷。如何在众多的品牌中脱颖而出，很重要的一点就是把产品五个层次的内容都考虑到，产品质量好就一定能卖得出去的传统观念已经很难适应市场发展。当然，质量好是产品能够销售出去的第一因素和必要因素，但绝不是充分因素。对于营销者来说，产品越能以一种消费者易察觉的形式来体现消费者选择物品时所关心的因素，就越能获得好的产品形象，进而确立有利的市场地位。

③ 产品差异构成企业特色的主体，企业要在激烈的市场竞争中取胜，就必须致力于创造自身产品的特色。一般来说，不同产品项目之间的差异是非常明显的。这种差异或表现在功能上，或表现在设计风格、品牌、包装的独到之处，甚至表现在与之相联系的文化因素上或表现在产品的附加利益上，如不同的服务可使产品各具特色。总之，在产品整体概念的五个层次上，企业都可以形成自己的特色，从而与竞争产品区别开来。

【小案例 8-1】

三全科迪金锣等 11 企业饺子香肠，疑检出非洲猪瘟

2019 年 2 月 14 日，三全食品在深交所互动易平台，就旗下灌汤水饺检出非洲猪瘟病毒核酸阳性的消息答投资者问称，公司没有收到权威部门通知，将进一步核实该事件。

随后有网友贴图爆料，包括三全、郑荣、科迪、金锣等在内的 11 个厂家的 40 批次产品样品均被检出非洲猪瘟病毒核酸阳性。2 月 15 日，甘肃省农业农村厅向新京报记者证实了这一消息，并称检测结果有待进一步排查。

资料来源：根据网络资料整理.

【分析提示】

以产品的整体性概念分析非洲猪瘟的恶劣影响。

3. 产品的分类

（1）按是否耐用和是否有形分类

产品按是否耐用和是否有形，可分为耐用品、非耐用品和服务产品。

① 耐用品。耐用品指在正常情况下可多次使用的有形物品，如冰箱、电视、床单、被套等。

② 非耐用品。非耐用品指在正常情况下一次或几次使用就被消耗掉的有形物品，如啤酒、牙膏、洗发水等。

③ 服务产品。服务产品指不具有实体，而以各种劳务形式表现出来的无形产品，如教育、法律咨询、理发等。

（2）按用途分类

产品按照用途，可分为消费品和工业品。消费品指个人或家庭为了最终直接消费购买的产品，主要是用来满足个人或家庭的需要。例如，家庭主妇在菜市场购买蔬菜是为了供家庭食用，此时蔬菜属于消费品。而工业品指组织购买产品的目的，是为了用来生产其他产品或服务，或是为了再销售给消费者或其他组织。例如，超级市场和餐厅购买蔬菜是为了制作能卖给顾客的蔬菜沙拉，此时蔬菜属于工业品。之所以要将同一种产品分为消费品和工业品，是因为其顾客的购买行为有所不同，因此营销策略也会有所差异。

① 消费品。消费品可依其特性分成四种：便利品、选购品、特殊品及非渴求品。

● 便利品。便利品是指那些消费者经常购买、花在购买上的时间很短，而且不太愿意花费心思与精力去进行比较与选择的消费品。因此消费者常会定期地购买便利品，通常不会花费太多时间与精力来进行产品抉择，便利性是其主要考量因素。为了满足消费者所追求的便利性，便利品通常会有众多的零售点。便利商店所销售的产品中很多都是便利品，但并非便利商店所销售的产品全部都是便利品。

● 选购品。选购品是指消费者在购买时需要进行比较后，才会决定购买的商品。消费者通常会就品质和价格两方面进行比较。相较于便利品，选购品的单价通常比较高，且销售的商店数目也较少。不过，选购品的商店会呈现同业集中的状态，以方便消费者进行选购，并且，政府在城市规划中也会注意此类问题并进行有效引导。例如，餐饮街、电脑城、家具城、建材城等就是同业集中的典型表现。

● 特殊品。特殊品指产品因为具有某些特色及（或）独特品牌，而使消费者愿意特别费心去寻找和购买该品牌，而比较不愿以其他品牌代替。例如名牌商品（LV 的包）或某些具有浓厚特色的商品（口味独特的餐厅）。特殊品的营销人员通常会运用能彰显其地位与独特性的广告，来维持产品的独特形象。由于顾客不愿接受替代品或替代品牌，因此比较愿意多花时间和精力去寻求该产品，所以特殊品的零售点通常也较少。例如，不少消费者愿意花很长时间在 LV 专卖店前排队等待入店消费。

● 非渴求品。非渴求品指消费者目前还不知道，或是知道而尚未有兴趣购买的产品。刚上市的产品往往就属于这一类，必须一直等到广告和渠道普及后，才开始引起消费者的注意与兴趣。另外，有些产品如保险产品和百科全书等，常需要借助积极的人员销售和具有高度说服性的广告，才能引发需求。

② 工业品。工业品可分成六种：原物料、零组件、耗材、资本设备、辅助设备与商业服务。

● 原物料。原物料是指一些加工层次很低的大自然产品，最后会变成制成品的一部分，例如农、林、渔、牧、矿等产品。

● 零组件。零组件是指一些经过基本加工程序的产品，这些产品最终也会变成制成品的一部分，例如主机板、马达、紧固件等。

● 耗材。耗材是制造过程中所必须使用的一些消耗性产品，例如润滑油、铁钉、垫片等。

● 资本设备。资本设备是指一些单价高、购买频次低、参与购买决策人数多的产品。大多数资本设备是不可移动的，例如生产线、厂房、土地及高单价的机器设备等。

● 辅助设备。辅助设备是指一些单价较低的生产设备，通常这些生产设备是可移动的，例如手工具、办公桌椅等。

● 商业服务。商业服务是指为了维护组织运作而需要购买的一些服务，例如清洁服务、记账服务、法律服务、企业管理顾问服务、专利服务，以及技术服务等。

（3）按购买风险分类

除了工业品与消费品的区分方法，产品还可依顾客购买时所冒风险程度的高低分为搜寻品、经验品、信赖品。

① 搜寻品。搜寻品是指消费者在实际进行购买决策之前，也就是说在掏出钱实际购买之前，便可以区分品质好坏的产品，例如衣服、家具等。

② 经验品。经验品是消费者必须实际购买该产品并使用过后，才会知道产品品质好坏的产品，例如电影要看了才知道好不好看，牛肉面要吃了才知道好不好吃。

③ 信赖品。信赖品是指消费者在购买并使用过该产品后，仍然不知道品质好坏的产品，例如修车服务、医疗服务等。往往很多车子虽然表面上修好了，但可能根本的问题并没有解决，因此经过一段时间又坏了。

通常信赖品的产品购买风险最高，而搜寻品最低。一般而言，无形的服务比较接近信赖品，而实体产品则比较接近搜寻品。

4. 产品的规划阶段

产品创新对于公司成长有极大的影响，从长期的观点来看，仅凭直觉性的灵感创新是不可靠的，然而公司要专设规划小组也没有绝对的必要，要看公司所处的情况来决定。

首先，我们讨论产品规划中所需要的特殊技能和技巧，或是所包含的两个阶段：市场分析、产品定义。

（1）市场分析

规划产品是否成功，首先要明智地使用市场研究、预测及其他程度不同的活动，这些活动的总和即是市场分析。新产品与旧产品常常不是一对一的功能代换，而多半是除原有功能外还能提供其他显著不同的功能， 因此要了解这些转变对于可能的潜在使用者的影响就必须先做市场分析。例如，在推出视频电话前应研究在哪些情况下互相以视觉接触，可能会造成干涉隐私权的影响。

有效的市场分析及新产品的推出，不仅要注意实体产品，还要注意其与有关环境的关系，即要以系统观点来评量整个事件。例如微波炉刚推出时所遭遇的一项阻碍是所烤出来的肉与一般人所习惯的烤肉色泽不同，使得生产者必须设法添加能使烤肉焦黄的功能（虽然此与实际上烹煮无多大关系）。

市场分析工作在于仔细比较将推出的产品在价格、市场大小、市场区隔及销售意愿上是否符合所需。这种工作无自动化方法来判别其好坏，我们只能提出一些原则。

① 分析时应保持企业内部一致，否则将使资料及对问题的考虑在彼此之间产生差距，无法沟通。

② 了解消费者对产品改变可能产生的抵制行为，包括由于改变而产生抑制的行为与对产品接受率的影响以及如何克服等。

③ 要时时注意分析的合理性。

（2）产品定义

市场分析的另一方面工作，即要对现有技术的能力及限制加以了解，以使这两项工作得以联系，这种沟通工作在于对产品的定义。由于在设计过程中，技术人员常就技术面而非整体的观念来决定，以至于有“过度设计”的情形，因此我们应为产品设置一些标准用以遵守。以下为几点建议。

① 产品的品质不要因众多人士的参与而降低。

② 产品的成功要兼顾技术面与营销面。

③ 随时调整及评估战略，以配合内在、外在营销环境。

④ 产品规划可以说是技术与营销间的中介，尤其在高技术公司的地位十分重要。当然，产品规划需特殊的技巧与责任。

技能训练 8-1

分析新产品规划

训练背景：产品的整体概念可以在产品定位及市场分析方面为产品提供很好的方向。企业的产品规划是企业新产品上市前必须要完成的一项重要工作。学生上网查询某新产品的产品介绍，分析企业对该产品的规划。

训练要求：3～5 名学生组成一个小组，各小组通过分析该产品的规划，分别列出产品规划的两个重要步骤，即市场分析与产品定义的内容。

任务 8.2 掌握产品生命周期策略

根据导入项目，分析海尔空调生命周期的特点，并确定其生命周期的各个阶段，然后根据其所处产品生命周期阶段来制定市场营销策略，要求明确具体的市场营销策略。

1. 产品生命周期

（1）产品生命周期的概念

产品生命周期（Product Life Cycle，PLC）是指以销售额和企业获得的利润来衡量产品在市场上的发展变化。从新产品投入市场开始到产品在市场上消失为止，一般经历四个阶段，即导入期、成长期、成熟期和衰退期。典型产品的生命周期可描绘成一条 S 形曲线，如图 8.1 所示。

（2）产品生命周期的各个阶段

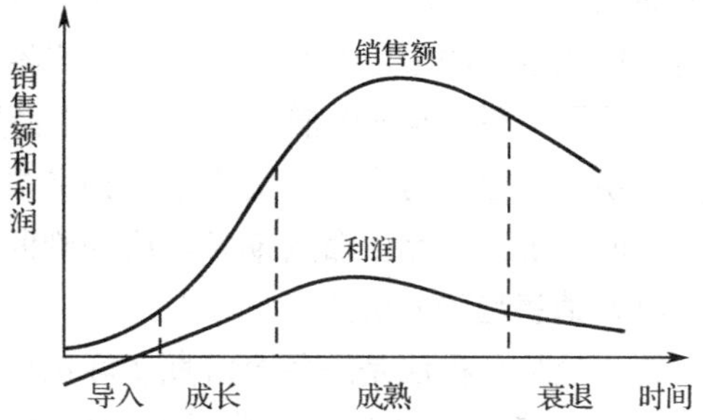

图 8.1　产品生命周期

① 导入期。由于新产品刚刚投放市场，市场对新产品不了解，需求量很少，所以这一阶段销售量很少。同时，由于生产、技术方面的原因，生产规模也相对较小，产品质量有可能不稳定，使生产成本较高。加上企业要通过加大投入进行广告宣传以及铺设销售渠道网络等，导致企业在这一阶段可能亏损。

② 成长期。成长期又称发展期。如果新产品可以成功度过导入期，便进入了成长期。成长期是产品销售量（额）和利润迅速增长的阶段。在这一阶段，越来越多的消费者开始熟悉并接受新产品。同时，由于产量扩大并形成规模，企业单位生产成本和销售成本都在下降，利润大幅增长。进入成长期，特别是在成长期后期，由于看到新产品市场迅速扩展并有利可图，越来越多的竞争者也开始加入进来。

③ 成熟期。进入这一阶段，产品绝对销售量达到最大。然而，由于市场需求趋于饱和，销售量的增长速度趋于缓慢并开始下降。在这一阶段，产品已经是标准化生产。同时，竞争者利用各种手段争夺消费者，竞争不断激化，降价成为企业非常普遍的选择。由于企业在必须降低价格的同时还要增加促销等费用，导致企业利润不断下降。

④ 衰退期。经过成熟期后，产品很快进入衰退期。这时，由于新产品或替代品的不断出现，产品已经逐渐被人遗忘，产品的市场需求不断缩小，产品的销售量（额）以及利润迅速下降，产品也将因此逐渐退出市场。

产品生命周期各阶段的特点比较，如表 8.1 所示。

表 8.1　产品生命周期各阶段特点

特点 \ 阶段	导入期	成长期	成熟期	衰退期
销售额	低	迅速增长	缓慢增长或开始下降	下降
利润	低	迅速增长	减少	低或无
成本	高	低	下降	回升
顾客	试用者	多数	多数	保守者
竞争者	很少	增多	最多	减少
价格	高或低	适当	降低	降低

2. 产品生命周期各阶段的判断

在产品生命周期的变化过程中，正确分析、判断出各阶段的临界点，确定产品正处在生命周期的哪个阶段，是企业进行正确决策的基础，对市场营销工作意义重大。同时，这又是一件较困难的事，因为产品生命周期各阶段的划分，并无一定的标准，带有较大的随意性。而要完整、准确地描绘某类产品生命周期曲线，理应到产品完全被淘汰以后，再根据资料绘制，但对这类产品的市场营销又失去了现实意义。

一般来说，产品生命周期各阶段的判断，可以采取以下几种方法。

（1）销售趋势分析法

销售趋势分析法是用各个时期实际销售增长率的数据（$\Delta Y/\Delta X$）的动态分布曲线来划分各阶段。其中：ΔY表示销售量的增加量，ΔX表示时间的增加量。

当$\Delta Y/\Delta X$之值大于10%时，该产品处在成长期；当$\Delta Y/\Delta X$之值为0.1%～10%时，该产品处在成熟期；当$\Delta Y/\Delta X$之值小于0成为负数时，该产品属于衰退期。

（2）产品普及率分析法

产品普及率分析法即按人口平均普及率来分析产品市场生命周期所处的阶段。

人口平均普及率=社会拥有量/人口总数=社会拥有量/家庭户数

人口普及率15%以下为导入期，15%～50%为成长期，50%～80%为成熟期，超过80%为衰退期。

（3）同类产品类比法

同类产品类比法一般用于新产品的生命周期判断。对于一些新产品，由于没有销售资料，很难进行分析判断，此时，可以运用类似产品的历史资料进行比照分析。

（4）因素分析法

由于产品生命周期不同阶段的有关因素呈现不同特征，因而可以从各因素的特征来判断产品处在哪一个阶段，如表8.2所示。

表8.2　产品生命周期的因素分析

因　素	成长期	成熟期	衰退期
企业销售情况	递增	畅销	递减
竞争对手销售情况	稳定畅销	上升	减少
企业经营管理综合工作质量	上升	稳定	下降
比较同类产品的技术经济指标	近似或稍好	近似	落后

3. 产品生命周期不同阶段的营销策略

产品在生命周期不同阶段的市场占有率、销售额和利润是不同的，必须针对产品生命周期的不同特点，采取相应的、适当的营销组合策略，以便延长产品生命周期，获取更多利润。

（1）导入期营销策略

根据这一时期的特点，企业营销策略的重点，应使产品尽快地为消费者所接受，缩短产品的市场投入时间，突出“快”字。

① 产品策略。进行产品定型，完善产品性能，稳定产品质量，为产品进入成长期后

大批量生产做准备。

② 价格和促销策略。在导入期，产品的价格和促销费用对能否尽快打开产品销路有很大影响。

价格与促销费用依不同产品、面对市场不同，可以采取以下几种策略。

● 快取脂策略。快取脂策略，即高价高促销策略。该策略以高价配合大规模促销活动，先声夺人，占领市场，希望在竞争者尚未反应过来之前，就收回投资。采取这种策略，往往是该产品需求弹性小，市场规模大，并且潜在竞争较多。

● 慢取脂策略。慢取脂策略，即高价低促销策略。为早日收回投资，仍以高价问世，但为减少促销成本，只进行有限的促销活动。采取这种策略，往往是该产品需求弹性小，市场规模不大，竞争性小。

● 快渗透策略。快渗透策略，即低价高促销策略。它常使产品以最快的速度渗入市场，并为企业带来最大的市场占有率。实施这种策略，往往是该产品的市场容量相当大，消费者对产品不了解，且对价格反应十分敏感，潜在竞争比较激烈，必须抢在激烈竞争前使产品批量上市。

● 慢渗透策略。慢渗透策略，即低价低促销策略。低价格的目的在于促使市场尽快接受该产品，低促销费用的作用在于降低销售费用，增强竞争力。采用这一策略，往往市场容量较大，顾客对该项新产品的价格十分敏感，有相当多的潜在竞争者准备加入竞争行业。

③ 渠道策略。对于大多数新产品，企业一般采用比较短的分销渠道。

（2）成长期营销策略

针对这一时期的特点，企业的营销重点是怎样比竞争者提供更好的产品，怎样更好地满足消费者需要，突出“好”字。

① 产品策略。努力提高产品质量，增加花色、款式，改进包装，实行产品差异化策略。增强企业创名牌意识，树立产品独特形象。

② 价格策略。使产品价格保持在适当水平。这时若采用高价策略，会失去许多顾客；若采用低价策略，因产品已被广大消费者接受，企业将失去该得的利润。

③ 分销策略。完善分销渠道，扩大商业网点。

④ 促销策略。改变广告宣传的重点，把广告宣传的重心从介绍产品转到使广大购买者深信本企业的产品。

（3）成熟期营销策略

菲利普·科特勒根据成熟期产品销售量的变化情况，把成熟期分为三个阶段。第一阶段称“成长成熟期”，此时各销售渠道基本呈饱和状态，但总销售额继续缓慢增长，这是由于有少数新消费者进入该市场，但大部分仍属原有消费者重复购买所致。第二阶段为“稳定成熟期”，此时销售量趋于饱和，甚至开始下降，无新的消费者进入市场，原有消费者开始寻求和购买其他产品或替代产品。第三阶段为“滑坡成熟期”，此时销售增长率开始下滑，销售总量迅速下降，原有消费者的兴趣开始转向其他产品和替代产品。

在这一时期，企业应当采取进攻与防御并进的策略，营销重点是尽量延长成熟期时间，稳定市场占有率。

① 产品改进策略。又称为产品再推出策略，即将产品的性能、品质等予以明显改革，以便保持老用户、吸引新用户，从而延长成熟期，甚至再次进入导入期（即再次循环）。例如，电视机厂将普通电视机改为彩色、平面直角、带遥控数字化电视机，酿酒厂把普通玻璃装白酒改为做工考究的瓷瓶包装礼品酒，手机能上网等。此外，提供新的服务也是产品改进策略的重要内容。

② 市场改进策略。市场改进策略即指寻求新用户。市场开发可以通过下述三种方式实现。一是开发产品的新用途，寻找新用户。例如，我国第一拖拉机厂，过去生产的拖拉机只用于农业，20世纪80年代以后，在原来的机型上稍加改进，又生产出了筑路机械，这样为产品找到了新用户。二是刺激现有老用户，提高产品使用率。例如，某牙膏厂大力宣传“一日至少刷牙三次”。三是重新为产品定位，寻求新的买主。例如，某缝纫机厂将产品从竞争激烈的城市转向广大的农村，并实行薄利多销的低价策略，使销售量出现再循环。

③ 营销组合改进策略。这种策略是通过改变市场营销组合因素来延长产品的成熟期，例如，降价、开辟多种销售渠道、有奖销售等来刺激消费者购买。在这一策略中，最常用的是通过降低价格来吸引消费者，提高竞争能力。但采用此种策略的主要缺点是：容易被竞争者模仿而加剧竞争，又可能使销售费用增加而导致利润损失。

（4）衰退期营销策略

在衰退期，由于技术的进步，消费者需求偏好发生变化，或者由于激烈的竞争，导致生产过剩，使得销售额、利润下降。这时企业的营销重点是怎样有计划地转产，有计划地撤出市场。

一般来说，通常有以下几种策略可供选择。

① 继续策略。继续延用过去的策略，使用相同的销售渠道、定价及促销方式，直到这种产品完全退出市场为止。采用这种策略的企业，它的产品仍有盈利，在市场上竞争力较强，并且企业仍有其他处于成熟期的产品。

② 集中策略。即把企业的资源集中使用在最有利的细分市场及最有效的销售渠道和最易销售的品种、款式上。概言之，缩短战线，以最有利的局部市场赢得尽可能多的利润。

③ 收缩策略。大幅度降低促销水平，尽量减小销售和推销费用，以增加目前的利润。这样，可能导致产品在市场上的衰退加速，但又能从忠实于这种产品的顾客中得到利润。

④ 放弃策略。对于衰退比较迅速的产品，应当机立断，放弃经营。可以采取完全放弃的形式，如把产品完全转移出去或立即停止生产；也可以采取逐步放弃的方式，使其所占有的资源逐步转向其他产品。

要特别注意，产品是否进入衰退期应认真调查、分析和确认，要注意可能存在的一些假象。有时，由于宏观市场环境好转，或因调整完善原来的经营计划，又可使该产品复苏。例如，前些年，我国化肥产品过剩，不少企业纷纷转产，而某些企业保留了生产能力继续生产，产品销售量反而增加。因而，当产品进入衰退期时，企业应审时度势，选择最有利的策略。

技能训练 8-2

根据产品的生命周期制定营销策略

训练背景：产品生命周期各阶段的判断直接决定企业的营销策略，教师提供某个企业产品的相关资料，学生根据产品生命周期各阶段的特点分析产品的生命周期阶段，再根据产品生命周期各阶段的特点来制定营销策略。

训练要求：全班学生分成6个小组，学生分析时按如下过程进行：分析企业产品背景资料；明确产品生命周期各阶段；制定产品生命周期各阶段的营销策略。

4. 产品生命周期理论的意义

产品生命周期是现代市场营销学里一个重要概念，对企业制定营销策略具有指导意义，主要表现在如下几点。

（1）产品生命周期受技术进步、环境、管理和需求的影响

产品生命周期是一个抽象的概念，并不是一个很精确的概念，不同产品的生命周期长短各不相同，而且产品生命周期中各个阶段的时间长短也不一致，主要受到四个因素的影响。

① 技术进步因素的影响。如引进了更优良的新产品，是原产品的替代品，就会加速缩短原产品的生命周期。

② 环境因素的影响。例如，我国禁止生产和销售一次冲水量在9升以上的坐便器，加速了该产品生命周期的缩短。

③ 管理因素的影响。例如，企业是否愿意花钱开展促销活动，以延长产品生命周期。

④ 市场需求因素的影响。例如，消费者已经对某种产品不感兴趣了，就会加速缩短该产品的生命周期。

这四个因素中有一个因素发生变化，就会使产品生命周期发生改变。

（2）可以使用不同的营销策略来延长产品生命周期

每一种产品都有形式不同、时间不同的产品生命周期，这就为企业采取适当措施延长产品生命周期提供了依据。不同的企业可以根据市场上的实际情况，选择适合延长自身实际产品生命周期的策略，获取更多的经营利润。

（3）产品生命周期理论对企业的启示

① 企业必须持续地开发新产品，以便于企业长期生存，否则，原产品生命周期结束了，新产品还没有开发出来，企业就可能要垮台。

② 产品生命周期阶段不同，应采取不同的营销策略，使企业获取尽可能多的利润。

③ 企业在规划产品组合时必须考虑产品生命周期长短搭配，以免产品组合出现各个产品都在同一个时间达到衰退期的现象，使企业面临巨大的经营风险。

任务 8.3 制定产品组合策略

根据导入项目，分析海尔空调传统产品组合存在的问题及对市场的影响，根据以上产品规划确定新的产品组合策略。

一般情况下，企业经营不止一种产品，当企业经营多种产品时，就有产品组合问题。企业需要考虑应该经营多少产品，应该经营哪些产品，应该淘汰哪些产品，产品之间应该有怎样的关系。

1. 产品组合

产品组合是指某一特定销售商所能提供给消费者的一整套产品和项目。一个产品组合由多种产品线组成，每条产品线内包含若干个产品项目。

产品线是指一群相关的产品，这些产品可能有相似的功能，或是卖给同一顾客群，或是生产程序相同，或是通过相同的渠道销售，或是在同一价格范围内。至于应该使用什么准则作为划分产品线的标准，则应视各个标准在营销策略上的重要性而定。

产品项目是指某一特定品种、规格、型号、质量和价格的产品。产品项目是构成产品线和产品组合的基本元素。

企业产品组合一般包括以下三个维度。

（1）产品组合的广度

广度是指一个企业所拥有的产品线数目的多少。产品线越多，产品组合就越宽，反之就越窄。如某一电子公司有厨房制品产品线、电视机产品线、空调产品线等。一般情况下，大型企业产品线较多，产品组合的广度就较宽；小型企业或专业化企业产品线较少，产品组合的广度就较窄。

（2）产品组合的深度

深度是指一条产品线内有多少不同的产品项目。项目越多，产品线就越长，产品组合就越深，反之就越浅。如上面提到的厨房制品产品线，它有冰箱、果汁机、抽油烟机、煤气炉等产品项目。就某一类商品来说，小型企业或专业化企业经营的商品，规格比较齐全，产品组合的深度就较大。大型企业采用标准化大批量生产，品种规格较少，产品组合的深度就较小。

（3）产品组合的密度

密度是指产品线之间的关联程度。一条产品线的产品与另一条产品线的产品，它们的最终用途、生产条件、技术要领、分配路线越接近，互相联系越紧密，产品组合的密度就越大，反之就越小。

产品组合的广度、深度和密度，如图 8.2 所示。

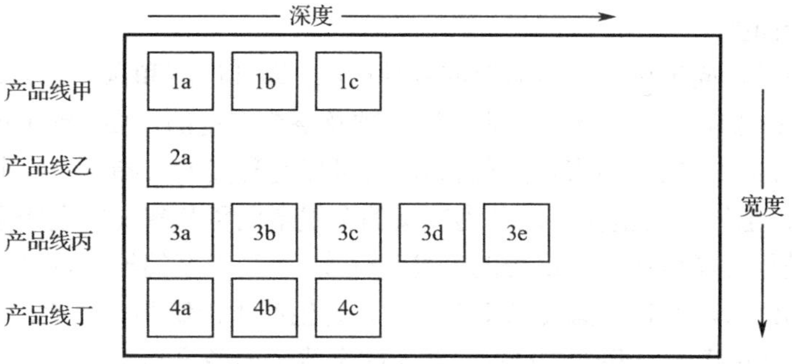

图8.2　产品组合的广度、深度和密度

2. 产品组合的扩大与缩小

（1）扩大产品组合

扩大产品组合又可称为多品种经营。由于科学技术的进步和市场需要的多样化，产品品种以惊人的速度向前发展。为了适应市场竞争的形势，企业必须采取多品种经营来增强自己的竞争能力。多品种经营可以充分利用企业的人力、物力和财力，提高经济效益，以便在市场变动、企业产品市场供求不平衡的情况下，充分利用企业的各种生产要素；同时，多品种经营还可以减小由于季节性、消费者需求变动而给企业带来的经营风险，从而增强企业的竞争能力。

但是，扩大产品组合要受三个条件的限制。

① 受企业所拥有的资源条件的限制。一个企业所拥有的资源总是有限的，而且企业总有自己的薄弱环节。因此，并不是经营任何产品都是可能的或有利的。

② 受市场需求情况的限制。企业只能扩展或加深具有良好成长机会的产品线。

③ 受竞争条件的限制。如果扩大的产品线遇到强大竞争对手，利润的不确定性很大，那么与其扩充产品线还不如加强原有的产品线。

（2）缩小产品组合

缩小产品组合是指淘汰一部分产品线和产品项目。换句话说，就是减少产品品种，采用标准化、大批量生产。大批量生产是现代化企业专业化协作的主要特点，生产企业如果为了加强专业化协作，进行大批量生产，从而减少产品品种，只生产单一或少数几种有关的产品，将会给企业带来可观的经济效益。组织少品种、大批量生产，其生产过程单纯而固定，可以采用高效率的工艺和设备，提高自动化程度，提高工时利用率，从而提高技术熟练程度，使劳动生产率大大提高和产量较大增加；同时，在产品定型以后，专业化生产使技术易于精益求精，生产的关键问题易得到控制与解决，包装等各方面都可以采用先进技术，提高产品质量；另外，专业化生产，品种单纯，可以使原材料消耗定额不断降低，零配件标准化程度提高，节省管理费用，从而降低生产成本。

3. 产品组合策略

产品组合策略是指企业根据自己的营销目标，对产品组合的广度、深度和密度进行的最优组合决策。

常用的产品组合策略有以下五种。

（1）全线全面型

全线全面型是指向市场提供所需要的各种产品，即其广度和深度都大、密度可大可小的组合。采用这种策略的条件就是企业有能力顾及整个市场的需要。整个市场的含义可以是广义的（指不同行业的产品市场的总和），也可以是狭义的（指某个行业的各个市场面的总和）。这样，全线全面型就可以分为广义的全线全面型和狭义的全线全面型。广义的全线全面型就是尽可能增加产品组合的广度和深度，不受密度的约束，即广度和深度都大，但密度小的产品组合。如有一家食品工业公司，它生产番茄制品、油漆、打火机、金属器皿、玻璃容器等互相毫无关联性的产品。狭义的全线全面型是指提供在一个行业内所必需的全部产品，也就是产品线之间具有密切的关联性，其广度和深度较大，密度亦大的产品组合。如电气公司，产品线很多，但都与电气有关。

（2）市场专业型

市场专业型是指向某个专业市场提供所需要的各种产品，也就是其广度和深度都较大，但密度较小的产品组合。例如，以建筑业为产品市场的工程机械公司，其产品组合就应该由推土机、翻斗车、挖掘机、起重机、水泥搅拌机、压路机、载重卡车等产品线所组成。再如旅游公司，其产品组合就应该考虑旅游者所需要的一切产品或服务，如住宿服务、饮食服务、交通服务，以及纪念品、照相器材、文娱用品等。这种产品组合并不考虑各产品线之间的关联程度。

（3）几条产品线专业型

几条产品线专业型是指企业专注于某类产品的生产，即广度和深度较小，但密度大的产品组合。如某汽车制造厂，其产品都是汽车，但根据不同的市场需要，设立小轿车、大客车和运货卡车三条产品线以适合家庭用户、团体用户和工业用户的需要。

（4）一条产品线专业型

一条产品线专业型是指企业根据自己的专长，集中经营单一的产品线，即广度最小、深度一般的产品组合。如有的汽车制造厂专门生产作为个人交通工具的小汽车，不生产大客车、运货卡车以及其他用途的汽车。

（5）特殊产品专业型

特殊产品专业型是指企业根据自己的专长，生产某些特殊的产品项目，这些产品项目一般是企业根据自己特殊的生产条件，设计制造的能够满足消费者特殊需要的产品，如小工艺品。建立这种产品线，一般来说市场竞争威胁较小，生产经营环境比较稳定。

任务8.4 制定新产品开发策略

根据导入项目，确定海尔空调产品的开发意义及新产品开发的类型，策划新产品的开发计划，并且为开发新产品建立系统的新产品开发程序。

产品生命周期理论告诉我们，当今社会随着科学技术和经济的迅速发展，产品生命周期越来越短，产品更新换代也越来越快。这种现实迫使企业必须不断地开发新产品，以维持企业的可持续发展。

1. 新产品概述

（1）新产品的概念

从市场营销的角度来看，新产品是一个相当广泛的概念。既指绝对的新产品，又指相对的新产品；既可以对市场而言，又可以对企业而言。也就是说，只要是产品整体概念中任何一个要素的创新、变革或改造，都可以被理解为新产品。因此，这里所说的“新产品”的概念，包括原有产品的改进、产品改型和全新的创新产品，它们都是企业通过研究开发而发展起来的产品。

【小资料8-2】

日本钟表业的崛起

瑞士是世界钟表王国，钟表业已经有几百年的历史，以生产技术精湛闻名于世。但20世纪70年代，日本钟表业靠采用新技术，发展高精度石英表，一度取代了“钟表王国”瑞士在世界市场的领先地位。

（2）新产品的分类

按产品研究开发过程，新产品分为全新产品、改进型产品、换代新产品、仿制新产品、市场再定位型新产品和降低成本型新产品。

① 全新产品。全新产品指采用新原理、新技术、新材料，具有新结构、新功能的产品。这种新产品在全世界首先开发，能开创全新的市场，如计算机、摄像机、空调等产品最初上市时都属全新产品。全新产品的开发难度大，市场风险也大。

② 改进型产品。改进型产品即在原有老产品基础上进行改进，从而在结构、功能、品质、花色、款式及包装上具有新特点、新突破的产品。改进后的新产品能更好地满足消费者不断变化的需要。如环保、节能冰箱就是对传统冰箱的改进。在原有基础上对老产品进行改进，有利于消费者迅速接受，且开发资金少，失败的可能性相对小。

③ 换代新产品。换代新产品是指在原有老产品的基础上部分采用新结构、新材料、新技术，使其性能有显著提高的产品。如黑白电视机发展到彩色电视机，又发展到数字电视机。

④ 仿制新产品。即企业仿制国内外已经研制生产出来的新产品。在新产品开发中，合法的仿制是不可能排除的。开发仿制新产品一般投入少、风险小，但对本企业也是一种突破。

⑤ 市场再定位型新产品。即以新的市场为目标市场的现有产品。如强生公司将婴儿洗发水重新定位，推向成人市场并取得了成功。

⑥ 降低成本型新产品。即以较低的成本提供同样性能的新产品。企业利用新技术、改进生产工艺或提高劳动生产率来降低原有产品的成本，但保持原有产品功能不变。

2. 新产品开发程序

在买方市场的条件下，企业要保持强盛的市场生命力和活力，就必须具有创新能力，特别是新产品开发能力。产品生命周期理论要求企业不断开发新产品；市场需求的变化要求企业不断开发新产品；科学技术的发展推动着企业不断开发新产品；市场竞争的加剧迫使企业不断开发新产品。但是创造和开发新产品不是容易的事，其风险大，失败率高，加上主观和客观上的诸多原因，使新产品创造和开发过程中有许多困难。要降低新产品开发中的风险，使创造和开发工作顺利、成功，就必须运用创新理论，坚持科学程序。新产品开发程序如图8.3所示，主要包括8个阶段。

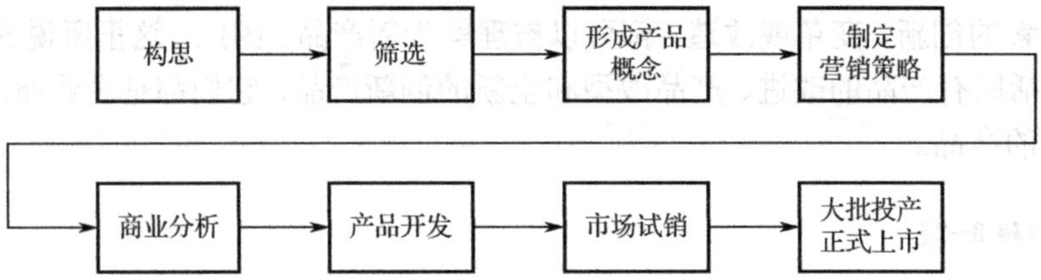

图8.3 新产品开发程序

（1）创意形成（构思）

新产品开发始于创意形成，即系统化地搜寻新产品。最近对产品经理的一次调查发现，100个新产品创意中，有39个能开始产品开发程序，17个能通过开发程序，8个能真正进入市场，只有1个能最终实现商业目标。对新产品创意的搜寻必须系统地进行，而不能偶然任意化。否则，尽管企业会发现许多创意，但绝大多数与企业所在的行业不对口。企业高层管理机构可通过审慎地定义新产品开发战略来避免这种错误。新产品创意的主要来源包括内部来源、顾客、竞争对手、销售商和供应商及其他。

① 企业内部。许多新产品创意来自企业内部。企业可通过正规的调研活动找到新创意，还可撷取科学家、工程师和制造人员的智慧。还有，企业的高级管理人员也会突发灵感，想出一些新产品创意。企业销售人员是另一个好来源，因为他们每天都与顾客接触。丰田公司声称其职员每年提出200万项创意，每个职员大约有35条建议，而且其中的85%得到了贯彻执行。

② 顾客。好的新产品创意还来自对顾客的观察和聆听。企业可通过调查或集中座谈了解顾客的需要和欲望。通过分析顾客提问和投诉能发现更好地解决消费者问题的新产品。通用电气公司电视产品部门的设计工程师就是通过与最终消费者会谈的方式来得到新的家用电器产品创意的。

③ 竞争对手。竞争对手是新产品创意的又一好来源。企业观察竞争对手的广告以及其他信息，从而获取新产品的线索。它们购买竞争对手的新产品，把产品拆开，观察产品是怎样动作的，分析产品的销售，最后决定企业是否应该研制出一种自己的新产品。例如，早年间，福特公司在设计其高度成功的捷豹牌汽车时，拆看了50多种竞争品牌的汽车，一层一层地寻找可以复制或改善的地方。捷豹采用了奥迪的加速器踏板“触角”，丰田Supra车型的油耗表，宝马528e轮胎和千斤顶储存系统以及其他400种类似优点。福特公司在1992年重新设计美洲虎汽车时采用了同样的方法。

④ 销售商和供应商及其他。销售商和供应商也会有许多好的新产品创意。销售商接近市场，能够传递有关需要处理的消费者问题以及新产品可能性的信息。供应商能够告诉企业可用来开发新产品的概念、技术和物资。其他创意来源包括行业杂志、展览和研讨会，新产品顾问，广告代理机构，市场营销调查公司，大学和商业实验室，发明人等。

（2）创意筛选

创意形成阶段创造了大量的新产品开发创意。接下来几个阶段的目的是减少创意的数量。第一个创意减少阶段是创意筛选。筛选的目的是尽可能快地找到好创意，放弃坏创意。由于在后面几个阶段产品开发的成本将会飞涨，所以，企业必须采用能转变成营利性产品的创意。

绝大多数企业要求管理人员用标准的格式写出新产品创意，以便提交给新产品委员会审阅。该书面报告描述产品、目标市场及竞争情况，并对市场规模、产品价格、开发时间和成本、制造成本和回收率做出一些初步估计。接着，委员会将针对一些通用标准对创意做出评价。例如，产品对消费者和社会真正有用吗？对本公司有没有好处？是否符合公司的目标和战略？我们有成功实行这个创意所需的人员、技术和资源吗？它提供给顾客的价值是否多于竞争对手的产品？广告和销售是否容易？许多企业都有设计得很好的系统来评定和筛选新产品构思。

（3）概念的形成和测试

一个有吸引力的构思必须发展成为一个产品概念。区分产品创意、产品概念和产品形象是一件很重要的事情。产品创意是指企业可以考虑向市场提供的一种可能产品的主意；产品概念是指用有意义的消费者术语对构思的详尽描述；产品形象是指消费者观察实际产品的方式。

① 概念形成。假设通用汽车公司试图正式上市它的实验电动汽车。这种汽车的时速为每小时 80 千米，在再次充电之前可行驶 90 千米。通用汽车公司估计这种电动汽车的使用成本大约为普通汽车的一半。通用汽车公司的任务是把这种新产品演变成可供选择的产品概念，找到每种概念对顾客的吸引程度，并选择最佳的一个。

通用汽车公司可为电动汽车设立以下几种产品概念。

- 概念 1：不昂贵的超小型汽车，作为在镇上使用的第二类家庭汽车。该车是理想的代步和访友工具。
- 概念 2：中等价格、中等型号的汽车，作为各种用途的家庭汽车。
- 概念 3：中等价格的运动小型车，用来吸引年轻人。
- 概念 4：不昂贵的超小型汽车，用来吸引认真谨慎的人，这些人要求基本的交通功能、低燃料成本和低污染。

② 概念测试。概念测试是指用几组目标消费者来测试新产品概念。新产品概念可用符号或实物的形象提供给消费者。

以概念 1 为例：一种效率高，驾驶起来有趣，而且利用电能的 4 座超小型汽车，是去商店购物和访友的最佳工具。使用成本仅为汽油汽车的一半，时速却可以达到每小时 80 千米，并且可以连续行驶 90 千米之后再充电。全套设备的总价格为 1.8 万美元。

对某些概念测试来讲，一句话或一幅图便可能足够了。但是，对概念更具体、形象的阐述会增加概念测试的可信度。今天，营销人员正在寻找新办法，使产品概念更接近于概念测试标的。

在知道产品概念之后，通过消费者对表 8.3 中问题做出的回答，来看他们对产品概念做何反应。消费者的回答将帮助企业决定哪个概念有最强的吸引力。例如，最后一个问题是问消费者的购买意图。假设有 10%的消费者“肯定”会买，而 59%的消费者说“可能会买”，那么，企业就会把这些数据摊到目标消费群的总人口上，从而估计出销售量。到此时为止，这项估计还是不确定的，因为人们并不总是实践他们的意图。

表 8.3　电动汽车概念测试题

1．你理解电动汽车的概念吗？
2．你相信关于电动汽车性能的说法吗？
3．与传统汽车相比，电动汽车有什么主要益处？
4．在汽车特色方面，你会建议做哪些改进？
5．因为什么用途使你喜欢电动汽车甚于喜欢传统汽车？
6．电动汽车的合理价格应为多少？
7．谁会参与你买这种车的决定？谁会驾驶这种车？
8．你会买这种车吗？（肯定买、可能买、可能不买、肯定不买）

（4）市场营销策略的制定

假设通用汽车公司发现电动汽车概念 1 的测试结果最好，下一步是营销策略设计，即为把这种汽车推向市场而设计出最初的市场营销策略报告书。

营销策略报告书由以下三部分组成。

① 第一部分描述目标市场、计划中的产品定位，以及在开始几年内的销售额、市场份额和利润目标。因此，目标市场是那些需要第二辆车来采购、代步或访友的家庭。这种车的市场定位是：比目前市场上的小汽车价格低廉，使用经济，驾驶有趣。第一年公司预计销售 20 万辆，亏损不超过 3000 万美元。第二年，公司预计销售 22 万辆，盈利 5000 万美元。

② 第二部分概述产品第一年的计划价格、销售及营销预算。电动汽车有三种颜色，并有空调和动力驱动装置可供选择。零售价为每辆 1.8 万美元，经销商可享受 15%的折扣。经销商月销售量在 10 辆以上者，该月内每销售一辆便可享受 5%的附加折扣。广告预算为 2000 万美元，其中一半用于全国广告，另一半用于当地广告。广告的重点是电动汽车的经济和有趣。另外，第一年要用 10 万美元进行市场调研，从而找到是谁在买汽车，并且测定他们的满意程度。

③ 第三部分是描述预计的长期销售额、利润目标及营销组合策略。通用汽车公司想取得整个汽车市场 3%的长期份额，并实现 15%的税后投资收益率。为了实现这一目标，产品质量起点应高，并且要不断改进。如果竞争允许，那么，第二年和第三年应提高价格。广告总预算每年应提高约 10%。第一年之后市场营销调研费用将减至每年 6 万美元。

（5）商业分析

管理部门一旦对产品概念及营销策略做出了决策，那么，接下来便可以估计这项建议的商业吸引力了。商业分析是指考察新产品的预计销售、成本和利润，以便查明它们是否满足企业的目标。如果满足，那么，产品就能进入开发阶段了。

为了估计销售量，企业应研究类似产品的销售历史，并对市场意见进行调查。企业应估计最大和最小销售量以估量出风险大小。在预计好销售量之后，管理部门可为产品估计期望成本和利润，包括市场营销、市场研究与开发、制造以及财务成本。接着，企业便可用这些销售和成本数据来分析新产品的财务吸引力。

（6）产品开发

到此时为止，就许多新产品概念而言，产品还只是一个口头描述、一幅图画，或者是一个粗糙的模型。如果产品概念通过了商业测验，那么，就可以进入产品开发阶段。在此，市场研究与开发或者工程部门可以把市场概念发展成实体产品。但是，产品开发步骤现在要求加大投资。这一步骤将揭示产品构思能否被转变成实际有效的产品。

产品研究与开发部门开发并测试一个或多个产品概念实体形式。研究与开发部门希望设计出一个能满足和刺激消费者，并且生产起来快，不超过预算成本的样品。设计一个成功的样品需要几天、几周、几个月甚至几年。产品通常要通过严格的性能测试，以便确信产品安全有效。

（7）市场试销

如果产品通过了性能及消费者测试，那么，接下来的一步便是市场试销了。在这一阶段，产品及营销方案被放大到更加逼真的市场环境中去。市场试销使营销商在进行大笔投资、全面推广产品之前通过营销产品获得经验。它允许企业测试产品和整个营销方案——市场定位战略、广告、销售、定价、品牌和包装、预算标准等。

市场试销所需数量根据每种新产品的不同而不同。市场试销的成本可能会很大，而且市场试销花费时间，这会使竞争对手获取优势。当开发和推出产品的成本很低时，或者当管理部门对一种新产品很有信心时，企业可能很少或根本不进行市场试销。企业也可以不试销简单的产品系列扩展或者竞争对手成功产品的复制品。例如，宝洁公司的福尔吉咖啡就没有进行市场试销。但是，当推出一种新产品需要很大的投资时，或者当管理部门不能确信产品或营销方案时，企业可进行大量的市场试销。例如，联合利华（美国）公司在把它的成功产品“利华 2000”条形肥皂向全世界推广之前，曾在亚特兰大试销了 2 年。虽然市场试销的成本可能会很高，但是，与出现错误造成的损失相比却算不了什么。

（8）正式上市

市场试销为管理部门提供所需信息以便做出最终决策：是否要推出新产品？如果企业进一步让产品正式上市，即把新产品推向市场，那么，企业将面临很高的成本。企业将不得不建造或租用生产设施。而且，以一个新的消费品为例，企业在第一年将不得不为之花费 1000 万～1 亿美元的广告和促销费用。

设立新产品的企业首先必须决定推出时机。如果电动汽车会影响公司其他汽车的销售量，那么，该电动汽车的推出时间将会延迟。如果电动汽车还可进一步改进，或者发生经济衰退，那么，公司可能会等到下一年再推出。

接下来，企业必须决定在哪里推出新产品，是在单一的地点，还是在一个地区；是面向全国市场还是国际市场。很少企业会有信心、资本和能力将产品推向全国或国际性销售渠道。企业一般都进行有计划的市场扩展。小企业会选择有吸引力的城市或地区，一次只进入一个。而大一些的企业会迅速地把新产品推向几个地区或全国市场。

【小案例 8-2】

四方伟业携7项大数据产品及成功项目案例亮相2018年数博会

2018年5月26日至29日，2018中国国际大数据产业博览会（以下简称“数博会”）在贵阳举行。致力于为客户提供具有竞争力的大数据产品的四方伟业，受邀参加了此次数博会。在现场，其围绕企业7项大数据产品和成功项目案例设置了两个展位，展示企业在大数据技术方面的实力和成绩。

作为领先的大数据技术和人工智能服务提供商，四方伟业积极响应国家大数据战略号召，把握大数据发展机遇，以“核心科技、自主可控”为理念，自主研发了一批具有创新性的大数据产品，造福世界各国人民。

在数博会3204号展位上，四方伟业展出了7大优势产品，主要包括数据融合平台（SDC ETL）、存储计算平台（SDC Hadoop）、数据治理平台（SDC Govern）、商业智能平台（SDC BE）、人工智能平台（SDC Miner）、可视化设计平台（SDC UE）以及3D可视化平台（SDC ME）。产品覆盖大数据基础、大数据分析和大数据可视化，形成了大数据全技术生态链，能够为客户搭建一体化的大数据平台，帮助其在大数据时代持续保持竞争力和创新力。

值得关注的是，四方伟业展出的SDC ME，兼具创新性、艺术性和实用性的特点。产品创新使用了全景3D视角和虚拟现实技术，能够通过较为美观的可视化图表完整还原事件场景，帮助用户观察和分析大数据动态信息，实时掌握信息变化趋势。同时，此款产品的交互操作较为简单便捷和灵活，用户在短时间内即可学会。凭借在大数据技术上的深挖掘，四方伟业提供的大数据产品能让用户通过简单操作，便能高效准确完成工作。

资料来源：根据网络资料整理

【分析提示】

四方伟业新产品的成功在于其设计与开发的要素，任选四方伟业推出的一款新产品，具体分析以上要素。

任务8.5 制定产品品牌策略

根据导入项目，对海尔空调品牌进行产品品牌的定位，要求提交品牌定位方案。

品牌（Brand）是产品管理中的重要方面，品牌既提供了顾客识别产品的手段与方法，也是企业赢得竞争的重要营销工具，由此，品牌已成为资本和经济中的“原子核”。

1. 品牌的概念

美国市场营销协会把品牌定义为：品牌是一种名称、术语、标记、符号或是一个设计，或是它们的组合运用，其目的是借以辨认某个或某群销售者的产品或服务，并使之同竞争对手的产品或服务区别开来。

品牌的概念包括两个基本含义：一是品牌由各种可作为标识物的东西组成，如名称、符号、图案等；二是品牌的主要意义或基本作用是标记在产品上用于辨别经营者是谁。由此可知，品牌就是产品标识物的一个总称，用来使顾客能够辨识产品的生产和经销者是谁。品牌的拥有者（所有人）通常称为品牌主。他可能是一个营销者，也可能是若干个营销者（当品牌共有时）。

品牌主要包括品牌名称、品牌标志和品牌角色。

（1）品牌名称

品牌名称是指品牌中可以用语言称呼的部分，也称“品名”，如“可口可乐”“娃哈哈”。现在一般所有的品牌都有品牌名称，这不仅仅是因为品牌要与竞争者产品相区别，而且要宣传、树立品牌形象，所以品牌名称必不可少。

（2）品牌标志

品牌标志也称“品标”，是指品牌中可以被认知、易于记忆但不能用言语称呼的部分，通常由图案、符号或特殊颜色等构成。

（3）品牌角色

品牌角色是用人或拟人化的标识来代表品牌的方式，如海尔兄弟、米老鼠、康师傅。不过，不一定每一个品牌都有品牌角色。

2. 品牌的功能

（1）识别功能

即把品牌作为区分的标志，这是一个品牌最基本的条件。品牌命名、设计、包装等可以突出品牌的个性，经注册的品牌同时还受法律的保护成为享有专用权的商标。此外，品牌所提供的识别功能不仅仅依靠它的标志或名称，更依赖它提供的核心价值。

（2）信息浓缩功能

即把品牌作为沟通的代码。品牌把各种象征符号合并到一起，最终使消费者在众多产品类别信息中搜索出特定产品的信息，实现购买行为。

（3）安全功能

即把品牌作为承诺和保证。以品牌提供的特征和利益为基础，满足消费者的需要和欲求，谋求与消费者建立长久的、强劲的关系，博得他们长期的偏好与忠诚。

（4）价值功能

即品牌作为一种无形资产的作用。品牌能提供给顾客比一般产品更多的价值或利益——功能和情感性利益，它产生于品牌与消费者的关系之中。顾客对品牌的忠诚说明品牌之中包含了产品功能价值外的其他无形价值——它能让企业获得一系列竞争优势，比如，消费者愿意为购买品牌而支付更多的钱，让企业能够抵御恶劣的市场环境、赢得分销渠道等。

3. 品牌的作用

（1）对消费者的作用

① 品牌有助于消费者选购商品。品牌帮助消费者迅速找到他们需要的产品。品牌缩短了消费者选择、比较产品的时间，便于消费者购买。品牌代表一定的产品，显示了该产品的质量和特色，如消费者购买电视机，只需要在消费者熟悉和信任的品牌中进行选择。经常购买同一种品牌的消费者知道他们每次都会买到相同质量的产品。

② 品牌有利于维护消费者的利益。由于品牌实质上代表着销售者对交付给消费者的产品特征和利益等承诺，所以营销企业为了适应消费者需求变化，适应市场竞争的客观要求，必然会不断更新或创新新产品，以及改进或增加承诺。这是厂商的选择，也是消费者的期望。与此同时，品牌还便于有关部门对产品质量进行监督，质量出了问题也便于追查责任。现在许多发达国家绝大多数产品甚至水果、蔬菜等食品必须有商标，否则不准上市。我国《商标法》第六条规定："法律、行政法规规定必须使用注册商标的商品，必须申请商标注册，未经核准注册的，不得在市场销售。"可见，迫于市场的外部压力和企业积极主动迎接挑战的动力，品牌最终会带给消费者更多的利益。

（2）对企业的作用

① 品牌有助于促进产品销售，树立企业形象。品牌以其简洁、明快、易读易记的特征而成为消费者记忆产品质量、产品特征的标志，也正因为如此，品牌成为促销的重要基础。借助品牌，消费者了解品牌标识下的商品；借助品牌，消费者记住了品牌及商品，也记住了企业；借助品牌，即使产品不断更新换代，消费者也会因为对品牌自身的信任，而产生新的购买欲望；在信任品牌的同时，企业的社会形象、市场信誉得以确立，并随着品牌忠诚度的提高而提高。

② 品牌有助于培养顾客忠诚度，增加企业利润。美国有人做过一个试验，把几种牌子的啤酒分别倒在相同的杯子里，请各品牌的忠诚者们进行鉴别，结果很少有人能准确地品尝出他所偏好的品牌。由此可见，品牌具有一种心理作用，可以在消费者中树立形象，取得好感，从而稳定和扩大销售。

③ 品牌有助于保护企业的合法利益。商品质量良好的品牌是企业的"无形财富"，能够给企业树立信誉，带来一定的经济效益。品牌注册后获得商标专用权，其他任何未经许可的企业和个人都不得仿冒侵权，从而为保护品牌所有者的合法权益奠定了基础。

④ 品牌有助于市场细分和定位。企业按不同细分市场的需求，建立不同的品牌，以不同的品牌分别投入不同的细分市场。如宝洁公司就有"沙宣""海飞丝""飘柔"等多种洗发水品牌，而不是针对全体消费者只出一种品牌。

⑤ 品牌有助于企业实施网络营销。随着互联网的发展，网上商品极为丰富，消费者对商品的选择更加依赖于品牌。只有具有良好品牌形象的商品，消费者才会在网上查询、了解，进而购买。

4. 品牌价值

在今天，品牌已经成为企业的一种战略资产——品牌资产，它在市场竞争中发挥着巨大的威力。品牌资产的货币表现被称为品牌价值（brand value），它是对品牌作为一种资产和一种权益的价值量化，是通过专业评估、测算出来的某一品牌的全部有形资产和无形资产价值的总和。

【小案例 8-3】

“2018 年中国 500 最具价值品牌”出炉，41 个品牌价值超 1000 亿元

由世界品牌实验室（World Brand Lab）主办的第十五届“世界品牌大会”于 2018 年 6 月在北京举行，会上发布了《2018 年中国 500 最具价值品牌分析报告》。在这份基于财务数据、品牌强度和消费者行为分析的年度报告中，国家电网以 4 065.69 亿元的品牌价值荣登本年度最具价值品牌榜首。占据榜单前五名的还有腾讯（4 028.45 亿元）、海尔（3 502.78 亿元）、工商银行（3 345.61 亿元）、中国人寿（3 253.72 亿元），这些品牌已经迈进世界级品牌阵营。报告显示，2018 年度“中国 500 最具价值品牌”的总价值为 184 459.11 亿元，比去年增加 28 879.05 亿元，增加幅度为 18.56%。本年度共有 41 个中国品牌的价值超过 1 000 亿元，比去年增加了 1 个。其中品牌价值在 3 000 亿元以上的品牌有 6 个；品牌价值在 2 000 亿元至 3 000 亿元之间的有 9 个；品牌价值在 1 000 亿元至 2 000 亿元之间的有 26 个。

资料来源：http://baijiahao.baidu.com/s?id=1603793404945929799&wfr=spider&for=pc.

【分析提示】

在全球化不断推进的今天，中国品牌已经成为世界经济不可或缺的重要力量。

5. 品牌策略

品牌策略是企业营销管理的重要方面，是指企业通过品牌形象的塑造，提高企业产品竞争力的策略。品牌策略也称广义的名牌策略，就是企业通过创立市场名牌，提高产品和企业的知名度，靠名牌来开拓市场，增大市场份额，提高产品的市场占有率。

品牌策略一般有以下几种。

（1）品牌化策略

这是指企业的营销部门给其销售的产品确定相应的品牌。是否需要命名品牌，这是企业营销部门首先要考虑的问题。

历史上的产品大都没有品牌，但商品经济发达的今天，绝大部分产品都确定了品牌，这是因为品牌化虽然可能会使企业增加部分成本，但却能给企业带来诸多好处。

① 通过品牌树立企业形象，促进企业产品信息迅速传播，以吸引众多品牌忠诚者。

② 声誉良好的品牌能给企业带来较好的收益，名牌产品的销售价格往往较一般同类产品高，且名牌本身就具有相当的价值。

③ 注册商标可以使企业产品得到法律保护，防止产品被模仿和抄袭，以保持企业产品的差异性。

不过，由于品牌的使用特别是名牌的创立需要花费不少费用，有的企业也采用非品牌化策略。这主要是节约品牌包装等费用，使产品以较低价格出售。价格低使产品具有相当的竞争力，成本低则使企业能保证一定的利润。

（2）品牌所有权策略

生产企业如果决定给一个产品加上品牌，通常会面临三种品牌所有权选择：

① 生产商自己的品牌；

② 销售商的品牌；

③ 租用第三者的品牌。

一般地说，生产商都拥有自己的品牌，他们在生产经营过程中确立了自己的品牌，有的更被培养成为名牌。但是，20世纪90年代开始，国外一些大型的零售商和批发商也在致力于开发他们自己的品牌。这主要是因为这些销售商希望借此取得在产品销售上的自主权，摆脱生产商的控制，压缩进货成本，自主定价，以获取较高的利润。此外，也有一些生产商利用现有著名品牌对消费者的吸引力，采取租用著名品牌的形式来销售自己的产品，特别是在企业推出新产品或打入新市场时，这种策略更具成效。

（3）家族品牌策略，决定使用自己品牌的企业，还面临着进一步的品牌策略选择。

① 统一品牌策略，指企业决定其所有的产品使用同一个品牌。这样可使企业节省品牌设计、广告宣传等费用，有利于企业利用原有的品牌声誉，使新产品顺利进入市场。但统一品牌策略具有一定的风险，如果其中某一种产品营销失败，可能会影响整个企业的声誉，涉及其他产品的营销。

② 个别品牌策略，指企业决定其不同的产品采用不同的品牌。这样可以分散产品营销的市场风险，避免某种产品失败所带来的影响；也有利于企业发展不同档次的产品，满足不同层次消费者的需要。但使用个别品牌策略，企业要增加品牌设计和品牌销售方面的投入。

注意：个别品牌也可以是相同的产品采用不同的品牌。

③ 品牌延伸策略，指企业利用已成功的品牌来推出改良产品或新产品。那些著名的品牌可以使新产品容易被识别，得到消费者的认同，企业则可以节省下有关的新产品促销费用。如金利来从领带开始，然后扩展到衬衣、皮具等领域；娃哈哈集团从儿童营养液扩展到纯净水、营养八宝粥、AD钙奶等产品。但这种策略也有一定的风险，容易因新产品的失败而损害原有品牌在消费者心目中的印象。因此，这一策略多适用于推出同一性质的产品。

④ 多品牌策略，指企业决定对同一类产品使用两个或两个以上的品牌名称。这是由美国P&G公司首创的。这样可以抢占更多的货架面积，扩大产品的销售，争取那些忠诚度不高的品牌转换者，同时也能占领更多的细分市场。如与P&G公司合资的广州宝洁公司就是实行这种策略的典型，它拥有海飞丝、飘柔、潘婷、沙宣等洗发水品牌。多种品牌还可以加强企业内部的竞争机制，提高经济效益。

此外，在国际营销中，由于国家、民族、宗教信仰等的不同，为了避免品牌命名不当而引起市场抵触，适应不同市场的消费习惯，多品牌也是一种适用策略。

（4）品牌更新策略

企业确立一个品牌，特别是著名品牌，需要花费不少费用。因此，一个品牌一旦确定，不宜轻易更改。但有时，企业也不得不对其品牌进行修改，导致这种情况的原因有：原品牌产品出问题，倒了牌子；原品牌市场位置遇到强有力竞争，市场占有率下降；消费者的品牌偏好转移；原品牌陈旧过时，与产品的新特点或市场的变化不相符等。

品牌更新通常有以下两种选择。

① 全部更新，即企业重新设计全新的品牌，抛弃原品牌。这种方法能充分显示企业的新特色，但花费及风险均较大。

② 部分更新，即在原品牌基础上进行部分改进。这样既可以保留原品牌的影响力，又能纠正原品牌设计的不足。特别是在CIS导入企业管理后，很多企业在保留品牌名称的基础上对品牌标记、商标设计等进行改进，既保证了品牌名称的一致性，又使新的标记更引人入胜，取得了良好的营销效果。

（5）名牌策略

著名品牌，通常称为名牌，是指那些具有很高的知名度、良好的质量和服务、深受广大消费者喜爱、能给企业带来巨大经济利益的品牌。名牌的创立并非易事，不是一朝一夕所能达成的。中国企业的名牌道路，可以说是任重而道远。综观世界上著名品牌的创立、发展过程，或许可以给我国企业的名牌之路一些借鉴。

从当前来说，我国企业名牌的创立、发展和保护过程中，需要注意以下一些问题。

① 企业首先要有名牌意识。应当知道，著名品牌不是吹出来的，它首先需要有坚实的基础，即可靠的质量、先进的技术、有效的管理、高素质的人员等。有了这些基础，再加上恰到好处的运作，经过长时间的努力，才有可能创造出一个名牌。仅靠大量的广告宣传，通过"密集轰炸"，期望在短期内创造名牌，这种想法是不足取的。因此，企业应明了创立名牌的长远性、艰巨性，克服短期行为。同时，还应当认识到，名牌是精品，但并不等于高价品，名牌不是因高档、名贵而成为名牌，而是靠消费者的喜爱和市场占有率形成的。

② 积极参与国际竞争。名牌是市场竞争的产物，能在国际竞争中战胜众多对手，脱颖而出，能被世界各国市场都予以承认，这才是名牌创立的最高境界——世界名牌。要达到这一目标，企业规模是一个非常重要的因素；同时，必须适应国际潮流，如当前的"品牌个性化""绿色品牌"等。

③ 要发展自己的名牌。到目前为止，为数不少的企业基于纯经济利益或其他各方面的考虑，把自己多年奋斗创立起来的品牌拱手相让或低价出售，国有名牌成了别人的"垫脚石"。如原广州肥皂厂的"洁花"品牌曾经是全国知名品牌，1988年广州肥皂厂与外商合资成立了广州宝洁洗涤用品公司，中方把"洁花"作价500万元投入合资公司。但"洁花"进入宝洁后就被打入冷宫，而宝洁全力推出由美国P&G公司提供的"海飞丝""飘柔"等牌子，每年投入上亿元的宣传费，把原来国人完全不知道的美国商标变成了知名商标，原来的国有知名商标"洁花"反而无人知晓了。因此，企业应大力发展自己的名牌，否则，名牌再好，控制权在别人手里，企业就只能永远处于从属和被分割的地位。

④ 加强对名牌的保护。由于名牌拥有巨大的经济效益，是一种无形资产，因此，无论是国外还是国内，某一品牌产品只要稍有名气，往往容易被仿冒。根据国内外的经验，保护名牌应从以下两方面着手。

- 寻求法律保护。保护名牌的一个最有效、最直接的方法就是利用现有的法律，其中与名牌关系最密切的法律就是《商标法》。
- 加强自我保护。企业利用法律保护有一定的局限性。很多世界名牌是靠其独特的技术才得以延续的，因此，有的企业为了保持技术上的优势，对关键技术严格保密。如可口可乐就是靠其独特的配方而百年雄踞饮料业之首的。

当然，创立和保护名牌不是企业能独自完成的，还需要政府的大力扶持和帮助。

技能训练 8-3

设计大学生求职服装的品牌设计方案

训练背景：某学院服装系与商贸系为培养学生的服装设计及贸易能力，特成立校内服装贸易模拟公司。该公司现针对大学毕业生的求职服装进行开发与设计，并开始生产，准备推广到市场。现向经济贸易系学习市场营销课程的学生征集该求职服装的品牌设计方案。

训练要求：每名学生设计一份方案，设计中要把握如下要点：品牌定位分析；品牌创新分析；品牌设计思路；品牌设计方案。设计完后集中到课堂上进行交流。

任务 8.6 制定产品包装策略

根据导入项目，确定海尔空调品牌产品包装的设计方法，要求提交包装设计方案。

1. 包装的概述

（1）包装的含义

包装是指对某一品牌商品设计并制作容器或包扎物的一系列活动。

包装有两个层次的含义：一是指用不同的容器或物件对产品进行捆扎；二是指包装用的容器或一切物件。

包装通常有三个层次：第一层次是内包装，它是直接接触产品的包裹物，如酒瓶、香水瓶、牙膏皮等；第二层次是中包装，它是保护内包装的包裹物，当产品被使用时，它就被丢弃，如香水瓶、牙膏等外面的盒子等，中包装同时也可起到促销的作用；第三层次是外包装，即供产品储运、辨认所需的包裹物，如装一打香水的硬纸盒等。

此外，标签也是包装的一部分，它可能单独附在包装物上，也可能与包装物融为一体，用以标记产品的制造日期、产品说明、有效期、等级分类等信息，促进产品的销售。

（2）包装的作用

包装是整体产品的重要组成部分，特别是随着零售业的不断发展，超级市场已成为产品零售的一种主要方式。超级市场实行的是顾客自助服务的方式，众多产品排列在货架上，没有销售人员的特别推销，此时，产品的包装就成了“无声的推销员”。人们第一眼看到的往往就是产品的包装。一般来说，设计新颖的包装能够吸引消费者的注意，从而增加产品的销售概率。

具体地说，产品的包装有以下四个方面的作用。

① 保护产品。这是包装的原始功能。在产品从生产者转移到消费者手中，以及被消费者消耗的过程中，良好的包装可以防止产品的毁损、变质、散落、被窃等。

② 便于储运。不少产品没有固定的形状或形状特殊，不包装则难以进行储存和运输。有些产品则有一定的危险性，如易燃、易爆、有毒等，必须有严密良好的包装才能储运。此外，整齐的包装可以方便储运时的点检等管理工作。

③ 促进销售。包装已被越来越多的厂家用作产品促销的一种工具。通过包装，可以改进产品的外观形象，提高顾客的视觉兴趣，增加顾客的方便，促进购买。同时利用包装上的说明，增进顾客对产品知识的了解。包装还是一种少花钱或不花钱的广告载体。

④ 增加盈利。良好、美观的包装可以提高产品的身价，使消费者愿意以较高的价格购买，而且，随着生活水平的提高，这种趋势在不断上升。同时，由于包装完好可以减少产品的毁损、变质等损失，等于为企业节省了成本。此外，包装材料本身也包含着一部分的利润。

2. 包装的设计要求

包装要起到它应有的作用，设计是关键。归纳起来，包装的设计要求如下。

（1）保护商品，造型美观

设计产品包装，首先要能保护产品。因此，设计要科学，要能够保证产品在运输和储存中不受损。同时，包装的造型要美观大方、生动形象，图案设计要新颖，能对顾客产生吸引力。

（2）经济实用

包装设计要尽可能做到既能节约包装费用又能节约储运费用，而且使用方便。经济实用的含义是指以下几个方面。

① 选用的包装材料要尽量便宜。选择包装材料时，应尽量选用来源比较充足的材料代替稀缺材料，用较便宜的材料代替昂贵的材料，用国产和本地产的材料代替进口和外地的材料，用新型包装材料代替传统包装材料。

② 要设计多用途和多次使用的包装。

③ 要尽可能合理地利用包装空间。

④ 要避免过分包装。

例如，由于受产品包装“精美化”的影响，不少农药的包装也越来越考究。一种名为“扑虱灵”的粉剂农药，小包装如袋装榨菜，中包装与市场上的橘子粉相似，但作为特殊产品的农药，应力求注重内在质量，包装则应尽量讲求实用，过分的精美势必加大农药成本，增加农民负担；另外，农药包装若与食品等其他产品包装相仿，也易发生误食、误用等意外事故。

⑤ 使用方便。运输包装要设计成大包装，销售包装要设计成小包装，因此，包装的设计要求大、中、小并举。这样，既保证了运输的安全方便，也为橱窗陈列和做广告提供了方便，又为保管创造了便利条件。同时，在包装的设计中还要注意携带方便。

（3）与产品的价值相符合

由于产品包装已成为产品的一部分，所以产品包装必须与产品价值相符合。“一等产品、二等包装”固不可取，但是不考虑产品内容、用途和销售对象，而单纯追求包装装潢的精美华丽，以此来吸引顾客，结果往往是主次颠倒、弄巧成拙。

（4）显示出产品的特点

要能够从包装的图案、形状和色彩等方面显示出产品的特点和独特风格。例如，化妆品的包装要色彩艳丽、造型优美；贵重工艺品的包装要材质华贵、造型独特；儿童品的包装要五彩缤纷、活泼美丽；食品的包装要喜庆吉祥，以吸引消费者购买。

（5）选用符合产品性质和消费者心理的色彩

色彩对人们的兴趣、爱好等心理活动有很大的调节作用。因此，在产品包装装潢的设计中要注意选用适当的颜色，要考虑不同年龄、不同地区、不同民族对色彩的不同爱好。例如，笨重的产品采用淡色的包装，会使人觉得比较轻巧；轻巧的产品采用深色包装，会产生庄重的感觉；食品和洗涤剂采用乳白色或淡绿色包装，会使人感到卫生清洁；药品采用绿色包装，给人以健康安宁、充满生机的感受。

（6）文字设计一目了然

有些产品的性能、使用方法、使用效果常常不能直观显示，而需要用文字加以说明。包装上的设计要抓住顾客对不同产品的不同心理，以指导其消费。如药品类产品的包装要说明成分、功效、服用量、禁忌及是否有副作用等；服装类产品的包装应说明用料、规格、尺码、洗涤和保存方法等。

（7）符合销售地的风俗习惯

因各个国家和地区的宗教信仰、风俗习惯、文化背景、地理环境不同，而在产品包装上产生了一些禁忌，这是不可掉以轻心的。

【小资料 8-3】

部分国家的习俗和禁忌

日本：在销往日本的产品包装上应忌用荷花图案，因为日本人认为荷花意味着祭奠，是到极乐世界去的象征。日本对饰有狐狸或獾图案的物品也很反感，因为日本人认为狐狸和獾是贪婪、狡猾的象征。

英国：销往英国的产品包装上忌用白象。白象在英国象征好吃懒做，有大而无用之意。英国人还忌用山羊和孔雀做商标。山羊在英国是 goat，而 goat 有“不正经男子”“坏人”之意。在英国孔雀是祸鸟，孔雀开屏在英国被认为是自我炫耀的不良习性。

法国：对墨绿色特别厌恶，这是基于第二次世界大战的痛苦回忆，因为法西斯军队穿的是墨绿色的军装，所以法国人见到墨绿色就触景生情，产生反感。

非洲：北非的一些国家忌用狗，认为狗是不洁之物，认为狗是厄运或邪恶的象征。有的非洲国家不欢迎笑容，因为在他们看来，“笑”不是友好的象征，晚辈见了长辈不能笑，甚至于男女青年双方谈恋爱也不能笑。

另外，出口到阿拉伯国家的产品不能用美女照片作为包装图案，也不宜用男性人像作为装饰图案。

3. 包装策略

商品经济的迅速发展以及人们消费习惯的不断变化，要求产品包装除了图案设计美观新颖、装潢艺术精致高雅之外，还要选择适当的包装使用策略，适应消费者多种多样的购买要求。为产品进行包装时，从企业和顾客的角度出发，包装必须符合以下几个方面：能够表现出品牌的特点；传达富有感染力和说服力的信息；便利的产品运输和保护；便于家庭的存储；帮助产品的使用。

很多企业在包装中使用以下策略。

（1）类似包装策略

类似包装是企业所有产品在图案、色彩、形状、风格等方面均采用相同或相似的包装形式。采用这种策略可以降低包装成本，扩大企业影响，特别是在推出新产品时，可以利用企业的声誉，使顾客首先从包装上辨识出产品，从而使产品迅速占领市场。

（2）组合包装策略

组合包装是企业将若干有关联的产品，放在同一包装物中。如化妆品的组合包装、节日礼品盒包装等都属于这种包装策略。组合包装有利于企业推销产品，能促进消费者的购买，特别是在推销新产品时，企业可将其与老产品组合出售，创造条件使消费者接受、试用。

（3）附赠品包装策略

附赠品包装是企业在产品的包装物中附赠一些能引起消费者购买兴趣的物品，从而诱发顾客重复或多次购买，如在包装中附赠玩具、优惠券、小礼品等。

（4）再使用包装策略

再使用包装是企业将包装物制造得比较精美，除包装产品的功能外，当产品使用完毕后，包装还可另做他用。如设计精美的酒瓶，可用做花瓶。这样，顾客可以得到一种额外的满足，从而激发其购买欲望。包装物在继续使用过程中，还起到广告宣传的作用，增加顾客重复购买的可能性。

（5）改变包装策略

改变包装则是企业在产品销量下降、市场声誉跌落时采取的改变产品包装的策略。首先改进产品的质量，同时适时地改变产品的包装形式，从而以新的产品形象出现在市场上，扭转产品在消费者心目中的不良印象，以高质量的产品、全新的包装恢复企业的声誉，重新占领市场。

项目总结

【知识回顾】

（1）产品策略是市场营销工作的核心，做好产品策略要完成好制定产品规划、产品生命周期策略、产品组合策略、新产品开发策略、产品品牌与包装策略等工作任务。

（2）现代市场营销学对产品的理解是一种广义的概念，它是指凡能提供给市场，以引起人们注意、获取、使用或消费，从而满足人们某种需要或欲望的物质，包括产品实体、无形服务、地点、组织及意识等。

（3）以菲利普·科特勒为首的北美学者更倾向于将产品整体概念分为五个层次：核心产品、形式产品、期望产品、附加产品、潜在产品。

（4）产品生命周期是指以销售额和企业获得的利润来衡量产品在市场上的发展变化。从新产品投入市场开始到产品在市场上消失为止，一般经历四个阶段，即导入期、成长期、成熟期和衰退期。

（5）处在产品生命周期的不同阶段要采取不同的营销策略，因此判断产品正处在哪一阶段显得十分重要。

（6）产品创新是推动企业成长的根本途径，新产品的开发要把握八个步骤。掌握产品组合的广度、深度、密度是产品组合策略的主要内容。

（7）品牌、商标与包装都是产品整体概念下的“形式产品”的重要组成部分，因而它们是产品策略的必要组成部分。

（8）掌握制定和实施产品品牌、商标和包装策略的原理和方法，有利于优化营销组合，吸引广大消费者购买，扩大销售，提高营销效益。

知识训练

一、选择题

1．在产品整体概念中最基本、最主要的部分是（　　）。

A．核心产品　　B．包装
C．有形产品　　D．附加产品

2．产品的包装、品牌、特色、式样等属于（　　）。

A．实质产品　　B．形式产品
C．延伸产品　　D．新式产品

3．产品组合的广度是指产品组合中所拥有的（　　）的数目。

A．产品项目　　B．产品线
C．产品种类　　D．产品品牌

4．产品生命周期是由（　　）的生命周期决定的。

A．企业与市场　　B．需要与技术
C．质量与价格　　D．促销与服务

5．处于（　　）的产品，可采用无差异性的目标市场营销策略。

A．成长期　　B．衰退期
C．导入期　　D．成熟期

6. 产品销售量达到顶峰并开始下降，利润稳中有降，是产品生命周期（　　）阶段的特征。

A. 成长期　　B. 衰退期

C. 导入期　　D. 成熟期

7. 以下策略中不适合产品生命周期中衰退期的是（　　）。

A. 缩小企业生产规模，只维持适当的生产

B. 降低生产成本，提高产品质量

C. 技术开发新产品，淘汰老产品

D. 改进产品及服务质量，创立品牌地位

8. 对老产品的性能、结构功能加以改进，使其与老产品有较显著差别，属于（　　）。

A. 全新产品　　B. 换代产品

C. 改进产品　　D. 仿制产品

9. 雀巢公司将雀巢品牌使用到奶粉、巧克力、饼干等产品上，这种品牌决策是（　　）。

A. 品牌化策略　　B. 品牌归属策略

C. 品牌延伸策略　　D. 多品牌策略

10. 市场出现了用唐老鸭、米老鼠等塑料玩具来包装糖果很受儿童欢迎，这是一种（　　）。

A. 统一包装策略　　B. 再使用包装策略

C. 分档包装策略　　D. 附赠品包装策略

11. 一个企业生产经营产品系列的多少，即拥有产品线的多少是产品组合的（　　）。

A. 广度　　B. 深度

C. 密度　　D. 关联性

12.（　　）策略是指企业以高价格配合大规模的促销活动将新产品投放市场，其目的是为了使消费者尽快了解产品，迅速打开销路。

A. 快速取脂　　B. 缓慢取脂

C. 快速渗透　　D. 缓慢渗透

13. 现代营销中，企业提高市场竞争力最重要的手段是（　　）。

A. 质量　　B. 价格

C. 促销　　D. 新产品开发

14.（　　）是指在原有产品的基础上，利用现代科学技术制成的具有新的结构和性能的产品。

A. 全新产品　　B. 换代产品

C. 改进产品　　D. 仿制产品

15. 在普通牙膏中加入不同物质制成的各种功能的牙膏，这种新产品属于（　　）。

A. 全新产品　　B. 革新产品

C. 新牌子产品　　D. 改进产品

16. 品牌中可以被辨别，但不能用语言称呼的部分，叫作（　　）。

A. 厂牌　　B. 品牌名称

C．品牌标记　　D．商标

17．企业营销部门决定给自己生产的产品确定相应的品牌的做法，是（　　）。

A．品牌所有权策略　　B．家庭品牌策略

C．品牌化策略　　D．品牌更新策略

18．上海家化集团在销售“美佳净”洗发精的基础上，推出“美佳净”牙膏等产品，采取的是（　　）。

A．统一品牌策略　　B．个别品牌策略

C．品牌延伸策略　　D．多品牌策略

19．江苏红豆集团在国内把与“红豆”中文发音相同的、含义相近的200多个商标进行了注册，这一做法属于（　　）。

A．有名牌意识　　B．发展自己的名牌

C．加强对名牌的保护　　D．延伸自己的品牌

20．系列化妆品包装可以方便顾客购买和使用，有利于产品销售，这里使用的是（　　）。

A．类似包装策略　　B．组合包装策略

C．附赠品包装策略　　D．再使用包装策略

二、判断题

1．产品整体概念包含三个层次，其中最基本的层次是形式产品。（　　）

2．消费者在购买商品时只能从核心产品中得到利益。（　　）

3．运用产品包装来保护产品，便于储运是现代营销的重要手段。（　　）

4．产品生命周期就是产品使用寿命周期。（　　）

5．在产品导入期，采用“快速掠夺”策略是为了薄利多销，便于企业长期占领市场。（　　）

6．在产品生命成熟期，企业应该采用产品改良、市场改良和营销组合改良的策略。（　　）

7．第一台上市的彩电是全新产品。（　　）

8．产品牌号（品牌）也就是商标。（　　）

三、简答题

1．你如何理解产品整体概念的五个层次？以某一产品如笔记本电脑为例说明。

2．什么是产品组合的广度、深度、密度？以某一公司为例说明。

3．什么是产品生命周期？产品生命周期分哪几个阶段？在不同阶段对应的营销策略是什么？

4．产品包装有哪些作用？对某一产品包装进行观察和了解，并评价其包装的效果。

5．什么是新产品？新产品开发的程序是什么？

四、技能题

了解并思考某一家企业的品牌策略，如国美电器、富安娜公司、联想公司。

综合实训

一、案例分析

海尔的产品策略

海尔集团创立于 1984 年，是全球大型家电第一品牌（数据来源：欧睿国际 Euromonitor），目前已从传统家电产品制造企业转型为开放的创业平台。在互联网时代，海尔致力于转型为真正的互联网企业，打造以社群经济为中心，以用户价值交互为基础、以诚信为核心竞争力的后电商时代共创共赢生态圈，成为互联网时代的引领者。通过对物联网时代商业模式的探索，海尔集团实现了稳定增长。

张瑞敏把海尔的全部市场行为归纳为一句话，叫作“卖信誉而不是卖产品”。并制定“星级服务”一整套规范化标准。海尔的售后服务用户无不称绝：假如产品出现问题，用户只需打一个电话，海尔的服务人员 45 分钟就可以上门。他们这种“视用户为父母，用户永远是对的”的服务理念为海尔树立其品牌打下了扎实的基础。当人们提起海尔，就能自然联想到海尔的服务好、值得信赖，在同等质量的情况下，消费者仍然愿意多花几百元购买其品牌价值，其实消费者购买的就是海尔始终如一的“真诚”。

海尔的品牌并不是靠铺天盖地的广告狂轰滥炸吹出来的，而是凭借高科技，以质量取胜。海尔品牌策略的核心是凸现服务优势和强调技术与创新。张瑞敏提出，企业创名牌要有时空概念，不能今天是名牌就算了，而不管明天如何，要考虑长远。比如一台冰箱，设计寿命是 15 年，你选部件和原材料时是否按 15 年寿命考虑了？如果不是，按 5 年考虑行不行？如果按 5 年选，成本低，价格也低，消费者分辨不出来。这里面关键是厂商的信誉观念。创名牌不是短期事业，必须考虑到全体消费者，不能有糊弄消费者的想法。海尔有句格言：“质量是产品的生命，信誉是企业的灵魂，产品合格不是标准，用户满意才是目的。”海尔人知道，只有给市场最满意的产品和服务，才会给企业回报最好的效益。海尔在关注产品质量的同时，也注重产品的售后服务，凭借始终如一的产品质量和售后服务获得了消费者的信赖。

作为最显著的品牌个性，海尔在产品质量、服务水平上表现出了与其他产品的差异，它的独到之处决定了企业赢得竞争优势的关键。海尔品牌凝聚了高质量的产品、人性化的服务、迅速反应市场的能力和强大的市场整合力等一系列竞争资源及其资源的相互协调与融合，这也形成了海尔今天的品牌优势。海尔凭借其高质量、人性化、“真诚到永远”的服务赢得了广大用户的尊重和忠诚。先进的品牌理念也造就了海尔品牌与其他家电品牌的差距和差异。

在服务差异越来越小的时代，海尔注重创新。海尔的创新既是战略的、观念的，又是技术的，同时也是组织和市场的创新。在海尔的经营过程中，形成了独特的海尔品牌文化，这一切，都使海尔逐步形成了自己的核心竞争力，让消费者看到海尔对产品质量和技术的不断超越精神，进一步加强了消费者的信赖。

资料来源：根据网络资料整理.

思考分析：

1. 为什么消费者喜欢购买海尔的产品？
2. 海尔的产品策略给其他企业什么样的启发？

二、实训操作

1. 实训项目

产品策略。

2. 实训类别

团体训练。

3. 实训目的

认识与了解企业的产品开发策略、品牌、商标与包装策略。

4. 实训要求

（1）以团队为单位进行训练；

（2）列举一个团队认为最有价值的品牌并描述对该品牌的印象；

（3）研究团队所选品牌的发展历史，分析中国品牌与世界品牌的特点及差别，分析该品牌的产品创新之道；

（4）中国企业应该走怎样的产品开发及品牌之路；

（5）将上述分析与思考形成文字报告，并以PPT或其他形式展示团队报告。

5. 考核方式

依据团队提交的报告评定成绩。

项目 9 制定价格策略

项目目标

知识目标

- 了解影响定价的因素
- 熟悉企业的基本定价策略和调价策略
- 掌握制定价格的方法

技能目标

- 具有分析影响定价因素、选择合适定价方法的能力
- 具有针对企业制定相应的定价策略和调价策略的能力

实训目标

- 通过对企业定价影响因素、定价方法及策略的学习，能运用制定价格的相关知识，具备分析影响企业定价因素、选择合适定价方法、制定价格策略的技能

项目导入

小米 8 是小米公司于 2018 年 5 月发布的 8 周年旗舰手机。小米 8 在外观上采用刘海屏的设计，同时也具备了探索版和屏幕指纹版本。在硬件配置上，小米 8 搭载的是骁龙 845 处理器以及 6GB+64GB 起步的储存组合，搭载双 1200 万变焦摄像头，像头内置 3400mAh 电池，支持最新的 QC4+快充技术，拥有红外、人脸识别、双频 GPS 等技术。从产品的硬件配置与综合体验来看，小米 8 不输于三星 S9、华为 P20、OPPO Find X 等同期产品。小米 8 价格定在 2699 元，对比发布价格为 5799 元的三星 S9、3788 元的华为 P20、4999 元的 OPPO Find X 等同期产品来说，价格低了将近一半。

雷军在哈佛大学的演讲中说出希望小米能够成为一家伟大的公司，想要赚取的是人心，因此坚持着自己良心厚道的价格。他曾提出“小米硬件综合净利润率，永远不会超过 5%。如有超出的部分，将超出部分全部返还给用户”。雷军的观点为，小米奉行的策略是薄利多销，除了硬件利润，还会依靠内容和服务盈利。划定 5%的综合净利润率红线，不会制约小米的发展，同时也是鞭策自我、遏制贪婪的一种手段。

2018 年 10 月 9 日，小米官方微博宣布，小米 8 旗舰系列手机 4 个月销量 600 万，为感谢所有米粉的支持，小米 8 标准版直降 200 元。2018 年 12 月 28 日，雷军在小米粉丝年会“小米家宴”上宣布，小米 8 系列将全线降价。29 日上午 10:00 起，小米年终感恩季大促启动，年度旗舰手机小米 8 及小米 8 屏幕指纹版直降 200 元，2299 元起，相比发售时优惠 400 元。

全球手机市场都面临增长压力，中国市场也不例外。赛诺公布的数据显示，2018 年 11 月份国内手机市场销量整体下滑 12.5%。正是因此，2018 年底“局部降价”在许多手机品牌中已经出现。小米 8 降价除了顺应行业趋势外，也有发展策略的考量。首先，小米 8 系列降价后依然留了利润空间；其次，小米是一家互联网公司，手机是其获取用户的入口，最重要的不是在一台手机上获取足够的利润，而是获取足够多的用户再通过规模化和互联网服务获取利润；最后，小米可以在硬件外找到规模化利润，可以不从硬件上赚更多钱。

资料来源：https://baike.baidu.com/item/小米 8.

项目实施

任务 9.1 掌握影响定价的主要因素

根据导入项目，小米公司为小米 8 进行定价之前要考虑哪些影响因素？对这些影响因素进行分析，注意应从公司自身的生产经营条件和市场、竞争对手、消费者等方面进行相关资料的收集并分析。

由于价格的制定直接关系到消费者对产品的接受程度，进而影响到产品的销量及利润水平，因此，企业在制定定价策略时就需要充分考虑影响定价的各方面因素。随着营销环境的日益复杂，影响和制约价格的因素也越来越多，总体而言，大致可以分为企业内部因素和企业外部因素两大类，如图 9.1 所示。

图 9.1　影响企业定价策略的因素

1. 内部因素

（1）企业的定价目标

企业的定价目标是定价策略选择的重要依据。定价目标是指商品价格实现以后企业应达到的目的。定价目标多种多样，不同企业可能有不同的定价目标，同一企业在不同时期也可能有不同的定价目标，企业在对产品进行定价之前，必须考虑预期要达到的目标是什么。企业常用的定价目标如图 9.2 所示，企业应权衡各个目标的依据及利弊，合理进行选择。

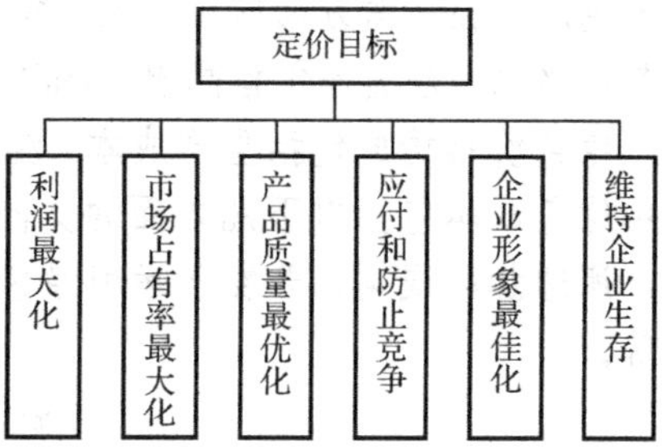

图 9.2　企业的定价目标

① 利润最大化。企业追求的共同目标就是利润最大化，这也是产品的主要定价目标。最大利润是企业在一定时期内可能并准备实现的最大利润总额，利润最大化并不等于制定高价，价格太高，消费者不能接受，产品销售不畅，反而无法实现利润目标。

最大利润有长期和短期之分，一般而言，企业应当追求长期的、全部产品的综合最大利润。然而，在现实社会中，企业也会视情况选择当期利润最大化、投资回报率最高或现金流最大化的价格，此外，对于一些中小企业或产品生命周期较短的企业，也可以谋求短期最大利润。

② 市场占有率最大化。市场占有率是指企业产品销售量在同类产品市场销售总量中所占的比重，它是反映企业经营状况和企业产品竞争力的一个综合指标。由于市场占有率与利润的相关性很强，因此，提高市场占有率也是企业普遍采用的定价目标。

企业往往通过制定尽可能低的价格来实现市场占有率最大化的目标，并通过低价有效排斥竞争对手，但这只适用于市场对价格高度敏感，同时低价能击退现有和潜在竞争者的情况。

【小资料 9-1】

市场营销战略影响利润系统的分析指出：当市场占有率在 10%以下时，投资收益率大约为8%；市场占有率在10%～20%时，投资收益率在14%以上；市场占有率在20%～30%时，投资收益率约为22%；市场占有率在30%～40%时，投资收益率约为24%；市场占有率在40%以上时，投资收益率约为29%。

③ 产品质量最优化。当企业将产品质量最优化作为目标时，为了维持和提高产品的质量和信誉，企业通常要制定一个较高的价格，以弥补提高产品质量的费用和较高的研究开发成本。例如，绿色产品为了区别于其他产品，往往以产品质量最优化为目标制定价格，其中，生鲜类绿色食品的价格通常较同类产品高出30%～50%。

【小资料9-2】

农产品绿色价格

制定绿色价格是指企业在制定价格时要树立"污染者付费""环境有偿使用""能源节约使用"等观念，把企业用于环境方面的支出计入成本，成为绿色价格构成的一部分。由于绿色产品在环保方面有了投入，成本高于普通产品成本。以绿色食品为例，芬兰政府允许其价格比一般食品价格高出30%以上，日本允许高出20%左右。

绿色价格构成包括生产成本、流通费用、国家税金、绿色成本及企业利润五个方面。其中绿色成本包括以下几方面的支出：绿色资源开发和运用所付出的代价；为保证清洁生产所增加的成本；开发和运用绿色包装所增加的成本；废弃物回收、处理所增加的成本等。

资料来源：https://baike.baidu.com/item/农产品绿色营销

④ 应付和防止竞争。在市场竞争激烈的情况下，企业在定价前都会仔细研究竞争对手的产品和价格情况，以竞争者的产品价格为基础进行定价。实力雄厚的大企业为了阻止竞争者进入自己的目标市场，就以竞争者的价格为基础，将产品价格定得很低来阻止竞争者的进入或迫使其无利可图退出市场。而中小企业以市场主导企业的价格为依据，随行就市定价。

⑤ 企业形象最佳化。良好的企业形象是企业的无形资产。企业形象好，能够得到消费者的长期信赖，获得良好的长期效益。以企业形象最佳化为定价目标的企业应该注重制定出来的价格与企业整体定位相一致，与目标市场顾客的需求相一致。另外，企业定价时还要注意企业在社会公众中的形象，遵循社会和职业的道德规范。

⑥ 维持企业生存。当企业生产力过剩，面临激烈竞争，或者消费者需求改变时，都要把维持生存作为主要目标。处于不利环境中的企业为了能维持继续生产、让存货尽快周转，企业就必须采取低价策略，并且希望目标市场是价格敏感型的。如传统彩电厂商在价格战中实行低价策略，只要厂商制定的低价能够补偿可变成本和一些固定成本，他们就能够维持生存。

企业进行定价时，应权衡其所追求的各种目标，根据轻重缓急来考虑和安排各种定价目标，一般应以一个定价目标为主，形成一个重点突出的目标组合。

（2）产品成本

产品成本是影响定价的一个重要因素。一般来说，市场需求决定了企业制定产品价格的最高限，而产品成本则是最低限。从长期来看，只有在企业产品的市场销售价格高于产品成本的情况下，企业才能得以维持生存和经营。产品成本包括以下几个部分。

① 固定成本（Fixed Cost）。固定成本是指在短期内不随产品的产量和销售量变动的成本。如企业的设备折旧、租金、利息、管理人员的薪酬以及办公费等。但从长期来看，固定成本也会随着企业规模的变化而变化。平均固定成本，即单位产品所分摊的固定成本，随产量的变化而变化。

② 变动成本（Variable Cost）。变动成本是一定时期内随着产品产量的变动而变动的成本。如原材料、燃料、运输费用、生产工人工资、销售费用等。平均变动成本，即单位产品的变动成本不会随产量变动而变动，在一定时间范围内保持相对稳定。

③ 边际成本（Marginal Cost）。边际成本是指厂商每增加一单位产量所增加的成本。如仅生产一辆汽车的成本是极其巨大的，而生产第 101 辆汽车的成本就低得多，因为规模经济，生产第 10 000 辆汽车的成本就更低了。企业研究边际成本的意义在于寻求最大利润的均衡产量和价格。企业可以根据边际成本等于边际收入的原则，确定最佳产量和最优价格。

④ 机会成本（Opportunity Cost）。机会成本是指企业为了从事某项经营活动而放弃的另一项经营活动，或利用一定资源获得某种收入而不得不放弃另一种收入。其中，被放弃的经营活动本应获得的收益即正在从事的经营活动的机会成本。分析机会成本能够帮助企业正确地选择经营项目、合理地配置有限的资源。

成本是构成价格的主要因素，企业定价时，不应孤立地对待成本，而应将其同产量、销量、资金周转等因素综合起来进行考量。

（3）产品自身的特点

不同的产品满足不同层次的市场需求，产品自身的性质和特点是企业制定价格时必须考虑的因素。

① 产品满足的需求层次。不同产品能满足消费者不同的需求，使消费者对各类产品注重的因素也各不相同，其价格需求弹性存在较大差异，比如日用品、选购品、特殊品、奢侈品。

② 产品的生产经营风险。时尚产品和鲜活产品的生产经营风险较大，需选择可灵活调整的价格策略。生产经营风险小的产品，则可选择适度稳健的价格策略。

③ 产品生命周期的不同阶段。在产品生命周期的不同阶段，产品的成本和销量差别很大，企业应针对产品所处的不同阶段，制定不同的价格。

2. 外部因素

企业在制定价格时，除了要考虑内部因素外，外部因素对价格策略选择的制约也要充分考虑。

（1）市场需求

产品价格的最低限取决于产品的成本费用，最高限则取决于产品的市场需求状况。市场需求对企业定价的影响主要表现在以下两个方面：一是市场供求关系，二是价格需求弹性。

① 市场供求关系。供求关系（Supply-Demand Relationship）指在商品经济条件下，商品供给和需求之间的相互联系、相互制约的关系，它是生产和消费之间的关系在市场上

的反映。企业应综合考虑市场的供求关系，选择合适的价格策略：当供小于求时，企业可采取扩大当期利润为目标的价格策略；当供大于求时，企业则应选择能增强价格竞争能力、扩大市场份额的价格策略。

【小资料 9-3】

"看不见的手"

正常情况下，市场会以它内在的机制维持其健康运行。其中主要依据的是市场经济活动中的经济人理性原则，以及由经济人理性原则支配的理性选择。这些选择逐步形成了市场经济中的价格机制、供求机制和竞争机制。这些机制就像一只看不见的手，在冥冥之中支配着每个人，自觉地按照市场规律运行。

市场机制就是依据经济人理性原则而运行的。在市场经济体制中，消费者依据效用最大化的原则做购买的决策，生产者依据利润最大化的原则做销售决策。市场就在供给和需求之间，根据价格的自然变动，引导资源向着最有效率的方面配置。这时的市场就像一只"看不见的手"，在价格机制、供求机制和竞争机制的相互作用下，推动着生产者和消费者做出各自的决策。

资料来源：《西方经济学》编写组.《西方经济学》.北京：高等教育出版社.2012.

② 价格需求弹性。价格需求弹性反映了需求量对价格变动的反应灵敏程度。价格需求弹性系数 E 为需求量变动的百分比与价格变动的百分比的比值。即：

$$E=(\Delta Q/Q)/(\Delta P/P)$$

式中，ΔQ 为需求量的变动量；Q 为需求量；ΔP 为价格的变动量；P 为原价格。一般来说，价格需求弹性可分为以下几种：

$|E|>1$ 时，产品的需求是富有弹性的，产品的价格变动对需求量影响较大，对这类产品，企业可采用降价策略，薄利多销，从而增加利润，而对涨价则需慎重考虑。

$|E|<1$ 时，产品的需求是缺乏弹性的，大幅度价格变动对需求量的影响较小，如大米、食油、盐等，对这类产品定价时，较高水平的价格往往会增加盈利，低价对其需求量刺激不大，这时薄利未必多销，反而会降低收入水平。

$|E|=1$ 时，产品需求量与价格的变动一致，对应此类产品，企业可采用随行就市的定价策略。

【小案例 9-1】

假设某艺术馆的门票价格为 50 元/张，图 9.3 是统计学家提供的价格需求弹性的估算，假定其他条件不变，为提高收益，应当提高门票价格还是降低门票价格？为了达到收益最大化，最优价格应当为多少？

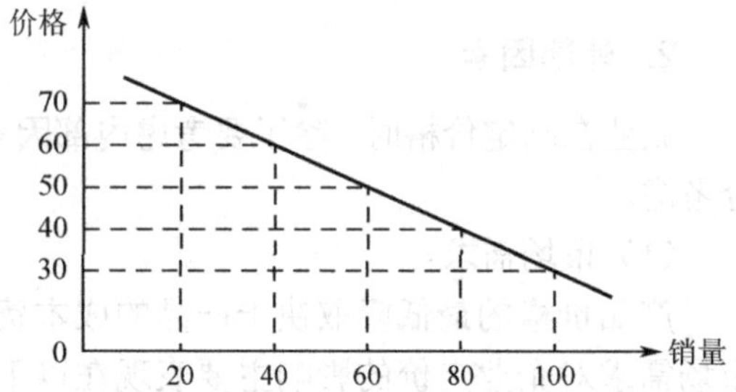

图 9.3 新产品价格与销量的关系

【分析提示】

价格的调整取决于价格需求弹性。

由图可知，$E=(\Delta Q/Q)/(\Delta P/P)=(\Delta Q/\Delta P)(P/Q)=-(20/10)(P/Q)=-2P/Q$

当 $P<40$ 时，$|E|<1$，此时需求是缺乏弹性的，提高门票价格会增加总收益。

当 $P>40$ 时，$|E|>1$，此时需求是富有弹性的，提高价格就会使参观者人数大幅度减少，以至于总收益减少。因此，当门票价格为 50 元时，为提高收益，应当降低门票价格。

当 $P=40$ 时，$|E|=1$，此时价格需求弹性为单位弹性，总收益最高。

（2）市场竞争状况

市场竞争程度影响企业定价策略的选择。在不同的竞争条件下，企业的定价自由度有所不同。市场根据竞争程度的不同，可分为完全竞争、完全垄断、寡头垄断和垄断竞争四种类型。

在完全竞争市场中，存在足够多的买者和卖者，且买卖双方都能充分地获得市场信息，以至于没有一个买者或卖者可以影响市场价格。在这种情况下，买卖双方都是价格的接受者，企业只能采取随行就市的价格策略。

在完全垄断市场中，垄断企业完全操纵市场，可以在法律允许的范围内自行决定产品的价格。由政府特许的独占企业，如供水、供电等部门，或者拥有某产品专利权的企业等就可以对其产品自由定价。这类企业并不总是设定最高限度的价格，因为他们不想引来竞争，或想凭低价更快地进入市场，或者害怕政府管制等。

在寡头垄断市场中，只有几个卖者占据一种产品的生产与销售，产品的价格往往不是通过市场供求决定的，而是几家大企业通过达成协议或默契来操纵价格或达成价格联盟。每个企业对竞争者的战略和行动都很警觉，企业的价调整往往受到竞争者的影响。

垄断竞争是一种不完全竞争，介于完全垄断和完全竞争之间，是现实中普遍存在的竞争状况。在垄断竞争市场中，各企业依靠产品的特色各自占据一方市场，形成相对垄断，每个卖者都有某种决定自己产品价格的能力。由于存在众多的竞争者，在垄断竞争市场中，企业较少受到竞争者营销策略的影响。

（3）消费者心理

价格的制定和变动在消费者心理上的反应也是企业在制定价格时必须考虑的因素。在现实生活中，消费者的心理反应十分复杂，在货比三家偏好低价的同时，也存在“一分钱一分货”的观念。在选购产品时，从经验上把价格与自己内心形成的认知价值相比较，如果觉得价格合理、物有所值，就会购买。此外，当产品价格上涨时，若消费者预期价格可能会进一步上涨，反而争相购买；而当产品价格下降时，若消费者预期价格会继续下跌，则将持币待购，这就是“买涨不买跌”的现象。因此，价格的上涨不一定会抑制需求，企业在制定价格时必须考虑消费者的预期心理，把握消费者的认知价值，制定出消费者乐于接受的合适价格，以促进产品的销售。

【小案例 9-2】

抓住消费者心理的悲情营销——加多宝“对不起体”

加多宝花费 10 多年时间将租借来的“王老吉”商标打造成国内驰名的凉茶品牌。因商标使用权到期交还广州药业集团。

500 毫升王老吉每瓶批发价 3.7 元，售价 4.5 元，500 毫升加多宝定价略低于王老吉。每瓶批发价低于 3 元，售价为 4 元。为了延续此前在消费者心中的形象，加多宝暗示消费者加多宝凉茶就是从前的王老吉凉茶。2013 年 1 月，法院判决加多宝停止使用“王老吉改名为加多宝”“全国销量领先的红罐凉茶改名为加多宝”等宣传用语。

眼见大势已去，加多宝的营销团队突破传统做法，运用消费者的同情心进行营销。2013 年 2 月 4 日，加多宝官方微博连发 4 条哭诉微博，以“对不起体”表明自己的立场。

对不起！是我们太笨，用了 17 年的时间才把中国的凉茶做成唯一可以比肩可口可乐的品牌。对不起！是我们太自私，连续 6 年全国销量领先，没有帮助竞争队友修建工厂、完善渠道、快速成长。对不起！是我们无能，卖凉茶可以，打官司不行。对不起！是我们出身草根，彻彻底底是民企的基因。

加多宝的这 4 幅“对不起”图片，调侃对手，正话反说，这种向公众示弱，向对手示强，笑着自揭伤疤示人的风度，立刻博得了大众的同情。不到 2 小时，“对不起”迅速成为“刷屏王”，被转发 4 万多次，获得评论 1 万多条。为加多宝赢得“输掉官司，赢了市场”的评价。

资料来源：姚群峰. 三个案例告诉你悲情营销怎么玩. http://www.cmmo.cn/article-202206-1.html.

（4）政府政策

在市场经济条件下，价格主要受供求状况的影响，但政府为了维护经济秩序或其他目的，可能通过立法或其他途径对企业的价格策略进行干预。企业在制定产品价格的过程中，应注意货币政策、财政政策、贸易政策、法律和行政调控体系等对市场流通和价格的影响，尽可能地规避政策风险。

技能训练 9-1

定价影响因素分析

训练背景：市场上的不同公司对同类产品的定价各不相同，各公司在定价的时候要综合考虑哪些因素呢？

训练要求：以小组为单位，组建一个模拟公司，并选择一种熟悉的产品作为该公司的产品。各小组分别进行市场调查，详细了解产品的特点、消费者对价格的接受程度，竞争对手的定价状况。各小组结合调查结果对影响该产品定价的内外部因素进行讨论分析，并形成报告。

任务 9.2 选择定价方法

根据导入项目，小米公司在分析了影响定价的各方面因素后，为小米 8 制定了低于同期同类产品近一半的价格，对小米8所采用的定价方法及该定价法的优劣势进行分析。

在全面分析影响价格的各方面因素后，企业可以选择不同的定价方法来确定价格。常见的定价方法有成本导向定价法、需求导向定价法、竞争导向定价法。定价方法的选择和确定是否合理，关系到企业定价目标能否实现和定价决策的最终成效。

1. 成本导向定价法

成本导向定价法是企业定价首先需要考虑的方法。以产品的全部成本为定价基础，在成本的基础上加上企业的目标利润来确定产品价格的成本导向定价法，是中外企业最常用、最基本的定价方法，主要包括以下几种方法。

（1）成本加成定价法

成本加成定价法是在单位产品成本的基础上加上一定比例预期利润构成价格的方法。其计算公式为：

单位产品价格=单位完全成本×（1+成本加成率）

其中单位完全成本是单位变动成本和平均分摊的固定成本之和，加成率是预期利润与产品成本的百分比。

该法计算简单，但却忽视了市场竞争和供求状况的影响，缺乏灵活性。

【小案例 9-3】

成本加成定价法的应用

某制造商生产A产品的固定成本为30万元，单位变动成本为20元，预计销量为5万个，则该制造商的产品单位成本为多少？该企业期望在销售额中获得20%的利润，则应该以什么价格出售产品？

【分析提示】

单位完全成本=单位固定成本+单位变动成本=300 000/50 000+20=26（元）

单位产品价格=26×(1+20%)=31.2（元）

（2）目标利润定价法

目标利润定价法是以企业投资额为基础，通过定价来达到一定的投资收益率，以期在一定时期内收回全部投资的定价法。其计算公式为：

单位产品价格=（总成本+目标利润额）/预期销售量

通常企业在新产品的科研和开发上投资较大，当新产品投入市场后，企业往往会将投资额的回收作为生产经营的重要目标。

【小案例 9-4】

目标利润定价法的应用

某企业生产一款新产品的投资额为150万元，第一年预期实现的投资收益率为12%，预计产量5万件，年消耗固定成本为20万元，产品单位变动成本为5元。该产品第一年的定价应为多少？第二年预期实现的投资收益率为15%，预计产量10万件，该产品第二年的定价应为多少？

【分析提示】

第一年产品定价：

总成本=固定成本+变动成本=200 000+50 000×5=450 000（元）

目标利润=1 500 000×12%=180 000（元）

单位产品价格=（450 000+180 000）/50 000=12.6（元）

第二年产品定价：

总成本=固定成本+变动成本=200 000+100 000×5=700 000（元）

目标利润=1 500 000×15%=225 000（元）

单位产品价格=（700 000+225 000）/100 000=9.25（元）

（3）盈亏平衡定价法

盈亏平衡定价法就是运用盈亏平衡原理进行定价的一种方法。这种方法的关键就是确定盈亏平衡点，即企业收支相抵，利润为零时的销售量。盈亏平衡分析图如图9.4所示。盈亏平衡定价是根据盈亏平衡点来确定价格水平，即根据预期的产量（或销售量），确定产品的价格需达到什么水平才能做到收支相抵。盈亏平衡定价法计算公式为：

盈亏平衡点价格=固定成本/盈亏平衡点销售量+单位变动成本

采用盈亏平衡定价法的关键在于能否实现预期销售量，而预期销售量的实现则受到产品价格需求弹性和竞争者产品价格的制约。

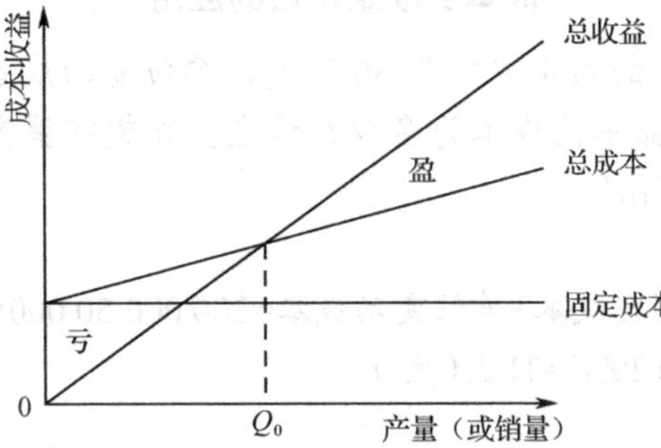

图9.4　盈亏平衡分析图

【小案例9-5】

盈亏平衡定价法的应用

某企业年消耗固定成本为60万元，产品单位变动成本为16元/件，企业的年产量为5万件，企业要实现盈亏平衡，则产品的定价应为多少？

【分析提示】

盈亏平衡点价格=600 000/50 000+16=28（元）

2. 需求导向定价法

需求导向定价法，是以市场需求状况和消费者的认知程度作为定价依据，而不是以企业的成本为依据的定价方法。随着买方市场的形成，市场价格的主导者逐渐由企业转变为消费者。需求导向定价法主要包括认知价值定价法、需求差别定价法、逆向定价法。

（1）认知价值定价法

认知价值定价法，是指企业以消费者对产品价值的认知和理解程度作为定价依据，运用各种营销策略和手段，建立并加强消费者对产品价值的认知，进而根据产品在消费者心目中的价值地位来制定价格的一种方法。

采用这种方法的关键在于获得消费者对有关产品价值理解的准确资料，否则就会发生定价过高或过低的失误。此外，企业还可以通过实施产品差异化和适当的市场定位，突出企业产品特色，配合产品质量、服务态度、广告宣传等非价格因素共同影响消费者的购买行为，从而提高消费者可接受的产品价格上限。

（2）需求差别定价法

需求差别定价法就是企业对同一产品，根据不同的销售对象、不同的销售时间、不同的销售地点、不同式样等需求差异制定不同价格的一种定价方法。

采用这种方法的好处在于可以使企业定价最大限度地符合市场需求，获得最佳经济效益。但实行时需要具备以下条件：第一，市场能够根据需求强度的不同进行细分；第二，各市场之间是分割的，细分后的低价市场产品无法向高价市场转移；第三，企业制定的价格差异不会引起消费者的反感。

（3）逆向定价法

逆向定价法是指企业根据消费者能够接受的最终销售价格，反向推算出中间商的批发价格和生产企业的出厂价格。

这种定价方法不以实际成本为主要依据，而是以市场需求为定价出发点，使价格为消费者所接受。有利于保障分销渠道中批发商和零售商的正常利润，加强企业与中间商的良好关系，使产品迅速渗透市场，并可根据市场供求情况灵活调整。

【小案例 9-6】

逆向定价法的应用

假定消费者对某型号冰箱可接受的价格是 3 600 元，冰箱零售商的经营毛利为 20%，批发商的批发毛利是 8%。则该产品的出厂价格应为多少？

【分析提示】

零售商可接受价格=3 600 ÷（1+20%）=3 000（元）

批发商可接受价格=3 000 ÷（1+8%）=2 778（元）

3. 竞争导向定价法

竞争导向定价法，是将市场上竞争对手同类产品的价格作为企业制定价格依据的定价方法。这种方法适用于市场竞争激烈、供求变化不大的产品。

（1）随行就市定价法

随行就市定价法也称通行价格定价法，是将企业产品价格与同行业产品的现行市场价格水平保持一致的一种定价方法。

随行就市定价法既可以追随市场领先者的价格，也可以选取市场一般价格水平。采用这种方法既可避免挑起价格竞争，有利于与竞争者和平共处，减少市场风险，又可为企业节省时间、补偿平均成本，从而获得适度利润，而且易为消费者接受，因此，特别适合小型企业采用。

（2）产品差别定价法

产品差别定价法是企业通过各种途径，使同质产品在消费者心目中树立起不同的产品形象，根据竞争形势制定低于或高于竞争者价格的定价方法。

一般而言，在本企业产品存在明显优势，产品价格需求弹性较小时可采用高于竞争对手的价格；在市场竞争激烈，产品不存在显著差别的情况下可采用等于竞争对手的价格；在企业具备较强的资金实力，能应付竞相降价的后果且价格需求弹性较大时可采用低于竞争对手的价格。这是一种主动竞争的定价方法，一般为实力雄厚或产品独具特色的企业所采用。

（3）密封投标定价法

投标定价法是由买方（招标人）发出招标公告，卖方（投标人）在相互独立的条件下投标竞争，招标人按质优价廉的原则确定中标者和中标价格。

密封投标法的招标方只有一个，投标方有多个，投标价格是企业能否中标的关键性因素。投标价格报得高，利润大，但中标机会就小；反之，报价低，中标机会大，但利润小，其机会成本可能大于其他投资方。因此投标报价时不仅要考虑实现企业的目标利润，也要结合竞争状况考虑中标概率。

【小案例 9-7】

密封投标法的应用

首先，企业根据自身的成本，确定几个备选的投标价格方案，并依据成本利润率计算出企业可能盈利的各个价格水平。其次，分析竞争对手的实力和可能报价，确定本企业各个备选方案的中标机会。竞争对手的实力包括产销量、市场占有率、信誉、声望、质量、服务水平等项目，其可能报价则在分析历史资料的基础上得出。最后，根据每个方案可能的盈利水平和中标机会，计算每个方案的期望利润。每个方案的期望利润=每个方案可能的盈利水平×中标概率（%）。然后根据企业的投标目的来选择投标方案。如表9.1所示，该企业就应该选择方案2进行投标。

表9.1 某企业投标方案利润表

方案	报价	盈利	中标概率	期望利润
1	9 500	100	0.81	81
2	10 000	600	0.36	216
3	10 500	1 100	0.09	99
4	11 000	1 600	0.01	16

（4）拍卖定价法

拍卖定价法是指卖方以公开叫卖的方式引起买方报价，从中选择高价成交的一种定价方法。常用于房产、古董、艺术品或大宗商品的交易。

随着互联网的发展，拍卖定价法的运用越来越广泛，除传统的现场拍卖外，还有在线拍卖。在线拍卖法是通过互联网技术实现的网上竞价购买行为。卖家发布商品信息并设定交易方式、底价、加价幅度等条件，买家通过在线公开竞价购买。一般情况下，标的物由出价最高者成交。在线拍卖的优势是交易快速、经济、安全。

技能训练 9-2

制定产品基本价格

训练背景：以各小组在技能训练 9-1 的产品定价影响因素分析报告为基础，制定产品的基本价格。

训练要求：各小组为本公司制定价格时应综合考虑成本、市场需求和竞争情况三个基本因素。结合本公司产品的定价目标、产品成本、需求弹性及竞争者的状况，考虑定价时应侧重哪一因素，再从成本导向定价法、需求导向定价法、竞争导向定价法中选择合适的定价方法，计算出产品的价格。

任务 9.3 制定定价策略

根据导入项目，小米公司在基本价格的基础上选择了合适的价格策略，分析其最终价格制定的策略依据，以及小米 8 根据竞争对手的反应做出价格调整的策略依据。

企业在考虑经营目标、需求、成本、竞争者的基础上，利用一些基本的定价方法，制定的产品价格往往并不是该产品的最优价格，而是产品的基本价格。定价策略是指企业为达到总体经营目标，把产品定价与企业市场营销组合的其他要素结合起来，制定出最有利的产品价格的过程。定价策略灵活多变，常见以下几种。

1. 新产品定价策略

新产品是指处于导入期的产品，新产品定价合理与否，关系其能否及时打开销路、占领市场和获得预期利润的问题，对于新产品以后的发展具有十分重要的意义。

（1）撇脂定价策略

撇脂定价策略又称高价策略，是在新产品投放市场的初期以高价销售，在短期内获得尽可能多的利润，尽快收回投资的定价策略，犹如从鲜奶中撇取奶油。

随着产量的扩大，成本的下降，竞争对手的增多，企业再逐步降低产品的价格。一般而言，撇脂定价适用于产品生命周期短，更新换代快，或企业有未公开的技术或专利的产品，如时装、手机、时尚用品等。采取撇脂定价策略必须具备一定条件：

① 产品的质量和形象必须能够支持产品的高价格。

② 有足够多的消费者能够接受高价并具有购买意愿。

③ 产品必须具有特色，在短期内竞争者无法仿制或推出类似产品。

④ 因产量较小而产生的单位成本增加，不会抵消设定高价格所取得的利益。

（2）渗透定价策略

渗透定价策略又称低价策略，是在新产品上市之初将价格定得较低，通过低价销售阻止竞争者入场，借此打开销路，扩大市场占有率的一种定价策略。

低价可以使新产品在同类产品的竞争中占据优势，有利于销售量迅速增加，但需要经过较长时间才能收回成本，获得利润。适用于能短期大批量生产、技术简单易仿制的新产品。因此，渗透定价策略适用的条件是：

① 产品的市场价格需求弹性较大，低价会刺激市场需求迅速增长。

② 新产品规模经济效益明显，成本能随着产量和销量的扩大而明显降低，从而通过薄利多销获取利润。

③ 低价不会引起实际和潜在的竞争。

采用哪一种策略更能达到企业的经营目标，应根据市场需求、产品的价格需求弹性、企业的生产能力和成本等各方面因素综合考虑。各因素的影响作用如表 9.2 所示。

表 9.2　撇脂定价与渗透定价的选择标准

影 响 因 素	撇脂定价策略	渗透定价策略
市场需求水平	高	低
与竞争产品的差异性	较大	较小
价格需求弹性	小	大
生产能力扩大的可能性	小	大
消费者购买力水平	高	低
市场潜力	不大	大
仿制的难易程度	难	易
投资回收期长度	较短	较长

【小资料 9-4】

倾销价格

倾销是指产品以低于其正常价值的价格出口到另一国家（地区）的行为。其主要特征表现为以下四点。

第一，倾销是一种人为的低价销售措施。它是由出口商根据不同的市场，以低于有关商品在本国市场的价格对同一商品进行差价销售。

第二，倾销的动机和目的是多种多样的，有的是为了销售过剩产品，有的是为了争夺国外市场，扩大出口，但只要对进口国某一工业的建立和发展造成实质性损害、实质性威胁或实质性阻碍，就会招致反倾销措施的惩罚。

第三，倾销是一种不公平竞争行为。在政府奖励出口的政策下，生产者为获得政府出口补贴，往往以低廉价格销售产品；同时，生产者将产品以倾销价格在国外市场销售，从而获得在另一国市场的竞争优势并进而消灭竞争对手，再提高价格以获取高额垄断利润。

第四，倾销的结果往往给进口方的经济或生产者利益造成损害，特别是掠夺性倾销扰乱了进口方的市场经济秩序，给进口方经济带来毁灭性打击。

事例：某公司进行不计成本损失的某时间段内大规模销售，使其竞争对手失去对该地区市场的控制力，降低其所拥有的市场比率，以击垮其竞争者，达到垄断，最后称霸该市场。

倾销被视为一种不正当的竞争手段，为 WTO 所禁止，因此反倾销也成为各国保护本国市场、扶持本国企业强有力的借口和理由。

资料来源：https://baike.baidu.com/item/倾销

（3）满意定价策略

满意定价策略又称温和定价策略，是指企业为产品制定适中的价格，既能对消费者产生一定的吸引力，又能使企业弥补成本后还有盈利的一种定价策略。

这种策略既可以避免撇脂定价因高价而带来的风险，又可消除渗透定价因低价而引起的企业生产经营困难，因而既能使企业获取适当的平均利润，又能兼顾消费者利益。但这种策略较为保守，容易使企业造成高不成低不就局面，失去高额利润或市场机会。

以上三种策略的价格与销量呈反比，如图 9.5 所示。对于企业而言，三种策略各有利弊，需要综合考虑市场需求、市场竞争、价格弹性、产品特性、企业发展战略等因素来决定。

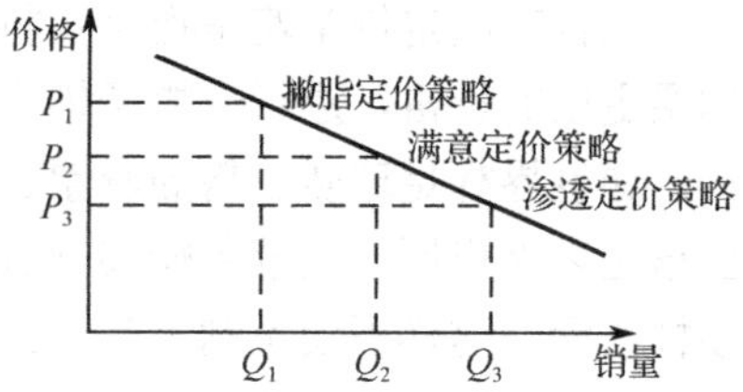

图 9.5　新产品定价策略与销量的关系

2. 产品组合定价策略

当某种产品成为某个产品组合的一部分时，企业就需要寻找一组在整个产品组合方面能获得最大利润的共同价格的一种定价策略。

（1）产品大类定价策略

产品大类定价策略是指企业对产品大类中不同特色的产品，根据质量和档次、消费者的需求、竞争者的价格等，制定高低不等的价格的一种定价策略。

如某服装店将男衬衣分三个档次，分别定价为 280 元、120 元和 50 元，顾客自然就会把这三种价格的衬衣分为高、中、低三档，即使这三种价格都有所变化，顾客仍会按自己的习惯去购买某一档次的产品。企业对产品大类定价时，一定要突出各种产品之间的质量差异，以使价格差别合理化，使顾客确信本企业是按质论价。

（2）选购品定价策略

选购品定价策略是指企业在提供主要产品的同时，附带一些可供选择的产品或特征，对选购品制定低价以招徕顾客，或者制定高价以获取利润的一种定价策略。

如大多数饭店将饭菜的价格定得较低，而将关联产品酒水、饮料的价格定得较高，靠低价饭菜吸引顾客，以高价酒水赚取厚利。

（3）互补品定价策略

互补品定价策略是指企业对与主要产品一起使用的附属或补充产品制定较高的价格，而对主要产品制定较低价格的一种定价策略。

如墨盒和色带是打印机的补充产品，剃须刀片是剃须刀架的配套产品，大多数企业都会将主要产品定低价以吸引顾客，同时对连带产品定高价以获取高利。例如，各品牌的打印机价格都比较低，而墨盒或色带的价格却制定得较高，通过销售墨盒的利润来弥补损失率，获得整体效益。

（4）副产品定价策略

副产品定价策略是指对于生产过程中产生的副产品，企业根据其处理成本或价值来定价，以补偿主产品的部分成本，从而降低主产品价格的一种定价策略。

如肉类加工和石油化工等行业的企业在生产过程中，往往会有副产品。如果企业不能加以利用，那么就要花钱来处理这些副产品，这会影响企业主要产品的定价。因此，企业必须为这些副产品寻找买主。只要买主愿意支付的价格大于企业储存和处理这些副产品的费用，那么都是可以接受的。这样，能够减少企业的支出，可以为主要产品制定更低的价格，增强产品竞争力。

（5）组合产品定价策略

组合产品定价策略是指企业将有连带关系的产品组合在一起，对它们制定一个比分别购买更低的价格，进行一揽子销售的一种定价策略。

如世界杯足球赛出售的套票、配套的茶具及餐具。采用这种策略时，提供的价格优惠应该足以吸引原本只准备购买部分产品的消费者转而购买全套产品，同时也要注意不能搞硬性搭配，这样不仅不利于产品的销售，而且会引起消费者的反感。

3. 心理定价策略

心理定价策略，是指销售企业根据消费者的心理特点，迎合消费者的某些心理需求而采取的一种定价策略。这种策略主要适用于零售环节。

（1）声望定价策略

声望定价策略是指企业凭借在消费者心目中的良好信誉及消费者对名牌产品偏好的心理，为产品制定较高价格的一种定价策略。该策略符合消费者“便宜无好货”“价高质必优”的心理，还可以满足某些消费者的特殊欲望，如地位、身份、财富、名望和自我形象等。

【小案例 9-8】

苹果发布了10周年特别版 iPhone X，价格定在999美元至1 149美元，消息一经发布便成为各大媒体的头条。这一价格之所以吸引大众的关注，原因在于其明显高于同期发布的另两款手机——iPhone 8（699美元）、iPhone8plus（799美元）。还有个原因是，它接近、甚至打破了1 000美元的关键门槛。手机价格提高到四位数，这对消费者来说是一个重要的心理障碍。苹果是如何将这备受期待的产品价格推至极限的？

【分析提示】

自2017年开始，苹果公司的产品线被进一步细分成中、高、超高端市场，老机型iPhone 7和iPhone 6系列承担了中端市场，iPhone 8 承担了高端市场，iPhone X则开辟了全新的超高端市场。iPhone X超高定价的其中一个关键原因就是，利用高价格在消费者头脑中设置卓越的心理预期。

资料来源：http://www.hbrchina.org/2017-10-23/5608.html.

（2）整数定价策略

整数定价策略是指企业采取合零凑整制定产品价格的一种定价策略。在整数定价策略下，价格并不是绝对高，而是凭借整数给消费者一个高价的印象，满足消费者的高消费心理。

整数定价常常以偶数，特别是“0”作为尾数。如将价格定为10元，相对于9.9元上升到了较高一级档次。整数定价策略适用于价格需求弹性小、价格高低不会对需求产生较大影响的产品，多用于价格较贵的耐用品或礼品以及消费者不太了解的产品。

（3）尾数定价策略

尾数定价策略是指企业制定产品价格时保留价格尾数，采用零头标价的一种定价策略。在价格数字上不进位可使价格保留在较低一级档次，满足消费者的求实消费心理。

例如，本应定价1 000元的商品定价998元，本应定价80元的商品定价79.9元。精确计算的价格能够增强消费者对产品的信任感，同时，给消费者一种价格偏低的感觉。尾数定价策略适用于价格需求弹性较大的中低档商品。

（4）招徕定价策略

招徕定价策略也称特价品策略，是指企业为迎合消费者求廉的心理，特意将几种产品制定较低的价格（低于正常价格，甚至低于成本），借以吸引消费者，以达到连带销售其他产品的目的的一种定价策略。

例如，利用节假日和换季时机举行“酬宾大减价”活动，将部分商品打折出售。运用招徕定价策略要注意：特价产品应是受到消费者喜爱的畅销产品，否则难以吸引顾客。此外，商店应达到一定的规模，商品品种齐全，易于吸引消费者购买特价产品以外的商品。

【小案例9-9】

凉山彝族漆器的定价策略

凉山州喜德彝族漆器的制作工艺是通过世代相传的方式保留下来的。制作漆器的家族一般有“传内不传外，传男不传女”的家规，匠工只能从自家祖辈学习制作工艺。凉山州喜德彝族漆器采用的定价策略如下。

（1）尾数定价策略：尾数定价策略是针对消费者求便宜的心理而定制。1.99元和2元没有多少差距，但1.99元看上去要便宜得多。尾数定价策略通常适用于比较便宜的彝族漆器。另外，消费者购物求吉利的心理，是近几年来采用尾数定价策略的另一个原因。如中国人喜欢以数字“8”“6”结尾，美国人喜欢以“9”作为尾数等。

（2）整数定价策略：整数定价策略是针对消费者追求高质量的心理而定制的，适用于价格比较昂贵的彝族漆器。如一些精美的彝族漆器收藏品本来价格为 1 000 美元，其价格就不宜改为 999 美元。

（3）折扣定价策略：折扣定价策略通过对实际价格的调整，把一部分利润转让给消费者，鼓励消费者购买，并以此来扩大产品销售量，维持市场占有率。

资料来源：根据网络资料改编

4. 折扣定价策略

折扣定价策略是企业为了更好地处理与买方的关系，而根据交易的具体内容和条件，对基本价格做出一定的让步，给予买方一定的价格折扣，以争取顾客、扩大销量的一种定价策略。折扣的各种形式参见表 9.3。

表 9.3 折扣定价形式一览表

序号	折扣形式	折扣依据	定价形式	目的	难点
1	现金折扣	付款方式	对现金交易或按约定日期提前付款的买方给予不同价格折扣	加速企业资金周转，提前收回货款，避免呆账坏账损失	确定折扣比例；给予折扣的时间限制；付清货款的期限
2	数量折扣	采购数量	对购买产品达到一定数量的代理商、中间商或消费者，给予一定价格折扣	鼓励买方大批量购买，促进产品多销、快销	确定合适的折扣标准和折扣比例
3	功能折扣	分销环节	企业根据各类中间商在市场营销中担负的不同功能给予不同折扣	鼓励中间商大批量订货；或对中间商进行补偿，从而建立良好合作关系	中间商在分销渠道中的地位；生产企业在产品销售中的地位
4	季节折扣	消费淡旺季	企业对经营淡季来购买产品的买主给予价格折扣	使企业充分发挥生产能力，保持生产和销售稳定，减少库存，加速资金周转	季节折扣比例的确定

【小资料 9-5】

实行现金折扣应在付款条件上注明，如“2/10，净 30（2/10，NET/30）”，意思是说，买主若在 10 天内付款，可得到原价 2%的折扣；最迟应在 30 天内付清，但此时已没有折扣；超过 30 天则为违约，要支付利息。

由于提早付款使买主至少放弃了 20 天的贷款使用权，作为补偿的现金折扣一般都高于银行利率，以至于有的买主宁愿向银行贷款，也愿意及早付款。

5. 地区性定价策略

一般来说，一个企业的产品，不仅卖给当地顾客，还卖给外地顾客，为了在价格上灵活反映和处理运输、装卸、仓储、保险等费用的支出，需要有几种不同的地区价格。地区定价策略是企业根据顾客所在的地区和双方承担运输费用程度的差异，分别制定不同价格的策略。实行地区性定价的形式参见表 9.4。

表 9.4 地区性定价形式一览表

序号	定价方法	定价形式	适用范围	存在利弊
1	原产地交货定价	企业按照出厂价格销售某种产品，并只负责将这种产品运到产地的某种交通工具上，交货后的一切风险和费用都由顾客承担	销路好、市场紧俏的产品	远方的顾客要承担相对较高的运费，可能失去远方顾客
2	统一交货定价	对于卖给不同地区顾客的某种产品，都按照相同的出厂价加相同的运费（按平均运费计算）定价，类似于邮政系统为同一级邮件统一规定邮递费率的做法，因此也被称为邮资定价策略	运费低廉或运费占成本比例很小的产品	简便易行，有利于争取较远区域的顾客
3	分区定价	企业将产品覆盖的整个市场分成若干个区域，在同一区域实行统一定价，不同区域的运费标准不同	消费品企业	在同一价格区域内存在距离差异，区域交界地存在运费差异
4	基点定价	企业选取某个或某些城市为基点，向所有顾客收取的运输费用都按从顾客所在地到距离最近的基点的运费来计算	体积大、运费占成本比重较大的大宗原料产品	产品价格保持一致；有利于开拓边远市场，扩大销售
5	津贴运费定价	在企业迫切想与某个特定顾客或在某个特定地区做生意的情况下，企业自己负担部分或全部实际运费，而不向买方收取运费	销售覆盖区域有限的企业	有利于减轻边远地区顾客的运费负担，使企业加深市场渗透

6. 价格变动策略

企业为某种产品制定出价格以后，随着市场营销环境的变化，企业常需要根据生产成本、市场供求和竞争状况对产品价格做出变动，使本企业的产品在市场上保持较理想的销售状态。调整价格的主要原因有两种：一是企业利用自身的产品或成本优势主动调整价格；二是出于应付竞争的需要，企业相应被动地变动价格。但无论是主动变动，还是被动变动，其形式不外乎是降价和提价两种。

（1）降价策略

降价策略是价格变动的一种策略，当情况突然变化，企业可以做临时性降价；当企业的成本长期下降时，较长期降价也是值得考虑的。企业进行降价时可以将企业产品的目录价格或标价绝对下降，但更多时候是采用各种折扣形式来降低价格。除此之外，企业还可以采取以下的方式进行变相降价：赠送样品和优惠券；实行有奖销售；给中间商提供推销奖金；允许消费者分期付款；赊销；免费或优惠送货上门、技术培训、维修咨询；提高产品质量，改进产品性能，增加产品用途。由于这些方式具有较强的灵活性，在市场环境变化的时候，即使取消也不会引起消费者太大的反感，同时又是一种促销策略，因此在现代经营活动中运用越来越广泛。

对于企业来说，降价策略并非随时都可采用，消费者也并非对价格低的产品都感兴趣。降价策略通常运用于以下情况。

① 产品供过于求，生产能力过剩，库存积压严重，企业无法通过改进产品、加强促

销或采取其他可能的措施来扩大销售。如航空公司、建筑设备和其他行业近几年所取得的教训显示，在生产能力过剩行业减价会挑起价格战，因为竞争者都要设法保住自己的市场份额。

② 市场竞争激烈，产品市场占有率下降。为了击败竞争者，扩大市场份额，企业必须降价。

③ 企业成本费用比竞争者低，使企业有条件适当降价。

④ 企业转产，老产品清仓处理。在新产品上市之前，及时清理积压存货。

企业采用降价策略会对消费者产生不同的影响。对于企业降价，消费者可能会认为企业由于实力强大，通过规模生产而降低了生产成本，或是企业让利于顾客。但降价也可能导致消费者产生种种疑虑，反而对实际购买行为产生抑制作用：

① 产品将要过时，很快会被新产品代替；

② 企业产品存在某些缺陷，使产品滞销；

③ 企业资金周转出现困难，可能难以经营下去；

④ 产品质量有所下降；

⑤ 价格还要进一步下降。

（2）提价策略

提价确实能够增加企业的利润率，但却会引起消费者和中间商的不满而拒绝或减少购买和进货，甚至还会受到政府的干预和同行的指责，从而对企业产生不利影响。因此企业营销人员一定要为提价给出恰当的理由，加强与消费者的沟通，让其有所准备，并采用不同的提价策略，来平抑提价引起的不满，争取消费者的理解与支持。企业可以通过取消折扣、减少单位产品的分量、在产品线中增加高价产品、实行服务收费或取消附加服务、使用更便宜的材料或配件、减少产品的不必要功能等手段来实现产品的提价，尽量不要直接提高产品价格。通常只有在以下情况采用提价策略：

① 通货膨胀，企业的成本费用增加；

② 产品供不应求，无法满足市场需求。

企业提价时，消费者可能认为企业通过提价获取更多利润因而产生抵触情绪，也可能对企业提价这样理解：

① 产品畅销，供不应求，应及时购买，以免价格继续上涨；

② 产品质量的提高使价格上涨；

③ 企业将高价作为一种策略，以树立名牌形象；

④ 各种商品价格都在上涨，提价是通货膨胀的自然结果。

（3）竞争者对价格变动的反应

虽然透彻地了解竞争者对价格变动的反应几乎不可能，但为了保证价格变动策略的成功，主动变动价格的企业必须考虑竞争者的价格反应。没有估计竞争者反应的价格变动，往往难以成功，至少不会取得预期效果。

在同质的产品市场上，竞争者对企业价格变动的反应通常有以下几种情况。

① 当产品供不应求的时候，竞争者一般都会追随企业的提价，因为这对大家都有好处，产品都能够在较高的价位上全部销售出去，即使有企业不提价也不会影响产品的销售。

② 当企业由于通货膨胀导致成本上升时，只要有一个竞争者因为能在企业内部全部或部分地消化增加的成本，或认为提价不会使自己得到好处，因而不提价或提价幅度较小，那么提价企业和追随者的产品销售都将受到影响，可能不得不降价。

③ 企业降价，而竞争者不降价时，企业产品的销量会上升，市场占有率也会提高。当然，竞争者也可能采取非价格的手段来应付企业降价，但更多的情况是，竞争者会追随企业降价，企业间进入新一轮价格竞争。

④ 当企业因为成本低于竞争者而降价时，企业拥有一定的竞争优势，拥有更多的降价空间，竞争者追随降价对损失的承受能力低于企业，这时企业有能力发动进一步降价。在这种情况下，竞争者反应的影响作用相对减弱。但缺乏低成本为依托的降价，在竞争者追随降价后，企业间又恢复原来的竞争格局。谁也不能从降价中得到好处，这是当前市场上价格竞争最常见的结局。

在异质的产品市场中，企业和竞争者都可以通过对产品差异的垄断来控制产品价格，因此，企业价格变动的自由度和竞争者做出反应的自由度都很大。这时，就应该对各个竞争者分别予以分析。分析的方法是尽可能地获得竞争者的决策程序及反应形式等重要情报，模仿竞争者的立场、观点、方法思考问题。最关键的问题是要弄清楚竞争者的营销目标：如果竞争者的目标是实现企业的长期最大利润，那么，本企业降低价格，它往往不会在价格上做相应反应，而会在其他方面做出努力，如加强广告宣传、提高产品质量和服务水平等；如果竞争者的目标是提高市场占有率，它就可能跟随本企业的价格变动而相应变动价格。

（4）应对竞争者价格变动的策略

在同质的产品市场中，如果竞争者降价，企业必须跟进降价，否则大部分消费者将去购买竞争者价格较低的产品；如果竞争者提价，本企业既可以跟进，也可以暂且观望，假如大多数企业都维持原价，将迫使竞争者把价格降低，使竞争者涨价失败。

在异质的产品市场上，企业对竞争者的价格变动可做出更自由的反应。

① 价格不变，任其自然，任顾客随价格变化而变化，靠顾客对产品的偏爱和忠诚度来抵御竞争者的价格进攻，待市场环境发生变化或出现某种有利时机，企业再行动。

② 价格不变，加强非价格竞争。比如，企业加强广告攻势，增加销售网点，强化售后服务，提高产品质量，或者在包装、功能、用途等方面对产品进行改进。

③ 部分或完全跟随竞争者的价格变动，采取较稳妥的策略，维持原来的市场格局，巩固取得的市场地位，在价格上与竞争对手一较高低。

④ 以优越于竞争者的价格跟进，并结合非价格手段进行反击。比竞争者更大幅度降价，比竞争者小幅度提价，强化非价格竞争，形成产品差异，利用较强的经济实力或优越的市场地位，居高临下，给竞争者以毁灭性的打击。

【小案例9-10】

休布雷公司应对价格变动的第四种策略

休布雷公司在美国伏特加酒的市场上，属于营销出色的公司，其生产的史密诺夫酒，在伏特加酒的市场占有率达23%。20世纪60年代，另一家公司推出一种新型伏特加酒，其质量不比史密诺夫酒低，每瓶价格却比它低1美元。

按照惯例，休布雷公司有三条对策可选择：

（1）降价一美元，以保住市场占有率；

（2）维持原价，通过增加广告费用和推销支出来与对手竞争；

（3）维持原价，听任其市场占有率降低。

由此看出，不论该公司采取上述哪种策略，休布雷公司都处于市场的被动地位。

但是，该公司的市场营销人员经过深思熟虑后，却采取了对方意想不到的第四种策略。那就是，将史密诺夫酒的价格再提高1美元，同时推出一种与竞争对手新伏特加酒价格一样的瑞色加酒和另一种价格更低的波波酒。

这一策略，一方面提高了史密诺夫酒的地位，同时使竞争对手新产品沦为一种普通的品牌。结果，休布雷公司不仅渡过了难关，而且利润大增。实际上，休布雷公司的上述三种产品的味道和成分几乎相同，只是该公司懂得运用以不同的价格来销售相同产品的策略而已。

资料来源：吴勇. 市场营销. 北京：高等教育出版社，2017.

技能训练 9-3

制定定价方案

训练背景：在技能训练9-2制定的基本价格基础上，结合企业的价格策略对价格进行修订。

训练要求：各小组在修订价格时应根据产品的实际情况选用合适的价格策略，并且要考虑竞争者可能做出的反应，考虑应对措施。教师提供价格策略方案范例，各小组给本模拟公司的产品制定定价方案。教师对各模拟公司的定价方案做出评价。

项目总结

【知识回顾】

（1）企业的价格制定是一项很复杂的工作，需考虑多方面的因素，采取一系列的措施。一般来说，企业的价格制定决策包括6个步骤：明确定价目标、测定需求弹性、估算成本费用、分析竞争情况、选择定价方法、核定最优价格。

（2）企业在制定价格时，要考虑的内部因素包括企业的定价目标、产品成本以及产品自身的特点；要考虑的外部因素包括市场需求、市场竞争状况、消费者心理以及政府政策等。

（3）在制定价格时，企业可采取成本导向定价法、需求导向定价法和竞争导向定价法。

（4）成本导向定价法包括成本加成定价法、目标利润定价法和盈亏平衡定价法；需求导向定价法具体可以分为认知价值定价法、需求差别定价法和逆向定价法；竞争导向定价法具体可以分为随行就市定价法、产品差别定价法、密封投标定价法。

（5）企业在最后确定价格或对价格进行修整时，可采取以下策略：新产品定价策略、产品组合定价策略、心理定价策略、折扣定价策略、地区性定价策略和价格变动策略。

知识训练

一、选择题

1．（　　）弹性反映了需求量对价格变动的反应灵敏程度。

A．单位弹性　　B．价格需求弹性　　C．价格弹性　　D．收入弹性

2．在商业企业，很多商品的定价都不进位成整数，而保留零头，这种心理定价策略称为（　　）策略。

A．尾数定价　　B．招徕定价　　C．声望定价　　D．习惯定价

3．在（　　）条件下，个别企业无力影响整个市场的产品价格，因而不存在企业制定最优价格的问题。

A．完全竞争　　B．寡头竞争　　C．垄断竞争　　D．不完全竞争

4．为鼓励顾客购买更多物品，企业给那些大量购买产品的顾客的减价称为（　　）。

A．功能折扣　　B．数量折扣　　C．季节折扣　　D．现金折扣

5．如果需求量变动的比率小于价格变动的比率，则属于（　　）。

A．缺乏弹性　　B．富有弹性　　C．单位弹性　　D．完全无弹性

6．附属产品定价适合于（　　）的定价。

A．替代产品　　B．互补产品　　C．选择性产品　　D．季节性产品

7．GY钢厂以前处理冶炼炉渣每年都要花费一笔数目不小的资金。后来，GY钢厂把这些废弃的炉渣廉价卖给水泥厂，既节省了废弃物处理资金，又有所收入，因而降低了其钢材价格，提升其产品竞争力，这种定价方法称为（　　）。

A．附属产品定价法　　B．产品大类定价法

C．副产品定价法　　D．选购产品定价法

8．当需求弹性 $E<1$ 时，说明需求弹性小或缺乏弹性。这类产品价格的上升或下降，会引起需求量较小程度地减少或增加。企业定价时应该采取（　　）策略。

A．提价　　B．降价　　C．不变价　　D．都不是

9．随行就市定价法属于（　　）。

A．成本导向　　B．市场竞争导向　　C．心理导向　　D．需求导向

10．面对竞争对手发起的咄咄逼人的价格战，新特公司只好跟着把产品的价格一降再降，现在产品的定价差不多只能弥补可变成本或部分固定成本。新特公司目前这种定价策略的目标是（　　）。

A．维持生存　　B．利润最大化

C．市场份额最大化　　D．产品质量领先地位

二、多选题

1. 企业的定价目标有（　　）。

   A. 获取最大利润　　B. 维持企业生存

   C. 提高市场占有率　　D. 稳定价格

2. 商品价格的主要构成要素有（　　）。

   A. 生产成本　　B. 流通费用　　C. 税金　　D. 利润

3. 撇脂定价是新产品上市之初，将新产品（　　）的策略。

   A. 总成本定得较高　　B. 价格定得较高

   C. 在短期内获取丰厚利润　　D. 价格定得较低

4. 基本的产品定价方法有（　　）三种。

   A. 成本导向定价法　　B. 需求导向定价法

   C. 竞争导向定价法　　D. 损益平衡定价法

5. 以下哪些价格形式属于差别定价？（　　）

   A. 公园对某些社会成员给予门票优惠

   B. 节假日或换季时举行的“大甩卖”“酬宾大减价”活动

   C. 对不同花色、不同款式的商品制定不同价格

   D. 剧院不同位置的座位票价不同

三、判断题

1. 面对激烈的竞争，企业为了生存和发展，在任何时候都应始终坚持只降价不提价的原则。（　　）
2. 随行就市定价法适用于同质产品。（　　）
3. 在产品组合定价策略中，根据补充产品定价原理，制造商经常为主要产品制定较低的价格，而对附属产品制定较高的价格。（　　）
4. 单位产品价格越高，越能实现企业利润最大化。（　　）
5. 尾数定价法通常适用于高级的奢侈商品。（　　）
6. 若某商品的需求富有弹性，此时适当地降低价格能够增加销售量，同时也可能使利润增加。（　　）
7. 竞争对手降价时企业要针锋相对地对相同产品实施降价才能稳固市场地位。（　　）
8. 产品成本是影响产品价格的基本因素。（　　）
9. 企业定价总的要求是追求利润的最大化。（　　）
10. 美国杜邦公司在推出新产品时，往往把价格尽可能定高，以后，随着销量和产量的扩大，再逐步降价。这家公司采用的是渗透价格策略。（　　）

四、简答题

1. 什么是定价目标？主要有哪几种？
2. 简述企业常用的定价策略。

3．简述新产品定价方法。

4．企业应当如何应对竞争对手的价格变动？

五、技能题

1．某商品价格为200元时，月销量为600件，当价格上升为240元时，销量下降为300件。该商品的价格需求弹性如何？

2．假定某制造商生产某商品的单位变动成本为30元，固定成本为400 000元，预期销售量为15 000个。假设该制造商想要在销售额中有20%的成本加成率，其加成价格为多少？

3．在产品的导入期，如果市场规模较小，产品已经有了一定的知名度，目标客户愿意支付高价，潜在的竞争威胁不大，则企业宜采用何种定价策略？

4．中国服装设计师李艳萍设计的女士服装以典雅、高贵享誉中外，在国际市场上，一件“李艳萍”牌中式旗袍售价高达1 000美元。这种定价策略属于心理定价策略中的哪种定价策略？

5．企业为了保持竞争优势，需要不断地开发新产品。请举例说明两个不同行业的企业在新产品推广定价目标制定上的差异。

综合实训

一、案例分析

1. 巴黎的咖啡馆有诸多奥妙。路边许多咖啡馆里座位空空，而人们都拥在吧台旁，依靠着柜台，同老板或顾客谈天说地，甚至有人仅举着个空杯子。

原来有些咖啡馆一种商品有四个价格，看在什么位置喝。以一杯咖啡为例，在吧台旁站着喝4法郎；坐在一般座位上喝6法郎；坐在靠近马路的座位上喝，可以隔窗看景，收费为8法郎；坐在露天座，可直接欣赏街景，看看过往行人，收费10法郎。看来，法国人倚靠吧台站着喝咖啡，除了传统因素外，还因为它最便宜。

资料来源：冯志强.《市场营销》.北京：华夏出版社

思考分析：

咖啡店采取了什么价格策略，为什么能够成功？

2. 珠海九洲城里有只3 000元港币的打火机。许多观光客听到这个消息，无不为之咋舌。如此昂贵的打火机，该是什么样子呢？于是，九州城又增加了许多慕名前来一睹打火机“风采”的顾客。

这只名曰“星球大战”的打火机看上去极为普通，它真值这个价钱吗？站在柜台前观看的人都表示怀疑，就连售货员对此亦未知可否地一笑了之。它被搁置在柜台里很长时间无人问津，但它旁边3元港币一只的打火机却是购者踊跃。许多走出九洲城的游客坦诚相告：我原是来看那只“星球大战”的，不想却买了这么多东西。

无独有偶，日本东京都滨松町的一家咖啡屋，竟然推出了5 000日元一杯的咖啡，就连一掷千金的豪客也大惊失色。然而消息传开，抱着好奇心理的顾客蜂拥而至，使往常冷冷清清的店堂一下子热闹了，果汁、汽水、大众咖啡等饮料格外畅销。

资料来源：根据网络资料整理

思考分析：

珠海九洲城和日本东京都滨松町咖啡屋运用的是一种什么定价方法？它的适用条件是什么？

二、实训操作

1. 实训目标

通过实训帮助学生充分了解影响定价的因素，掌握基本定价策略和调价策略。

2. 实训内容

调查了解校园内和校园周边超市、饭店、饮品店或毕业生创业团队的产品价格，分析哪些因素影响他们的定价，分析这些定价是否存在不合理的地方，选择其中某种产品为其制定定价策略和调价策略。

3. 实训要求

（1）学生在理解的基础上，针对企业分析影响其产品定价的因素。

（2）学生通过调查分析，为企业制定相应的定价策略和调价策略。

4. 实训步骤

（1）各组分别选择准备实施定价策略的企业和产品项目。

（2）对企业和产品进行现状调查，撰写《××产品定价影响因素分析报告》。

（3）在分析报告的基础上，结合产品现阶段的需要，撰写《××产品定价策略分析实训报告》。

5. 组织形式

以3～5人为一个实训小组开展活动。

6. 考核方式

学生提交《××产品定价影响因素分析报告》《××产品定价策略分析实训报告》。

项目10 制定渠道策略

项目目标

知识目标

- 了解营销渠道的概念及功能
- 理解营销渠道的主要参与者
- 掌握设计与管理营销渠道的方法

技能目标

- 具有选择分析营销渠道模式的能力
- 具有设计营销渠道的能力
- 具有管理营销渠道的能力

实训目标

● 通过对营销渠道基本模式和类型的学习，能够依据所依赖的环境、企业和产品特点选择营销渠道、制定营销渠道策略，具备营销渠道的选择和决策技能

● 通过对设计和管理营销渠道的学习，能够根据实际需要对营销渠道进行评价和调整，具备对营销渠道的调整的技能

项目导入

我国某汽车生产企业推出新款中档价位的家用型小轿车，这与企业原有的高档豪华轿车的目标顾客不同。为此，该企业的销售部门根据产品特点、市场情况等因素，考虑采用新的渠道模式进行分销。我国汽车行业的分销渠道现阶段形成了以品牌授权4S店为主的渠道模式，同时存在的其他形式还包括：汽车交易市场、汽车连锁店、多品牌专卖等。该企业营销部门需通过分析各种渠道类型，设计出新的适合本企业产品的分销渠道并对其进行管理。

项目实施

任务10.1 了解营销渠道的概念及功能

根据导入项目，了解同行业的分销渠道模式和类型，认识各种分销渠道的优缺点，考虑自身因素对现有分销渠道的影响，并进行分析和选择。

1. 营销渠道的概念

市场营销学之父菲利普·科特勒认为，营销渠道是指某种货物或劳务从生产者向消费者移动时，取得这种货物或劳务所有权或帮助转移其所有权的所有企业或个人。简言之，营销渠道就是商品或服务从生产者向消费者转移过程中的通道或路径，又称分销渠道、销售通路、流通渠道、销售渠道等。

【小资料10-1】

企业和企业家们如何看待渠道？

通路就是产品的脚，再好的产品，没有通路，就像没长脚一样，是走不远的。——统一集团

世界上最好的产品，即使有世界上最好的广告支持，除非消费者能够在销售点买到它们，否则，简直就销售不出去。——宝洁公司

企业应该全力以赴地发现分销渠道，渠道越多，企业离市场越近。——营销大师菲利普·科特勒

【小案例10-1】

在进入中国市场的初期，三星打印机搬来了总代理制的渠道模式：由总代理全面负责

市场开发和渠道拓展，三星则提供强有力的产品和价格支持。三星选择了汽车渠道商、毫无 IT 行业经验的万盛集团做其激光打印机及其他办公用品的中国总代理。万盛则从 IBM、恒基伟业等 IT 公司里挖来一些销售人员，组建成万海公司，专门运作三星产品。万海采取的是低价格、高利润、长账期、多家代理制的渠道政策，期望尽可能多地发展代理商。他们列出主要的打印机代理商名单，然后一家一家地拜访。但大多数经销商并不买账，万海甚至蹬着板车到柜台铺货，最后却只有部分经销商在代销的柜台留下几台。

资料来源：王方华.市场营销学.上海：上海人民出版社，2001.

【分析提示】

事实上，当时由于三星打印机还未具备品牌优势，万海在 IT 渠道中没有知名度，加上 IT 业界低价劣质产品伤害代理商的例子屡屡出现，此时一味强调低价格、高利润和优厚的渠道政策反而引起了渠道商家的反感。宽松的渠道政策却再次换来一片灰幕，三星、万海不得不对之重新审视。

2. 营销渠道模式

营销渠道结构的三大要素是渠道中的层次数、各层次的密度和各层次的中间商种类。 渠道层次是指为完成企业的营销渠道目标而需要的渠道数目。渠道密度是指同一渠道层次上中间商数目的多少。中间商种类是指有关渠道的各个层次中应分别使用哪几种中间商。

（1）营销渠道的两种基本模式

由于我国个人消费者与生产性团体用户消费的主要商品不同，消费目的与购买特点等具有差异性，客观上使我国企业的营销渠道构成两种基本模式：企业对生产性团体用户的销售渠道模式和企业对个人消费者销售渠道模式。

（2）销售渠道的基本类型

根据有无中间商参与交换活动，可以将上述两种模式中的所有通道，归纳为两种最基本的销售渠道类型：直接渠道和间接渠道。

① 直接渠道和间接渠道。直接渠道是指生产者将产品直接供应给消费者或用户，没有中间商介入。直接渠道的形式是：生产者——用户。直接渠道是工业品分销的主要类型。例如大型设备、专用工具及技术复杂需要提供专门服务的产品，都采用直接分销。消费品中有部分也采用直接分销类型，诸如鲜活商品等。

【小案例 10-2】

直销模式无须经由分销商、经销商的层层盘剥，而是直接实现客户和厂商的交易，按需定制。戴尔进入中国内地市场，一开始就抛开了传统分销渠道，所以它无须担忧传统分销渠道对它的影响。但是联想还做不到，联想离不开那些被称作“江东父老”的分销商们。这些联想帝国的“朝廷重臣”，曾为“大联想帝国”市场地位的确立立下了赫赫战功，然而也各自重兵在握，掌控一方市场。

资料来源：邓勇兵.全球品牌网.http://www.globrand.com.

【分析提示】

戴尔和联想一直是行业内的两大实力对手，同时也代表着两种典型的分销模式。联想在产品推动和渠道扶持下，多年来打造出了渗透至4～6级城市的渠道体系，而区域市场中几年间也成就了多个年营业额数亿的“区域大腕”级分销商。

间接渠道是指生产者利用中间商将商品供应给消费者或用户，中间商介入交换活动。间接渠道的典型形式是：生产者——批发商——零售商——个人消费者。现阶段，我国消费品需求总量和市场潜力很大，且多数商品的市场正逐渐由卖方市场向买方市场转化。与此同时，对于生活资料商品的销售，市场调节的比重已显著增加，工商企业之间的协作已日趋广泛、密切。因此，如何利用间接渠道使自己的产品广泛分销，已成为现代企业进行市场营销时所研究的重要课题之一。随着市场的开放和流通领域的搞活，我国间接分销的商品比重增大。企业在市场中通过中间商销售的方式很多，如厂店挂钩、特约经销、零售商或批发商直接从工厂进货、中间商为工厂举办各种展销会等。

② 长渠道和短渠道。按照中间商的多少，营销渠道模式可以再分为长渠道和短渠道。

分销渠道的长短一般是按流通环节的多少来划分的，具体包括以下四层。

● 零层渠道（Manufactory –Customer，MC），即由制造商直接到消费者。

● 一层渠道（Manufactory Retailcr-Customer，MRC），即由制造商通过零售商到消费者。

● 二层渠道（Manufactory-Warehouse-Retailer-Customer，MWRC），即制造商——批发商——零售商——消费者，或者是制造商——代理商——零售商——消费者（多见于消费品分销）。

● 三层渠道（Manufactory-Agent-Warehouse-Retailer-Customer，MAWRC），即制造商——代理商——批发商——零售商 ——消费者。

【小案例10-3】

1937年，狄克·麦当劳与兄弟迈克·麦当劳在洛杉矶东部开了一家汽车餐厅。由于他们制作的汉堡包味美价廉，深受顾客欢迎。虽然每个汉堡只卖15美分，但两兄弟的年营业额仍超过了25万美元。这在当时是一个相当可观的数目。1953年，麦当劳兄弟出口麦当劳的特许经营权。当年从麦当劳兄弟手里买下特许经营权的除克罗克之外，还有一个荷兰人。克罗克看似比较愚蠢，只开麦当劳店，加工牛肉、养牛的钱让别人去赚；而那个荷兰人显得非常“聪明”，他开办了牛肉加工厂，随后自己办了养牛场。多少年过去了，当克罗克把麦当劳开遍全世界的时候，那个荷兰人却从大家的视线中消失了。渠道是越长越好，还是越短越好呢？

资料来源：邓镝.营销策划案例分析.北京：机械工业出版社，2007.

【分析提示】

事实上，渠道的长短并不能绝对地说好与坏，决定渠道长短的因素有很多。分销通路常由多个成员组成，各司其职才能实现合理分工和社会资源的最佳组合。

③ 宽渠道与窄渠道。按照渠道环节使用中间商的多少，分销渠道还可以分为宽渠道和窄渠道。

渠道宽窄取决于渠道的每个环节中使用同类型中间商数目的多少。企业使用的同类中间商多，产品在市场上的分销面广，称为宽渠道。如一般的日用消费品（毛巾、牙刷、开水瓶等），由多家批发商经销，又转卖给更多的零售商，因而能大量接触消费者，大批量地销售产品。企业使用的同类中间商少，分销渠道窄，称为窄渠道，一般适用于专业性强的产品，或贵重耐用的消费品，由一家中间商统包，几家经销。窄渠道使生产企业容易控制分销，但市场分销面受到限制。

④ 单渠道和多渠道。当企业全部产品都由自己直接所设的门市部销售，或全部交给批发商经销，称之为单渠道。多渠道则是可能在本地区采用直接渠道，在外地采用间接渠道；在有些地区独家经销，在另一些地区多家分销；对消费品市场用长渠道，对生产资料市场采用短渠道等。

3. 营销渠道的功能

为了能够将产品顺利地转移给消费者，渠道成员需要共同合作，通过执行一系列渠道功能，弥补生产者和消费者之间的缺口，创造时间、地点、形式和所有权效用。具体而言，营销渠道的功能主要有以下几种。

① 调研。收集顾客、竞争者和其他信息，用于制订计划和帮助交换。

② 促销。开发和传播有说服力的产品信息。

③ 订货。中间商向生产者进行有购买意向的反向沟通行为。

④ 匹配。使所供应产品符合购买者需要，包括分类、分等、组装和包装等工作。

⑤ 物流。主要是组织产品的运输、储存。

⑥ 谈判。达成有关产品价格及其他条款的协议，以实现所有权或持有权的转移。

⑦ 融资。获取和使用资金，以支付渠道转运的开支。

⑧ 风险承担。在执行渠道任务过程中承担相关的风险。

⑨ 付款。买方通过银行和其他金融机构向卖方支付账款。

⑩ 服务。向顾客提供售前、售中、售后服务。

所有这些功能都有三个特点：它们使用稀有资源；它们通常可以通过专业化而更好地发挥作用；它们在渠道成员之间可以转换。渠道功能可以由生产者来执行，也可以由中间商来执行。由谁来执行各种渠道功能的问题是一个有关效率和效益的问题。

技能训练 10-1

分析营销渠道模式

训练背景：在市场经济的大潮下，企业要想生存，要想取得辉煌的成绩，除了产品、人才这两个众所周知的要素以外，营销渠道成了第三个必不可少的上升通道。认识分析营销渠道模式是做好分销渠道的前提。

训练要求：以小组为单位，选择某一熟悉的品牌，通过充分调研，分析其分销模式。并总结该分销模式的利弊。

任务10.2 认识营销渠道的主要参与者

根据导入项目，认识营销渠道的主要参与者，了解各中间商的销售模式及特点，确定适合自身产品特点和分销目标的中间商。

1. 营销渠道的主要参与者

（1）制造商

制造商是指从事生产或制造的企业，包括各种从事采掘、提取、加工、种植和组装产品的公司。营销渠道的起点是制造商，作为产品的制造者、品牌的拥有者，制造商被认为是营销渠道的源头，在营销渠道中具有主导地位。

（2）中间商

中间商是那些在渠道中执行谈判功能及其他功能，取得产品所有权和帮助产品所有权转移的独立组织。按照销售对象，中间商可以分为批发商和零售商。通常，批发商和零售商都是渠道系统中的重要成员。下文将对中间商进行详细的论述。

（3）消费者

消费者是营销渠道成员之一。消费者虽然不参与生产经营活动，但是，消费者是商品和服务的最终购买者。制造商和中间商执行各种渠道功能都是为了满足消费者的需要，实现产品的销售，因此，消费者是他们关注的焦点，是最有影响力的渠道成员。

（4）辅助商

在营销渠道中，还有很多组织为产品的分销提供支持性服务，这些组织称为辅助商。辅助商是指帮助执行运输、储存、购买、出售等渠道功能的组织。常见的辅助商有：运输企业、仓储企业、配送中心、广告代理商、保险公司、市场研究机构等。

2. 中间商的功能

中间商为其顾客扮演采购代理人的角色，购买各种产品来转售给顾客。中间商的功能主要体现在以下几个方面。

（1）提高流通效率

使用中间商的经济效益表现在如果3个生产者直接将产品销售给3个顾客，需要进行9次交易；而在同样条件下，通过一个中间商，则交易次数降到6次。交易次数的减少，使得产品流通的效率大大提高。这样，中间商的介入帮助减少了工作量。以此类推，卖者和买者的数量越多，中间商介入所减少的交易次数及节约的社会总劳动就越多。这是中间商最重要的贡献。

（2）调节生产与消费之间的矛盾

中间商起着社会生产的“蓄水池”作用。一方面，中间商的存在可以缓和供需之间在时间、地点和商品数量、种类等方面的矛盾；另一方面，中间商的存在能为生产者和消费者带来方便，对消费者而言，中间商充当了他们的采购代理，中间商可以在合适的时间和地点提供商品。

（3）有效分担企业的市场营销职能

大多数生产者缺乏将产品直接销售给最终顾客所必需的资源与能力，而这些正是中间商所拥有的。中间商由从事市场营销的专业人员组成，他们更了解市场，更熟悉消费者，对各种营销技巧掌握得更熟练，更富有营销实践经验，并掌握更多的营销信息和交易关系。因此，由他们来承担营销职能，工作将更有成效，营销费用相对较低。

（4）储存和分销产品的职能

中间商从不同的生产厂家购买产品，再将产品分销到消费者手中，在这个过程中，中间商要储存、保护和运输产品。

（5）监督检查产品职能

中间商在订购商品时就考察了厂家在产品方面的设计、工艺、生产、服务等质量保证体系，或者根据生产厂家的信誉、产品的名牌效应来选择产品；进货时，将按有关标准严格检查产品；销售产品时，一般会将产品划出等级。这一系列工作起到了监督检查产品的作用。

（6）传递信息

中间商在从生产厂家购买产品和向消费者销售产品时，将向厂家介绍消费者的需求、市场的信息、同类产品各厂家的情况；也会向消费者介绍各厂家的特点。因此，无形中传递了信息，促进了竞争，有利于产品品质的提高。

【小案例 10-4】

21 世纪初，在彩电行业中，中间商的力量凸显出来。国美电器有限公司向中国彩电行业的老大“长虹”叫板，把“长虹”彩电的价格降低到令人吃惊的地步。彩电降价这个历史上从来没有过的现象发生了。后来，国美公司拿出价值数千万元的大单来让厂家提供合乎自己要求的产品。如此大的生意自然是引无数厂家竞折腰，最终华夏、SONY 分别与国美签订了 1 800 万元、2 564 万元的供货合同，总量达 10 850 万台。接着，国美电器又发出了“亿元采购订单”。“国美现象”是对传统商品经营方式的挑战，长期以来，厂家生产什么商家就销售什么，但“国美”的三张订单打破了这种惯例，大中间商的力量不断加强。

资料来源：邓镝.营销策划案例分析.北京：机械工业出版社，2007.

【分析提示】

一个中间商竟然在降价的过程中“要挟”厂家，而厂家却没有了任何脾气。可见在销售渠道中中间商的重要地位和作用。

3. 中间商的种类

在市场经济条件下，大多数企业的多数产品都要经过中间商转送到消费者手中。在销售渠道中的中间商主要有四种类型，即批发商、零售商、代理商和经纪人。

（1）批发商

批发是指将货物销售给为了转卖商业用途而进行购买的中间商的活动。批发商是指专门从事大宗商品买卖活动的中间商。

批发商分类方法有很多，按照不同的标准，可将批发商分为不同类型。

① 按服务范围的不同，可分为完全服务批发商和有限服务批发商。

完全服务批发商执行批发商业的全部功能，提供诸如存货、推销、顾客信贷、送货以及协助管理等服务。它包括批发中间商和工业分销商。前者主要向零售商销售，并提供全面服务；后者是向生产者提供生产性消费的商品或服务。有限服务批发商是指批发商为了减少费用，降低批发价格，因而只对其顾客提供有限的几项服务，如现货自运批发商、自运批发商、卡车批发商、货架批发商、邮购批发商等。

② 按经营业务内容划分，可分为专业批发商、综合批发商和批发市场。

专业批发商即专门经营某一类或某一种商品的批发商；综合批发商即经营多类商品的批发商；批发市场也称批发交易市场，它是由多种批发组织组成的联合体，或以某类商品为中心集结多家批发商，共同开展批发业务。

③ 按服务地区划分，可分为地方批发商、区域批发商和全国批发商。

④ 按经营商品种类划分，分为农副产品批发商和工业品批发商等。

（2）零售商

零售是指向最终消费者直接销售商品和服务，以供个人消费及非商业用途的活动。零售商是指向最终消费者销售商品的中间商。它对商品拥有所有权，介于生产者、批发商和消费者之间，以零售活动为基本职能。

① 超级市场。超级市场也叫自选商场，其特点是由顾客自取自选，自我服务，定量包装，预先标价，顾客出门时一次交款，因而可以节约售货时间，节约商店人力和费用，避免或减少顾客与售货员的矛盾。

② 百货公司。这是一种大型零售商店，分门别类地销售品种繁多的商品。其特点是经营范围广，商品类别多，花色品种齐全，能满足消费者多方面的购买需要。

③ 专用品商店。这是专门经营某一类商品，或专门经营具有连带性的几类商品，或专门为特殊消费对象经营特殊需要商品的商店，如钟表店、眼镜店、妇女用品店、体育用品商店、文化用品商品等。专业商店的经营要求具有较高的专业知识和操作技能，销售与服务密切结合，能提供周到的服务。

④ 便利店。这是一种用以满足顾客应急性、便利性需求的零售店。该业态最早起源于美国，继而衍生出两个分支，即传统型便利店与加油站型便利店，前者在日本、中国台湾等亚洲诸地得以发展成熟，后者则在欧美地区较为盛行。

⑤ 折扣商店。这是指提供特定品牌、较少种类、有限服务和低价格的普通商品零售商。折扣商店趋向于面向中低收入的消费群体。折扣商店出售全国性品牌的商品，但这些品牌与百货商店的品牌相比一般不具时尚导向性。

⑥ 连锁店。它是由多家出售同类商品的零售店组成的一种规模较大的联合经营组织。其特点是由中心组织统一向生产者进货（选购商品），以较大的订购批量，获得最大的价

格优待；采取薄利多销的方针，争取顾客；商品价格经常浮动，有竞争对手时便降价争取顾客，无竞争对手时则提价争取多盈利。

⑦ 购物中心。这是一种由多家商店组合而成的大型商品服务中心，一般设在公共建筑物内，以一家或数家百货商店、超级市场为骨干，由各类专业商店、书店、餐馆、旅馆、银行、影院等组合而成，融购物、服务和娱乐休闲于一体。

（3）代理商

代理商是指接受生产者委托，从事销售业务，但不拥有商品所有权的中间商。代理商的主要职责是接受生产者委托，代替生产者在市场从事营销活动。它负责寻找顾客，代表生产者与顾客洽商，办理代销、代运、代存业务，从中收取佣金或代理手续费。代理商没有商品的所有权，也没有出售商品的决定权，不必垫付商品资金和承担市场风险。

① 企业代理商。企业代理商是指受生产企业委托签订协议，在一定区域内负责代理销售生产企业商品的中间商。企业代理商和生产企业之间是委托代理关系，代理商负责推销商品，履行销售商品业务手续，生产企业按销售额的一定比例付给企业代理商酬金。

② 销售代理商。销售代理商是在签订合同的基础上，为委托人销售某些特定产品或全部产品的代理商。他们对价格、条款及其他交易条件可全权处理。这种代理商在纺织、木材、某些金属产品、某些食品、服装等行业中常见。

③ 独家代理商。独家代理商是指在指定地区和一定的期限内，由该独家代理商单独代表委托人从事有关的商业活动，委托人在该地区内不得再委派第二个代理商。在跨国经营中，采用独家代理方式时，作为委托人的出口商即给予国外的代理商在规定的地区和期限内推销指定商品的专营权。按照惯例，委托人在代理区域内达成的交易，凡属独家代理商专营的商品，不论其是否通过该独家代理商，委托人都要向其支付约定比例的佣金。

④ 寄售商。这是经营现货代销业务的中间商。生产企业根据协议向寄售商交付产品，销售所得货款扣除佣金及有关销售费用后，再支付给生产企业。寄售商要自设仓库或铺面，以便存储、陈列商品，使顾客能及时购得现货。

⑤ 采购代理商。采购代理商是指与买主建有较长期的关系，为买主采购商品，并提供收货、验货、储存、送货等服务的机构，如大规模服装市场上有一种常驻买客，专门物色适合于小城镇一些小零售商经营的服装。他们知识丰富，可向其委托人提供有益的市场情报，并为其采购适宜的优良商品。

（4）经纪人

经纪人是独立的企业或个人，其既无商品所有权，又无现货，只为买卖双方提供价格、产品及一般市场信息，为买卖双方洽谈销售业务起媒介作用。经纪人拿着货物说明书和样品，替卖主寻找买主，或替买主寻找卖主，把卖主和买主结合在一起，介绍和促成卖主和买主成交。成交后，由卖主把货物直接运给买主，而经纪人向委托人收取一定的佣金。此外，有些生产者因为要推销新产品，或因为要开辟新市场，或因市场距离产地遥远，也利用经纪人推销产品。

技能训练 10-2

分析中间商

训练背景：随着竞争日益激烈，中间商在企业分销渠道中的地位越来越重要。更多地了解中间商的角色，熟悉其经营模式、盈利模式，对企业分销渠道的选择和管理都有重要意义。

训练要求：以小组为单位，讨论中间商的功能、中间商的种类。并选择小组认为最熟悉的中间商进行介绍，说出其在分销渠道中的重要地位。

任务10.3 设计与管理营销渠道

根据导入项目，在掌握了分销渠道模式和中间商知识的基础上，为汽车企业的新产品设计分销渠道，制定出营销分销方案，并对该渠道进行管理。

1. 营销渠道设计

营销渠道设计是指建立以前从未存在过的营销渠道或对已经存在的渠道进行变更的营销活动。设计渠道一般包括设立并调整分销目标、分析影响渠道结构的因素、制定分销渠道方案和评估分销渠道方案四个方面。

（1）设立并调整分销目标

设计营销渠道是为了更好地达到分销目的，完成分销任务。然而，在需要做出渠道设计决策的这一阶段，企业的分销目标往往尚不明确，尤其是改变后的形式在需要企业做出渠道设计决策的同时，也会要求企业确立新的或改进后的分销目标。因此，在这一阶段，渠道管理者应该仔细审核企业的分销目标，判断是否需要添加新的内容。同时，也要判定该分销目标是否与营销组合中其他领域的分销目标相一致，是否与企业的整体目标和策略相一致。

（2）分析影响渠道结构的因素

在设计出几种可行的渠道结构之后，渠道管理者应该评估一系列将会影响各类渠道结构的因素。尽管此类因素不计其数，但是，仍然存在着对可行性渠道结构进行分析的四类基本因素：市场因素、产品因素、企业因素和中间商因素。

① 市场因素。在设计市场营销渠道的过程中，市场因素应该是影响渠道结构的关键因素。所有的现代营销渠道管理都建立在市场营销概念基础上，而这一概念强调以市场为主导。市场因素中对渠道结构有重要影响的因素主要有三个：市场区域、市场规模和市场密度。

② 产品因素。产品因素是在考虑各类渠道结构的过程中，必须重视的另一类重要因

素，包括产品的体积与重量、腐蚀性、标准化程度、技术性和非技术性以及崭新度。

例如，高技术产品通常采用较短的渠道结构方式，这是因为生产厂家需要一些有能力将其产品的技术介绍给潜在顾客，并能在产品出售以后继续提供联系、建议和服务的销售人员。如果渠道结构过长，就会相应地减少这些服务功能，同时也会增加成本。一些技术含量较高的产品，如个人电脑，就适合采用较短的渠道结构方式来进行分销。

③ 企业因素。影响渠道设计最主要的企业因素是企业规模、经济实力和管理才能。

④ 中间商因素。与渠道结构相关的中间商因素为：中间商的实力、使用中间商的成本、中间商所提供的服务。其中，中间商的实力是企业在设计营销渠道时所要考虑的重点。每一个企业都希望有实力的中间商能够加盟自己的营销渠道，如果选择的中间商实力较强，那么企业在进行市场开发时就可以把许多事情交给中间商来完成，从而省去不少精力和成本。这样企业就可以采取较短的渠道模式，尽可能较少地使用中间商。如果渠道管理者认为，为提供一定的服务而使用中间商的成本过高，在渠道结构中就会减少使用中间商。

（3）制定分销渠道方案

从理论上讲，渠道管理者应该从各备选方案中选出最佳的渠道结构。这一结构应该能在最低的成本基础上，有效地完成各项分销任务。如果企业的目标是获得最大的长期效益，最佳的渠道结构就应该与此目标完全一致。企业可以通过分析影响渠道结构的各种因素来初步判定所罗列的所有渠道结构，剔除那些明显不合格的渠道结构。再结合企业及市场的实际情况对剩下的渠道结构做进一步的删除，选出最适合本企业的渠道结构模式。

企业在市场上的成功需要强有力的渠道成员的支持，即那些能有效履行分销职责、实现渠道设计思路的成员。所以，挑选渠道成员是一项很重要的任务，应避免随意性和偶然性。

第一，确定渠道成员的类型：

① 批发商；

② 零售商；

③ 代理商；

④ 经纪人。

第二，确定渠道成员的数量。

① 密集性分销。在密集性分销中，凡是符合生产商最低信用标准的渠道成员都可以参与其产品或服务的分销。密集性分销意味着渠道成员之间的激烈竞争和很高的产品市场覆盖率。密集性分销最适用于便利品。它通过最大限度地便利消费者而推动销量的提升。

② 选择性分销。生产企业在特定的市场选择一部分中间商来推销本企业的产品。采用这种策略，生产企业不必花太多的精力联系为数众多的中间商，而且便于与中间商建立良好的合作关系，还可以使生产企业获得适当的市场覆盖面。与密集性分销策略相比，采用这种策略具有较强的控制力，成本也较低。

③ 专营性分销，也称独家分销。即生产企业在一定地区、一定时间只选择一家中间商销售自己的产品。独家分销的特点是竞争程度低。一般情况下，只有当公司想要与中间商建立长久而密切的关系时才会使用独家分销。因为它比其他任何形式的分销更需要企业与经销商之间更多的联合与合作，其成功是相互依存的。它比较适用于服务要求较高的专

业产品。

第三，确定渠道成员的条件和责任：

① 价格政策；

② 销售条件；

③ 中间商的地区权利；

④ 双方的服务和责任。

【小案例 10-5】

薇姿的药房专销

薇姿（VICKY）是法国欧莱雅集团旗下的化妆品及护肤品品牌。进入中国十余年来，其业绩并不输给普通的大众日化品牌，甚至更胜一筹。原因在哪里？是因为薇姿另辟蹊径，开发了化妆品的药妆渠道。在欧洲护肤品市场中，只有极少数化妆品品牌能够通过严格的医学测试，得以进入药店，而薇姿就是其中之一。欧莱雅集团认为，薇姿的定位与药店的专业形象是不谋而合的。所以，薇姿坚持只在药房销售。

薇姿选择大型药店，设立高档专柜，或者在高档商场内的药店里出售，不仅衬托出它在护肤方面的专业性，而且增强了购买者对这种专业性的信任感。选择在药店销售，所配备人员自然也不是一般化妆品柜台的营业人员，而是拥有专业执照的药剂师。专业药剂师为顾客提供的消费体验当然也不是一般的营业人员所能提供的。

薇姿选择药店这一独特的渠道，加上优良的品质，树立起了独特的化妆品品牌形象，在化妆品渠道选择上取得了关键性的突破，并在中国市场上培养起了一批忠诚的购买者。

资料来源：王方.渠道管理.北京：高等教育出版社，2016.

【分析提示】

薇姿的产品定位是中高档化妆品，在药店销售通常能让消费者觉得“健康、专业、放心、安全”，增强了消费者对其专业性的信任感。同时，薇姿还提供免费的健康护肤咨询、专业皮肤测试，为消费者提供专业服务。薇姿的渠道创新相信会给中国本土企业很多启示。

（4）评估分销渠道方案

① 经济性标准。各种分销渠道方式都将产生不同的销售量和销售成本。因此，企业在对各分销渠道方式进行比较评价时，必须对各种分销渠道方式可能的销售量和销售成本进行比较分析。如与短的分销渠道方式比，长的分销渠道的销售量会比较大，但销售成本会比较高；宽的分销渠道方式比窄的分销渠道方式的销售量大，但销售成本更高；当产品的销量在某个量以下时，采用由独立中间商组成的间接销售渠道方式的销售成本比较低，当销售量超过时，采用属于制造商自己的直接分销渠道的成本就比较低。

② 控制性标准。即考虑对各种分销渠道方式的控制程度。短的分销渠道比长的分销渠道更容易控制；窄的分销渠道比宽的分销渠道更容易控制；直接的分销渠道比间接的分销渠道更容易控制；单渠道比多渠道更容易控制。

③ 适应性标准。在对各种分销渠道方式进行选择时，必须考虑各种分销渠道类型能适应企业销售渠道目标的程度，或者说对企业维持义务的程度。当产品的市场容量比较大，

销售正处在迅速增长的时候，企业就希望建立能获得最大控制的、有长期稳定关系的分销渠道方式。

2. 营销渠道管理

营销渠道管理指对渠道成员的选择、培训、激励、评价，以及根据市场和营销环境的变化对整个渠道进行改进。公司建立起渠道系统，仅仅是完成了实现分销目标的第一步，而要确保公司分销目标的顺利完成，还必须对建立起来的渠道系统进行适时的渠道控制。

（1）选择渠道成员

选择渠道成员应考虑的主要因素有以下几点：

① 中间商经营产品的范围；

② 中间商的营销网络、营销努力、发展前景；

③ 中间商的声望、信誉、企业实力、合作态度；

④ 中间商的财务状况、经营管理水平；

⑤ 中间商商店地址、市场定位等。

（2）激励渠道成员

激励渠道成员的方式有正反两种。正面激励的方式包括销售奖金、交易折扣与折让、销售竞赛等奖励的方式；负面激励包括提高产品售价、减少销售优惠等惩罚的方式。正确的激励方式应该注意渠道成员间的长期性配合，考虑彼此的基本需要及利益，建立互助互利的合作关系。制造商还可以从以下几个方面采取对中间商的激励措施：

① 开展促销活动；

② 资金支持；

③ 协助中间商搞好经营管理；

④ 提供情报。

【小案例 10-6】

美的公司的销售渠道策略

为了迎战格兰仕公司掀起的新一轮微波炉价格大战，美的公司一改往日做法，将眼睛盯在了中间商身上。美的公司一掷千金，投资3000万元，购买了奔驰、宝马、奥迪等83辆奖励车，并承诺送120家优秀中间商出国深造。投入3000万元奖励中间商，其力度连中间商也颇感意外。一位奥迪得主说："谁也没有想到会有这份奖励，当初的合同中并没有这个说法。不用说，美的公司的销售量还会攀升。"

资料来源：冯志强.市场营销策划.北京：北京大学出版社，2016.

【分析提示】

对中间商的奖励是中间商管理的一个重要手段。在企业营销中激励中间商的方法多种多样，制造商可以不断创新，设计新的方案去激励中间商。

（3）评估渠道成员

生产者除了选择和激励渠道成员外，还必须定期评估他们的绩效。如果某一渠道成员的绩效过分低于既定标准，则需找出主要原因，同时还应考虑可能的补救方法。当放弃或更换中间商将会导致更坏的结果时，制造商只好容忍这种令人不满的局面。当不致出现更坏的结果时，制造商应要求工作业绩欠佳的中间商在一定时期内有所改进，否则，就要取消其资格。

① 契约约束与销售配额。如果一开始制造商与中间商就签订了有关绩效标准与奖惩条件的契约，就可避免种种不愉快。在契约中应明确中间商的责任，如销售强度、绩效与覆盖率、平均存货水平、送货时间、次品与遗失品的处理方法、对企业促销与训练方案的合作程度、中间商必须提供的顾客服务等。

除了针对中间商绩效责任签订契约外，制造商还应定期发布销售配额，以确定目前的预期绩效。制造商可以在一定时期内列出各中间商的销售额，并依销售额大小排出先后名次。这样可促使后进中间商为了自己的荣誉而奋力上进；也可促使先进的中间商努力保持已有的荣誉，百尺竿头，更进一步。

② 测量中间商绩效的主要方法。首先，将每一中间商的销售绩效与上期的绩效进行比较，并以整个群体的升降百分比作为评价标准。对低于该群体平均水平的中间商，必须加强评估与激励措施。其次，将各中间商的绩效与该地区基于销售潜量分析所设立的配额相比较，即在销售期过后，根据中间商的实际销售额与其潜在销售额的比率，将各中间商按先后名次进行排列。

（4）处理渠道冲突

分销渠道的冲突有三种类型：水平渠道冲突、垂直渠道冲突和多渠道冲突。水平渠道冲突是指存在于渠道同一层次的成员企业之间的冲突，如经营同一品牌啤酒的中间商由于相互间的竞价销售造成了冲突。垂直渠道冲突是指同一渠道中不同层次成员之间的冲突，如制造商与中间商之间关于价格、广告、服务等方面的冲突；多渠道冲突是指企业采用双重渠道营销时，各个分销渠道之间在把产品推销给同一市场顾客时产生的冲突。

（5）渠道改进分析

渠道改进分析有三种：渠道结构分析、边际分析和中间商替换分析。渠道结构分析主要探讨是否需要在渠道结构上做适当的调整，以增加渠道成员间的利润。边际分析是指分析增加或减少某一家中间商，对整体销量、利润及成本的影响及变化。中间商替换分析主要分析当由一家中间商取代另一家中间商时所产生的正、负影响。渠道改进分析除了分析包括销售、利润、成本的影响外，同时也要考虑渠道功能的整体性问题及变化。

【小资料 10-2】

中国营销渠道管理发展趋势

近年来，随着营销渠道环境的不断发展变化，企业的营销渠道也在不断地发生变化。主要表现为以下几个方面。

（1）渠道系统扁平化。

（2）渠道建设中心转向终端市场。

（3）渠道关系伙伴化。

（4）渠道重心向下游移动。

（5）渠道格局一体化。

（6）渠道激励内涵化。

资料来源：王水清.营销渠道开发与管理.北京：北京大学出版社，2012.

技能训练 10-3

管理分销渠道

训练背景：随着市场竞争的日益激烈，如何吸引并激励更多合作伙伴更好地销售自己的产品，成为众多供应商渠道管理的一个重要课题。作为企业，对自有的渠道模式应不断地评估改进，才能使其适应市场的需求，立于不败之地。

训练要求：以小组为单位，讨论渠道管理的内容以及在渠道管理中应注意哪些问题，并选择熟悉产品的分销渠道进行评估并提出改进方案。

项目总结

【知识回顾】

（1）营销渠道是指某种货物或劳务从生产者向消费者移动时，取得这种货物或劳务所有权或帮助转移其所有权的所有企业或个人。简言之，营销渠道就是商品或服务从生产者向消费者转移过程中的通道或路径，又称分销渠道、销售通路、流通渠道、销售渠道等。

（2）企业的销售渠道构成有两种基本模式：企业对生产性团体用户的销售渠道模式和企业对个人消费者的销售渠道模式。根据有无中间商参与交换活动，可以将上述两种模式中的所有通道，归纳为两种最基本的销售渠道类型：直接分销渠道和间接分销渠道。根据其他标准划分还可以分为长渠道和短渠道、宽渠道和短渠道、单渠道和多渠道。

（3）中间商是介于生产者和消费者之间专门从事组织商品流通的独立行业，是生产者与消费者之间的纽带与桥梁，起着调节生产与消费矛盾的重要作用。中间商包括批发商、零售商、代理商和经纪人。

（4）营销渠道的设计包括：设立并调整分销目标、分析影响渠道结构的因素、制定分销渠道方案、评估分销渠道方案。在设计出几种可行的渠道结构之后，企业还应做好营销渠道管理工作，包括：选择渠道成员、激励渠道成员、处理渠道冲突及渠道改进分析。

知识训练

一、选择题

1．在消费市场分销渠道模式中一层渠道模式包括了（　　）。

A．批发商　　B．代理商　　C．零售商
D．专业批发商　　E．制造商销售机构

2．按照流通环节或层次多少，分销渠道可以分为（　　）。

A．直接渠道和间接渠道　　B．长渠道和短渠道　　C．宽渠道和窄渠道
D．单渠道和多渠道　　E．密集型渠道和选择型渠道

3．中间商包括（　　）。

A．批发商　　B．采购商　　C．企业代理商
D．经纪人　　E．零售商

二、判断题

1．分销渠道是由一系列中间商所组成的。（　　）

2．中间商的出现是商品经济发展的必然产物。（　　）

3．宽渠道是指制造商同时选择两个以上的同类中间商销售商品。（　　）

三、简答题

1．分销渠道的基本模式有哪些？

2．分销渠道设计的内容包括哪几个方面？

3．分销渠道的管理包括哪些内容？

四、技能题

目前，一些制造商热衷于选择直接分销渠道，即越过中间商，自设销售点，这使批发商遇到了困难。假设你是批发商，试分析应采取的对策，写出一篇报告。

综合实训

一、案例分析

海尔集团实施3个1/3的经营战略（即1/3的产品在国内销售，1/3的产品销售到国外，1/3的产品在国外生产），没有销售渠道的保证显然是不行的。为此，海尔集团尽力拓展销售渠道，到1997年年初，海尔在国内已拥有8 000余个营销点，覆盖了所有一、二、三级市场。在国外120个国家和地区注册了自己的品牌商标，在40多个国家和地区都有专营商，专营商的总数已达5 879个。

在1997年2月18日召开的德国科隆国际博览会上，海尔的冰箱、冷柜、空调、洗衣机、微波炉、热水器等几十个品种的家电吸引了世界各地3 000多位客商，其中320多位当场签订了经销海尔牌各种家电产品的合同和意向书，他们多数是第一次与海尔合作。

在德国科隆国际博览会开幕的当天下午，海尔集团总裁张瑞敏向来自欧洲的12位“海尔”产品专营商颁发了“海尔产品专营证书”。这些经销商获得了海尔空调、冰箱等系列

家电产品在德国、荷兰、意大利等欧洲国家的代理权。我国企业向外国经销商颁布产品专营证书，这在家电企业中还是第一家。这是“海尔”走向世界的扎扎实实的第一步,海尔产品终成为西方人追求的“洋货”。

资料来源：根据网络资料整理

思考分析：

海尔采取了什么分销策略？

二、实训操作

1. 实训目的

通过实训帮助学生提高分销渠道模式的分析能力并掌握设计分销渠道技能，培养学生团队合作精神。

2. 实训组织和要求

将班级分成若干小组，每组选择一个熟悉的食品品牌；分析该公司的营销渠道属于哪种基本模式，该模式的现状、存在问题及创新对策；同时运用分销渠道策略知识，考虑分销渠道的长度、宽度，设计新的合理的分销渠道，制定出分销渠道方案，并分析和评估该分销渠道。以文字叙述为主，适当插入表格与图片，800～100字。

3. 实训内容

（1）选择分析渠道的产品和公司

由学生自己确定所要分析渠道的产品，要考虑自己较熟悉的产品和容易获取相关信息的公司。

（2）分析产品的分销渠道

学生在充分调研的基础上，分析分销渠道的特点、优势、问题和解决对策。

（3）设计分销渠道

在实地调研的基础上，运用设计分销渠道的相关知识，为该产品设计出新的分销渠道。

（4）制定分销渠道方案

根据所学的渠道方案的知识，将制定的新的分销渠道写成方案。

项目11 制定促销策略

项目目标

知识目标

- 了解促销的概念和作用
- 熟悉促销组合策略
- 掌握四种促销方式的特点、种类及其适用性

技能目标

- 具有分析及选择合适的促销组合的能力
- 具有开展人员推销的能力
- 具有开展广告策划的能力
- 具有策划营业推广活动的能力
- 具有策划公共关系活动的能力
- 具有设计促销方案的能力

实训目标

● 通过对促销及促销组合的学习，能运用促销决策及实施的相关知识，具备决策和实施促销活动的技能

● 通过对人员推销的学习，能运用人员推销的方式、步骤、素质要求等相关知识，具备开展人员推销的技能

● 通过对广告的学习，能运用广告的种类、媒体、策略等相关知识，具备开展广告策划的技能

● 通过对营业推广的学习，能运用营业推广的方式、决策过程等相关知识，具备策划营业推广活动的技能

● 通过对公共关系的学习，能运用公共关系的具体活动方式等相关知识，具备策划公共关系活动的技能

项目导入

火车票上打广告，23.2 亿的潜在曝光量，你忽视了吗？

“我们严正抗议在广告中插播电视剧。”这是广大网友对充斥着大量广告的生活提出的抗议，看着视频突然插播一段广告，玩着手机游戏突然跳出来一段广告，看看新闻还会有广告弹出，也许火车票是唯一最纯洁、没有广告的地方了吧。但近日，北京车站开始全面启动新版火车票，票面经过调整“挪移”出了一个广告区域，该区域目前呈现的是“铁老大”宣传自家两大网站的广告语——“买票请到 12306，发货请到 95306”的字样。广大网友会不会再次抗议“请不要在广告中插入乘车信息”呢？

广告潜力=23.2 亿的客流量。

广告取广而告之之意，这就可以看出广告到达率的决定性作用。一则广告普及度不高，群众看不到，那这则广告毫无疑问是失败的。

在火车票上印广告，这不单单是广告到达率高，还能收到切切实实的成效。据中国铁路总公司统计，2014 年中国铁路旅客发送量为 23.2 亿人次，已连续两年增幅超过 10%。随着中国铁路建设日益完善，这个数字必定还会上升。

可以说客流量有多大，广告潜力就有多大。23.2 亿的客流量，人人手持一张车票，这就相当于给这 23.2 亿人每人发了一张小广告。并且，这还不同于我们平常在路边被硬塞进手里随手就会丢掉的小广告，火车票上的小广告，人们是会更加仔细地留意阅读的，这就决定了其极高的广告回报率。

现今，火车票上的广告还是“铁老大”的自我宣传，假以时日，这种广告形式逐渐被人们接受后，这块广告区域将会是人人觊觎的“宝藏”，会有越来越多的市场主体争抢这块“方寸之地”，其带来的经济效益不可估量。

资料来源：根据网络资料整理

项目实施

任务 11.1 了解促销与促销组合策略

根据导入项目，确定“铁老大”这次促销活动的必要性，讨论促销组合选择的影响因素以确定该次促销活动的组合构成，并确定促销活动的决策和实施过程。

1. 促销的概念与作用

（1）促销

促销（promotion）是指企业通过人员和非人员的方式把产品和服务的有关信息传递给顾客，以激起顾客的购买欲望，影响和促成顾客购买行为的全部活动的总称。简而言之，促销就是促进产品销售的简称。

在市场经济中，社会化的商品生产和商品流通决定了生产者、经营者与消费者之间存在着信息上的分离，企业生产和经营的商品和服务信息常常不为消费者所了解和熟悉，或者尽管消费者知晓商品的有关信息，但缺少购买的激情和冲动。这就需要企业通过对商品信息的专门设计，再通过一定的媒体形式传递给顾客，以增进顾客对商品的注意和了解，并激发起购买欲望，为顾客最终购买提供决策依据。因此，促销从本质上讲是一种信息的传播和沟通活动。

一般来说，促销具有以下几种含义。

① 企业作为商品的生产者或者销售者，必须将自己所生产的商品或劳务的相关信息充分而明确地传达给消费者。此时的卖方就是信息的主动发出者，他们需要通过一定的方式来对消费者进行信息的传递，那么促销在这一传递过程中就成为企业必选的重要手段。

② 通过企业促销，作为信息接收方的消费者又会将其对企业商品或劳务的认识和需求动向反馈给企业。对于企业来讲，适应当前市场需求是企业实现最终市场营销目标的重要前提。

（2）促销的作用

在现代市场营销活动中，促销已成为相当重要的组成部分，促销的作用越来越明显，归纳起来体现在四个方面。

① 传递信息。促销的信息传递功能是双向的。一方面，企业通过促销把企业和产品信息传递给顾客，以引起他们的注意，并为他们采购适销对路的商品提供条件；另一方面，企业又可在促销过程中搜集顾客的反馈意见和建议，为企业进一步开展或调整营销活动提供依据。

② 创造需求。消费者的购买行为主要取决于消费者的购买欲望，而消费者的购买欲望往往易受企业促销宣传等外界因素的影响，具有可诱导性。因此，企业可以针对顾客的心理动机，通过采取适当的促销方式，诱导或激发顾客的购买欲望，引发他们的购买行为，从而达到创造需求的目的。

③ 树立形象。企业可以运用促销手段，宣传自己产品有别于其他同类竞争产品之处，使顾客认识到购买、消费本企业产品所能带来的特殊利益和好处，在市场上建立本企业产品的独特形象，使顾客乐于购买本企业产品。同时，适当的促销手段可以树立良好的市场形象，提高企业的声誉和知名度，使更多顾客了解、熟悉和信任本企业，从而利于企业开拓市场，稳定和扩大企业在市场上的份额。

④ 稳定和扩大销售。一般来说，一定时期内企业产品的市场份额可能出现上下波动，这将不利于巩固企业的市场份额。因此，企业可根据市场销售需要有选择地开展多种促销活动，使更多顾客了解、熟悉和信任本企业的产品，培养消费者使用本企业产品的习惯，

从而达到稳定和扩大市场份额的目的。

【小案例11-1】

机场贵宾室变身“家居卖场”

2018年1月，北京首都机场的贵宾室变身为“家居卖场”，乘客在候机时，如果看中了贵宾室的硬装或软装，都可以随时扫描二维码下单。

这是首都空港贵宾服务管理有限公司与互联网家居分享直购平台“我在家”联手推出的服务。双方共同对北京首都机场贵宾休息室进行了升级，不仅更换了沙发、书架、茶台等家具产品和软装，还开通在线购买服务。乘客在候机的同时就可以完成对家居产品的体验，如果产生购买意愿的话，随时可通过“我在家”App下单。

资料来源：http://www.hefei.cc/weixin/a256862.html.

【分析提示】

“我在家”在机场尝试的场景营销，就是为消费者尤其是中高端消费者对家居产品的体验要求提供了解决方案。无疑，这可以引起消费者对“我在家”的关注，树立良好的形象，继而推动产品的销售。

2. 促销组合

（1）促销组合的概念

促销的方式有直接促销和间接促销两种，又可分为人员推销、广告、营业推广和公共关系四种。

① 人员推销指企业派出推销人员或委托推销人员，直接与目标顾客接触，向目标顾客进行产品介绍、推广，促进销售的促销活动。

② 广告促销指企业按照一定的预算方式，支付一定数额的费用，通过不同的媒体对产品进行广泛宣传，促进产品销售的促销活动。

③ 营业推广指企业为刺激消费者购买，采用的由一系列具有短期诱导性的营业方法组成的促销活动。

④ 公共关系指企业通过开展公共关系活动或通过第三方在各种传播媒体上宣传企业形象，促进与企业内部员工、外部公众良好关系的促销活动。

由于各种促销方式都有其优点和缺点，在促销过程中，企业常常将多种促销方式同时并用。促销组合是指将人员推销与非人员推销的促销方式，即人员推销、广告、营业推广和公共关系综合起来，有计划、有目的地配合运用，就形成了整体促销的作用，也就是促销组合。简而言之，促销组合就是企业根据产品的特点和营销目标，综合各种影响因素，对各种促销方式的选择、编配和运用。促销组合是促销策略的前提，在促销组合的基础上，才能制定相应的促销策略。因此，促销策略也称促销组合策略。

企业在进行不同的促销组合时会形成不同的促销策略，但归纳起来主要有推式策略和拉式策略两种基本类型。

① 推式策略。推式策略是指通过以人员推销和营业推广为主的促销组合，把商品推向市场的营销策略，即从制造商推向批发商，再由批发商推向零售商，最后由零售商推向

最终消费者。实施推式策略要求推销人员针对不同的商品和不同的销售对象，灵活运用不同的方法，主要是在现有的产品用户以及潜在用户中多加努力。

② 拉式策略。拉式策略是指通过以广告为主要促销方式的促销组合，把消费者吸引到企业特定产品上来的促销策略。拉式策略的最终目的就是激发消费者的购买欲望，引起消费者的购买兴趣，从而产生购买动机。

（2）确定促销组合时应考虑的因素

由于促销方式各具特点，因而营销人员应该根据不同的需要和情况来选择、搭配促销方式，制定相应的促销组合策略。一般来说，企业确定促销组合策略时，不仅要熟悉各种促销方式并灵活运用，还必须考虑到以下因素。

① 促销目标。企业在不同时期及不同的市场环境下有不同的促销目标。促销目标不同，促销组合就会有差异。如果企业的促销目标侧重于在某一特定市场增加销量，扩大市场份额，则促销组合应注重广告和营业推广；如果企业的促销目标是希望树立企业在目标顾客心目中的良好形象，则促销组合应侧重于公共关系和必要的公益性广告；如果企业的促销目标是希望让更多顾客了解、熟悉和信任本企业的产品，则促销组合应注重人员推销和广告。

② 产品和市场类型。由于产品和市场类型不同，购买者的购买心理和要求也不同，企业所采用的促销组合也会有所差异。

在消费者市场上，由于一般生活消费品的技术结构较简单、标准化程度较高、价格低廉、购买者众多，而且销售范围广且分散，所以广告是最有效的促销工具。此外，许多消费品的促销还要与人员推销、营业推广等方式结合起来使用。

而在产业市场上，由于顾客少而集中，购买批量大且频率低，顾客忠诚度较高，同时工业品技术性强，行业差别大，需要专人操作示范及讲解，因此人员推销被认为是最有效的方式。此外，通常也会辅以广告、营业推广等其他方式，使客户了解企业和产品的状况。

③ 产品生命周期阶段。产品在不同的生命周期阶段，促销目标不同，需要采取不同的促销组合，如表11.1所示。当产品从生命周期的一个阶段进入另一个阶段时，促销组合也必须随之改变，以符合改变后的促销目标。

表11.1　产品生命周期不同阶段对应的促销组合

产品生命周期阶段	促销目标	促销组合
导入期	提高产品的知名度，让购买者了解、熟悉产品	广告为主，营业推广和人员推销为辅
成长期	宣传本企业产品的特色，树立品牌形象	广告为主，配合人员推销和公共关系
成熟期	树立消费者对本企业产品的偏好以及力争在竞争中占有优势	营业推广为主，广告为辅
衰退期	尽量稳定销售直至被市场淘汰	营业推广可以继续进行，人员推销和广告应减至最小规模，针对产品的公共宣传则可以全面停止

④ 市场特点。目标市场的特点不同，也需要采取不同的促销策略。如果目标市场地域范围大，应多采用广告进行促销；如果在小规模的本地市场销售，则应以人员推销或商品陈列为主。同时，企业也应考虑到目标顾客的年龄、性别、文化程度、价值观念、风俗习惯等，选择适当的促销策略，例如，如果目标顾客文化水平较高，应较多运用广告和公共关系；反之应多运用人员推销和营业推广。

⑤ 购买者的不同购买准备阶段。购买者处在产品购买的不同阶段时，各种促销方式的影响也不同，企业应分析现实和潜在购买者的情况，根据他们所处的不同购买阶段采取不同的促销方式。当购买者处于产品的认知阶段时，广告和公共关系的作用最大；当处于了解阶段时，广告和人员推销的影响最大；当处于对产品建立信任阶段时，购买者主要受人员推销的影响，其次才是广告；当处于销售成交阶段时，主要受人员推销和营业推广的影响；当再次购买时，主要受人员推销和营业推广的影响，或多或少地也受提示性广告的影响。

⑥ 促销策略。促销组合在很大程度上受企业选择的推式策略或拉式策略影响。

在推式策略下，企业着重使用人员推销和营业推广等促销方式，再辅以广告和公共关系，通过分销渠道推出产品。拉式策略较适用于企业销售人员不足或没有获得中间商充分支持与合作的新产品的推广活动，这时企业着重使用广告和营业推广方式。

⑦ 促销费用。企业用于促销方面的费用是有限的。因此，促销组合的选择还要考虑在有限的费用预算下，结合其他因素，判断采用什么样的促销组合效果相对较好。相对而言，广告可以以较低的成本向众多处在不同地区的分散的目标顾客传递促销信息；人员推销在建立客户关系方面较有优势，但其成本较高；营业推广对销售有一定刺激作用，但考虑到成本问题，它不适合频繁和长期使用。

（3）促销组合的决策和实施步骤

① 确定促销对象。企业通过对目标市场的研究与调研，界定其产品的销售对象。明确了产品的销售对象，也就确认了促销的目标对象。在确定促销对象时，要考虑其特征，包括市场的地域范围和地域特点以及目标顾客的年龄、性别、文化程度、价值观念、风俗习惯等，以便为确定促销组合提供依据。

② 确定促销目标。不同时期和不同市场环境下，企业开展的促销活动都有着特定的促销目标。不同的促销目标对促销组合的选择和运用有很大影响，因此企业需要先确定本次的促销目标，包括短期促销目标、中期促销目标、长期促销目标。必须注意的是，企业促销目标的选择必须服从企业营销的总体目标。

③ 确定促销时机和促销期限。促销时机和时间直接影响促销的效果，因此企业在进行促销时必须加以考虑。一般来说，促销时机的选择应结合消费需求时间的特点，结合总的市场营销战略来定，日程安排应注意与生产、分销、需求的时机和日程协调一致。促销期限不宜过长或过短，具体的活动期限应综合考虑产品特点、消费者购买习惯、促销目标、竞争者策略及其他因素，按照实际需求而定。

④ 确定促销诉求。一个产品在生命周期的不同阶段，促销诉求有极大的差异，如表11.2所示。如果混淆了诉求的差异性，促销做了也是白做。

表11.2 产品生命周期不同阶段的促销诉求

产品生命周期阶段	促销诉求
导入期	使消费者认知产品及其功能
成长期	使消费者对产品和品牌认可，并且不断强化这种认可度
成熟期	加强消费者对产品的依赖和忠诚度，以便树立品牌形象，扩大市场份额；能够延长产品的生命周期
衰退期	处理库存；维持企业形象借以推广新产品

⑤ 确定促销组合和促销手段。企业根据不同的市场情况，将人员推销、广告、营业推广和公共关系四种促销方式进行适当搭配，确定促销手段和方式，使其发挥整体的促销效果。

⑥ 确定促销预算。企业应根据自身的财力进行促销预算，确定企业在促销方面支出多少经费。不同行业的促销费用差别很大，同一行业的企业由于企业实力不同促销费用也有较大区别。

⑦ 试验、实施和控制促销活动。确定促销组合、促销工具和促销预算后，促销方案基本已成形，但一定要经过试验才予以实施。通过试验明确所选用的促销组合和工具是否适当；促销时间和时机是否合适；促销预算是否合理等。同时，对每一项促销活动都应该确定实施和控制计划。在方案的制定及执行过程中，应有相应的监控机制做保障，并有专人负责控制事态的进展，一旦出现偏差或意外情况应及时予以纠正和解决。

⑧ 评估促销效果。促销方案执行后，企业必须评估它对目标对象的影响以及促销的实施效果。对促销效果评估的方法依市场类型的不同而有所差异。评估后，企业可以根据自己的营销目标进行促销方案的调整，并对有关单位进行奖惩。

同时，在促销的决策和实施过程中，企业要对市场有敏锐洞察力，要密切注意竞争对手的促销情况和市场相关影响因素的变化情况，随时根据需要调整促销方案。

任务11.2 人员推销策略

根据导入项目，讨论运输企业促销活动选择人员推销的优缺点，确定人员推销的方式和过程，讨论并确定人员推销队伍的建立，制定推销人员管理制度，具体包括推销人员的职责、素质要求、培训方式、考核及报酬形式。

1. 人员推销的概念及特点

（1）人员推销的概念

人员推销是企业推销人员直接向中间商或消费者推销商品或劳务，使其采取购买行为的一种促销活动，包含推销员、推销对象（消费者）以及推销商品三个构成要素。人员推销是人类最古老的一种促销形式，它在早期的市场中就已经很常见，也是现代商品销售的一种重要形式，至今仍被各大企业广泛使用。

（2）人员推销的特点

与非人员推销相比，人员推销有着非人员推销不可取代的优点，主要体现在以下方面。

① 信息沟通的双向性。人员推销的过程是人与人之间信息交流的典型方式。一方面，推销人员面对面地直接向消费者推荐自己企业的商品，包括商品详细的功能、特性、优点、使用方法等相关信息；另一方面，消费者可以通过推销人员的直接介绍及时做出反应，包括对商品的评价、要求和疑问等反馈信息，企业可以通过对这类信息的掌握及时调整营销策略，有利于企业更进一步把握销售市场。

② 推销过程灵活。由于人员推销是推销人员与消费者之间面对面的交流与沟通，推销人员可以根据消费者的反应及时调整沟通方式，最大限度地满足消费者要求，诱导其对推销品产生购买力。这一过程由推销人员自己灵活把握，不仅能及时了解更多消费者信息，也能通过一定方法的调整，解除消费者的疑问与顾虑。因此，这种灵活的推销方式使推销的成功率得到了很大的提高。

③ 推销针对性较强。人员推销大多数情况下是一对一的形式，即一个推销人员面对一个消费者的推销。推销人员可以根据自己的推销目的来选择潜在的消费者作为推销对象。通过这种一对一的推销，一方面，推销人员可以提高推销的成功率；另一方面，消费者也能享受到推销人员更优质的服务。

④ 企业与消费者的关系更易得到巩固。人员推销带有很明显的人际交往色彩，推销人员与消费者在长期的交往中不仅形成了买方与卖方的关系，双方也建立了友谊和信任。对企业来说，人员推销为企业赢得了一批稳固的客源，有利于企业与这些消费者长期合作，也有利于企业发展更多忠实的消费者。

【小资料 11-1】

乔·吉拉德是世界上最伟大的推销员，他连续 12 年荣登吉尼斯世界纪录大全，他所保持的汽车销售纪录“连续 12 年平均每天销售六辆车”，至今无人能破。其推销技巧总结如下:

（1）做好次日计划，目标明确。

（2）把顾客当成朋友，让顾客记住你的名字。

（3）经常向顾客寄邮件、贺卡，把公司及自己的信息写在里面，与顾客保持长久友好的关系。

（4）不要和同事一起吃饭，那是浪费时间。

（5）遇到每一个人都会给对方名片，让对方知道你是做什么的。

（6）重视与顾客的第一次接触，留给对方的第一印象很重要。

（7）成交是销售的开始，售后服务一定要做好。

（8）我们卖的不是产品而是自己，顾客只有先接受你才会买你的产品。

（9）学会聆听，通过聆听可以得到更多的顾客信息。

（10）微笑可以提升一个人的价值，当你微笑时，全世界都在向你微笑，当你冷漠时，全世界都在逃避你。

2. 人员推销的基本方式

一般说来，人员推销有以下三种基本方式。

（1）上门推销

上门推销是最常见的人员推销形式。它是由推销人员携带产品样品、说明书和订单等走访顾客，推销产品。这种推销形式可以针对顾客的需要提供有效的服务，方便顾客，故为顾客广泛认可和接受。

（2）柜台推销

柜台推销又称门市，是指企业在适当地点设置固定门市，由营业员接待进入门市的顾客，推销产品。门市的营业员是广义的推销员。柜台推销与上门推销正好相反，它是等客上门的推销方式。由于门市里的产品种类齐全，能满足顾客多方面的购买要求，为顾客提供较多的购买方便，并且可以保证产品完好无损，故顾客比较乐于接受这种方式。

（3）会议推销

会议推销是指利用各种会议向与会人员宣传和介绍产品，进行推销活动。譬如，在订货会、交易会、展览会等会议上推销产品。这种推销形式接触面广、推销集中，可以同时向多个推销对象推销产品，成交额较大，推销效果较好。

3. 人员推销的步骤

人员推销是推销人员向客户介绍、展示产品并说服其购买的活动过程，是一个循序渐进的过程。这一过程一般包括七个步骤，如图11.1所示。

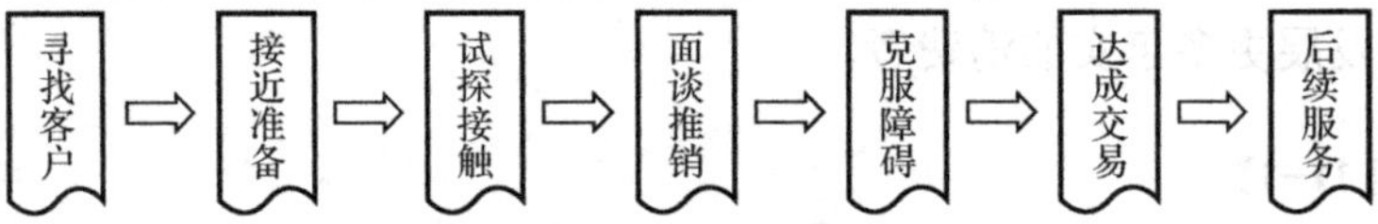

图 11.1 人员推销步骤

4. 人员推销队伍的建设

企业在建设推销队伍时，应主要做好以下几项工作。

（1）招聘推销人员

企业根据自身营销工作的需要，通过应招人员的学历、工作经历、业绩、性格等特征甄别、选拔合适人员。

（2）培训推销人员

在推销人员正式上岗前，企业对其进行公司情况、产品情况、市场情况、竞争状况、推销技巧等相关知识的系统培训。

（3）推销人员配置

企业一般按地区、产品、顾客三个方面来进行推销人员配置。

（4）推销业绩考核

企业对推销人员日常工作进行监督管理，按照一定的标准考核其业绩。

5. 推销人员的管理

（1）推销人员的职责

推销人员的主要职责，是挑选推销人员和开展人员推销活动的基本依据。

① 收集资料。推销人员在实际推销前必须先收集有关的信息资料，大体包括：与推销工作密切相关的信息和资料，如企业的基本销售目标、经营方式、信贷条件和交货期限等；产品的全部知识，能向顾客说明购买和使用本产品能得到的效益及产品的售后服务情况；竞争对手的产品线与本企业的区别，竞争对手的市场营销战略和战术；市场现状及发展趋势等。

② 制订推销计划。推销人员在了解必需的信息资料之后，就应着手做推销前的准备工作，制订推销计划。

③ 进行实际推销。在实际推销过程中，推销人员要争取引起购买者的注意和兴趣，促进购买欲望；利用提供产品鉴定证明、示范使用产品、请购买者亲自试用产品等方法，取得顾客的信任；善于正确处理反对意见，并运用一些策略和技巧达成交易。

④ 做好售后服务。在产品销售出去以后，推销人员还必须与顾客保持经常的联系并继续为其服务；定期了解顾客对产品的意见和建议，采取改进措施，充分履行安装、维修、退货等服务方面的保证。

（2）推销人员的素质

推销人员是企业营销管理的专业人才，面对复杂多变的经济环境，承担各方面的职能，这要求他们必须具有一定的素质。

① 热忱、坚定、勤劳、无畏。推销人员肩负着企业与消费者之间联系的重担，同时要尽可能达成交易，工作是艰巨的。因此，一个合格的推销人员应对企业与产品具有高度的热忱，有坚定的信心，有勤劳的习惯，有任劳任怨的精神和克服困难的勇气。好的推销人员有一种内驱力，即强烈要求完成销售任务的内在需要。

② 服务精神好，富有进取心。推销人员不仅是企业形象的代表，也是消费者的顾问，要想顾客之所想，急顾客之所急，勇于服务，不辞辛苦；推销人员不仅要掌握良好的推销技巧，还要创造推销机会；能以客户的顾问自居，帮助顾客获取利益。好的推销人员应该设身处地为顾客着想。

③ 求知欲强，知识面广。良好的推销人员必须有旺盛的求知欲，善于学习为完成推销工作所必需的知识。

- 企业知识。推销人员应熟悉企业的历史及其在同行中的地位，了解企业销售政策、产品种类以及服务项目，了解企业的定价策略、交货方式、付款条件及保管方法等。
- 产品知识。推销人员应了解产品的性能、用途用法、维修及管理程序等以及竞争产品的有关情况。
- 用户知识。推销人员应了解何人掌握购买决定权，其动机与习惯以及采购的条件、方式、时间等有关情况。

● 市场知识。推销人员应了解现实的客户情况，怎样才能增强购买量，潜在的用户在何方，潜在销售量有多大。

此外，推销人员还要熟悉社会风土民情，具有广泛的社会知识，注意有关政策、法律法规的规定。好的推销人员是一个“万事通”，是熟悉本行业产品的行家里手。

④ 良好的个性，娴熟的技巧。现代推销人员要举止适度，谦恭有礼；仪表端庄、态度从容；谈吐文雅、口齿流利；平易近人，谨慎机敏等。推销人员应绝对避免与顾客争吵，保持良好的礼貌与风度，不利用业务关系谋私利。同时，为获得销售成功，推销人员要准确地了解顾客的愿望、爱好、职业和购买习惯等。对所推销的产品，能帮助顾客解决哪些问题，推销人员要做到心中有数。推销人员要善于接近与说服顾客；要选定适当的推销对象和推销时间；对不同的顾客，要善于采取不同的表达方式；能为顾客利益着想；尽可能地解答顾客的疑问，必要时提出有力的事实保证；对产品性能不作过分夸张，但对产品价值有充分信心，克服价格障碍，掌握良好成交机会。优秀的推销人员能做到不卑不亢、灵活机动、运用自如。

【小资料 11-2】

优秀推销人员的素质

著名的盖洛普民意调查组织下属的盖洛普管理咨询有限公司对近50万名推销人员进行了调查。研究表明，优秀的推销人员有以下四方面的主要素质。

内在动力：所有优秀的推销人员都有一个共同点，那就是有成为杰出人士的无尽动力。这种强烈的内在动力可以通过磨炼形成，但却不是能教会的。

严谨的工作作风：优秀的推销人员能坚持制订详细周密的计划，然后坚决执行。在推销工作中没有什么神奇的方法，有的只是严密的组织和勤奋的工作。优秀的推销人员依靠的是勤奋的工作，而不是运气或是雕虫小技。

完成推销的能力：优秀的推销人员和优秀的运动员一样，具有百折不挠、坚持到底的精神，他们不畏惧失败，直到最后一刻也不会放弃努力。他们对自己和推销的产品深信不疑。他们非常自信，十分渴望做成交易。

与客户建立良好关系的能力：优秀的推销人员是解决客户问题的能手和与客户发展关系的行家。他们能站在客户的立场上，用客户的眼光来看问题，总是想到怎样才能帮上客户的忙。他们全神贯注、有耐心、够周到、反应迅速、能够倾听对方讲话，十分真诚。

技能训练 11-1

实施人员推销

训练背景：某公司欲大力促销某款产品，现委托某推销团队在商场向客户面对面地推销这款产品。

训练要求：每两名同学一组，分别代表推销团队和推销对象团队，选择产品，进行现场推销。推销团队应将产品特性分析、客户信息分析、回答异议、推销思路等内容制作成推销计划。推销对象团队可随机模拟各种意外事故以观察推销团队的应急处理技巧。教师及其他同学组成点评团队，观察推销团队模拟推销的工作表现，提出自己的意见并打分。

（3）推销人员的培训

当选的推销人员，还需经过培训才能上岗，要使他们学习和掌握有关知识与技能。同时，每隔一段时间还要对在岗推销人员进行培训，使其了解企业的新产品、新的经营计划和新的市场营销策略，进一步提高素质。

① 推销人员的培训一般有两种模式，分别是集体训练和个人训练。

② 常用的培训方法主要有课堂培训法、会议培训法、模拟培训法和实地培训法。

● 课堂培训法。这种方法是由推销专家或有丰富推销经验的推销人员采取讲授的形式将知识传授给受训人员。这种培训方法应用最广泛，其主要优点在于费用低，并能增加受训人员的实用知识；其缺点是此法为单向沟通，受训人员获得讨论的机会较少，讲授者无法顾及受训人员的个别差异。

● 会议培训法。这种方法是由主讲老师或推销专家组织推销人员就某一专门议题进行讨论。这种方法有利于讲授者与受训人员的双向沟通，受训人员有表达意见及交换思想、学识、经验的机会。

● 模拟培训法。这是一种由受训人员亲自参与并具有一定实战感的培训方法，为越来越多的企业所采用。其具体做法又可分为实例研究法、角色扮演法、业务模拟法等。实例研究法是一种由受训人员分析所给的推销实例材料，说明如何处理实例中问题的模拟培训法。角色扮演法是一种由受训人员扮演推销人员，由有经验的推销人员扮演顾客，受训人员向“顾客”进行推销的模拟培训法。业务模拟法是一种模仿多种业务情况，让受训人员在一定时间内做出一系列决定，由培训者观察受训人员如何适应新情况的模拟培训法。

● 实地培训法。这是一种在工作岗位上练兵的培训方法。即在新上岗的推销人员接受一定的课堂培训后，将其安排在工作岗位上，由有经验的推销人员指导一段时间，然后逐渐放手，使其独立工作。这种方法有利于受训人员较快地熟悉业务，效果很好。

③ 培训的内容，一般来说主要包括三部分。

● 销售人员的心理素质和潜能培训。由于销售人员通常面对的是拒绝与挫折，因此，通过培训使销售人员永远充满自信和保持积极进取的心态显得尤为重要。

● 基础知识方面的培训。通常包括企业知识、产品知识、市场知识、财务知识和政策法规知识等内容。能够将产品的特性迅速转化成客户的利益需求点，这是专业销售人员所必须具备的。

● 专业销售技巧的培训。销售是一门专业的科学，主要包括：销售前的准备技巧（了解推销区域、找出准客户、做好销售计划等）、接近客户的技巧（电话拜访客户、直接拜访客户、邮件拜访等）、进入销售主题的技巧、市场调查的技巧、询问与倾听的技巧、产品展示和说明的技巧、处理客户异议的技巧、撰写建议书的技巧以及最后达成交易的技巧等。

【小案例 11-2】

分享优秀案例，提升员工销售技能

2018 年 11 月 16 日至 25 日，第十六届广州国际汽车展览会在广州举行。每年的车展，都会带动门店的线下交易。这几天，佛山顺德东风日产协力专营店总经理方明也在忙着培训员工，助力提升店内业绩。

“作为一家汽车经销商，销量是重点关注的问题。近几年的汽车市场竞争愈发激烈，给我们带来不少压力。”方明告诉记者，面对压力，他积极面对，通过培训不断提升员工的销售能力。

今年 49 岁的方明是安徽人，1994 年从武汉科技大学汽车专业毕业后进入汽车行业。从业 25 年以来，他曾在福特、雪佛兰、别克、荣威、广汽本田等品牌专营店工作。经过多年的摸爬滚打，他熟知销售和售后知识，从一名技术维修员向主管、厂长、总监、总经理转变。5 年前，他加入了东风日产品牌店。如今在他的带领下，该门店已连续两年获得“东风日产钻石级专营店”称号。

谈起销售，方明头头是道。“首先，零售量要保持相对稳定。”他告诉记者，零售客户是售后进厂量及产值提升的关键。他的销售策略是：除了价格优惠外，还要关注保养套餐、延保套餐等。此外，他还倡导大力推进大宗客户销售。今年，在大宗客户方面，方明特意安排专人跟进业务。“就连我本人也加入拓展业务的行列之中，务求将大宗业务的效益最大化。”方明说。

为了提高员工在销售方面的能力，东风日产公司建立了规范的培训制度。“最基本的就是做好培训工作，这一点决不能放松。”他表示，无论是新晋销售顾问，还是资深销售顾问，除了熟知培训礼仪、产品知识外，还要熟悉整个销售流程。为满足市场客户的不同需求，方明每月都要根据销售出现的新情况，对员工进行针对性的培训。

此外，该门店还设立了奖励机制。方明会根据整体销量、重点车型销售、满意度分值、服务投诉量等，评选出当月的“销售之星”“服务之星”。方明表示，该措施可以表彰优秀销售顾问，发挥标兵作用，鼓励其他人向优秀销售顾问看齐。

此外，方明还要求销售顾问接待客户时，必须进行有效录音，防止销售顾问为了销量虚假承诺，影响品牌形象。店内一名员工告诉记者，“方总会把一些优秀的案例录音共享出来，让新晋销售顾问学习销售专业知识和技巧。”

资料来源：根据网络资料整理

【分析提示】

一名优秀的推销人员必须在各个方面具备良好的素质和条件，当然这些素质是需要培训的。培训可以提高销售员的销售能力，使其紧张有序地开展工作，提高工作效率，最大程度增加销售额，创造更好的经济效益。

（4）推销人员的考核

推销人员绩效考核指标主要有以下两类。

① 基于成果的考核。衡量工作结果的定量指标，能把个人和组织的目标有机结合起

来，依据每个人所做的贡献来评价其绩效。具体指标主要有以下几个。

● 销售计划完成率：指实际销售额或销售量占计划销售额或销售量的百分比。

● 销售毛利率：指毛利占销售收入的百分比，也简称为毛利率，其中毛利是销售收入与销售成本的差额。

● 销售费用率：指销售费用与营业收入的比率。它体现了企业为取得单位收入所花费的单位销售费用，或者销售费用占据了营业收入的多大比例。

● 货款回收率：指本期回收的货款与本期应收货款的比率。

● 客户访问率：指实际访问客户的数量或实际访问客户的次数与计划访问客户的数量或计划访问客户的次数的比率。

● 访问成功率：指访问成功的个数和所有被访者个数的比率。

● 顾客投诉次数：指考核期内顾客因为对企业产品质量或服务的不满意，而提出的书面或口头上的异议、抗议、索赔和要求解决问题等行为的次数。

● 培育新客户数量：指考核期内新培育、新开发的客户数量。

② 基于行为的考核。衡量行为、表现与素质的岗位定性指标，与工作结果同样重要。销售人员行为考核标准，具体指标主要有以下几项。

● 执行遵守本单位各项工作制度、考勤制度、保密制度和其他公司规定的行为表现。

● 履行本部门工作的行为表现。

● 完成工作任务的行为表现。

● 遵守国家法律法规、社会公德的行为表现。

● 其他。

任务 11.3 广告策略

根据导入项目，讨论“铁老大”及运输企业促销活动选择的广告种类及其原因，分析同类产品目前的广告投放媒体状况，调查目标客户接受或亲近的媒体情况，确定广告投放媒体组合，并选择合适的广告策略撰写广告方案。

1. 营销渠道的概念

(1) 广告的含义

广告的含义有广义和狭义两种解释。广义的广告指凡是能唤起人们的注意、告知某项事物、传播某种信息、宣传某种观点或见解的活动。广义的广告包括非商业广告和商业广告。非商业广告指不以盈利为目的的广告，如政府行政部门、社会事业单位乃至个人的各种公告、启事、声明等。商业广告即狭义广告，又称经济广告，是指企业以付费的方式，通过公共媒体对其商品或服务进行宣传，借以向消费者有计划地传递信息，影响人们对所广告商品或服务的态度，进而诱发其购买行为的活动。促销方式中的广告一般是指狭义广告。

根据狭义的广告定义，广告作为一种促销手段，具有以下几方面的特点。

① 广告是一种有计划、有目的的活动。

② 广告的主体是广告主，客体是消费者或用户。

③ 广告的内容是商品或劳务的有关信息。

④ 广告的手段是借助广告媒体直接或间接传递信息。

⑤ 广告的目的是促进产品销售或树立良好的企业形象。

（2）广告的功能

在当代社会，广告既是一种重要的促销手段，又是一种重要的文化现象。广告对企业、对消费者和社会都具有重要作用。

① 广告对企业的功能。

● 传播信息，沟通产销。广告对企业的首要功能是沟通产销关系。

● 降低成本，促进销售。从绝对成本的角度看，广告的成本是高的。但如果从相对成本的角度看，因为广告的大众化程度高，广告的成本又是比较低的。比如可口可乐，每年的巨额广告费平均分摊到每一个顾客身上只有0.3美分，但如果用人员推销成本则需60美元。据统计，在发达国家，投入一元广告费，可收回20～30元的收益。

● 塑造形象。广告是塑造企业形象的重要手段。

② 广告对消费者的功能。

● 指导消费。消费者获取商品信息的来源主要有四种，即商业来源、公共来源、人际来源和个人来源。广告即是消费者最重要的商业来源。可以说，在现代社会，面对琳琅满目的商品，如果离开了广告，消费者将无所适从。

● 刺激需求。广告的一个重要功能就是刺激消费者的购买欲望，促使消费者对商品产生强烈的购买冲动。广告刺激的需求包括初级需求和选择性需求。所谓初级需求，是指通过广告宣传，促使消费者产生对某类商品的需求，如对电脑、汽车等的需求；选择性需求是指通过广告宣传，促使消费者产生对特定品牌商品的需求，如联想电脑、红旗汽车等，引导消费者认牌购买。

● 培养消费观念。广告引导着消费潮流，促使消费者树立科学的消费观念。

③ 广告对社会的功能。

● 美化环境，丰富生活。路牌广告、POP广告、霓虹灯广告等，美化了城市形象，使都市的夜晚变得星光灿烂，绚丽多姿。因此，广告被称为现代城市的脸。优美的广告歌曲、绚丽的广告画面、精彩的广告词，无不给人以艺术的享受。

● 影响意识形态，改变道德观念。据调查，一个美国人从出生到18岁在电视中看到广告的时间达1 800多个小时，相当于一个短期大学所用的学时。所以，广告对社会的价值观念、文化传承都具有非常重要的影响。

2. 广告的种类

根据不同的划分标准，广告有不同的种类。

（1）根据广告的目标划分

① 通知性广告。通知性广告，又称为开拓性广告或报道性广告，它以激发顾客对产品的初始需求为目标，主要介绍刚刚进入投入期的产品的用途、性能、质量、价格等有关情况，以促进新产品进入目标市场。

② 说服性广告。说服性广告，又称为劝告性广告或竞争性广告，它是以激发顾客对产品产生兴趣，增进“选择性需求”为目标，对进入成长期和成熟前期的产品所做的各种传播活动。

③ 提醒性广告。提醒性广告，又称为备忘性广告或提示性广告，它是指对已进入成熟后期或衰退期的产品进行的广告宣传，目的是在于提醒顾客，使其产生“惯性”需求。

（2）根据广告的内容划分

① 商品广告。商品广告，是针对商品销售开展的大众传播活动。

② 企业广告。企业广告，又称商誉广告。这类广告着重宣传、介绍企业名称、企业精神、企业概况（包括企业历史、生产能力、服务项目等情况）等有关企业信息，其目的是提高企业的声望、名誉和形象。

③ 公益广告。公益广告是用来宣传公益事业或公共道德的广告。公益广告能够实现企业自身目标与社会目标的融合，有利于树立并强化企业形象。

（3）根据广告传播的区域划分

① 全国性广告。全国性广告指采用信息传播能覆盖全国的媒体所做的广告，以此激发全国消费者对所广告产品产生需求。这种广告要求广告产品是适合全国通用的产品，因其费用较高，只适合生产规模较大、服务范围较广的大企业，而对实力较弱的小企业实用性较差。

② 地区性广告。地区性广告指采用信息传播只能覆盖一定区域的媒体所做的广告，借以刺激某些特定地区消费者对产品的需求。此类广告传播范围小，多适合于生产规模小、产品通用性差的企业和产品进行宣传。

（4）根据所选用的广告媒体划分

随着现代科技的发展，广告媒体也在不断丰富。除了报纸广告、杂志广告、广播广告、电视广告等四种传统广告媒体外，路牌、霓虹灯、邮寄、电话、互联网等各类新形式广告媒体也得到广泛应用。

3. 广告媒体及其选择

广告媒体又称广告媒介，是广告主与广告接受者之间的连接物质。具体来说，广告媒体是指传播商品或服务所运用的物质与技术手段，是企业向公众发布广告的传播载体。广告的选择是否恰当，直接影响企业广告的宣传效果以及广告预算开支。

（1）广告媒体的种类

广告媒体的种类很多，不同类型的媒体有不同的特性，广告媒体的优缺点对比如表11.3所示。

表 11.3 广告媒体的优缺点对比

广告媒体	优　点	缺　点
报纸	影响广泛，宣传覆盖率高；传播迅速，反应及时；企业可自由选择刊登日期；费用比较低	广告时效短，重复性差，保存性差；报纸内容庞杂，易分散读者注意力；印刷不精美，画面清晰度较差，吸引力低
杂志	广告对象明确，针对性强，收效率高；阅读率和保存率比较高，广告时效长；广告画面鲜明，易引人注目	发行周期较长，因此信息传递延迟性较大；读者群比较窄
广播	传播迅速、及时，表现方式灵活多样；传播对象较为广泛；价格比较低廉	播音时间短促，速度快，因此不便听众记忆广告内容；只有声音而无画面，既无法存查，也不利于加深听众的印象；听众过于分散，效果难以估计
电视	视觉刺激强，收视效果佳；收视率较高，宣传范围广，影响面大；宣传手法灵活多样，艺术性强	时间性强，不易存查；制作复杂，费用较高；播放节目繁多，易分散观众对广告的注意力
户外场所	地理选择性好；持续时间长，过往行人可反复观看；成本费用低	针对性差；表现内容少
邮政	企业直接将广告送到对象手中，接受者的注意力往往不会被分散	缺乏一定的针对性，不容易引起客户的注意
销售现场	易加强消费者对产品的印象，增加消费者的购买欲望	易受商场超市管理方限制
网络	广告方式灵活多样；覆盖面广，影响面大；速度快，持续时间长；成本费用低	针对性差

（2）广告媒体的选择

不同的广告媒体有不同的特性，这决定了企业从事广告活动必须对广告媒体进行正确的选择，否则将影响广告效果。

正确地选择广告媒体，一般要考虑以下影响因素。

① 广告的目标。简单来说，广告目标可以归纳为增加销售额、扩大市场占有率、提高知名度或信誉三类。若以增加销售额作为广告目标，就应选择传播速度快、刺激性强的媒体，依其顺序应是电视、广播、POP、DM、报纸、杂志等；若以扩大市场占有率为广告目标，则应选择针对性强、发行量大的媒体，如电视、报纸、杂志等；若以提高企业知名度为广告目标，利用广告使消费者对企业或品牌产生好感，可选择报纸、电视、户外广告、交通广告等媒介。

② 产品的性质。不同性质的产品，有不同的使用价值、使用范围和宣传要求。广告媒体只有适应产品的性质，才能取得较好的广告效果。生产资料和生活资料、高技术产品和一般生活用品、低值产品和高档产品、易耗品和耐用品等都应采用不同的广告媒体。通常，对高技术产品进行广告宣传，应面向专业人员，故多选用专业性杂志；而一般生活用品，则适合选用能直接传播到大众的广告媒体，如广播、电视等。

③ 市场环境。影响媒体选择的市场环境因素很多，包括自然和地理条件、社会文化

差异、经济发展水平等。例如，人口密度低的地区，由于对媒体传播速度和范围要求高，利用广播和电视两种媒体效果会好些；而在文盲率高的国家和地区，报纸或杂志的广告效果会受到限制，因此电视和广播比较适宜。

④ 消费者接触媒体的习惯。选择广告媒体，还要考虑目标市场上消费者接触广告媒体的习惯。一般认为，能使广告信息传到目标市场的媒体是最有效的媒体。例如，对儿童用品的广告宣传，宜选电视作为其媒体；对妇女用品进行广告宣传，可选用妇女喜欢阅读的妇女杂志或电视，也可在妇女商店布置橱窗或展销；以年轻人作为目标顾客的产品，可以通过网络广告进行宣传。

⑤ 媒体的传播范围。媒体传播范围的大小直接影响广告信息传播区域。适合全国各地使用的产品，应以全国性发放的报纸、杂志、广播、电视等作为广告媒体；属地方性销售的产品，可通过地方性报刊、电台、电视台、霓虹灯等传播信息。

⑥ 媒体的费用。广告媒体的收费标准不同，即使同一种媒体，也因传播范围和影响力的大小而有价格差别。考虑媒体费用，应该注意其相对费用，即考虑广告促销效果。例如，使用电视做广告需支付20 000元，预计目标市场收视者2 000万人，则每千人支付广告费是1元；选用报纸作媒体，费用10 000元，预计目标市场收阅者500万人，则每千人广告费为2元。比较结果，应选用电视作为广告媒体。

在选择媒体时，除了上述考虑因素外，还要考虑广告的内容、广告的时机等，但无论什么情况下，都要根据广告目标的要求，结合广告媒体的优缺点，综合考虑各影响因素，尽可能选择使用效果好、费用低的广告媒体。

4. 常见的广告策略

广告是通过借助科学艺术手段，刺激人们的感觉来取得宣传效果。只有那些给消费者留下深刻印象的广告才能起到应有的作用，才能使促销活动成功。

（1）利用名人效应

人们对社会名人普遍存在着仰慕的心理，所以可以利用名人效应来进行广告宣传。在广告中利用名人效应有两种方式：一种是直接的方式，即直接邀请社会各界名人来进行广告宣传；二是间接的方式，即借助名人的声望，来提高商品的知名度和美誉度。

（2）赋予产品一种特定形象，以引起顾客对产品的感情依恋

由于大多数产品日益标准化和复杂化，普通顾客很难客观地给它们以公平的评价和对待，因此，企业可以利用广告宣传为自己的产品塑造出独特的、独具魅力的“品质”。这样，当顾客看到某种产品或者听到产品名称时，该产品的内涵形象便会出现在顾客心目中，从而帮助顾客非理性地判断和区别产品，达到诱发顾客对该产品产生购买欲望的目的。

（3）以新奇特色取胜

除少数人因为特殊的需要而有意识地去视听广告以外，大多数人在视听广告时都处于无意识状态。这时，只有使他们首先产生无意注意，然后他们才可能把广告听下去或看下去，转为有意注意。所以，在当今广告充斥的世界里，必须把广告做得有特色才能引起顾客的无意注意，进而引起有意注意。

【小案例 11-3】

亚马逊——每个人都是一本奇书

亚马逊为了推广 Prime 阅读给广大读书人，配合 4 月 23 日世界读书日，亚马逊推出了一支 H5——每个人都是一本奇书。这支 H5 在朋友圈刷了好几天，这种互动形式的 H5 也很常见，但是亚马逊的这支 H5 带着满满的文艺书香气，甚至还有一股“性格测试”的味道，所以深受网民的喜爱，每个人都想看看自己是一本什么书。

资料来源：根据网络资料整理

【分析提示】

广告是通过借助科学艺术手段，刺激人们的感觉来取得宣传效果。只有那些给消费者留下深刻印象的广告才能起到应有的作用。成功的互动营销形式不仅要与品牌高度契合，互动的结果一定要能够彰显不同消费者的个性，能够获得单向沟通的答案，才会吸引消费者参与进来。

（4）利用人们的逆反心理

由于人们普遍存在着逆反心理，因此，企业若利用这种心理，换个角度，从侧面去做广告，往往可以取得出其不意的结果。

总的来说，利用顾客的逆反心理做广告主要有以下几种手法。

① 以长托短。这种手法既谈优点，又谈缺点，但缺点与优点相比显然是微不足道的。顾客在看到或听到这种广告后，会因这种广告摆出了产品的不足之处而更相信产品的优点，从而采取购买行动。

② 以短比短。这种手法的诀窍在于说明了自己产品的缺点，同时说明自己产品的缺点也是其他同类产品的短处。这样既承认了缺点，又暗示顾客这种缺点是无法避免的，使顾客有真实可信感。

③ 以短揭长。这种手法表面上是介绍自己产品的缺点，其实是换个说法，把优点以缺点的方式表达出来，利用顾客的逆反心理，激起他们的好奇心，反而有可能吸引来更多的顾客。

（5）赞助、公益广告

① 赞助广告。赞助广告是利用纪念活动、比赛活动，由企业出资捐助，从中取得刊登广告的权利。企业做赞助广告的目的是要提高其知名度，从而有利于企业产品的销售。

② 公益广告。公益广告是免费做广告为社会或公众提供福利。从表面上看，公益广告完全为公众免费服务，但企业可以从中增加美誉度，间接地促进了销售，因此起到了“不是广告胜似广告”的作用。

5. 广告费用预算

广告预算是企业对广告活动费用的匡算，是企业投入广告活动的资金费用使用计划。广告预算的编制往往受到目标市场的规模及其分散程度、竞争者的广告策略、企业财务承受能力、产品生命周期、企业的市场营销目标等因素的影响。科学编制广告预算，可以合理地解决广告费用与企业利益的关系。

广告费用预算的编制方法很多，在实际操作中经常使用且较为简便的编制方法有以下几种。

（1）目标达成法

这种方法是根据企业的市场战略和销售目标，确立广告目标，再根据广告目标要求所需采取的广告战略，制订出广告计划，再进行广告预算。这一方法比较科学，广告阶段不同，广告攻势强弱不同，费用可自由调整，可以灵活地适应市场营销的变化。其公式为：

广告费=目标人数×平均每人每次广告到达费用×广告次数

（2）销售额百分比法

这种计算方法是以一定期限内销售额的一定比率计算出广告费总额。由于执行标准不一，又可细分为计划销售额百分比法、上年销售额百分比法、计划与上年销售额平均折中销售额百分比法以及计划销售增加额百分比法四种。销售额百分比计算法简单方便，但过于呆板，不能适应市场变化。

（3）销售单位法

这是以每件产品的广告费用摊分来计算广告预算的方法。这种方法按计划销售数为基数计算，方法简便，特别适合于薄利多销的商品。其计算公式为：

广告预算=（上年广告费/上年产品销售件数）×本年产品计划销售件数

6. 广告效果的评价

广告效果的评价是指运用科学方法来鉴定所做广告的效益。广告效果主要表现在三个方面，即心理效果、经济效果和社会效果。其中，广告的心理效果是指顾客对所做广告的心理认同程度、购买意向和购买频率；广告的经济效果是指广告促进产品或服务的销售程度、企业产值和利润等经济指标增长的程度；广告的社会效果是指广告是否符合社会公德，是否寓教于销。这三个效果相辅相成，缺一不可。

根据评价的时间不同，广告效果评价可分为广告前测、广告中测和广告后测。

（1）广告前测

广告前测是指在制定广告方案后，在广告方案实施之前对其进行评价。其目的有二个：一是诊断广告方案中的问题，避免推出无效甚至是有害而无益的广告；二是比较、评估候选方案，以便找出最有效的广告方案。

（2）广告中测

广告中测是指在广告方案实施的过程中，对广告效果进行评价。其目的是为了发现广告前测中未能发现或确定的问题，以便及时解决。同广告前测比，广告中测能及时收集反馈信息，所得结果更真实，更具参考价值，依据这些信息能发现广告中的各种问题，并迅速有效地加以纠正。

（3）广告后测

广告后测是指在广告方案实施后对广告效果加以评价。评价内容视广告目标而定，包括品牌知名度、品牌认知度、品牌偏好及购买行为、销售量或销售额等。

7. 广告促销方案的制定

尽管对于广告在促销中的作用存在争论，中国企业对广告却始终情有独钟。这从中央电视台每年黄金时段的广告招标金额节节攀升中可见一斑。

显然，现代市场早已走出了“酒好不怕巷子深”的时代，当代企业所要考虑的并不是要不要做广告的问题，而是如何做出精品广告，从而赢得消费者对广告的信任的问题，这需要企业进行科学的广告决策。

企业的广告决策，一般包括五个重要的步骤，简称“5M”。

（1）确定广告目标

广告目标是企业通过广告活动要达到的目的，其实质就是要在特定的时间对特定的目标受众完成特定内容的信息传播，并获得目标受众的预期反应。

企业的广告目标取决于企业的整个营销目标。由于企业营销任务的多样性和复杂性，企业的广告目标也是多元化的。美国市场营销专家罗希尔·科利在《确定广告目标、衡量广告效果》一书中曾列举了52种不同的广告目标。

根据产品生命周期不同阶段中广告作用和目标的不同，一般可以把广告目标大致分为告知、劝说和提示三大类。

① 告知性广告。告知性广告主要用于向市场推销新产品，介绍产品的新用途和新功能，宣传产品的价格变动，推广企业新增的服务，以及新企业开张等。告知性广告的主要目标是为了促使消费者产生初始需求。

② 劝说性广告。在产品进入成长期、市场竞争比较激烈的时候，消费者的需求是选择性需求。此时企业广告的主要目标是促使消费者对本企业的产品产生偏好。具体包括：劝说顾客购买自己的产品，鼓励竞争对手的顾客转向自己，改变消费者对产品属性的认识，以及使顾客有心理准备乐于接受人员推销等。劝说性广告一般通过现身说法、权威证明、比较等手法说服消费者。

③ 提示性广告。提示性广告是在产品的成熟期和衰退期使用的主要广告形式，其目的是提示顾客购买。比如提醒消费者购买本产品的地点，提醒人们在淡季时不要忘记该产品，提醒人们在面对众多新产品时不要忘了继续购买本产品等。

（2）确定广告预算

广告目标确定后，企业必须确定广告预算。广告预算是否合理对企业来说是一个至关重要的问题。预算太少，广告目标不能实现；预算太多，又造成浪费，有时甚至决定企业的命运。中央电视台曾经的“标王”如秦池、爱多的命运对此做了很好的注解。

确定广告预算的方法主要有四种，即量力支出法、销售额百分比法、目标任务法和竞争对等法。

企业在确定广告预算时必须充分考虑以下因素。

① 产品生命周期。产品在投放期和成长期前期的广告预算一般较高，在成熟期和衰退期的广告预算一般较低。

② 市场占有率的高低。市场占有率越高，广告预算的绝对额越高，但人均广告费用却比较低；反之，市场占有率越低的产品，广告预算的绝对额也较低，但人均广告费

并不低。

③ 竞争的激烈程度。广告预算的多少与竞争激烈程度的强弱成正比。

④ 广告频率的高低。广告频率的高低与广告预算的多少成正比。

⑤ 产品的差异性。高度同质性的产品，消费者不管购买哪家企业生产的都一样，广告效果不明显，广告预算低；高度差异性的产品，因为具有一定的垄断性，不做广告也会取得较好的销售效果；而具有一定的差异性但这种差异又不足以达到垄断地位的产品，因为市场竞争激烈，广告预算反而应该比较多。

（3）确定广告信息

广告的效果并不主要取决于企业投入的广告经费，关键在于广告的主题和创意。广告主题决定广告表现的内容，广告创意决定广告表现的形式和风格。只有广告内容迎合目标受众的需求，广告表现具有独特性，广告才能引人注意，并给目标受众带来美好的联想，从而促进销售。

广告的信息决策一般包括三个步骤。

① 确定广告的主题。广告主题是广告所要表达的中心思想。广告主题应当显示产品的主要优点和用途以吸引消费者。对于同一类商品，可以从不同角度提炼不同的广告主题，以满足不同消费者的需要和同一消费者的不同需要。

广告信息的产生，可以通过对顾客、中间商、有关专家甚至竞争对手的调查获得创意。西方的营销专家认为消费者购买商品时期望从中获得四种不同的利益：理性的、感性的、社会的和自我实现的。产品使用者从用后效果的感受、使用中的感受和附加效用的感受等三种途径实现这些满足。将上述四种利益和三种途径结合起来，就产生了12种不同的广告信息，从每一种广告信息中可以获得一个广告主题。在企业广告活动中，常用的广告主题主要有：快乐、方便、传统、健康等。根据国外广告专家的调查结果，广告的主题主要有食欲、健康、快乐、名望、安全、经济等。

② 广告信息的评估与选择。一个好的广告总是集中于一个中心的促销主题，而不必涉及太多的产品信息。“农夫山泉有点甜”，就以异常简洁的信息在受众中留下深刻的印象。如果广告信息过多过杂，消费者往往不知所云。

广告信息的载体就是广告文案。广告文案的评价标准有许多，但一般要符合三点要求。

- 具有吸引力。即广告信息首先要使人感兴趣，引人入胜。
- 具有独特性。即广告信息要与众不同，独具特色，而不要人云亦云。
- 具有可靠性。广告信息必须从实际出发，实事求是，而不要以偏概全，夸大其词，甚至无中生有。只有全面客观的广告传播，才能增加广告的可信度，才能持久地建立企业和产品的信誉。

③ 信息的表达。广告信息的效果不仅取决于“说什么”，更在于“怎么说”，即广告信息的表达。广告表现的手段包括语言手段和非语言手段。

语言在广告中的作用是其他任何手段所不及的，因为语言可以准确、精炼、完整、扼要地传达广告信息。如铁达时手表的“不在乎天长地久，只在乎曾经拥有”、统一润滑油的“多一份润滑，少一份摩擦”、中国移动通信公司的“我的地盘听我的”等，既简明扼要，又朗朗上口，都取得了意想不到的效果。

非语言手段就是语言以外的、可以传递信息的一切手段，主要包括构图、色彩、音响、体语等。

进行广告表现，要做到图文并茂，善于根据不同产品的不同广告定位，把语言手段和非语言手段有机地结合起来。

任何一个广告信息都可以用不同的表现风格加以表现。例如，生活片段，表现人们在日常生活中正在满意地使用某产品；生活方式，借助广告形象强调产品如何适应人们的某种生活方式；音乐，包括背景音乐和广告歌曲；幻想，针对本产品或其用途，设计出一种幻想意境；气氛，为产品制造可以引起某种联想的氛围，给人以暗示；人格化，创造一个人物或拟人化的形象来代表或象征某产品；专门技术，表现企业在生产某产品过程中的技术和专长；科学证据，借助于科学研究成果或调查证明，表现产品的优越之处；旁证，由值得信赖的权威人士推荐或普通用户现身说法，以证明产品的功能和用途。

（4）选择广告媒体

广告表现的结果就是广告作品。广告作品只有通过恰当的广告媒体投放才能实现广告传播的目标。

广播、电视、报纸和杂志是四大传统的大众传播媒体，互联网被称为第五个大众媒体。除大众传播媒体以外，还有招牌、墙体等户外媒体，车身、车站等交通媒体，信函、传单等直接媒体等众多种类。

广告媒体的选择，主要依据下列因素进行。

① 广告产品的特征。一般生产资料适合选择专业性的报纸、杂志、产品说明书；而生活资料则适合选择生动形象、感染力强的电视媒体和印刷精美的彩色杂志等媒体。

② 目标市场的特征。

● 目标市场的范围。全国性市场适合选择全国性媒体，如中央电视台、《经济日报》等；区域性市场适合选择地区性媒体，如《广州日报》、广州电视台等。

● 目标市场的地理区域。农村市场需要选择适合农民的媒体，如《南方农村报》等；城市市场则适合选择都市类媒体，如《南方都市报》等。

● 目标市场的媒体习惯。每种媒体都有自己独特的定位，每类消费者也都有自己的媒体习惯。所以，媒体选择要有针对性。如针对中产阶级的广告，适合选择《新快报》等时尚类媒体。

③ 广告目标。以扩大市场销售额为目的的广告应选择时效性强、表现力强、针对性强的媒体；树立形象的广告则适合选择覆盖面广、有效期长的媒体。

④ 广告信息的特征。情感诉求的广告适合选择广播、电视等媒体；理性诉求的广告适合选择报纸、杂志等印刷类媒体。

⑤ 竞争对手的媒体使用情况。一般情况下，应尽可能避免与竞争对手选择同一种媒体，特别是同种媒体的同一时段或同一版面。如果中国移动和中国联通的广告登在同一种报纸的同一版面上，或者在电视的同一时段投放，效果就可能大打折扣。

⑥ 广告媒体的特征。各类广告媒体都有各自的广告适应性，如电视的优势是生动形象，时效性强，多手段传播，但不易保存，费用高；报纸价格便宜，易保存，但不生动等。选择广告媒体一定要对各类媒体的广告属性进行充分的把握。

⑦ 国家广告法规。广告法规关于广告媒体的规定是选择广告媒体的重要依据。

（5）评估广告效果

广告的效果主要体现在三方面，即广告的传播效果、广告的促销效果和广告的社会效果。广告的传播效果是前提和基础，广告的促销效果是广告效果的核心和关键，企业的广告活动也不能忽视对社会风气和价值观念的影响。

① 广告传播效果的评估。传播效果的评估主要评估广告是否将信息有效地传递给目标受众。这种评估传播前和传播后都应进行。传播前，既可采用专家意见综合法，由专家对广告作品进行评定，也可以采用消费者评判法，聘请消费者对广告作品从吸引力、易读性、好感度、认知力、感染力和号召力等方面进行评分。传播后，可再邀请一些目标消费者，向他们了解广告的阅读率或视听率，对广告的回忆状况等。

② 广告促销效果的评估。促销效果是广告的核心效果。广告的促销效果，主要测定广告所引起的产品销售额及利润的变化状况。测定广告的促销效果，一般可以采用比较的方法。在其他影响销售的因素一定的情况下，比较广告后和广告前销售额的变化；或者其他条件基本相同的甲和乙两个地区，在甲地做广告而在乙地不做广告，然后比较销售额的差别，以此判断广告的促销效果等。

③ 广告社会效果的评估。社会效果的评估主要评定广告的合法性以及广告对社会文化和价值观念的影响。一般可以通过专家意见法和消费者评判法进行。

技能训练 11-2

制定广告方案

训练背景：某日用品公司近期打算推出“茶爽”系列牙膏，这款牙膏具有较强的药用和口腔清洁功能，可以很好地起到消炎止血和祛除牙菌斑的作用，牙膏定位在高端市场。

训练要求：以小组为单位，分析同类产品目前的广告投放媒体状况，调查“茶爽”牙膏目标客户接受或亲近媒体的情况，确定“茶爽”系列牙膏广告投放媒体组合，并选择合适的广告策略，撰写广告促销方案，以提高消费者对本产品的认知度。

任务 11.4 营业推广策略

根据导入项目，分析运输企业旗下产品目前常用的营业推广方式，确定产品的营业推广对象及相应的营业推广方式，讨论并确定营业推广的决策过程，并据此撰写营业推广方案。

1. 营业推广的含义及作用

（1）营业推广的含义

营业推广又称销售促进，是指企业运用各种短期诱因鼓励消费者和中间商购买、经销（或代理）企业产品或服务的促销活动。简而言之，营业推广是广告、人员推销和公共关系以外的能刺激需求、扩大销售的各种促销活动。

营业推广也是构成促销组合的一个重要促销形式。由于市场竞争的激烈程度加剧、消费者对交易中的实惠日益重视、广告媒体费用上升、企业经常面临短期销售压力等原因，营业推广受到越来越多的企业青睐。

简单地概括，营业推广具有以下特点。

① 短期性。营业推广是一种短期的促销方式，企业通常是在某一特定时期，根据一定的推销任务来进行短期特别促销。

② 针对性。营业推广通常是对企业的某种产品进行的短期促销，针对性较强。

③ 灵活性。采取营业推广作为促销手段时，企业可以根据产品销售的情况，通过随时调整优惠活动的形式来增强促销效果。

④ 非连续性。营业推广是其他促销方式的辅助手段，往往通过一次性的优惠来刺激顾客，具有明显的非连续性。

（2）营业推广的作用

营业推广的作用主要体系在以下几个方面。

① 吸引消费者的购买。这是营业推广的首要目的，尤其是在推出新产品或吸引新顾客方面。由于营业推广的刺激性比较强，并能使顾客在了解产品的基础上采取购买行为，因此较易吸引顾客的注意力。

② 稳定产品市场的占有率。营业推广的很多手段，例如销售奖励、赠券等通常都附带价格上的让步，其直接受惠者大多是经常使用本品牌产品的顾客，这使他们更乐于购买和使用本企业产品，从而巩固企业产品的市场占有率。

③ 有利于企业营销目标的实现。这是企业的最终目的，营业推广实际上是企业让利于购买者，它可以使广告宣传的效果得到有力增强，破坏消费者对其他企业产品的品牌忠实度，从而达到本企业产品销售的目的。

2. 营业推广的方式

营业推广的方式包括以消费者或用户为对象的推广方式、以中间商为对象的推广方式以及以推销人员为对象的推广方式。因此，企业需要根据各对象的特点、促销目标以及市场环境等因素从若干的推广方式中选择适合本企业的营业推广方式。

（1）以消费者或用户为对象的推广方式

向消费者或用户进行营业推广，是为了鼓励老顾客继续购买、使用本企业产品或服务，激发新顾客试用本企业产品或服务。常用的推广方式包括赠送免费样品、折价券、折扣、发放赠品等。

① 赠送样品。向消费者免费赠送样品，既可鼓励消费者购买，也可获取消费者对产品的反应。可以有选择地赠送，也可在商店或闹市区或随附其他商品无选择地随机赠送。

这是介绍、推销新产品的一种有效促销方式，但费用较高，对高值商品不适用。

② 赠送代价券。代价券又叫优惠券，作为对某种商品免付一部分价款的证明，持有者在购买本企业产品时可以凭代价券免付一部分货款。代价券可以邮寄或通过媒体分发，也可附在商品或广告中赠送，还可以向购买商品达到一定数量或数额的顾客赠送。这种形式，有利于刺激消费者使用老产品，也可以鼓励消费者认购新产品。

③ 提供赠品。即对购买商品的顾客赠送相关商品（价格相对较低、符合质量标准的商品）。这种方法有利于刺激商品的销售，是一种有效的营业推广方式。

【小案例 11-4】

别把“赠品问题”不当回事儿

据媒体报道，武汉市工商局对 2018 年元旦和春节期间网络商品交易进行定向监测，随机抽取天猫、淘宝、京东三大网络交易平台上的 851 家武汉网店，同时委托第三方机构对 145 批次热销商品进行网络购样等，监测发现，一些商家拿“三无产品”“试用品”作为赠品，质量根本无法保障。

事实上，无论是线下的商场和超市，还是线上的网店与微商，为了吸引消费者购买商品，都愿意玩“捆绑销售”的策略，买蛋糕赠面包，买高压锅赠奶锅，买烤箱赠烤架。乍一看，觉得挺实惠，殊不知，有的商家已经挖好了坑，等着消费者往下跳呢！所谓的“赠品”，要是“正规”的积压货、临期货，都算商家“良知”尚存了；可有些赠品就是不折不扣的“三无产品”，任凭你怎么用心地找，都不会发现生产日期、生产厂家和质量合格证的踪迹。而且，商家一般不肯为赠品提供发票，有的还“友情”提示消费者，赠品不承诺“三包”。

许多消费者一方面对各类赠品表现出极大的热情，相比于商家“什么都不送”，“有赠品”往往更能激发他们的消费欲望；而另一方面，对赠品的质量太过于“宽容”，而对于自己该享有的权利却一无所知。多数买家认为，赠品本来就是一种福利，是商家免费给的，质量差点也无所谓，不好意思计较太多，更谈不上投诉举报了。不得不说，抱有这种想法的消费者真是太天真、太善良了。一般而言，买方先有购买一种商品的行为，才会产生被赠送另一种商品的后果，赠品的成本实际上已经分摊到了付费的商品中，卖方必须对“赠品”负责，正如应对“正品”负责一样。

我国《流通领域商品质量监督管理办法》早在 2016 年就已正式施行，其中明确规定“奖品、赠品等视同销售的商品，必须确保品质可靠、质量过关”。标识标签不符合规定的商品、禁止销售的商品以及“三无”商品等一律不得作为奖品或者赠品，违者将被追究相应法律责任。数年过去了，有多少商家能恪守规定、不越矩呢，恐怕少之又少；而又有多少商家拿“问题产品”当赠品、坑害消费者呢，恐怕数不胜数。在不断翻新的促销花样里，藏着商家“利己而不利人”的精明。如果破坏规则者不能及时受到应有的惩处，就会有越来越多利欲熏心的效仿者出现，引发后果更严重的“破窗效应”。当市场秩序被破坏，劣币驱逐良币，再想彻底整治，或许事倍而功半，悔之晚矣。

资料来源：根据网络资料整理

【分析提示】

合理的营业推广方式在短时期内能对企业的促销起到很好的效果，营业推广方式非常多，在以消费者或用户为对象的推广方式上，提供赠品时，一定要考虑促销产品所面对的目标市场的特点等影响因素，一定要保证赠品的质量，否则只会适得其反，影响营业推广活动的效果，甚至对产品销售和品牌发展产生不利影响。

④ 折价优待。指企业在一定时期内调低商品售价，将原来的价格减让一定折扣优待出售商品，也可以说是适当地减少自己的利润以回馈消费者。常用的方法包括单件减价、多件减价（数量减价）、搭配减价（即捆绑减价，几种相关产品一起搭配销售时使用）。

⑤ 包装兑现。即采用商品包装来兑换现金或商品的推广方式。如收集到若干个饮料瓶盖可兑换一定的现金或实物，以鼓励消费者购买该种饮料。这种方式的有效运用，也体现了企业的绿色营销观念，有利于树立良好的企业形象。

⑥ 商品展销。通过参加展销会的方式进行商品推广。展销可以集中消费者的注意力和购买力。在展销期间，质量精良、价格优惠、服务周到的商品一般易受消费者青睐。

⑦ 开展竞赛。通过开展比赛的方式，给顾客提供赢得现金、旅行或商品的机会，以此奖励顾客购买某种商品，并进一步促进销售。常用方法有：按顾客购买数量、频率将顾客分类，定期抽奖；商品知识竞赛抽奖；购物抽奖等。

⑧ 采用会员制方式。企业可以采用会员制的方式，吸引老顾客，培养新顾客，从而巩固顾客群。这种方法的常见操作是当消费者购买商品到一定数量或金额后，可以成为某一企业的会员，优先享受各种优惠。这是目前很多企业常用的推广方式。

⑨ 购买现场（POP）陈列和示范表演。在销售现场举行营业推广活动，可以配合其他推广活动一起进行，如赠送样品、提供赠品、进行抽奖等。

（2）以中间商为对象的推广方式

向中间商推广，其目的是调动中间商的销售积极性，以期进一步扩大产品销售。常用的推广方式包括购买折扣、销售竞赛、展览展示等。

① 购买折扣。为刺激、鼓励中间商购买或大批量地购买本企业产品，对第一次购买本企业产品的中间商或购买数量较多的中间商给予一定的折扣优待。购买数量越大，折扣越多。折扣可以直接支付，也可以从付款金额中扣除，还可以赠送商品作为折扣。

② 销售竞赛。通过设立销售奖金，根据各个中间商销售本企业产品的实绩，分别给优胜者以不同的奖励，如现金奖励、实物奖励、度假奖励等，以起到激励和调动销售积极性的作用。

③ 提供服务。企业可以为中间商提供各种服务支持来调动中间商的积极性，例如为中间商提供陈列商品，支付部分广告费用和部分运费等补贴或津贴，或者为中间商提供商品使用手册、示范影片及派人指导等，有效地帮助中间商，加强与中间商的关系。

④ 展览展示。企业在推出新产品时，可针对中间商举行各类展览会、博览会、演示会，或者向中间商免费提供新产品样品或赠品做展示，以促进中间商对新产品的了解，从而促成交易。

（3）以推销人员为对象的推广方式

以推销人员为对象的推广方式，通常与企业的管理制度结合起来。常用的方法包括：

推销竞赛、红利提成、特别推销奖金、免费旅游奖励等。采用这些方式的目的是鼓励推销人员积极推销新产品，积极开拓新市场，同时也可用于过时、积压和滞销商品推销。

3. 营业推广的实施

营业推广是促销组合的重要组成部分，如何做出正确的营业推广决策是各企业面临的重要问题之一。

企业进行营业推广活动，应重点做好以下工作。

（1）确定推广目标

企业在进行销售促进活动之前，必须确定明确的推广目标。推广目标因不同的推广对象而不同。对消费者来说，推广目标主要是促使他们更多地购买和消费产品，吸引消费者试用产品，吸引竞争品牌的消费者等。对中间商而言，推广目标主要是吸引中间商经销本企业的产品，进一步调动中间商经销产品的积极性，巩固中间商对本企业的忠诚度等。对推销员来说，推广目标就是激发推销员的推销热情，激励其寻找更多的潜在顾客。

（2）选择恰当的销售促进方式

① 塑造适宜的商业氛围。商业氛围对于激发消费者的购买欲望具有极其重要的作用。因此，商店布局必须精心构思，使其具有一种适合目标消费者的氛围，从而使消费者乐于购买。

a．营业场所设计。当下，消费者购物的过程越来越成为一种休闲的过程。人们在忙碌之余逛逛商场，享受五光十色的商品所形成的色彩斑斓的世界，可以使疲惫的身心得到松弛和愉悦。因此，购物环境的好坏已经成为消费者是否光顾的重要条件。

优美的购物环境体现在视觉、听觉、嗅觉等多方面。当我们走进一家大型购物中心，富有特色的店堂布置，宽广宜人的购物空间，井井有条的商品陈列，轻松悦耳的音乐，总使我们流连忘返。一位女士这样描绘她心中的购物环境：空气像大自然一样清新，环境像五星级酒店一样优雅，购物像海边散步一样轻松……

b．商品陈列设计。商品陈列既可以将商品的外观、性能、特征等信息迅速地传递给顾客，又能起到改善店容店貌、美化购物环境、刺激购买欲望的作用。

商品陈列设计要达到以下要求。

● 引起顾客的注意和兴趣。

● 具有亲和力。一般来说，所有商品应允许顾客自由接触、选择和观看。

● 具有美感。独特的造型和色彩搭配容易给人以赏心悦目之感，从而激发顾客的购买欲望。

● 传达的信息简单、明确，使顾客容易理解。

● 丰富。丰富的陈列可以制造气势，也可以增加顾客的挑选余地。

商品陈列可以采用以下一些方法。

● 便利型陈列。例如，少儿用品的陈列高度要控制在1～1.4米之内，以便少儿发现和拿取；而老人用品则不能放得太低，因为老人下蹲比较困难。

● 集客型陈列。如百事可乐的售点展示往往以大型的产品堆头为主，还摆放譬如百事流行鞋、陆地滑板、个性腕表、背包等时尚用品，整个售点显得时尚、个性，吸引消费者光顾其售点。

● 档次提升型陈列。如服装厂商们巧妙地运用陈列背景、装修氛围、灯光的颜色与照射方向等展示手段，衬托出服装的档次来，使得顾客一见就心生喜爱。

● 凸显卖点型陈列。这是一种强调产品独特卖点的售点展示方法，如宝洁公司的海飞丝洗发水在夏季促销中为了在其原有“去屑”的卖点上加以“清凉”的概念，在终端展示的方法上采用了用冰桶盛放海飞丝的方式，非常直观地给消费者“去屑又清凉”的感觉。

● 热点比附型陈列。运用这种策略可以拉近品牌与热点事件的关系。如非典流行时期，许多书店将与防治非典有关的书籍进行集中陈列，并放在比较显要的位置。

② 选择恰当的销售促进工具。企业可以根据市场类型、销售促进目标、竞争情况、国家政策以及各种推广工具的特点灵活选择推广工具。

a．生产商对消费者的推广形式。如果企业以抵制竞争者的促销为推广目的，企业可设计一组降价的产品组合，以取得快速的防御性反应；如果企业的产品具有较强的竞争优势，企业促销的目的在于吸引消费者率先采用，则可以向消费者赠送样品或免费试用样品。

b．零售商对消费者的推广形式。零售商促销的目的是吸引更多顾客光临和购买。因此，促销工具的选择必须能够给顾客带来实惠。实惠就是吸引力。在推广中，零售商经常采用商品陈列和现场表演、折价券、特价包装、抽奖、游戏等推广形式。

c．生产商对中间商的推广形式。生产商为了得到批发商和零售商的合作与支持，主要运用购买折扣、广告折让、商品陈列折让和经销奖励等方式进行推广。

d．生产商对推销员的推广形式。生产商为了调动推销员的积极性，经常运用销售竞赛、销售红利、奖品等工具对推销员进行直接刺激。

（3）制定合理的销售促进方案

一个完整的销售促进方案必须包括以下内容。

① 诱因的大小。即确定使企业成本/效益最佳的诱因规模。诱因规模太大，企业的促销成本就高；诱因规模太小，对消费者又缺少足够的吸引力。因此，营销人员必须认真考察销售和成本增加的相对比率，确定最合理的诱因规模。

② 促销对象的范围。企业需要对促销对象的条件做出明确规定，比如赠送礼品，是赠送给每一个购买者还是只赠送给购买量达到一定要求的顾客等。

③ 促销媒体选择。即决定如何将促销方案告诉给促销对象。如果企业将要举行一次赠送礼品的推广活动，可以采用以下方式进行宣传：一是印制宣传单在街上派送；二是将宣传单放置在销售终端供顾客取阅；三是在报纸等大众媒体上做广告；四是邮寄给目标顾客等。

④ 促销时机的选择。企业可以灵活地选择节假日、重大活动和事件等时机进行促销活动。

⑤ 确定推广期限。推广期限要恰当，不可太短或太长。根据西方营销专家的研究，比较理想的推广期限是三个星期左右。

⑥ 确定促销预算。一般有两种方式确定预算。一种是全面分析法。即营销者对各个推广方式进行选择，然后估算它们的总费用。一种是总促销预算百分比法。这种比例经常

按经验确定，如奶粉的推广预算占总预算的30%左右，咖啡的推广预算占总预算的40%左右等。

（4）测试销售促进方案

为了保证推广的效果，企业在正式实施推广方案之前，必须对推广方案进行测试。测试的内容主要是推广诱因对消费者的效力、所选用的工具是否恰当、媒体选择是否恰当、顾客反应是否足够等。发现不恰当的部分，要及时进行调整。

（5）执行和控制销售促进方案

企业必须制定具体的实施方案。实施方案中应明确规定准备时间和实施时间。准备时间是指推出方案之前所需的时间，实施时间是从推广活动开始到95%的推广商品已到达消费者手中这一段时间。

（6）评估销售促进的效果

销售促进的效果体现了销售促进的目的。企业必须高度重视对推广效果的评价。评价推广效果，一般可以采用比较法（比较推广前后销售额的变动情况）、顾客调查法和实验法等方法进行。

技能训练 11-3

设计营业推广方案

训练背景：某食品公司专门针对12岁及以下儿童开发出了一系列新口味的果汁饮料，均采用外观为卡通形象图案的软瓶包装，一共有三种包装规格，分别是100毫升、150毫升和200毫升，已经生产出香橙、水蜜桃、西瓜、草莓、葡萄五种口味。现欲在超市大力开展推广活动，以提高品牌认知度和消费者试用率。

训练要求：以小组为单位，分析同类产品目前常采用的推广方式，并针对这款新产品策划一次推广活动，设计一份营业推广方案。

任务11.5 公共关系策略

根据导入项目，分析“铁老大”促销活动中采用公共关系手段的必要性，讨论同类产品目前常用的公共关系具体活动方式，确定本产品相应的公共关系具体活动方式，并据此撰写公共关系活动方案。

1. 公共关系的概念与作用

（1）公共关系的含义

从营销的角度讲，公共关系是企业利用各种传播手段，沟通内外部关系，塑造良好形象，为企业的生存和发展创造良好环境的经营管理艺术。具体来说，公共关系又称公众关系，是指企业在从事市场营销活动中正确处理企业与社会公众的关系，以便树立企业的良好形象，从而促进产品或服务销售的一种活动。

公共关系具体包括以下内容。

① 公共关系是组织与其相联系的公众之间的关系。

② 组织形象是公共关系的核心。

③ 组织开展公共关系活动是为了通过改善与公众之间的关系促进商品销售，提高市场竞争力。

（2）公共关系的要素

公共关系的主要活动方式是与政府机构、中间商、零售商、学者专家、社会团体以及有关的消费者建立联系，制造各种新闻素材，提供各种咨询服务，通过传播媒体的宣传报道，使社会公众对企业和产品或服务产生良好印象，提高企业产品或服务的知名度和美誉度。

公共关系的构成要素分别是社会组织、传播和公众，它们分别作为公共关系的主体、中介和客体相互依存。

① 社会组织是公共关系的主体，它是指执行一定社会职能、实现特定的社会目标，构成一个独立单位的社会群体。在营销中，公共关系的主体就是企业。

② 公众是公共关系的客体。公众是面临相同问题并对组织的生存和发展有着现实或潜在利益关系和影响力的个体、群体和社会组织的总和。企业在经营和管理中必须注意处理好与员工、顾客、媒体、社区、政府等各类公众的关系，为自己创造良好和谐的内外部环境。

③ 社会组织与公众之间需要传播和沟通。传播是社会组织利用各种媒体，将信息或观点有计划地对公众进行交流的沟通过程。社会组织开展公关活动的过程实际上就是传播沟通过程。

（3）公共关系的特征

作为一种促销手段，公共关系与前述其他手段相比，具有自己的特点。

① 注重长期效应。企业通过公关活动树立良好的社会形象，从而创造良好的社会环境。这是一个长期的过程。良好的企业形象也能为企业的经营和发展带来长期的促进效应。

② 注重双向沟通。在公关活动中，企业一方面要把本身的信息向公众进行传播和解释，同时也要把公众的信息向企业进行传播和解释，使企业和公众在双向传播中形成和谐的关系。

③ 可信度较高。相对而言，大多数人认为公关报道比较客观，比企业的广告更加可信。

④ 具有戏剧性。经过特别策划的公关事件，容易成为公众关注的焦点，可使企业和产品戏剧化，引人入胜。

（4）公共关系的作用

成功的公共关系对企业而言，具有以下几方面的作用：

① 提高企业或产品的知名度与信誉度，树立企业形象。

② 帮助新产品打开销路。

③ 有助于挽回突发事件的不利影响。

④ 有利于建立良好的社会关系。

【小案例 11-5】

海底捞的危机公关你也学不来

众所周知，海底捞在微博上可以说是一个网红火锅，凭借着特色的服务和氛围，在火锅界拥有自己的一方天下。

2017 年 8 月，海底捞被媒体强势曝光卫生问题："北京海底捞：老鼠爬进食品柜，火锅漏勺掏下水道。"此消息一出，许多爱吃海底捞火锅的朋友们表示整个人都不好了，这样还敢去吃吗？

在群众强势围观下的海底捞，及时发布声明，对"出现老鼠等卫生问题"道歉，表示愿意承担经济责任和法律责任，并对所有门店进行整改。

资料来源：根据网络资料整理

【分析提示】

成功的公关活动使社会公众对企业和产品或服务产生良好印象，提高企业产品或服务的知名度和美誉度。同时，突发事件后运用适当的公关手段有助于挽回突发事件的不利影响。好的品牌对于危机，敢于直面承认，并且主动承认错误和道歉，这也是海底捞能够迅速从危机中走出来的重要原因。

2. 公共关系的种类

（1）宣传性公共关系

宣传性公共关系指运用大众传播媒介和内部沟通方法，开展宣传工作，树立良好形象的公共关系模式。这种类型的主要做法是：利用各种传播媒介和交流方式，进行内外传播，让各类公众充分了解企业，进而形成有利于企业发展的社会舆论，使企业获得更多的支持者与合作者，以达到促进企业发展的目的。

（2）交际性公共关系

交际性公共关系是指在无媒介的人际交往中开展公共关系的模式。其目的是通过人与人的直接接触，进行感情的联络，为组织广结良缘，建立广泛的社会关系网络，形成有利于组织发展的人际环境。其方式是通过举办各式各样的招待会、座谈会、宴会、舞会开展的团体交际或通过交谈、拜访、祝贺等开展的个人交往。

（3）服务性公共关系

服务性公共关系是指以提供优质服务为主要手段的公共关系活动模式。其目的是以实际行动来获取社会公众的了解和好评，建立自己的良好形象。服务性公共关系不仅限于专门的服务行业，社会上任何一类组织都能以自己独特的方式向公众提供必要的服务，如工业企业的售后服务、公用事业单位的完善服务、政府部门对基层组织和民众的服务等。

（4）征询性公共关系

征询性公共关系指通过开办各种咨询业务、制作调查问卷、进行民意测验、举办信息交流会等各种形式，通过连续不断的努力，逐步形成效果良好的信息网络，再将获取的信息进行分析研究，为经营管理决策提供依据。

（5）社会性公关

社会性公共关系指通过赞助文化、教育、体育、卫生等活动，支持社会福利事业，提高企业社会知名度和信誉度的公关活动。

3. 公共关系的具体活动方式

（1）借助传播媒体创造和利用新闻

企业可编写一些有关企业、产品和员工的新闻，利用各种形式通过报纸、杂志、广播、电视、互联网等传播媒体传播新闻信息。目前常用的形式包括召开记者招待会、召开新闻发布会、举办企业活动等。由于新闻媒体具有一定的权威性和广泛性，对社会舆论有很大的影响作用，因此这种方式效果显著。

（2）刊登公共关系声明

公共关系声明包括节假日的喜庆贺词、对同行表示支持的祝贺声明、道歉声明等。这种广告可以扩大企业知名度，加深消费者对企业的了解和印象。

（3）赞助活动

赞助活动不仅对社会有利，而且能赢得社会对企业的好感，树立企业的良好形象。这类活动的主要类型包括：赞助体育活动、赞助文化娱乐活动、赞助教育事业、赞助社会慈善和福利事业、赞助环保活动、赞助宣传用品的制作等。

（4）举办各种专题活动，建设企业文化

企业可以有计划、有步骤、有重点地建设企业文化，例如通过企业周年庆、开工典礼、开业典礼、参观访问、联欢会、联谊会等其他庆祝活动，扩大企业影响，从深层次有效地开展公共关系活动，既可以增强企业内部职工的凝聚力，又可以加强企业同外界的联系。

（5）举办各种会议

企业可以举行产品和技术方面的展览会、研讨会和演讲会，以及各种有奖比赛、纪念会等，从而提高企业和产品知名度，促进产品的销售，打开市场渠道。

4. 公共关系的实施

一般来说，公共关系活动需要经历以下步骤。

（1）确定公关目标

进行公共关系活动要有明确的目标。目标的确定是公共关系活动取得良好效果的前提条件。企业的公关目标因企业面临的环境和任务的不同而不同。

一般来说，企业的公关目标主要有以下几类。

① 新产品、新技术开发之中，要让公众有足够的了解。

② 开辟新市场之前，要在新市场所在地的公众中宣传组织的声誉。

③ 转产其他产品时，要树立组织新形象，使之与新产品相适应。

④ 参加社会公益活动，增加公众对组织的了解和好感。

⑤ 开展社区公关，与组织所在地的公众沟通。

⑥ 本组织的产品或服务在社会上造成不良影响后，进行公共关系活动以挽回形象。

⑦ 创造一个良好的消费环境，在公众中普及同本组织有关的产品或服务的消费方式等。

（2）确定公关对象

公关对象的选择就是公众的选择。公关的对象取决于公关目标，不同的公关目标决定了公关传播对象侧重点的不同。如果公关目标是提高消费者对本企业的信任度，毫无疑问，公关活动应该重点根据消费者的权利和利益要求进行。如果企业与社区关系出现摩擦，公关活动就应该主要针对社区公众进行。

选择公关对象要注意两点。

① 侧重点是相对的，企业在针对某类对象进行公关活动时不能忽视了与其他公众沟通。

② 在某些时候（如企业出现重大危机等），企业必须加强与各类公关对象的沟通，以赢得各方面的理解和支持。

（3）选择公关方式

公共关系的方式是公共关系工作的方法系统。在不同的公关状态和公关目标下，企业必须选择不同的公关模式，以便有效地实现公共关系目标。

一般来说，供企业选择的公关方式主要有以下两类。

① 战略性公关方式。下列五种公关方式，主要针对企业面临的不同环境和公关的不同任务，从整体上影响企业形象，属于战略性公关。

a．建设性公关，主要适用于企业初创时期或新产品、新服务首次推出之时，主要功能是扩大知名度，树立良好的第一印象。

b．维系性公关，适用于企业稳定发展之际，用以巩固良好的企业形象。

c．进攻性公关，企业与环境发生摩擦冲突时所采用的一种公关模式，主要特点是主动。

d．防御性公关，企业为防止自身公共关系失调而采取的一种公关模式，适用于企业与外部环境出现了不协调或摩擦苗头的时候，主要特点是防御与引导相结合。

e．矫正性公关，企业遇到风险时采用的一种公关模式，适用于企业公共关系严重失调，企业形象严重受损的时候，主要特点是及时。

② 策略性公关方式。下列五种公关方式，属于策略性公关。

a．宣传性公关。运用大众传播媒介和内部沟通方式开展宣传工作，树立良好企业形象的公共关系模式，分为内部宣传和外部宣传。

b．交际性公关。通过人际交往开展公共关系的模式，目的是通过人与人的直接接触，进行感情上的联络。其方式是开展团体交际和个人交往。

c．服务性公关。以提供优质服务为主要手段的公共关系活动模式，目的是以实际行动获得社会公众的了解和好评。这种方式最显著的特征在于实际的行动。

d．社会性公关。利用举办各种社会性、公益性、赞助性活动开展公关，带有战略性特点，着眼于整体形象和长远利益。

其方式有三种：

以企业本身为中心开展的活动，如周年纪念等；

以赞助社会福利事业为中心开展的活动；

资助大众传播媒介举办的各种活动。

e．征询性公关。以提供信息服务为主的公关模式，如市场调查、咨询业务、设立监督电话等。

（4）实施公关方案

实施公共关系方案的过程，就是把公关方案确定的内容变为现实的过程，是企业利用各种方式与各类公众进行沟通的过程。实施公关方案是企业公关活动的关键环节。再好的公关方案，如果没有实施，都只能是镜花水月，没有任何价值。

实施公关方案，需要做好以下工作。

① 做好实施前的准备。任何公共关系活动实施之前，都要做好充分的准备，这是保证公共关系实施成功的关键。公关准备工作主要包括公关实施人员的培训、公关实施的资源配备等方面。

② 消除沟通障碍，提高沟通的有效性。公关实施过程中可能会遇到由于语言、风俗习惯、观念和信仰的差异以及传播时机不当、组织机构臃肿等多方面因素形成的沟通障碍和突发事件的干扰。消除不良影响因素，是提高沟通效果的重要条件。

③ 加强公关实施的控制。企业的公关实施如果缺乏有效的控制，就会产生偏差，从而影响公关目标的实现。公关实施中的控制主要包括对人力、物力、财力、时机、进程、质量、阶段性目标以及突发事件等方面的控制。公关实施中的控制一般包括制定控制标准、衡量实际绩效、将实际绩效与既定标准进行比较和采取纠偏措施四个环节。

（5）评估公关效果

公共关系评估，就是根据特定的标准，对公共关系计划、实施及效果进行衡量、检查、评价和估计，以判断其成效。需要说明的是，公共关系评估并不是在公关实施后才评估公关效果，而是贯穿于整个公关活动之中。

公共关系评估的内容包括：

① 公共关系程序的评估。即对公共关系的调研过程、公关计划的制订过程和公关实施过程的合理性与效益性做出客观的评价。

② 专项公共关系活动的评估。主要包括对企业日常公共关系活动效果的评估、企业单项公共关系活动（如联谊活动、庆典活动等）效果的评估、企业年度公共关系活动效果的评估等方面。

③ 公共关系状态的评估。企业的公共关系状态包括舆论状态和关系状态两个方面。企业需要从企业内部和企业外部两个角度对企业的舆论状态和关系状态进行评估。

技能训练 11-4

策划公关活动

训练背景：由于行业中一家企业的奶制品被查出含有三聚氰胺，从而使奶制品行业遭遇了一次前所未有的产品安全危机和公关危机，消费者对奶制品的购买和消费产生极大的恐惧，奶制品行业的整体销量出现了大幅下滑。面对这种状况，某奶制品公司决定利用一系列公关活动重拾消费者对奶制品消费的信心。

训练要求：以小组为单位，为该奶制品公司策划一系列公关活动，并设计一份公关活动方案。

项目总结

【知识回顾】

(1) 促销是指企业通过人员和非人员的方式把产品和服务的有关信息传递给顾客，以激起顾客的购买欲望，影响和促成顾客购买行为的全部活动的总称。

(2) 促销从本质上讲是一种信息的传播和沟通活动。

(3) 促销的方式有直接促销和间接促销两种，又可分为人员推销、广告、营业推广和公共关系四种。各种方式都有其自身的特点、具体操作和各自的适用性。

(4) 影响促销组合的因素包括促销目标、产品的性质与市场生命周期、市场条件和促销预算。

知识训练

一、选择题

1. 以下关于促销与营销的关系说法正确的是（　　）。

A. 促销就是营销　　B. 促销是营销策略中的一个部分

C. 促销是营销的发展　　D. 营销的重点是促销

2. 促销的主要任务是（　　）。

A. 宣传与说服　　B. 引起消费者的注意与兴趣

C. 传递与组织有关的信息　　D. 促进消费者购买

3. 以下关于推式策略和拉式策略的说法正确的是（　　）。

A. 拉式策略是指企业以促销组合中的人员销售的方式进行促销活动

B. 推式策略是指企业以促销组合中的非人员销售的方式进行促销活动

C. 二者信息流动的方向不同

D. 二者信息流动的方向大致相同

4. 人员推销最重要的任务是（　　）。

A. 销售产品　　B. 传递信息　　C. 提供服务　　D. 寻找客户

5. 以下关于营业推广的理解正确的是（　　）。

A. 营业推广对在短时间内争取顾客扩大购买具有特殊的作用，因此营业推广占促销预算的比例越来越高

B. 由于消费者对不同推广方式的反应不同，为引起消费者兴趣，在一次营业推广活动中，应尽量选择较多推广方式

C. 由于营业推广是企业在特定目标市场上，为迅速起到刺激需求作用而采取的促销措施，因此，营业推广在实施过程中不需要和其他营销沟通工具结合在

一起，也往往能起到较好的作用

D. 有奖销售，利用人们的侥幸心理，对购买者刺激性较大，有利于在较大范围内迅速促成购买行为，因此奖励应尽可能大

6. 公共关系（ ）。

A. 是一种短期促销战略　　B. 直接推销产品

C. 树立企业形象　　D. 需要大量的费用

7. 对单位价值高、性能复杂、需要做示范的产品，通常采用（ ）策略。

A. 广告　　B. 公共关系　　C. 推式　　D. 拉式

8. 企业开发出了新产品上市，为了促进消费者对公司产品的了解，企业选择成本效益最好的促销工具是（ ）。

A. 广告　　B. 营业推广　　C. 人员推销　　D. 公共关系

9. 与一定期间的销售业绩直接相关的报酬形式是（ ）。

A. 单纯薪金制　　B. 特别奖励制

C. 混合奖励制　　D. 单纯佣金制

10. 一般说来，人员推销有上门推销、柜台推销和（ ）三种形式。

A. 宣传推销　　B. 会议推销

C. 协作推销　　D. 节假日推销

二、判断题

1. 人员促销亦称直接促销，它主要适用于消费者数量多、比较分散的情况。（ ）
2. 企业在促销活动中，在方式的选用上只能从人员促销和非人员促销中选择一种加以应用。（ ）
3. 由于人员推销是一个推进商品交换的过程，所以买卖双方建立友谊、密切关系是公共关系而不是推销活动要考虑的内容。（ ）
4. 对单位价值较低、流通环节较多、流通渠道较长、市场需求较大的产品常采用拉式策略。（ ）
5. 因为促销是有自身统一规律性的，所以不同企业的促销组合和促销策略也应该是相同的。（ ）
6. 广告作为促销方式或促销手段，是一门带有浓郁商业性的综合艺术。（ ）
7. 公共关系是一种信息沟通，是创造“人和”的艺术。（ ）
8. 通过赞助文化、教育、体育、卫生等事业，支持社区福利事业，参与国家、社区重大社会活动等形式来塑造企业的社会形象是服务性公共关系。（ ）
9. 劝说性广告主要用于推出新产品，其目的是为产品创造最初的基本需求。（ ）

三、简答题

1. 何谓促销组合？促销组合应该考虑哪些因素？
2. 在产品生命周期的不同阶段，企业应如何确定促销组合？
3. 什么是人员推销？其特点是什么？

4．什么是广告？其功能有哪些？

5．什么是营业推广？其方案必须包括哪些内容？

6．针对消费者的营业推广工具有哪些？请举例加以论证。

7．什么是公共关系？它有哪些基本特征？公共关系活动方式有哪几种？

四、技能题

假设你是营销协调负责人，请为红牛功能饮料在市场上推出的一个新品牌产品设计促销计划。

综合实训

一、案例分析

在线旅游火拼双十一，包下一座岛屿搞促销

作为各大电商每年吸金狂欢节，双十一也必然是 OTA（在线旅游代理商）不能放过的商机。为了争夺客户，“15 元游欧洲”“1 元酒店”“1 元景区门票”层出不穷，而贴现、买断和分期付款等成为 OTA 们玩转低价双十一的方式。

1. 用 5 亿现金砸大促

在酒店促销中，专注在线酒店预订的艺龙为迎接双十一，整月备了 1 万多间 1 元酒店。用户可在 11 月 1 日到 11 月 30 日期间任一天的 11 点，登录艺龙客户端抢购 1 元酒店。此外，艺龙还于 10 月底给移动客户端用户发放最小金额为 30 元的红包，用于双十一当天抢购。

同程旅游提供的双十一促销更多地集中在休闲游市场上，同程旅游所有的大促产品都是在 11 月 11 日当天预订，主要提供 500 家 1 元景点门票、200 家半价景点门票。

携程则联合全国 800 多家旅行社，在跟团游和自由行产品上，推出了折扣秒杀活动和立减线路。总活动数达数百条，尤其是针对二三线城市的产品数和折扣力度都达到历年之最。秒杀价格基本在 5 折左右，比如“海南三亚 5 日跟团游”原价 1 899 元，秒杀价 999 元；日本“东京 5 日自由行”原价 2 951 元，秒杀价 1 999 元；“巴厘岛 6 日 4 晚自由行”原价 4 280 元，秒杀价 2 999 元。优惠幅度最大的是“法国+瑞士+意大利 10 日跟团游”，原价 13 999 元，秒杀价仅 15 元。

如此低价的 1 元酒店、15 元欧洲游究竟如何操作？

“其中的差价基本就是 OTA 自己贴钱，费用就当成是商家的促销成本支出。这个贴钱一定要，必须抓住双十一客源，因为你不争取，别家就会争取，届时客户黏性就是别家的了。”携程内部人士坦言。

而贴现的数字也是惊人的，记者在采访中了解到，为使促销活动效果最大化，此次艺龙双十一活动的总投入高达 5 亿元。

2. 包下岛屿搞促销

比贴现促销更“凶猛”的当数买断模式。

阿里巴巴旗下在线旅游平台数据显示，众多旅行社、航空公司、旅行服务提供商正在为双十一“备战”，推出大量优惠机票和出国游产品，甚至有的旅行社还包下马尔代夫一个岛的酒店，静候中国游客。在阿里巴巴旗下在线旅游平台上，中青旅百变自由行旗舰店，曾为当年双十一的预订提前包下了马尔代夫吉哈德岛整个岛的酒店房间，从当年 11 月底一直持续到第二年 5 月，备足产品来满足消费者的疯狂预订。欧洲游方面，同样是中青旅百变自由行旗舰店，当年也包下了 1 月到 4 月国航自由行的全部仓位。

“包机、包船或包岛屿说到底就是买断，这种模式优势是取得成本低，利润空间大，具有市场定价权，但因为是全部买断，所以万一销售不佳则存在一定风险。但在旺季或双十一这样的大商机面前，买断销售肯定有市场。”华美首席知识专家赵焕焱分析。

除了买断，预售和分期付款也成为 OTA 揽客的又一招。

阿里巴巴旗下在线旅游平台双十一曾主打过 4 999 元和 5 999 元的美国游，在预售阶段就实现售罄。卖家特别追加仓位和酒店在双十一当天少量推出。

阿里巴巴旗下在线旅游平台还曾在双十一推出分期购。美国、欧洲、马尔代夫、日本、韩国等全球的旅游产品均可使用分期的方式 0 首付购买，这是在线旅游行业首次大规模推出分期购产品。此前，一些银行曾推出过高端旅行产品的分期购服务，但对于在线旅游，大规模线上旅游产品分期购并不常见。

据了解，分期商品的首付均为 0 元，每期还款额度因所购商品价格和选择的分期月数而不同。比如多城出发到美国/加拿大自由行国际机票套餐产品，总价 4 999 元，使用 0 首付 0 手续费 9 个月分期后，每个月还款 500 多元；去欧洲或马尔代夫，使用分期后每月还款千元左右；而韩国、新加坡、普吉岛等地区，则每月还款 100～200 元。

“不论是哪种方法，根本都是要揽客，尤其是抓住无线端客源，增加客户黏性。吝啬营销成本而不在双十一促销的话就等于将客源送给竞争对手。但价格战始终不是健康的方式，最终实力不够强的中小商家会不堪重负。”赵焕焱认为。

资料来源：根据网络资料整理

思考分析：

1. 在线旅游在双十一促销时用了哪些方法？
2. 你如何看待促销中的价格战问题？

优衣库的陈列密语

优衣库是最懂得扬长避短的品牌之一，不时尚的款式被其成功塑造成了“快时尚”的代表。这其中店铺陈列的秘诀就值得好好研究一番。

1. 入口陈列：扬长推爆款

先来看优衣库有什么优点。

优衣库的定位是平价时尚品牌，“平价”是其在快时尚品牌中最为突出的优势。在消费者端，优衣库用两种方法来塑造其平价的形象。

第一种是经常性地优惠促销，不仅在年节，平时优衣库也会推出各种“限时特优”来清理库存促进销售，同时不断强化平价定位。

第二种是提高商品性价比，通过面料、做工等消费者看得见的质量提升，隐性地降低消费者对其价格的敏感度，以达成平价印象。而无论是哪种情况，都需要配合一段时间的集中展示才能让消费者更充分地感知，换个方式讲，也就是我们常说的推“爆款”。

对于推爆款，入口位置是当之无愧的最重要部分，优衣库通常采用两种手段来进行：模特和展柜。

在优衣库的大型独立门店，通常会有一个模特矩阵。一群男女模特会身着主推款式，被放置在进门处。在模特附近，会有专门的展柜来进行爆款的展示。为了和优衣库的商品类型匹配，展柜上的爆款展示也并非通常服装品牌的一个款式、一种颜色，而是会将所有颜色、所有尺码都展示出来，顾客几乎不用走进店内就能挑选到适合自己的主推款。

而在比较小的商场门店，模特和展柜则被叠加到一起。模特通常被安放到展柜之上，站在高处非常显眼。如果主推商品不止一种，那么除了展柜上的商品外，展柜周围还会放置几个货架，把比较次要的商品在附近展示出来，以充分利用入口处的空间。

2. 全局陈列：避短遮货少

优衣库也有缺点。

常去优衣库的人都知道，优衣库每季的新品款式其实不多。比如冬季大衣，可能只有两三款，卫衣只有一两款，在品类上和 ZARA、H&M 等根本没法比。那么优衣库是如何避免店内商品看起来过少的情况呢？

没错，这就是仓储式售卖的功劳——将所有尺码、颜色的商品全部摆放出来，给顾客一种商品非常丰富的感觉。

其实还有一点很容易被人忽略，那就是优衣库的卖场中货架很多，而且也很高。

这些货架通常都高过顾客不少，一方面是配合了仓储售卖的陈列系统，让顾客能轻松地自选尺码；另一方面，也遮挡了顾客的视线，不致直接穿透整个商店，不会一下子就发现款式较少的缺点。

3. 特殊陈列：突出功能优势

不得不提优衣库对功能型服饰的特殊陈列。

实用也是优衣库的卖点之一，功能型商品是其重点主打。对于这部分商品，优衣库会采用许多特殊陈列来放大其功能特点。

功能型商品会集中布局，例如具有发热等功能的商品会被集中在一个货架上展示，而不分上装下装。除正反两个大面积展示区块外，货架的侧面也会安排展示帽子等饰品。顾客不必走远就可轻松选择全套发热产品。尽管缩短了购物路线，但对于功能型商品来说，顾客的选择很有目的性，缩短时间其实更贴心。

资料来源：张大伟. 优衣库的陈列密语[J]. 销售与市场（渠道版），2015(1):84-86.

思考分析：

1. 分析优衣库营业推广的做法，以及优点和缺点。
2. 探讨优衣库如何让终端陈列成为重要竞争力。
3. 分析优衣库对本土服装企业的启示。

二、实训操作

1. 实训项目

广告与推广策略。

2. 实训类别

团体训练。

3. 实训目的

实际体验广告推广策略的制定。

4. 实训要求

（1）3～5人组成一个团队，以团队为单位进行训练。

（2）收集资料，了解本项目实战分析中《我是歌手》《中国好声音》等电视选秀节目的营销传播策略。

（3）自主选择《我是歌手》《中国好声音》等任意电视选秀节目，为其设计广告策略，包括：确定广告目标与受众；确定广告主题；选择媒体类型并确定广告表现策略。

（4）自主选择《我是歌手》《中国好声音》等任意电视选秀节目，为其设计推广策略，包括确定推广目标与受众、确定推广主题、确定推广策略。

（5）将团队制定的广告、推广策略制作成PPT，展示团队报告。

5. 考核方式

依据团队制定的广告、推广策略及展示情况评定成绩。

模块 5　实施营销组织管理

项目12 构建市场营销组织

项目目标

知识目标

- 了解市场营销组织的演变与职能
- 了解决定市场营销组织的因素
- 掌握市场营销组织的概念和形式

技能目标

- 具有分析决定市场营销组织的因素的能力
- 具有选择合适的市场营销组织形式的能力

实训目标

- 通过对市场营销组织演变、决定因素、形式等知识的学习，能运用建立市场营销组织的相关知识，具备构建适合企业的市场营销组织的技能

项目导入

华为从 1987 年成立至今已走过 30 多年的历程，其企业战略不断在依据环境的变化而调整，而组织结构也在追随着战略进行优化。

在华为发展的第一阶段（1987—1994 年），由成立时的 6 个人，发展到 1992 年的 200 人左右，销售规模突破亿元大关。此时，市场营销组织结构是中小企业普遍采用的职能型市场营销组织结构。

此时，职能型市场营销组织结构有巨大的优势，其所有的市场营销策略都可以第一时间从公司高层直接传递给一线，从而完成营销任务。

第二阶段（1995—2003 年），1995 年，华为销售额达 15 亿元，到了 2000 年，销售额突破 200 亿元。在这段时期，华为逐渐从单一生产销售程控交换机产品逐渐进入移动通信、传输等多产品领域。此时，华为原有的集权性职能型组织结构的优势已经变成劣势。因此，华为开始进行组织结构调整，建立了事业部与地区部相结合的矩阵式营销组织结构。其中，事业部承担产品的生产和销售职责；地区公司在区域市场内开展经营。

由于矩阵式营销组织的分权管理，高层领导者摆脱了日常事务，可以集中精力去考虑宏观战略；地区公司的建立为华为开启了新的销售渠道，极大节约了华为的综合成本，使得华为向跨国集团化迈进了一大步。

第三阶段（2004—2012 年），到了 2012 年，华为的销售额已达 2 202 亿元，员工人数达 13.8 万人。华为已成为跨国型大企业，其海外销售占比已经超过 70%。在这一阶段，华为在市场营销战略上，采取与“合作伙伴”共赢的战略。公司也由“全面通信解决方案电信设备提供商”向“提供端到端通信解决方案和客户或市场驱动型的电信设备服务商”转型。华为的组织结构也从原来的事业部与地区部相结合的组织结构，转变成以“产品-市场”为主导的组织结构。

此时，其组织结构依然是典型的矩阵型组织结构，该结构的采用能够更有效地和顾客就产品展开广泛的交流，并及时发现和满足客户需求，从而有力增强了华为的国际市场竞争力。

第四阶段（2013 年至今），华为公司设立基于客户的事业群（BG）和区域公司相结合的“市场-区域”矩阵型组织架构。事业群包括运营商 BG、企业 BG 和消费者 BG，分别面向运营商客户、企业/行业客户及消费者的营销、销售和服务组织；区域组织是公司的区域经营中心，负责区域的各项资源、能力的建设和有效利用，并负责公司战略在所辖区域的落地。

资料来源：根据网络资料整理

项目实施

任务12.1 认识市场营销组织

根据导入项目，对市场营销组织做一个总体认识，深入了解华为及其所在行业中企业的市场营销组织形式以及市场营销部门与其他部门之间的关系，分析其不同时期市场营销组织的职能。

1. 市场营销组织

市场营销组织是企业为了实现经营目标，发挥市场营销职能，由从事市场营销活动的各个部门及其人员所构成的一个有机体系。其组织形式服从并服务于企业任务和经营目标，且随企业任务和经营目标的变化而变化。

市场营销组织的目标大体上表现在三个方面。

（1）对市场需求做出快速反应

市场营销环境有着自己的运行规律和发展趋势，对营销环境变化的主观臆断必然会导致营销决策的盲目与失误。市场营销组织需要对环境变化做出快速反应，从而取得市场经营的主动权。

（2）使市场营销效率最大化

在大多数企业中，各职能部门之间是平行关系，都会从本部门的角度出发开展工作，形成的矛盾和冲突会降低企业营销效率。市场营销组织需充分发挥协调作用，链接其他职能部门，使企业成为相互协调、密切配合、高效运转的有机整体。

（3）代表并维护消费者利益

奉行市场营销观念的企业通常将消费者利益放在第一位。企业必须在管理的最高层面设置市场营销组织，以确保消费者的利益不受损害。

2. 市场营销组织的演变

在现实经济生活中，营销部门不是从来就有的，其组织形式也不是永恒不变的，而是随企业的发展而变化的。市场营销组织的发展变化与市场营销观念的演变过程密不可分，在长期的演进过程中，大致经历了单纯的销售部门、兼有其他营销功能的销售部门、独立的市场营销部门、现代市场营销部门、现代市场营销企业5种典型形式。

（1）单纯的销售部门

20世纪20年代以前，占主导地位的经营思想是生产观念，企业主并不重视市场营销，企业的销售多由少数推销人员承担。20世纪20年代后期逐渐出现了简单的销售部门，如图 12.1 所示。通常由一名主管销售的副总经理领导，负责管理推销队伍，还兼管市场调研和广告宣传等活动。在这个阶段，企业的组织机构往往以生产部门为核心，生产什么、生产多少、如何生产完全由生产部门决定，而销售部门的主要任务是将已经生产出来的产品销售出去，对产品的品种、规格、数量、价格等问题并不过问。现阶段的许多小公司仍然保持着这种组织形式。

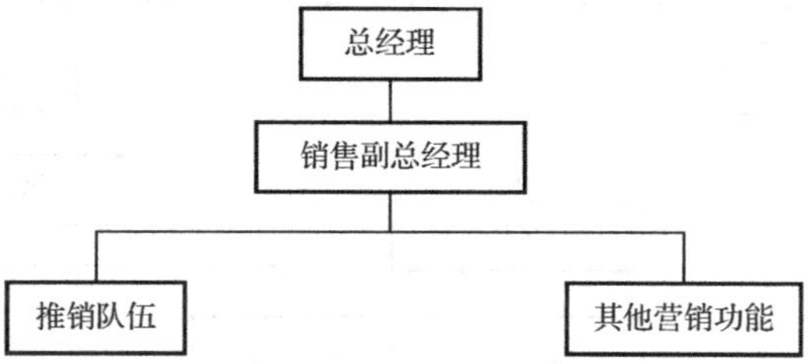

图 12.1 简单的销售部门

（2）兼有其他营销功能的销售部门

20 世纪 30 年代经济大萧条以后，随着社会生产的发展，市场商品供应增多，市场竞争日趋激烈，企业的经营指导思想演变为销售观念，以强化销售为中心，经常性地开展营销调研、广告宣传和顾客服务等一些新增的营销功能。销售部门的营销职能不断扩大并发展成为专门职能，营销组织结构也逐渐有所调整，如图 12.2 所示。

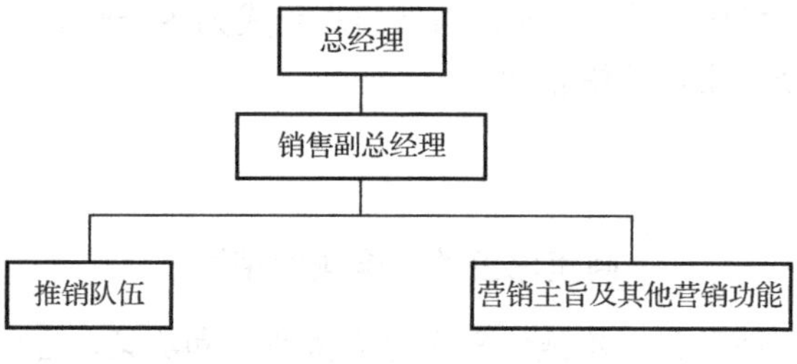

图 12.2 兼有其他营销功能的销售部门

（3）独立的市场营销部门

随着企业规模和业务范围的进一步扩大，市场营销调研、新产品开发、广告和顾客服务等市场营销工作大量增加且重要性日益增强，原来从属于销售部门执行附属营销职能的营销部门已经难以履行职责，于是就出现了独立于销售部门之外的营销部门。它与销售部门是并列关系，由主管市场的营销副总经理领导，专门负责销售研究、新产品开发、广告等促销手段，以确保产品更适合于市场，并为消费者所接受，这时营销在企业中逐渐成为核心职能。在这个阶段，销售与营销是企业组织机构里需要密切合作的两个相互独立的、平等的职能部门，如图 12.3 所示。

（4）现代市场营销部门

现代市场营销部门形成于 20 世纪 60 年代。虽然销售部门和市场营销部门需要密切配合，但是由于其职能和看问题角度不同，常形成一种相互竞争和不信任的关系。销售副总经理注重短期利益，满足于完成目前的销售额，营销副总经理注重长远利益，着眼于规划和研制最优的产品和营销战略，以满足消费者未来的需求。由于两者之间冲突太多，而整体市场营销的重要性远远大于单纯的产品销售，最终企业采取合二为一的办法，撤销销售部门，由营销副总经理负责推销业务在内的全部营销活动，提高市场营销部门的级别，树立市场营销部门的权威，导致现代市场营销部门的产生。市场营销计划、组织、执行与控制部门由营销副总经理全面负责，管辖包括销售在内的全部市场营销功能，如图12.4所示。

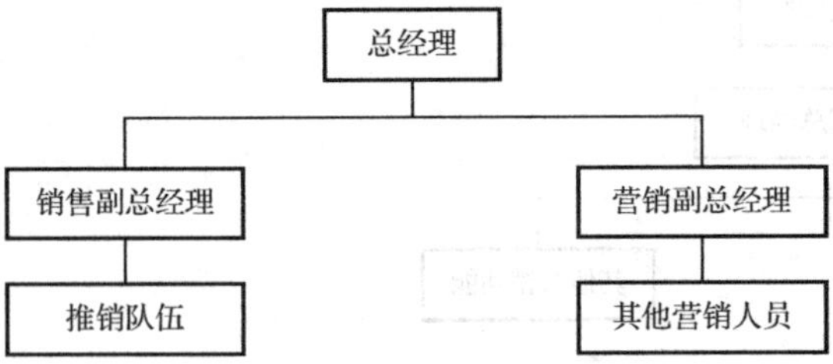

图12.3　独立的市场营销部门

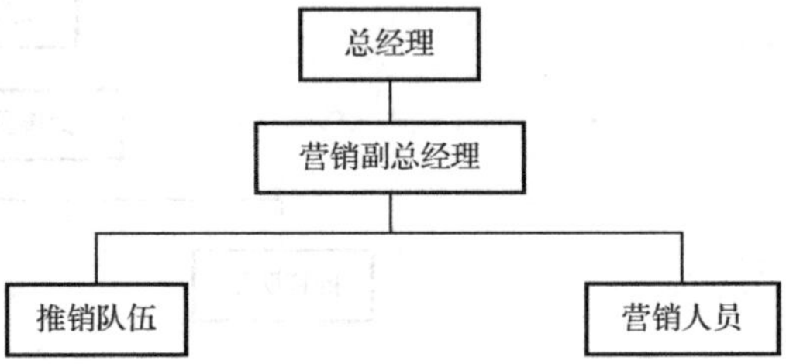

图12.4　现代市场营销部门

（5）现代市场营销企业

一个企业有了一个现代市场营销部门并不等于它就是现代市场营销企业。判断现代市场营销企业的关键在于企业是否确立了“营销观念”，即企业内部各级管理人员对待市场营销职能的态度。只有当全体员工都树立了以顾客为中心的现代市场营销观念，各个职能部门的工作都以满足和适应顾客需要为导向，认为“市场营销”不只是企业内某个部门的名称，而是整个企业的指导思想，市场营销部门真正成为各个职能部门的核心，这样的企业才能称得上是一个现代市场营销企业。

【小案例12−1】

阿里巴巴的“全域营销”

在没有数字化营销的时代，单纯依靠人力来做联动和决策，自然就会流失很多机会。全球数字化营销发展到今天，数字已经变成一种思维方式——基于数据产生和数据沉淀，伴随数据处理技术和运算能力的提升，产生了数据思维，进而催生智能营销。

2016年11月29日，阿里巴巴CMO兼阿里妈妈总裁董本洪在阿里妈妈全球主峰会上提出了全新的数据赋能的营销方法论——全域营销（Uni Marketing），一种在新零售体系下“消费者运营为核心”，以数据为能源，实现全链路、全媒体、全数据、全渠道的营销方法论。

“全域营销”起步之初，其营销团队成员只有10多名员工，没有产品、没有抓手，看起来是一切从零起步。截至2017年11月28日，阿里巴巴全域营销发布一周年时，单兵作战的10人小分队已发展成几千人的整军团队。

“最直观的感受是，全域营销不是一个业务单元的事，它没有清晰的KPI，集团也赋予了我们极大的创新空间，在需要时又能够倾集团之力去整合和协同资源。”阿里巴巴集团全域营销中心总裁陆弢总结。

资料来源：经济观察网，http://www.eeo.com.cn.

3. 市场营销组织的职能

企业的市场营销组织的职能是随着企业规模的扩大和企业营销观念的改变而逐渐成熟和丰富起来的，简单的营销部门主要职能就是推销产品，在制造部门与消费者之间充当传递产品的角色，而后，营销组织陆续承担诸如市场调研、产品传播、产品促销之类的职责，最终形成了现代营销组织的种种职能。一般来说，市场营销组织的职能包括以下几种：开展市场调查，收集信息；建立销售网络，开展促销活动；开拓新的市场，发掘潜在顾客；进行产品推销，提供优质服务；开发新的产品，满足顾客不断发展的需求；建立客户关系，维系老顾客等。

（1）营销部/营销中心的职能

一般来说，企业营销部门的具体职能，可以从以下四个方面来阐述。

① 了解顾客的需求和市场动态，制订企业的营销计划。营销中心的首要职能就是了解顾客需求，根据调研报告制订企业的营销计划。同时，还应密切关注竞争对手的活动，以便根据竞争对手的变化及时调整企业的营销计划和策略。

② 把握市场信息，为企业决策提供依据。为了满足顾客需要，实现企业的目标，营销部门应当将顾客需求和竞争者信息不断反馈给企业，为企业的经营决策提供可靠依据。

③ 开拓销售市场。营销中心应主动挖掘和扩大市场对企业产品的需求。要更好地开拓市场，需要做到两方面：一是从深度上来开拓市场，在现有的市场上进一步挖掘潜在需求，运用营销手段吸引新顾客，增加老顾客的购买量；二是从广度上开拓市场，即将产品投向其他尚未开发的市场，由区域性的产品变成全国产品，甚至进入国际市场，参与国际竞争。

④ 满足顾客需要。市场营销活动的最终目的就是企业的产品顺利地转移到消费者手中，使他们的需求及时得到满足。为此，企业在售出产品后，要做好各种售后服务工作。现在很多国内外的企业都设立了客户管理中心或售后服务中心，企业的营销部应该紧密联系顾客，听取他们的意见和要求，并经常研究产品满足顾客需要的程度。

（2）下属各部门的职能

每个营销中心的下属职能部门都承担了一部分营销功能，它们之间相互配合，相互协调。以下就营销中心下属几个比较典型的部门的职能进行阐述。

① 市场调研部门。市场调研部的职能是向管理者提供决策所需要的信息，企业的营销活动很多都是根据调研部门的调查结果而开展的。市场调研部门一般负责以下职能：宏观环境调研、市场需求分析、销售分析、市场占有率分析、竞争产品研究、价格研究、广告研究、分销渠道研究、消费者购买行为分析等。

② 广告和促销部门。传统意义上的广告和促销，即与现行和潜在的利益关系方和公众沟通，以拉力和推力两种形式促进消费者对企业产品或服务的渴求，从而带动产品的销售。

随着整合营销理论的成熟和推广，在很多现代企业中，建立整合传播部逐渐成为新的趋势，而且大有可能取代传统广告和促销部门。整合传播部门相对于传统广告和促销部门来说，虽然其主要职能仍是沟通，但其先进之处在于要求部门的所有成员从接受者的角度来考虑全部营销过程。

【小案例 12-2】

在国内，科龙集团是最早将整合营销理论运用到营销活动中的公司。科龙集团采用扁平化的架构和矩阵式管理，除了冰箱和空调两个营销本部之外，对广告、公关、促销、新闻、CI 等传播手段进行一元化重组，成立了一个 200 多人的整合传播部。为体现整合传播部的权威性，其部长为总监级，高于其他部长。除了总部传播人员，还设置了分公司传播科长、分公司传播员。

【分析提示】

整合传播部的职能主要是：负责总部与分公司整合传播策略及计划的拟订、实施与监控；负责与广告代理公司合作工作的跟进与管理；负责公关新闻动态；负责协作网络的建立；负责传播费用的管理及控制。

资料来源：根据网络资料整理

③ 销售/推销部门。销售部或者推销部是最早出现的营销部门，伴随推销观念的产生而产生。其基本职责就是将产品销售给消费者，因此组织销售人员对产品进行推销便成了推销部门的职能，这也是现在不少企业销售部门的主要职能。此外，很多企业销售部门还承担着销售渠道建设的职能。

④ 新产品开发部门。技术领先的产品不一定能在市场上畅销，只有结合消费者的需求开发产品，才能保证新产品在市场上受消费者欢迎。因此，怎样才能开发更多、更能满足目标市场顾客需求的新产品就成了新产品开发部门最大的职能。

任务 12.2 建立市场营销组织

根据导入项目，分析不同时期华为调整市场营销组织时应考虑的因素，按照设置营销组织的一般原则，为其下一阶段的发展选择能够实现企业目标的合适的营销组织形式。

在市场竞争越来越激烈的情况下，在企业规模不断扩张的过程中，在消费者需求差异化越来越突出的前提下，企业为了能根据外部环境的特点，最有效、最经济、最科学地组织和利用企业的各种资源，满足市场的需要，实现产品和服务的最大价值，通常要建立并加强市场营销组织。

1. 市场营销组织的形式

为实现企业目标，企业领导需选择适合于本企业情况的市场营销组织。现代企业的市场营销部门有各种组织形式，大体上可分为以下几种。

（1）职能型营销组织

这是最古老也是最常见的市场营销组织形式。它强调市场营销各种职能，如销售、广告和研究等的重要性。如图 12.5 所示，该组织把销售职能当成市场营销的重点，而广告、产品管理和研究职能则处于次要地位。

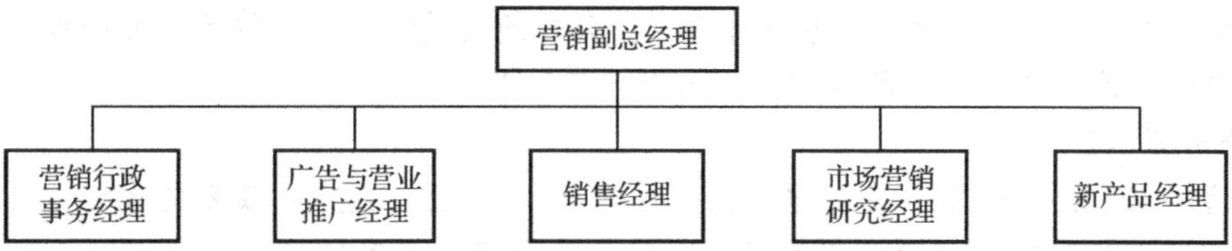

图 12.5　职能型营销组织

职能型营销组织的主要优点是分工明确，易于管理。当企业只有一种或很少几种产品，或者企业产品的市场营销方式大体相同时，按照市场营销职能设置组织结构比较有效。但是，随着公司产品品种的增多和市场的扩大，这种组织形式的弊端就显现出来：一方面，没有人或机构对任何产品或市场承担责任，未受到有关职能部门偏爱的产品和市场可能被冷落，缺乏有效的计划和营销管理，不能收到应有的市场销售效果；另一方面，各职能部门都要求获得比其他部门更多的预算和更重要的地位，上级部门也难以协调。

（2）产品型营销组织

如图 12.6 所示，当企业所生产的各产品差异较大、产品品种较多时，往往按产品建立管理组织制度。这种组织形式是由一名产品营销经理负责，下设几个产品经理，产品经理之下再设各个品牌经理去具体负责各个产品。

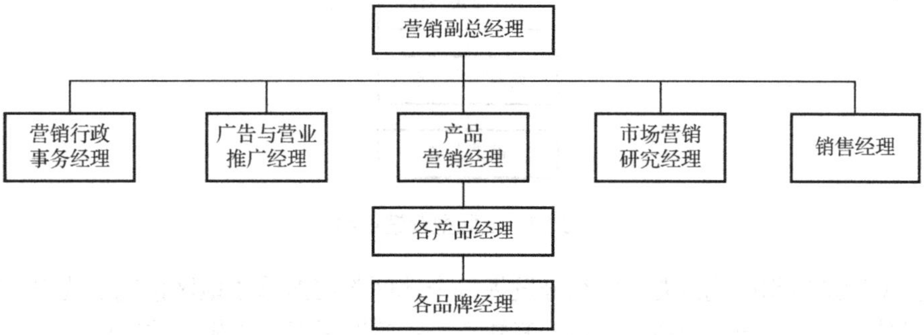

图 12.6　产品型营销组织

产品型营销组织形式的优点是：产品经理能够将产品营销组合的各要素较好地协调起来，各类产品责任明确，由于产品互不关联，彼此干扰不大；组织形式灵活，新增新产品时，增加一个产品部即可。也存在不少缺陷，如由于产品种类较多，需要安排许多人负责，同时公司其他的职能性专业人员也会随之增加，导致经营成本增加；缺乏地区概念，各产品部不可能对每一地区都兼顾并做出适当反应。

【小案例 12-3】

产品型组织始创于 1927 年，最先为美国宝洁公司所采用。当时，宝洁公司一种新产品“佳美”香皂市场销路欠佳。对此，一位名叫纳尔·H·麦克埃尔罗伊的年轻人提出了品牌管理思想，并受命担任“佳美”香皂这一产品的经理（后来升任宝洁公司总经理），专管该新产品的开发和推销。他获得了成功，公司随之又增设了其他的产品经理。从此改写了宝洁公司的发展史，将品牌作为一项事业来经营。

【分析提示】

宝洁要求它旗下的每个品牌都“独一无二”，都必须自我建立顾客忠诚度。同类产品的多种宝洁品牌相互竞争但又各有所长，为消费者提供不同的好处从而保持各自的吸引力。《时代》杂志称宝洁是个“毫无拘束、品牌自由的国度”。

资料来源：根据网络资料整理

（3）地区型营销组织

地区型营销组织是指按照地理区域范围安排销售队伍和其他营销职能，这种形式适用于销售区域大，同时经营品种单一的企业。如果一个企业的市场营销活动面向全国，通常会按照地区区域设置其市场营销机构，其结构如图 12.7 所示。

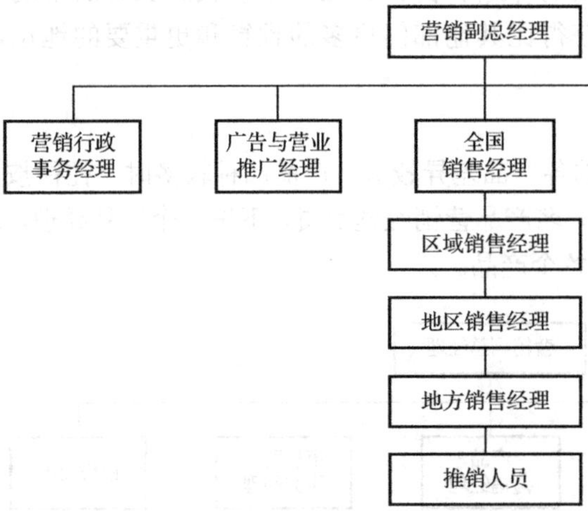

图 12.7　地区型营销组织

地区型营销组织的优点是：能充分发挥每个地区部门熟悉该地区情况的优势；各地区具有相对独立性，生产经营活动灵活。其缺点是：各地区都需要相同的专业人员，因而企业专业人员有时会出现重复；每一个地区组织都是一个独立的利润中心，使各地区的活动协调起来比较困难。为了使整个市场营销活动更加有效，地区型营销组织通常都是与其他类型的组织结合使用。

（4）市场型营销组织

市场型营销组织是一名市场主管经理管理几名市场经理，其基本形态如图 12.8 所示。市场经理的职责与产品经理相类似，负责制订该市场的长期计划和年度计划，分析市场动向，以及企业应该为市场提供什么新产品。他们的工作成绩常用市场份额的增加状况进行判断，而不是看市场现有的盈利状况。

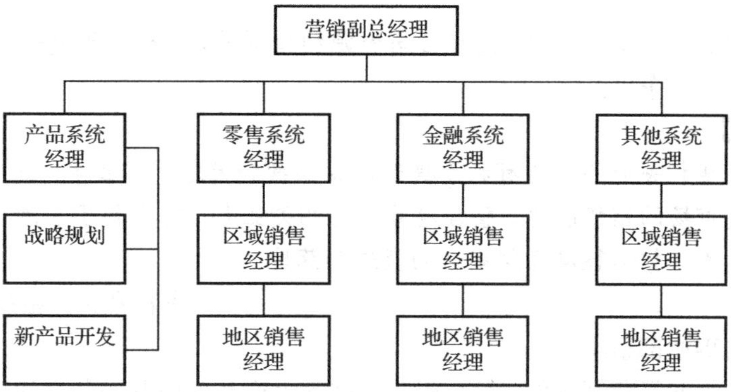

图 12.8　市场型营销组织

市场型营销组织的主要优点是：市场营销活动是按照各类不同顾客的需求来统一组织，而不是集中于营销职能、销售区域或产品本身。其缺点是权责不清和多头领导。在西方国家，越来越多的企业按照市场型结构来建立营销组织。有些专家认为，以各主要目标市场为中心来建立相应的营销部门和分支机构，是确保企业落实“以顾客为中心”的现代营销观念的唯一办法。

（5）矩阵型营销组织

矩阵型营销组织又称“产品-市场”型营销组织，是将产品和市场有机结合起来的组织形式。生产多种不同产品、面向不同市场的企业，可采取该形式。“产品-市场”型营销组织中的产品经理负责产品的销售、利润和计划，为产品寻找更广泛的用途，而市场经理则负责开发现有和潜在的市场，着眼于市场的长期需要，产品经理和市场经理互相协调，共同进行市场预测。

“产品-市场”型营销组织吸收了产品型和市场型两种组织的优点，适合那些多品种、多市场的公司。但是这种组织结构管理费用极高，而且内部极容易产生矛盾与冲突。另外公司还将面临权力与责任难以具体落实的问题。

【小案例 12-4】

魅族科技组织架构调整 设立销售中心和市场中心

2018 年 5 月 15 日，魅族科技在《关于公司中心级组织架构调整及人员任命的通知》（魅发［2018］019 号）中提出，根据公司发展需要，进行组织架构调整。此次魅族科技成立了销售中心与市场中心两大一级组织，原魅族事业部、魅蓝事业部下设销售职能平移至销售中心，原魅族、魅蓝事业部下设市场营销职能平移至市场中心。

魅族 CSO 兼高级副总裁李楠，全面负责销售中心相关业务和团队管理。魅族销售中心将全面负责魅族、魅蓝手机产品整体操盘和公司产品国内线下销售业务，运营商、分销、零售管理等业务。

魅族 CMO 兼高级副总裁杨柘，全面负责市场中心相关业务和团队管理。魅族市场中心将全面负责魅族科技品牌战略，魅族、魅蓝手机产品品牌推广、市场营销、活动策划、媒体公关等业务。

魅族科技此次组织架构调整，意在公司资源和管理聚焦，有助于进一步提升销售和市场两大核心职能的竞争力。

【分析提示】

整合魅族销售相关业务，将有利于提升产品操盘和渠道管理效率，进一步激活魅族、魅蓝手机在国内市场的销售能力。整合魅族市场相关业务，将有利于聚焦品牌提升，强化魅族市场传播能力，推动魅族品牌战略的塑造和落地。

资料来源：根据网络资料整理

（6）企业与事业部组织

随着多产品企业经营规模的扩大，企业常把各大产品部门升为独立的事业部。事业部下再设自己的职能部门和服务部门。企业总部是否要保留营销部门，有四种模式可供选择。

① 企业一级不设营销部门。有些企业不设企业一级营销部门。他们认为，各事业部设立营销部门后，设立企业一级营销部门没有什么实际作用。

② 企业一级保持最小必要规模的营销部门。有些企业，在企业一级设有规模很小的营销部门，承担如下责任：协助最高管理当局全面评价营销机会；应事业部的要求向事业部提供咨询方面的协助；帮助营销力量不足或没有营销部门的事业部解决营销方面的问题；促进企业其他部门的营销观念的形式。

③ 企业一级保持适当的营销部门。有些企业设立的营销部门，除担负前述的功能外，还向各事业部提供各种营销服务，如专门的广告服务、销售促进服务、营销调研服务、销售队伍建设与培训服务和其他杂项服务。

④ 企业一级拥有强大的营销部门。有些企业设立的营销部门，除担负前述的各种功能活动外，还积极参与对各事业部营销活动的规划与控制。

【小案例 12-5】

聚力新零售——天猫组织架构全面升级

2018 年 3 月 9 日，天猫宣布组织架构进一步升级，本次调整在 2018 年 3 月中旬完成。天猫在这次组织调整中增设了消费电子、美家和平台营运三大事业部，如图 12.9 所示。

根据组织升级方案，新成立天猫消费电子事业部，涵盖原手机事业部、电器美家事业组中的电器等业务以及供应链部门。未来将在品牌运营、新品孵化、供应链管理等层面推动新零售。

新成立天猫美家事业部，包含原电器美家事业组中的美家等业务。家装、汽车两大注重消费体验的场景将在新零售推进中完成重构。

新成立天猫平台营运事业部，囊括天猫营销平台事业部、天猫运营中心等以消费者为核心的运营部门。

资料来源：搜狐网，https://www.sohu.com/a/225243721_114877.

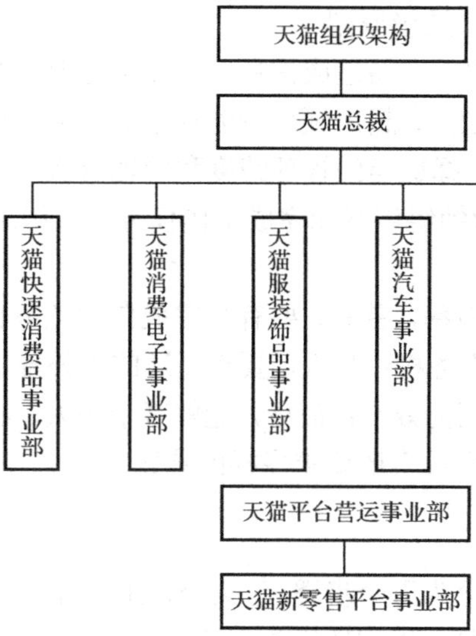

图 12.9　天猫调整后的组织架构

2. 决定市场营销组织的因素

（1）企业规模

一般来说，企业规模越大，需要的专职部门、层次和营销专业人员就越多，因而往往采用比较复杂的组织形式。如产品型、地区型、市场型、“产品-市场”型组织形式。若企业规模较小，市场营销组织就相对简单，可考虑采用职能型组织形式。

（2）产品类型

当企业经营的产品种类、数量很多，且产品之间的差异性较大时，可以考虑采用产品型组织形式为主的营销组织形式。

（3）市场特点

市场的地理位置、市场的细分程度以及市场的规模大小对设置市场营销组织有所影响。若企业实行市场多元化方针，营销市场的地理分布区域广泛，它们的营销环境彼此有较大差别，则可以考虑以地区型组织形式为主的营销组织形式。

（4）企业类型

不同类型的企业有着不同的营销重点。如服务行业的营销重点是顾客调查，耐用消费品行业的营销重点是广告促销，原材料行业的营销重点在于产品的储存与运输。根据不同的营销重点，市场营销组织中的设置重点应有所不同。

3. 设置市场营销组织的原则

建立营销组织一般应遵循以下原则。

（1）整体协调和主导性原则

设置的营销组织能够有利于企业与外部环境，尤其是与市场、顾客之间关系的协调；能够与企业的其他组织相互协调；市场营销组织内部的人员结构、职位层次设置要相互协调，以充分发挥市场营销组织自身的整体效应。

（2）精简以及适当的管理跨度和层级原则

通常情况下，如果管理层次过多，容易造成信息失真和传递速度过慢，从而影响决策的及时性与正确性；如果管理跨度过大，超出领导者能管辖的限度，又会造成整个组织内部的不协调、不平衡。因此，必须选择适当的管理跨度和管理层次，既能满足工作的要求又能“精兵简政”，使所设的市场营销组织既能完成工作任务，组织形式又最为简单。

（3）有效性原则

市场营销组织要达到工作的高效率，首先，要有与完成自身任务相一致的权力，包括人权、物权、财权、发言权和处理事务权；其次，要有畅通的内外部信息渠道，没有信息的通畅，市场营销管理也就难有真正的效率；最后，能够善于用人，各司其职，以解决市场营销管理任务繁杂、牵涉面广、人员素质要求多样的难题。

4. 设置市场营销组织的程序

设置市场营销组织的程序一般分为五个步骤，包括分析组织环境、确定组织内部活动、建立组织职位与结构、配备组织人员、组织评价与调整。

（1）分析组织环境

市场营销组织并不是一成不变的，而是随着社会经济环境的运行而变化。因此，要建立市场营销组织，首先要分析制约组织的环境因素。

① 市场状况，即市场的稳定程度。市场不稳定，市场营销组织就需要随之改变，按照市场变化及时调整组织内部结构和资源配置方式。

② 竞争者状况。市场营销组织必须了解竞争者的情况，并针对竞争者的行为做出调整市场营销组织结构的反应。

此外，还有许多环境方面的因素也对市场营销组织存在影响，如能源问题、技术进步等。

（2）确定组织内部活动

在分析组织环境后，企业通常将制定市场营销战略，确定相应的市场营销活动和组织的专业化类型。市场营销组织内部活动主要包括两类。

① 职能性活动。此类活动涉及市场营销组织的各个部门，企业在制定战略时要确立各职能在组织中的地位。

② 管理性活动。此类活动所涉及的是与管理任务相关的方面，如计划、协调、控制等。

（3）建立组织职位与结构

在内部活动确立之后，还需要建立组织职位与结构。

① 组织职位的建立。为了使组织活动有所归附，需要建立组织职位。组织职位的建立需要考虑职位类型、职位层次、职位数量、职位的权责规定。

② 组织结构的设计。在对组织结构进行设计时，要注重组织的有效性，即以较少的人员和上下属关系，以及较高的专业化程度来实现较高的营销目标。此外，市场营销组织结构总是随着市场和企业目标的变化而变化，所以，设计组织结构时要留下更多调整的余地。

（4）配备组织人员

在分析市场营销组织人员的配备时，需根据每个职位的工作说明书，对人员的受教育程度、工作经验、个性特征、身体状况等各方面进行全面考察。

若是对调整后的组织进行人员配备，还需要对现有员工进行重新考核，以确定其在再造组织中的职位。

（5）组织评价与调整

从市场营销组织建立初期起，就需要对其运行状况进行时时检查和监督，市场营销经理需根据评价结果随时调整组织，以保持组织的活力。

综上所述，企业市场营销组织的设计和运行大致需要五个步骤。步骤之间相互联系、相互作用，共同形成一个动态有序的过程。

5. 市场营销组织的变革

随着企业营销目标的变化，以及外部市场环境的变化，市场营销组织必须通过变革以适应变化，达到组织的自我发展与完善。

（1）市场营销组织变革的原因

引起市场营销组织发生变革的因素通常可分为两类，即外部因素和内部因素。外部因素为市场宏观环境的变化、科技的快速发展、营销观念的改变等；内部因素为企业发展战略的调整、企业规模的变化、组织提高效率的需要、重大管理人员的变动、企业技术条件的变化等。

（2）市场营销组织变革的内容

① 营销体系变革。随着企业规模的不断增长，企业的营销组织体系也应随之改变，以适应企业发展、在市场竞争环境中立于不败之地。

② 营销制度变革。营销组织的变革及其组织人员的不断增加将迫使企业变革营销制度，由小企业的“人治”转变为“法治”，实现企业的规范化管理。具体内容包括强化岗位职责，明确工作范围，营销工作规范化、数字化，分配方式与激励制度科学化。

③ 营销模式变革。企业的营销模式需具备全局性、预见性，针对市场的发展、时代的变革，打破组织惯性问题，根据市场环境和企业战略的变化不断更新观念，创新营销模式，从而达到在不断变化的市场中长足发展的目标。

组织变革是一个破旧立新的过程，在变革的过程中必然存在各种阻力。要成功地进行变革，需要遵循稳健的改革作风，不冒进、不退缩，坚持变革的目标，不断完善组织结构，优化组织管理功能，提高组织工作效能，从而达成更好的改革成果。

【小案例 12-6】

腾讯组织架构调整：背后的三次转身

从 1998 年成立至 2018 年底，围绕新业务发展、核心战略改变，腾讯有过三次标志性的公司组织架构调整。

早期，公司业务单一，COO（首席运营官）负责渠道和业务，CTO（首席技术官）分管研发和基础架构，再由 CEO（首席执行官）统一协调，彼此沟通的频率和效率都很高。那时，腾讯采用的是职能型组织架构。

至 2004 年，腾讯从一个不足十人的团队，发展成 1 000 人左右的大公司。各项工作间差异巨大，CEO 已经很难进行良好协调，职能型组织架构阻碍了腾讯的发展。基于原有架构的管理混乱，腾讯展开了第一次大规模的组织变革，由职能型改为业务系统型，以产品为导向，将业务系统化，由各事业部的 EVP（执行副总裁）来负责整个业务。

随着 2011 年移动互联网兴起，其中分属不同业务线的同类产品在推进和开发时遇到了极大阻力，无法适应移动互联网时代的竞争。为了便于公司协调业务，减少部门间相互扯皮与恶性竞争的状况，腾讯做出了第二次重大组织架构调整，即 BG（事业群）化，按产品建立管理组织。以产品组为单位减少了不必要的重叠，同时，一个产品部门就能自主立项、快速试验，能够做到快速响应用户需求。

在“互联网+”、云时代，由消费互联网向产业互联网的进化时，产品型的组织形式遇到了很多组织墙、数据墙，内部的不协同直接影响到业务的发展。2018 年 9 月 30 日清晨 6 点 30 分，腾讯公司总裁刘炽平发出一封全员信，正式启动了腾讯历史上第三次重大组织架构调整。具体而言，腾讯对原有的事业群（BG）进行了调整，成立了技术委员会以提高技术资源利用效率。此外，升级整合新的广告营销服务线，由原社交与效果广告部与原网络媒体事业群广告线组合而成。

每一次调整，都是腾讯源于组织内外环境以及业务发展战略所做出的改变。正如腾讯公司总裁刘炽平所说：“我们需要时刻保持清醒，充满危机意识和前瞻性，才能进入下一个时代。”

资料来源：根据网络资料整理

技能训练 12-1

建立营销组织

训练背景：教师给学生提供某些企业的背景及其营销组织结构图。

训练要求：以小组为单位，讨论不同营销组织的优缺点。各小组在教师提供的企业中选择一个，对其营销组织的设置及运作思想进行剖析，提出其不足之处，并为其设置一个更好的营销组织。

项目总结

【知识回顾】

（1）市场营销组织是指企业内部涉及营销活动的各个职位及其结构。企业的市场营销组织形式大致经历了单纯的销售部门、兼有其他营销功能的销售部门、独立的市场营销部门、现代市场营销部门、现代市场营销企业五个阶段。

（2）一般来说，市场营销组织的职能包括以下几种：开展市场调查，收集信息；建立销售网络，开展促销活动；开拓新的市场，发掘潜在顾客；进行产品推销，提供优质服务；开发新的产品，满足顾客不断发展的需求；建立客户关系，维系老顾客等。

（3）为了实现企业目标，企业必须选择合适的市场营销组织。市场营销组织大体上可分为以下几种形式：职能型组织、产品型组织、地区型组织、市场型组织、“产品-市场”型组织、企业与事业部组织。

（4）企业在建立市场营销组织时要考虑决定市场营销组织的因素：企业规模、产品类型、市场特点，同时要遵循以下原则：整体协调和主导性原则、精简以及适当的管理跨度和层级原则、有效性原则。

知识训练

一、选择题

1．当企业生产经营多种产品或多个品牌时，应采取（　　）营销组织结构。

A．职能型组织　　B．产品型组织

C．地区型组织　　D．市场型组织

2.（　　）型组织就是在一名产品总经理领导下，再按每个品种分别设一名产品经理，实行分层管理的组织形式。

A．职能　　B．地区　　C．产品　　D．市场

3.（　　）是最常见的市场营销组织形式。

A．职能型组织　　B．产品型组织

C．地区型组织　　D．矩阵型组织

4．市场营销组织是为了实现（　　），制订和实施市场营销计划的职能部门。

A．企业计划　　B．营销计划

C．企业目标　　D．利润目标

5．市场营销组织管理跨度及管理层次的设置，不是一成不变的，组织本身应当具有一定的（　　）。

A．弹性　　B．灵活性　　C．随机性　　D．选择性

二、判断题

1．企业不应该都按一种模式设置市场营销组织。（　　）

2．生产多种产品或拥有多个品牌的企业，通常设置市场管理型组织。（　　）

3．组织形式和管理机构只是手段，不是目的。（　　）

4．通常情况下如果管理层次过少，容易造成信息失真与传递速度过慢。（　　）

5．设置的市场营销组织，要能够与企业内部的其他组织相互协调。（　　）

三、简答题

1．市场营销组织有哪几种基本形式？它们各自的优缺点是什么？

2．企业设计营销组织应考虑的因素和原则是什么？

3．简述市场营销组织建立的步骤。

四、技能题

某汽车公司营销部按市场专业化设置营销部的第一层机构，再按职能专业化设置第二层机构。该公司的市场分为欧洲商务部、国内商务部、国际商务部，各市场又分为整车处、零部件处、配件处和售后服务处。请画出该汽车公司营销部门组织结构图。

综合实训

一、案例分析

1. 某酒业公司主管当地品牌酒，主要销售地为皖南、皖东、皖西。随着业务的不断发展，2018 年，公司计划向省外开拓市场。该公司营销部现有 5 名营销人员，已无法完成维持旧市场、开拓新市场的工作任务。

资料来源：孙晓燕．市场营销．北京：高等教育出版社，2018.

思考分析：

如果你是该公司营销部的负责人，将如何解决这一问题？请你帮助设计该公司营销部的组织结构图。

2. 联合利华是一家历史悠久的跨国公司，在全球范围内经营洗涤剂和食品业务。几十年来，联合利华对其洗涤剂产品一直放手经营。每一个主要国家的市场都设有子公司，并全面自治，进行一系列的价值创造活动，包括生产、营销和研究开发。到 20 世纪 80 年代中期，公司仅在欧洲就有 17 个自治的国家分支机构。

到了 20 世纪 90 年代，联合利华开始改变其洗涤剂的经营方法，转变为奉行全球战略的管理严谨的企业。这是因为联合利华意识到传统的经营方法在竞争舞台上已经不再有效，实现实质性的成本节约，进行创新并对市场变化趋势迅速做出反应已变得至关重要。

20 世纪 80 年代联合利华的主要竞争对手宝洁公司不断通过新产品占领市场，使联合利华的问题显得尤为突出。联合利华要“说服”17 个欧洲分部生产新产品需要花 4～5 年时间。此外，由于在每一个国家的分支机构中都要重复添置生产设备，联合利华的成本构成很高，也无法取得同宝洁一样的规模经济。联合利华的高成本使其无法采用有竞争力的定价。

为了改变这种状况，联合利华建立产品部门来协调各地区的经营。如今，17 个欧洲子公司都直接向欧洲利华汇报，这一新举措的背后有一个协议：17 个子公司放弃以往市场的自治权，以换得有助于发展和实施统一战略的机会。

这些改变使生产变得理性化了，欧洲市场上的洗涤剂生产集中在一些主要地区，生产肥皂的欧洲生产厂家由 10 家削减到 2 家。一些新产品将只在一个地点生产。产品的大小和包装实行一体化，以降低采购成本，并为在整个欧洲统一做广告铺平道路。通过这些举措，联合利华估计一年在欧洲部门就能节省 4 亿美元。

欧洲联合利华正试图加快新产品开发的速度并在整个欧洲同时上市。联合利华的努力是有回报的：20 世纪 90 年代初在德国上市的碗碟洗涤剂一年后在整个欧洲上市，这是一个明显的进步。

资料来源：根据网络资料整理

思考分析：

试分析联合利华在20世纪80年代与90年代的营销组织情况。

二、实训操作

1. 实训目标

通过实训帮助学生掌握市场营销组织的含义及类型、掌握构建企业市场营销组织的能力。

2. 实训内容

各小组选择一个熟悉的企业，通过调查了解影响其设置市场营销组织类型的因素，对其市场营销组织机构的设置及运作进行分析，最后形成分析报告。

3. 实训要求

（1）学生经过调查，针对选定企业分析决定其市场营销组织类型的因素。

（2）学生在分析的基础上，为企业选择合适的市场营销组织形式，并分析该组织形式的优缺点。

4. 实训步骤

（1）各组分工合作，选定企业进行调查分析。

（2）辅导老师提供必要的指导和建议，组织学生进行经验交流。

（3）学生撰写分析报告，教师针对共性问题在课堂上组织讨论和专门的讲解。

5. 组织形式

以3～5人为一个实训小组开展工作。

6. 考核方式

学生提交关于市场营销组织设置的分析报告。

项目13 市场营销执行与控制

项目目标

知识目标

● 熟悉年度计划控制、盈利能力控制、效率控制和战略控制的方法

● 掌握市场营销执行与控制的基础概念

● 掌握市场营销执行与控制的过程

技能目标

● 具有执行市场营销计划的能力

● 具有运用年度计划控制、盈利能力控制、效率控制和战略控制等绩效工具或考察指标的能力

● 具有控制市场营销计划执行的能力

实训目标

● 通过对市场营销执行的学习，能运用市场营销执行的相关知识，具备实施营销计划的技能

● 通过对市场营销控制的学习，能运用市场营销控制的相关知识，具备控制营销实施过程的技能

项目导入

A 奶制品企业是我国北方某省一家大型乳品生产加工企业，其奶制品在当地市场占有率达 80%。该企业市场部经过调查后认为，我国奶制品市场潜力巨大，蕴藏着诱人的商机。如果一人一天喝上一杯 200 毫升的牛奶，全国牛奶销量将达到 9 000 万吨，但现在总产销量还不到这个数字的 1/10。因此企业决定扩大产品的目标市场范围，将产品全面推向全国市场。企业首先聘请专业咨询公司拟订了产品营销计划书，并交由企业营销部来牵头组织实施。

项目实施

任务13.1 市场营销执行

根据导入项目，确定本次产品营销计划的实施层次及执行过程，确定参与的营销人员需要具备的市场营销执行技能，预先估计本次营销计划执行过程中可能出现的问题，并探讨相关的应对及防范措施。

市场营销战略是指企业在分析外部环境和内部条件的基础上，确定企业营销发展的目标，做出营销活动总体的、长远的谋划，以及实现这样的谋划所应采取的重大行动措施。

市场营销计划是指关于一项业务、产品或品牌在营销方面的具体安排和规划。其内容主要涉及两个基本问题：一是企业的营销目标是什么；二是如何实现营销目标。具体而言，包括内容提要、市场营销目标、市场营销策略、市场营销政策、市场营销程序、市场营销规则、市场营销预算、市场营销控制等部分。

市场营销执行是将市场营销战略和计划落实为具体的营销行动和任务的部署过程，并保证这种任务的完成，以实现营销战略和计划所制定的目标。市场营销执行是一个艰巨而复杂的工作，具体可能发生在三个营销层次上：其一是执行营销职能层次，即基本的市场营销职能能否顺利实施，例如，如何使企业从其广告部门得到更多的创造性广告；其二是执行营销规划层次，即如何把各种营销职能协调地组合在一起，把产品推向市场；其三是执行营销政策层次，即企业的营销理念能否得到很好的落实，例如，企业的每一位员工是否都把顾客放在第一位。

1. 市场营销执行过程

市场营销的执行过程包括如下方面的工作。

（1）制定市场营销执行方案

任何有效的营销战略和计划在实施以前，必须制定详细的营销战略或计划执行方案，作为日后营销活动的行为指引。营销执行方案的内容一般应包括：营销战略或计划执行的目标、营销战略或计划实施的关键性决策、营销执行的主要任务、营销执行的个人责任或团队责任、营销执行的时间表、执行偏差的处理方案等。

（2）设计组织结构

合适的组织结构是实现营销目标、完成营销战略和计划的决定性因素之一。组织结构的设计和建立可以提供明确分工，将执行的任务分配给具体的部门和人员，规定明确的权利和责任；同时可以发挥协调作用，通过正式的组织联系和信息沟通网络，协调企业内部各项决策和行动，沟通企业外部的信息传达和关系。

【小案例 13-1】

广东某氨基酸保健品企业在春节期间决定进入安徽市场。为了保证促销成功，企业成立了以总经理亲自挂帅，策划总监、市场总监、管理部长、财务部长、办公室主任等参与的领导小组，策划公司派出高层跟随到市场。投入将是公司有史以来最大的一次，所有媒体全部被调动起来，领导小组的成员也领到了具体任务，直接负责一个小组或某一环节的工作。促销活动前期热火朝天，可是销售却一直不见好，分析其原因后发现是因为政策一直在变，每个小组的领导人都有自己的主张。

资料来源：根据网络资料整理

【分析提示】

市场营销计划的有效执行是保证营销目标实现的重要环节。而合适的组织结构是确保市场营销顺利执行的决定性因素之一，因此，在执行营销计划前，企业应设计和建立分工明确的组织结构。

（3）选配执行人员

合适的营销战略和计划执行人员能够加快营销战略和计划的执行过程，保障营销战略和计划的顺利执行，确保营销目标的实现。不同的营销战略和计划、目标、任务及岗位对执行人员的要求不同，因此，企业应按照营销战略和计划的需要选配执行人员。选配执行人员涉及执行人员的选拔、考核、培训、激励等具体问题。

（4）健全绩效考评制度和激励机制

为确保高效地执行市场营销战略和计划，企业必须建立健全营销人员绩效考评制度和激励机制。这些制度和机制直接关系战略和计划实施的成败。绩效考评制度和激励机制应与企业营销战略和计划的目标相一致，以达到奖罚分明、激励营销人员的作用，并促进营销目标的实现。

（5）建设企业文化

企业文化是企业的灵魂，是推动企业发展的不竭动力。企业文化在建立起来后，也会通过其引导功能、约束功能、凝聚功能、激励功能、调适功能、辐射功能对企业营销活动的实施起决定性的影响。它关系到企业营销战略和计划执行的成败，企业应根据自己的情况建立体现本企业特色并能推动营销活动开展的企业文化。

2. 市场营销执行技能

一个好的营销战略和计划，如果执行不当或不力，是不会有所成效的。“执行”一词涉及什么人在什么地方、什么时候、怎么做的问题。因此，为了有效地执行市场营销计划，市场营销人员必须具备四个方面的营销执行技能。

（1）配置技能

该技能是指市场营销人员应具备能合理配置时间、资金和人员的能力，以保障市场营销活动的顺利实施。

（2）调控技能

该技能是指市场营销人员应能建立和管理对市场营销活动的过程及效果进行追踪的控制系统，以便对市场营销活动的实施过程及效果进行评估、分析及纠正。

（3）组织技能

该技能是指市场营销人员能根据市场营销环境、企业文化、业务特点等因素建立正式和非正式的市场营销组织，并确保该组织能有效地开展营销执行活动。

（4）互动技能

该技能是指市场营销人员应具有能够影响他人把事情办好的能力。市场营销人员不仅要有能力推动本企业人员有效地执行合理的营销计划，还必须推动企业外的人或企业（如市场调查公司、广告公司、经销商、批发商、代理商等）来实施合理的营销计划，即使他们的目标与本企业的目标有所不同。

3. 市场营销执行中的问题

（1）缺乏具体明确的执行方案

有些市场营销战略和计划之所以失败，是因为计划人员没有制定明确而具体的执行方案，从而使企业内部各有关部门无法协调一致开展工作。

（2）计划脱离实际

企业的市场营销战略和计划通常是由上层的专业计划人员制定，而执行则要依靠市场营销管理人员，由于这两类人员之间往往缺少必要的沟通和协调，易导致下列问题的出现。

① 企业的专业计划人员只考虑总体战略而忽视执行中的细节，结果使计划过于笼统和流于形式。

② 专业计划人员往往不了解计划执行过程中的具体问题，所定计划脱离实际。

③ 专业计划人员和市场营销管理人员之间没有充分的交流与沟通，致使市场营销管理人员并不完全理解需要他们去执行的战略，从而使其在执行过程中经常遇到困难。

④ 脱离实际的战略导致计划人员和市场营销管理人员相互对立和不信任。

（3）长期目标和短期目标相矛盾

市场营销战略通常着眼于企业的长期目标，涉及今后三至五年的经营活动。但具体执行这些战略的市场营销人员通常是根据他们的短期工作绩效，如销售量、市场占有率或利润率等指标评估和奖励的，因此市场营销人员常选择短期行为，这就容易造成市场营销战略的设定目标往往无法实现。

（4）因循守旧的惰性

企业当前的经营活动往往是为了实现既定的战略目标，新的战略如果不符合企业的传统和习惯就容易遭到抵制。新旧战略的差异越大，执行新战略可能遇到的阻力也就越大。要想执行与旧战略截然不同的新战略，常常需要打破企业传统的组织机构和供销关系，这往往容易造成相关部门的不配合，从而影响市场营销战略或计划的实施。

任务 13.2 市场营销控制

根据导入项目，确定该企业控制营销计划执行的程序和方法，以便对营销计划的执行情况和效果进行检查与评估，并及时采取修正措施确保营销计划的有效执行。

市场营销控制，是指由企业的管理者对市场营销战略和计划的执行情况和效果进行检查与评估，了解战略和计划与执行效果是否一致，找出两者之间的偏离及造成偏离的原因，并采取修正措施以确保营销战略和计划的有效执行。由于市场营销环境的不稳定性和复杂性，市场营销战略和计划与实施过程中的实际情况并不总能保持一致，在实施中常常会出现各种意外情况；同时，战略和计划本身也可能有某些不符合实际的地方，所以在实施过程中可能因环境的变化或执行人员的素质差别和理解不同造成战略和计划目标无法实现。因此，营销部门必须对营销活动进行控制，否则，前期的市场调查、营销策划等大量工作成效就无法在营销的过程中得到体现。

1. 市场营销控制的程序

企业市场营销控制的具体流程包括以下六个步骤。

（1）确定市场营销控制对象

任何控制都是要支出成本的，因此在考虑控制时，合理确定市场营销控制对象，注意使控制成本小于控制活动可能带来的利益。

一般来说，企业的营销控制对象主要包括销售收入、销售成本、销售利润、销售人员的工作绩效、市场调查的效果、新产品的成效、广告效果等。所以，企业在进行控制以前，应根据营销战略和计划的执行情况对控制目标、控制对象进行选择。

管理人员在确定控制对象时，还必须决定控制的量，即频率和范围。某种控制对象对公司成败的重要性越大，就越要对之进行重点控制，若某一领域或活动容易脱离控制，也要予以较多的控制；反之则不用进行过频或过严的控制。

（2）选择市场营销控制的衡量标准

选择的衡量标准与控制重点有直接关系。如果控制的侧重点在于结果，则结果本身就是重要的衡量标准，这些标准一般就是公司的主要战略目标，如利润额、市场占有率、市场增长率、销售量等。如果是过程控制，问题就显得比较复杂，必须建立一些能预测结果的衡量标准，这些标准一般是为达到战略目标而规定的战术目标，如定期销售量、试销增长率、推销员达到某技术水准的时间记录等。

（3）建立工作绩效标准

绩效标准是指以某种衡量尺度表示的控制对象的预期活动范围或可接受活动范围，也就是衡量标准的定量化。例如，可规定每个推销人员全年应增加50个新用户；或规定市场调查访问用户每项费用不得超过200元；或规定某种新产品六个月以后的市场占有率达3%，等等。

建立绩效标准不能搞“一刀切”，必须考虑各类产品、各个目标市场等方面的差别，这不仅是主观方面的，而且也是客观方面多种因素所决定的。例如，在建立推销人员的工作绩效标准时，应考虑以下因素：每个销售人员销售的具体产品；每个销售人员所管辖区域内的销售数量；每个销售人员所在区域内竞争产品的竞争力；销售人员所推销产品的广告强度，等等。

另外，还应注意不要把控制标准看得过于绝对。因为衡量标准受到主观因素的影响很大，不一定客观；其次，绩效水平不完全由推销人员主观努力决定，用主观的衡量标准来确定客观的绩效不一定完全科学；再次，任何标准都不是一成不变的，它会受到内外环境因素的影响而发生变化。因此，随着时间的推移，各类标准也需不断更新，以符合新的情况。

（4）确定控制方法

建立了工作绩效标准后，应选择合适的控制方法，对计划与实际完成情况之间的对照进行比较，或者将抽样结果与计划进行比较。

（5）分析偏差原因

进行比较后，若发现实际执行结果与计划目标发生偏差，需要根据实际情况分析产生偏差的原因。实际执行结果发生脱离计划目标的偏差，可能处于两种情况：第一种情况是实施过程中的问题，这种偏差比较容易分析；第二种情况是计划决策过程中的问题，确认这种问题，容易出现错误。这两种情况经常交织在一起，因此企业营销人员必须仔细进行研究，区分原因，才能找出对策，解决偏差。

（6）采取改进措施

找到了问题所在后，对症下药进行改进是控制的最后步骤，即应根据造成偏差的原因提出相应的改进措施以提高效率，确保战略和计划目标的实现。

2. 市场营销控制的方法

市场营销控制的方法有很多，但归纳起来主要有四种类型，分别是：年度计划控制、盈利能力控制、效率控制和战略控制。

（1）年度计划控制

所谓年度计划控制，是指企业在本年度内采取控制步骤，检查实际绩效与计划之间是否有偏差，并采取改进措施，确保市场营销计划的完成。其主要任务是检查企业营销活动是否达到年度计划的要求，并在必要时采取调整和纠正措施，同时也可以年度计划控制结果作为年终绩效评估的依据。企业可运用五种年度计划控制工具来核对年度计划目标的实现程度，分别是销售分析、市场占有率分析、市场营销费用与销售额比率分析、财务分析、顾客态度追踪。

① 销售分析。销售分析是通过衡量并评估实际销售目标与计划销售目标之间的差距来核对年度计划目标的实现程度，具体有销售差异分析和微观销售分析两种方法。

销售差异分析是用来衡量不同的因素对造成销售差距的影响程度。其计算公式如下：

$$售价下降造成的差距=（Sp-Ap）Aq$$

$$销售减少造成的差距=（Sq-Aq）Ap$$

其中，Sp 表示计划售价，Ap 表示实际售价，Sq 表示计划销售量，Aq 表示实际销售量。

【小案例 13-2】

某企业计划某种产品当年出售 40 000 件，单价 10 元，总计划销售额 400 000 元。年末结算实际售出 30 000 件，售价降为 8 元，总实际销售额为 240 000 元，比计划销售额少 40%，差距为 160 000 元。试分析售价下降和销量减少各自对总销售额的影响程度。

资料来源：中国市场总监业务资格培训考试指定教材编委会.市场营销学原理.北京：电子工业出版社，2004.

【分析提示】

总销售额的下降往往是由多个原因造成的，因此，企业需要通过销售差异分析法找出销售下降的主要原因，并对营销工作进行改进。

微观销售分析主要是通过对产品、销售地区以及其他方面的考察来分析未完成销售目标的原因。

【小案例 13-3】

企业对三款产品进行考察，假设该企业年初设定的三款产品销售目标分别为 18 万件、10 万件和 20 万件，预计总销售量为 48 万件，而实际销售量分别是 16 万件、9 万件和 12 万件，实际总销售量为 37 万。试通过微观销售分析法找出企业未完成销售目标的主要原因。

资料来源：中国市场总监业务资格培训考试指定教材编委会.市场营销学原理.北京：电子工业出版社，2004.

【分析提示】

虽然三款产品都未能完成计划销售目标，但其中一款产品是造成销售差距的主要原因。企业需要通过微观销售分析法进行检查分析，找出是什么原因造成该产品的销售量这么低，并对该产品的营销工作进行改进。

② 市场占有率分析。市场占有率，是指在一定时期内，某企业某种产品在某一具体市场中的销售量或销售额，占同期所有企业该种产品在同一市场中的总销售量或总销售额的比重。其计算公式如下：

市场占有率（%）=某企业某种产品在某市场中的销售量（额）÷同期所有企业该种产品在市场中的总销售量（额）×100%

市场占有率表明企业产品在市场上占有的份额，反映了企业产品在市场竞争中所处的地位和具有的控制能力，与企业产品销售收益之间存在密切的正相关关系。市场占有率的研究对于分析市场营销活动、强化企业竞争能力、增加企业收益具有重要作用。一般情况下，任何一个企业都力图通过提高本企业产品的市场占有率来确保企业领先的竞争地位，并通过分析市场占有率的变化对企业的市场营销活动进行有效的控制与调节。

一般来说，市场占有率有以下四种不同的衡量方法。

第一，全部市场占有率。以企业的销售额占全行业销售额的百分比来表示。其计算公式可表示为：

全部市场占有率=企业某产品的销售额（量）÷行业同类产品的销售额（量）×100%

第二，可达市场占有率。以企业某产品销售额占企业所服务市场的百分比来表示。其计算公式可表示为：

可达市场占有率=企业某产品的销售额（量）÷可达市场同类产品的销售额（量）×100%

所谓可达市场，一是企业产品最适合的市场，二是企业市场营销努力所及的市场。企业可能有近100%的可达市场占有率，却只有相对较小百分比的全部市场占有率。

第三，相对市场占有率。以企业销售额与其坐标企业同类产品销售额的百分比来表示。其计算公式可表示为：

相对市场占有率=企业某产品的销售额（量）或市场占有率÷坐标企业同类产品的销售额（量）或市场占有率×100%

对于一个企业来说，企业产品的市场占有率可以概括为市场占有率增加、市场占有率下降和市场占有率不变三类。了解企业市场占有率之后，营销人员还需仔细分析市场占有率变动的原因。企业可从产品线、顾客类型、地区以及其他方面来考察市场占有率的变动情况。分析市场占有率的一个有效途径如下：

全部市场占有率=顾客渗透率×顾客忠诚度×顾客选择性×价格选择性

其中，顾客渗透率是指从本企业购买某产品的顾客占市场上该产品所有顾客的百分比，顾客忠诚度是指顾客从本企业所购产品与其所购同种产品总量的百分比，顾客选择性是指本企业一般顾客的购买量相对于其他企业一般顾客的购买量的百分比，价格选择性是指本企业平均价格同所有其他企业平均价格的百分比。

假设企业的市场占有率在这一时期下降了，企业可以了解到有四种可能性原因导致这一下降：企业失去了某些顾客（较低的顾客渗透率）；现有顾客从该企业购买的商品减少了（较低的顾客忠诚度）；该企业的顾客购买规模少（较低的顾客选择性）；企业价格与竞争者相比已向下滑动（较低的价格选择性）。

③ 市场营销费用与销售额比率分析。年度计划控制要求保证企业在实现其销售目标时，没有过多的支出。因此，年度计划控制需要检查与销售有关的市场营销费用，以确定企业在达到销售目标时的费用支出。这里关键要看的指标是营销费用与销售额的比率。市场营销管理人员的工作，就是密切注意这些比率，检查是否有任何比率失去控制。当一项费用对销售额比率失去控制时，必须认真查找问题的原因。

④ 财务分析。营销人员越来越倾向于利用财务分析来寻找提高利润的战略，而不是仅限于扩大销售的战略。营销人员主要配合企业管理者利用财务分析来查找影响企业资本净值报酬率的各种要素。资本净值报酬率是企业的资产报酬率和其财务杠杆率的乘积。要提高资本净值报酬率，企业就必须提高净利润与总资产之比，或者提高其总资产和资本净值之比率。企业应该分析资产构成（即现金、应收账款、库存以及厂房设备），并且注意

是否能改善资产管理。

⑤ 顾客态度追踪。销售分析、市场占有率分析、市场营销费用与销售额比率分析、财务分析采用的衡量标准大多是以财务分析和数量分析为特征的，它们基本上是定量分析。定量分析虽然重要但并不充分，因为它们没有对市场营销的发展变化进行定性分析和描述。因此，企业需要建立一套系统来追踪顾客、经销商以及其他市场营销系统参与者的态度。如果发现顾客对企业和产品的态度发生了变化，企业管理者就能较早地采取行动，争取主动。企业一般主要利用以下系统来追踪顾客的态度。

第一，抱怨和建议系统。企业对顾客的书面或口头抱怨应该进行记录、分析，并做出适当的反应。对不同的抱怨应该分析归类做成卡片，较严重的和经常发生的抱怨应及早予以注意。企业应该鼓励顾客提出批评和建议，使顾客有经常的机会发表意见，才有可能收集到顾客对其产品和服务态度的完整资料。

第二，固定顾客样本。有些企业建立由具有一定代表性的顾客组成的固定顾客样本，定期通过电话访问或邮寄问卷的方式了解其态度。这种做法有时比抱怨和建议系统更能反映顾客态度的变化及其分布范围。

第三，顾客调查。企业定期让一组随机顾客回答一组标准化的调查问卷，其中问题包括职员态度、服务质量等。通过对这些问卷的分析，企业可及时发现问题并予以纠正。

（2）盈利能力控制

企业的盈利能力，是指企业利用各种经济资源赚取利润的能力，它是企业营销能力、获取现金能力、降低成本能力及规避风险能力的综合体现，也是企业各环节经营结果的具体表现。营销业务的盈利能力控制具体体现在衡量不同产品、不同销售区域、不同顾客群体、不同销售渠道以及不同订货规模的盈利能力，目的在于找出妨碍获利的因素，以便采取相应措施排除或削弱这些不利因素的影响。

技能训练 13-1

不同分销渠道盈利能力分析

训练背景：某电子产品生产企业需要比较不同销售渠道的盈利能力，企业营销经理要判断三种不同的零售渠道（电器商店、超市和百货商店）各自的盈利能力。企业根据每一种渠道的销售收益情况，结合各自的营销成本分配情况，整理了一份损益表，如表13.1所示。

表13.1 各种渠道的损益表

	电器商店	超市	百货商店	整个企业
销售额	30 000	10 000	20 000	60 000
商品销售成本	19 500	6 500	13 000	39 000
毛利	10 500	3 500	7 000	21 000
各项费用				
推销费用	4 000	1 300	200	5 500
广告费用	1 550	620	930	3 100

续表

	电器商店	超市	百货商店	整个企业
仓储和运输	3 000	1 260	540	4 800
办公费用	1 500	630	270	2 400
总费用	10 050	3 810	1 940	15 800
净利润	450	-310	5 060	5 200

训练要求：每位同学通过该损益表，对各个分销渠道的盈利能力进行对比分析。

资料来源：中国市场总监业务资格培训考试指定教材编委会.市场营销学原理.北京：电子工业出版社，2004.

（3）效率控制

当利润分析揭示企业在若干产品、地区或市场方面的盈利情况不妙后，企业可使用效率控制分析是否存在更有效的方法来管理销售人员、广告、营业推广及分销渠道等绩效不佳的营销活动。效率控制的目的在于提高人员推销、广告、营业推广和分销等营销活动的效率，其核心是企业要准确把握判断销售人员、广告、营业推广及分销渠道等营销要素的关键指标，再根据这些指标的高低来分析营销效率，并据此对营销活动进行调整和纠正。

① 销售人员效率。企业各地区营销管理人员要记录本地区内销售人员效率的几项主要指标，这些指标包括：每个销售人员每天平均的销售访问次数；每次会晤的平均访问时间；每次销售访问的平均收益；每次销售访问的平均成本；每次销售访问的招待成本；每百次销售访问的订货量百分比；每期间的新顾客数量；每期间丧失的顾客数量；销售成本对总销售额的百分比；销售队伍是否足以完成公司的营销目标；销售报酬水平和构成是否提供足够的刺激和报酬；等等。企业可以从以上分析中，发现一些非常重要的问题，例如，销售代表每天的访问次数是否太少，每次访问所花时间是否太多，是否在招待上花费太多，每百次访问中是否签订了足够的订单，是否增加了足够的新顾客并且保留住原有的顾客。当企业开始正视销售人员效率的改善后，通常会取得很多实质性的改进。

② 广告效率。企业应该至少做好如下统计：每一媒体工具接触每千名购买者所花费的广告成本；顾客对每一媒体工具注意、联想和阅读的百分比；顾客对广告内容和效果的意见；广告前后顾客对产品态度的衡量；受广告刺激而引起的顾客询问次数；等等。企业营销管理人员可以采取若干步骤来改进广告效率，包括进行较好的产品定位工作、确定广告目标、比较广告媒体、寻找较佳的媒体、进行广告后效果测定等。

③ 营业推广效率。为了改善营业推广的效率，企业营销管理人员应该对每一次营业推广的成本和对销售的影响做记录，注意做好如下统计：营业推广费用占销售额的比率、由于优惠刺激而销售的百分比、每一销售额的陈列成本、赠券收回的百分比、因示范而引起询问的次数等。企业还应观察不同营业推广手段的效果，并使用最有效果的促销手段。

④ 分销效率。分销效率要衡量的指标包括：分销商的市场覆盖面占目标市场总覆盖面的比率；分销商的存货水准、仓库位置及运输方式；分销商的广告和促销力度；等等。企业营销人员需要对分销渠道进行分析和改进，以达到最佳配置并寻找最佳运输方式和途径。

（4）战略控制

企业的市场营销战略，是指企业根据自己的市场营销目标，在特定的环境中，按照总体的策划过程拟订的可能采用的一连串行动方案，是对企业营销业务整体性、长期性、基本性问题的规划。但是市场营销环境变化很快，往往会使企业制定的目标、策略、方案失去作用。因此，在企业市场营销战略实施过程中必然会出现战略控制问题。战略控制是指市场营销管理者采取一系列行动，使实际市场营销工作与原规划尽可能一致，在控制中通过不断评审和信息反馈，对战略不断修正。

企业在进行战略控制时，可以运用市场营销审计这一重要工具。所谓市场营销审计，是对一个企业市场营销环境、目标、战略、组织、方法、程序和业务等进行综合的、系统的、独立的和定期性的核查，以便确定困难所在和各项机会，并提出行动计划的建议，改进市场营销管理效果。市场营销审计实际上是在一定时期对企业全部市场营销业务进行总的效果评价，其主要特点在于不限于评价某一些问题，而是对全部活动进行评价。

市场营销审计的基本内容包括市场营销环境审计、市场营销战略审计、市场营销组织审计、市场营销系统审计、市场营销盈利能力审计和市场营销功能审计。

① 市场营销环境审计。营销环境包括宏观环境与微观环境两方面，其中，人口统计、经济、生态、技术、政治、文化组成宏观环境；市场、顾客、竞争者、分销和经销商、供应商、辅助机构和营销公司及公众组成微观环境。因此，必须在分析人口、经济、生态、技术、政治、文化等环境因素的基础上，制定企业的市场营销战略。这种分析是否正确，需要经过市场营销审计的检验。由于市场营销环境的不断变化，原来制定的市场营销战略发生相应改变时，也需经过市场营销审计来进行修订。市场营销环境审计的关键指标包括市场规模、市场增长率；顾客与潜在顾客对企业的评价；竞争者的目标、战略、优势、劣势、规模、市场占有率；供应商的推销方式；经销商的贸易渠道等。

② 市场营销战略审计。企业是否能按照市场导向确定自己的任务、目标并设计企业形象，是否能选择与企业任务、目标相一致的竞争地位，是否能制定与产品生命周期、竞争者战略相适应的市场营销战略，是否能进行科学的市场细分并选择最佳的目标市场，是否能恰当地分配市场营销资源并确定合适的市场营销组合，企业在市场定位、企业形象、公共关系等方面的战略是否卓有成效，所有这些都需要经过市场营销战略审计的检验。

③ 市场营销组织审计。市场营销组织审计，主要是评价企业的市场营销组织在执行市场营销战略方面的组织保证程度和对市场营销环境的应变能力，包括：企业是否有坚强有力的市场营销主管人员及明确的职责与权利；是否能按产品、用户、地区等有效地组织各项市场营销活动；是否有一支训练有素的销售队伍，对销售人员是否有健全的激励、监督机制和评价体系；市场营销部门与采购部门、生产部门、研究开发部门、财务部门以及其他部门的沟通情况以及是否有密切的合作关系等。

④ 市场营销系统审计。企业市场营销系统包括市场营销信息系统、市场营销计划系统、市场营销控制系统和新产品开发系统。对市场营销信息系统的审计，主要是审计企业是否有足够的有关市场发展变化的信息来源，是否有畅通的信息渠道，是否进行了充分的市场营销研究，是否恰当地运用市场营销信息进行科学的市场预测等。对市场营销计划系统的审计，主要是审计企业是否有周密的市场营销计划，计划的可行性、有效性以及执行

情况如何，是否进行了销售潜量和市场潜量的科学预测，是否有长期的市场占有率增长计划，是否有适当的销售定额及其完成情况如何等。对市场营销控制系统的审计，主要是审计企业对年度计划目标、盈利能力、市场营销成本等是否有准确的考核和有效的控制。对新产品开发系统的审计，主要是审计企业开发新产品的系统是否健全，是否组织了新产品创意的收集与筛选，新产品开发的成功率如何，新产品开发的程序是否健全，包括开发前的充分调查研究、开发过程中的测试以及投放市场的准备及效果等。

⑤ 市场营销盈利能力审计。市场营销盈利能力审计，是在企业盈利能力分析和成本效益分析的基础上，审核企业的不同产品、不同市场、不同地区以及不同分销渠道的盈利能力，审核进入或退出、扩大或缩小某一具体业务对盈利能力的影响，审核市场营销费用支出情况及其效益，进行市场营销费用与销售对比分析，包括销售队伍对销售额之比、广告费用对销售额之比、促销费用对销售额之比、市场营销研究费用对销售额之比、销售管理费用对销售额之比，以及进行资本净值报酬率分析和资产报酬率分析等。

⑥ 市场营销功能审计。市场营销功能审计，是对企业的市场营销组合因素（即产品、价格、分销渠道、促销）效率的审计。主要是审计企业的产品质量、特色、式样、品牌的顾客欢迎程度，企业定价目标和战略的有效性，市场覆盖率，企业分销商、经销商、代理商、供应商等渠道成员的效率，广告预算、媒体选择及广告效果，销售队伍的规模、素质以及能动性等。

项目总结

【知识回顾】

（1）市场营销执行与控制是市场营销管理过程的一个重要步骤。市场营销执行过程包括制定行动方案、设计组织结构、选配执行人员、健全绩效考评制度和激励机制、建设企业文化等工作。

（2）市场营销控制有四种类型，分别是：年度计划控制、盈利能力控制、效率控制和战略控制。企业市场营销人员可运用五种年度计划控制工具来核对年度计划目标的实现程度，即销售分析、市场占有率分析、市场营销费用与销售额比率分析、财务分析、顾客态度追踪。

知识训练

一、选择题

1.（　　）是将市场营销战略和计划落实为具体的营销行动和任务的部署过程，并保证这种任务的完成，以实现营销战略和计划所制定的目标。

A．市场营销控制　　　　B．市场营销审计

C．市场营销执行　　D．市场营销计划

2．（　）是指由企业的管理者对市场营销战略和计划的执行情况和效果进行检查与评估，了解战略和计划与执行效果是否一致，找出两者之间的偏离及造成偏离的原因，并采取修正措施以确保营销战略和计划的有效执行。

A．市场营销控制　　B．市场营销审计

C．市场营销执行　　D．市场营销计划

3．（　）需要分析不同产品、销售地区、顾客群、分销渠道等的实际盈利情况。

A．年度计划　B．盈利能力　C．效率　D．战略

4．（　）主要是评价企业的市场营销组织在执行市场营销战略方面的组织保证程度和对市场营销环境的应变能力。

A．营销环境审计　　B．营销组织审计

C．营销环境审计　　D．营销职能审计

5．市场营销执行是一个艰巨而复杂的课题，具体可能发生在以下的几个层次上（　）。

A．营销职能层次　　B．营销规划层次

C．营销政策层次　　D．营销审计层次

6．为了有效地执行市场营销计划，市场营销人员必须具备的营销执行技能包括（　）。

A．配置技能　B．调控技能　C．组织技能　D．互动技能

7．市场营销控制包括（　）。

A．年度计划控制　　B．盈利控制

C．质量控制　　D．效率控制

E．战略控制

8．市场营销审计是战略控制的重要工具，其主要内容包括（　）。

A．市场营销战略审计　　B．市场营销组织审计

C．市场营销系统审计　　D．市场营销盈利能力审计

E．市场营销功能审计

二、判断题

1．企业文化的建设与否对市场营销执行没有影响。（　）

2．缺乏具体明确的执行方案对市场营销执行能否顺利进行没有影响。（　）

3．年度计划控制是为了确认在各产品、地区、最终顾客群和分销渠道等方面的实际获利能力。（　）

4．销售分析是通过衡量并评估实际销售目标与计划销售目标之间的差距来核对年度计划目标的实现程度。（　）

5．要提高资本净值报酬率，企业就必须提高净利润与总资产之比，或者提高其总资产和资本净值之比率。（　）

6. 在正常情况下，市场占有率上升表示市场营销绩效提高，在市场竞争中处于优势。（　　）

7. 企业市场营销系统包括市场营销信息系统、市场营销计划系统、市场营销控制系统和新产品开发系统。（　　）

三、简答题

1. 市场营销的执行过程包括哪些方面的工作？
2. 在执行市场营销计划的过程中经常遇到的问题有哪些？
3. 企业市场营销控制的具体流程包括哪些步骤？
4. 企业如何进行盈利控制？
5. 应如何推进市场营销审计在企业中的开展？

四、技能题

和本专业的同学一起合作，组织实施一次校园特卖会，并分别写出营销执行报告和营销控制报告。

综合实训

一、案例分析

以下为某营销管理咨询公司为A集团奶粉事业部制定的2019年营销审计报告，试根据报告内容回答相关问题。

A集团是一家近年迅速崛起的大型乳制品生产企业。奶粉是A集团最早的业务，也是最先形成规模并在全国销售的产品。但相比两个兄弟事业部，奶粉事业部相应产品品类在全国市场中的地位和销售收入等主要经营指标已远远落后。

1. A奶粉面临的外部挑战

（1）预计2020—2022年，国内奶粉市场容量会以超过10%的速度递增，其中，甜粉的整体市场将下降，其他奶粉的容量将增长，婴儿奶粉的增长率将达到15%以上。

（2）影响奶粉市场发展的两种因素交替作用，使奶粉市场的未来发展充满了不确定性：一方面，人均乳品消费量的提高使奶粉市场有扩大的趋势；另一方面，液体奶的飞速发展又侵蚀着奶粉市场。

（3）区域发展继续呈现多样化趋势，从东到西、从南到北，消费者对奶粉需求的档次和结构呈现出较大差异。

（4）婴儿奶粉市场集中度相对较高，而其他奶粉市场集中度则偏低。

（5）奶粉的营销渠道正在发生深刻变化。一是各厂商开始重视二、三级网络的建设；二是新型零售渠道的作用越来越强大，而批发的作用正逐步缩小。

（6）尽管集中化程度越来越高，但领先品牌地位并非固若金汤，各厂商在品牌塑造、产品质量、经营运作水平、营销管理水平及企业实力上都在不同方面、不同程度上存在问题。

（7）2019年上半年，A奶粉经过初步组织架构与人员调整和网络运作，完成了2万吨销售，但与竞争对手还有很大差距。

2. A奶粉自身业绩表现不佳

（1）销售量的增长在进入2018年以后明显放缓，略低于行业发展速度。

（2）利润出现下滑趋势。

（3）品牌表现不尽如人意。

（4）在关键细分市场上表现不佳。

3. A奶粉营销相关环节分析

A奶粉营销相关环节存在的问题较多，例如在目标制订环节上存在以下问题:

（1）制订目标的方法需要提高科学性。

（2）由于关键目标是自上而下的，缺少执行层的参与，其合理性缺乏足够的保证，关键是无法保证执行层的深入理解。

（3）没有把关键目标分解为容易控制的经营指标，使得整体目标的实现缺乏运营层面的保证。

（4）指标体系的不完善，导致从中期战略到年度计划的断层。

（5）指标体系的不完善，导致从整体策略到区域市场策略的断层。

（6）目标的分解不科学。

（7）目标向区域分解的过程仍可以完善。

（8）由于指标体系的不完善，区域目标与整体战略的要求不匹配。

（9）长期目标与短期目标的一致性较差，不吻合。

资料来源：王新.从A奶粉公司看营销审计.中国营销传播网

思考分析：

（1）根据营销审计报告内容，对A公司整体的营销工作做一个总体评价。

（2）导致A公司业绩表现不佳的深层原因究竟是什么？

（3）根据审计报告，A公司需要从哪些方面进行完善以提高业绩？

二、实训操作

1. 实训目的

通过实训帮助学生初步掌握市场营销计划执行和控制的流程与方式，培养学生的团队合作精神。

2. 实训组织和要求

将班级学生划分为若干小组，小组规模一般是3～5人，中途无特殊原因不允许组员变动。选举小组长以协调小组的各项工作。辅导老师应及时检查学生任务的完成情况，提供必要的指导和建议，并组织学生进行经验交流，针对共性问题在课堂上组织讨论并进行专门讲解。

3. 实训内容

（1）制订市场营销计划

结合前面项目的学习内容，各小组制订市场营销计划。

（2）执行市场营销计划

根据市场营销计划的内容，利用相关知识有步骤地开展市场营销活动。

（3）控制市场营销计划的执行

利用相关知识对市场营销计划的执行进行控制，并利用营销控制方法进行检查。

（4）撰写市场营销审计报告

对市场营销环境、目标、战略、组织、方法、程序和业务等进行综合的、系统的、独立的和定期性的核查，并据此撰写营销审计报告。

参 考 文 献

[1] 符莎莉. 市场营销实务——项目导向教程[M]. 北京：电子工业出版社，2010.

[2] 孙晓燕. 市场营销[M]. 北京：高等教育出版社，2018.

[3] 章金萍. 市场营销实务（第四版）[M]. 北京：中国人民大学出版社，2017.

[4] 郑聪玲. 市场调研：任务、案例与实战[M]. 北京：人民邮电出版社，2017.

[5] 吴勇. 市场营销（第五版）[M]. 北京：高等教育出版社，2017.

[6] 冯志强. 市场营销策划[M]. 北京：北京大学出版社，2016.

[7] 崔平. 消费心理学[M]. 北京：高等教育出版社，2016.

[8] 王方. 渠道管理[M]. 北京：高等教育出版社，2016.

[9] 王丽丽. 市场营销策划——理论、实务、案例、实训（第二版）[M]. 北京：高等教育出版社，2016.

[10] 余远坤. 市场营销实务[M]. 北京：高等教育出版社，2015.

[11] 西方经济学编写组. 西方经济学[M]. 北京：高等教育出版社. 2012.

[12] 赵敬宜. 市场营销原理与技术 [M]. 北京：电子工业出版社，2010.

[13] 方光罗. 市场营销学（第三版）[M]. 大连：东北财经大学出版社，2010.

[14] 中国营销评论网（http://www.marketingcn.org）

[15] 中国营销传播网（http://www.emtk.com.cn）

[16] 第一营销网（http://www.cmmo.cn）

[17] 哈佛商业评论（http://www.hbrchina.org）

[18] 世界经典营销案例（https://doc.mbalib.com/view）

[19] 经济观察网（http://www.eeo.com.cn）

[20] 搜狐网（https://www.sohu.com）